U0662089

智能会计人才培养新形态系列教材

Excel财务会计与管理会计应用教程

微课版

李 田 彭 飞 宫苗苗 主 编

金杰海 于 淼 副主编

清华大学出版社

北 京

内 容 简 介

本书立足于业务情景导入与 Excel 软件实训应用，共分为 10 章，分别为 Excel 应用基础，会计原始单据制作，财务报表数据分析，薪酬管理与分析，固定资产管理与分析，采购、销售、库存数据分析，成本管理数据分析，营运管理数据分析，投融资决策分析与预测，预算管理数据分析与预测，基本涵盖了管理会计模块的主要内容。

本书既可作为高等院校会计学专业及经济管理类相关专业的教学用书，也可作为在职会计人员学习 Excel 财务应用的自学读本。

本书封面贴有清华大学出版社防伪标签，无标签者不得销售。

版权所有，侵权必究。举报：010-62782989，beiqinquan@tup.tsinghua.edu.cn。

图书在版编目 (CIP) 数据

Excel 财务会计与管理会计应用教程：微课版 /
李田，彭飞，宫苗苗主编 . -- 北京：清华大学出版社，
2025. 7. -- (智能会计人才培养新形态系列教材).
ISBN 978-7-302-69561-5

Ⅰ. F234.4-39

中国国家版本馆 CIP 数据核字第 2025BD2871 号

责任编辑：刘金喜
封面设计：何凤霞
版式设计：思创景点
责任校对：成凤进
责任印制：宋　林

出版发行：清华大学出版社

网　　　址：https://www.tup.com.cn，https://www.wqxuetang.com
地　　　址：北京清华大学学研大厦 A 座　　　　邮　　编：100084
社 总 机：010-83470000　　　　邮　　购：010-62786544
投稿与读者服务：010-62776969，c-service@tup.tsinghua.edu.cn
质 量 反 馈：010-62772015，zhiliang@tup.tsinghua.edu.cn

印 装 者：三河市龙大印装有限公司
经　　销：全国新华书店
开　　本：185mm×260mm　　　印　张：16　　　字　数：380 千字
版　　次：2025 年 9 月第 1 版　　　印　次：2025 年 9 月第 1 次印刷
定　　价：68.00 元

产品编号：090474-01

《会计改革与发展"十四五"规划纲要》指出"会计职能实现从传统的算账、记账、核账、报账向价值管理、资本运营、战略决策辅助等职能持续转型升级",凸显了管理会计在业财融合、决策支持方面的作用与价值。党的二十大报告提出,构建新一代信息技术、人工智能等一批新的增长引擎。新一轮科技革命和产业变革深入发展,对企业数字化转型提出了挑战。数字化转型并非单纯的信息数据化,更需要利用人工智能等技术手段将数据作为生产要素进行智能化应用,将数据转换为有价值的信息以支持智能决策,推动组织管理创新与效率提升。数字化时代要求管理会计人才熟悉并掌握Excel软件在表单制作、成本管理、预算管理、经营决策等管理会计模块中的应用,这也为本书的编写提供了良好契机。

本书立足于业务情景导入与Excel软件实训应用,共分为10章,分别为Excel应用基础,会计原始单据制作,财务报表数据分析,薪酬管理与分析,固定资产管理与分析,采购、销售、库存数据分析,成本管理数据分析,营运管理数据分析,投融资决策分析与预测,预算管理数据分析与预测,基本涵盖了管理会计模块的主要内容。本书特色体现在以下4个方面。

1. 原理简明,侧重实训

每章均分为实训任务、任务解析和实训指引3部分,各部分的作用说明如表1所示。

表 1 各部分的作用说明

每章结构项	作 用
实训任务	提出业务处理的具体需求,旨在让学生在完成任务的过程中,综合运用所学知识,解决实际问题
任务解析	针对具体场景下的业务处理,对解决方案的核心要点进行分析与提示,帮助学生明确任务要求,理解任务背后的逻辑和原理
实训指引	注重实用性和可操作性,通过详细的实训指导与具体的步骤解读引导学生完成业务处理,使学生掌握方法,理解原理

从以上逻辑框架可以看出,本书实现了从原理介绍到实务训练的逐步进阶,有助于提高学习者对原理的基本把握能力、对整体流程的掌控能力和实践能力。

在实训教学的设计与实践中,本书巧妙地融入了"实训任务——任务解析——实训指引"这一结构化流程,以任务驱动教学进程,从而极大地激发学生的学习兴趣和参与欲望。这不仅增强了本书的实践性和应用性,还使学生能够在接近真实的工作环境中体验和学习,有效缩短了理论与实践之间的距离。

2. 模块全面，灵活多变

本书以任务驱动与Excel软件实训应用为核心，精心构建了10章内容，形成了一个既全面又系统的知识体系，旨在通过理论与实践的紧密结合，全面提升学生的Excel应用能力和业务数据分析能力。

各章内容既相互支撑，又各自独立，为不同教学需求、不同专业背景的学生提供了极大的灵活性与适应性。一方面，指导老师可依据实际情况，灵活调整教学内容，确保教学活动的高效性与针对性；另一方面，各章内容的设计也充分考虑了不同专业的实际需求。例如，会计学与财务管理专业，可深入学习财务报表编制与数据分析内容；市场营销专业，可重点学习销售数据分析与预测技巧的有关内容；而其他管理类专业，则可侧重于研究成本控制与预算管理等方面的内容。总之，全书的设计既考虑了教学的灵活性与实用性，为指导老师提供了丰富的教学资源和极大的选择空间，也为学生提供了一个全面、系统、实用的Excel学习平台。

3. 图文结合，便于自学

本书遵循由浅入深、循序渐进的教学原则，巧妙融入案例教学精髓，每个案例均精心构建了实训任务、任务解析及实训指引环节，旨在通过这一结构化流程，引导学生逐步深入学习与理解。本书融入了丰富的案例与实操练习，着重培育学生的实际应用能力。

为了加快学生的学习进程，深化对关键操作与概念的理解，本书在编写过程中采用了图解手法。这些直观易懂的图片与说明，旨在降低学习难度，让学生在轻松愉悦的氛围中掌握Excel的使用技巧，并能迅速将其应用于实际工作和生活中。

4. 融入党的二十大报告精神

党的二十大报告强调了我国对加快建设数字中国、发展数字经济的高度重视。数智化时代的到来，加速了传统型核算会计向数智型决策管理会计的转变。管理会计通过收集、分析和报告财务信息，为企业领导层提供决策支持；通过制定成本预算、实施绩效评价等手段，帮助企业优化资源配置，提高经济效益。

这些重要职能的高效发挥，离不开先进工具的辅助与支持。Excel等数据处理与分析软件，凭借其强大的功能与便捷的操作，成为管理会计工作中不可或缺的重要工具。它们助力管理会计更加迅速、准确地处理大量数据，生成有价值的分析报告，为企业的数智化转型与可持续发展提供坚实有力的支撑。

本书由李田(天津商业大学)、彭飞(天津商业大学)、宫苗苗(天津轻工职业技术学院)担任主编，由金杰海(天津财经大学)、于淼(天津财经大学)担任副主编，富钰媛(天津商业大学)、尹卓菲(天津商业大学)参与了本书的编写。本书在编写过程中还得到了厦门科云信息科技有限公司、中审华会计师事务所(特殊普通合伙)的大力支持，在此一并表示衷心的感谢。

本书PPT教学课件、案例源文件及微课视频可通过扫描下方二维码观看。

教学资源

微课视频

限于作者水平，书中难免有不妥之处，欢迎广大读者批评指正。
服务邮箱：476371891@qq.com。

编　者
2025年1月

目 录

第 1 章

Excel应用基础

实训一　Excel窗口介绍

▶ 实训任务
熟悉Excel工作窗口。

▶ 任务解析
Excel工作窗口是Microsoft Excel软件的主要界面，用户可通过该窗口来创建、编辑和分析电子表格数据。熟悉Excel工作窗口的组成部分可以帮助使用者更高效地使用Excel进行财务数据的处理和分析。

需要说明的是，Excel 2016有专业版、家庭版、院校版等多种版本，各版本的界面存在细微差别。本书以Excel 2016专业版为例，介绍各项实训业务的操作步骤。

▶ 实训指引
启动Excel 2016程序，进入新的工作窗口，如图1-1所示。

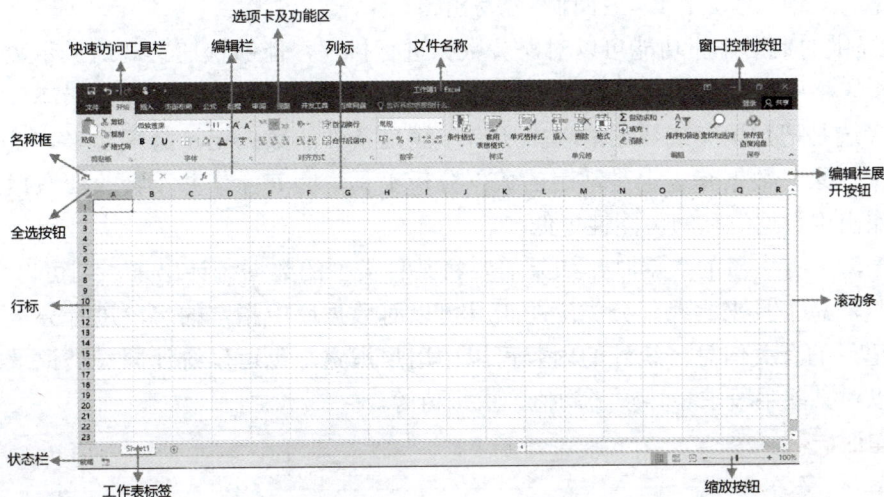

图1-1　Excel 2016 工作窗口

该工作窗口主要由快捷访问工具栏、选项卡及功能区、编辑栏和状态栏等构成。Excel 2016工作窗口主要组成部分及其功能介绍如表1-1所示。

表1-1　Excel 2016工作窗口主要组成部分及其功能介绍

组成部分	功能介绍
快捷访问工具栏	该栏包括"保存""撤销"和"恢复"三个常用的命令快捷按钮，默认显示在Excel文件选项卡的上方。快捷访问工具栏中的命令按钮不会因为选项卡的切换而隐藏。用户还可以单击右侧的下三角按钮，根据实际需要添加其他常用命令
选项卡及功能区	单击选项卡标签可以切换到不同的功能区。默认情况下，有"文件""开始""插入""页面布局""公式""数据""审阅""视图"和"开发工具"选项卡。每个选项卡中包含了多个命令组，每个命令组通常由一些密切相关的命令所组成。另外，用户可根据实际需要，选择"文件"｜"选项"｜"自定义功能区"命令，添加其他选项卡
名称框	名称框位于功能区的下方，用于显示当前活动单元格的名称
编辑栏	编辑栏位于名称框的右侧，用于输入与显示当前活动单元格的数据或公式
状态栏	状态栏位于Excel工作窗口的最下方，用于显示选中的数据区域信息。默认状态下，当选中数值格式数据时，状态栏中会显示平均值、计数结果和求和结果；当选中文本格式数据时，则仅显示计数结果
工作表标签	工作表标签位于状态栏的上方，用于标识工作表名称，可以在各工作表之间进行切换

实训二　Excel数据管理基本操作

⬇ 实训任务

掌握Excel数据排序、筛选、合并计算、分类汇总的基本操作。

⬇ 任务解析

日常情况下，企业各部门或各时期的销售数据会被分门别类地记录，到各期期末时需要将各部门或各时期的数据进行汇总计算并反映在一张报表上。这种情况下，最简单的方法就是利用Excel提供的数据合并功能。尤其是当需要合并多张数据表时，利用数据合并功能能够非常有效地减少工作量，并且不容易出错。

Excel提供的数据排序功能可以对财务数据进行排序，能够快速直观地显示数据，便于查看和分析表格中的数据及更好地理解数据，是进行数据分析不可缺少的环节。

数据筛选是把数据库或数据清单中所有不满足条件的数据记录隐藏起来，只显示满足条件的数据记录。数据筛选也是常用的数据分析工具，因其操作并不会改变数据源，相较于排序操作出现数据混乱的可能性更低。

当数据源中有大量的数据时，如果需要将某种类型的数据统计出来，则可以利用Excel提供的分类汇总工具来实现。分类汇总工具可以对数据库中指定的字段进行分类，然后统计同一类记录的有关信息。统计的内容可以由用户指定，也可以统计同一类记录的记录条数，还可以对某些字段求和、求平均值、求极值等。

⬇ 实训指引

1. 合并数据表

调用教学资料中的"产品销售收入明细表"，将"北京地区""上海地区""天津地区"3个销售收入表中的数据汇总合并。

第一步：单击"产品销售收入明细表"页签旁的⊕按钮，新建工作表。单击"数据"选项卡下"获取和转化"组中的"新建查询"按钮，选择"从文件"｜"从工作簿"命令，如图1-2所示。

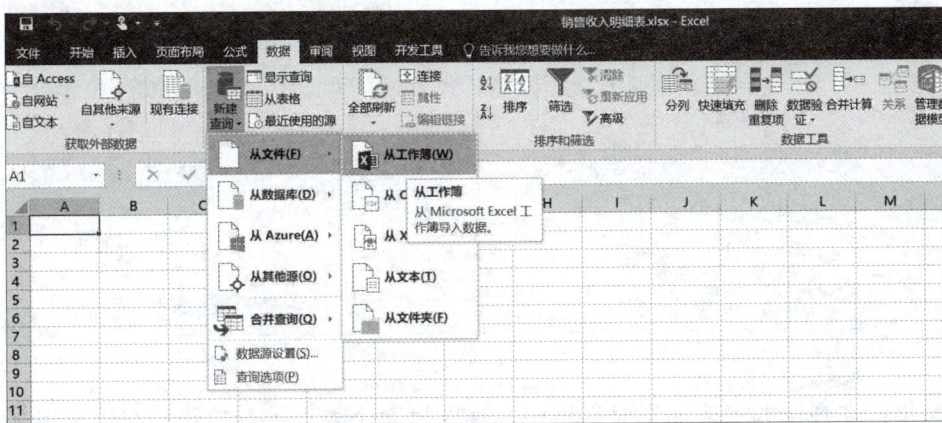

图1-2　"新建查询"界面

第二步：按照"产品销售收入明细表"文件所在存储路径选中文件，单击"导入"按钮，进入"导航器"界面，选中"选择多项"复选框，选择"北京地区""上海地区""天津地区"3个选项，如图1-3所示。

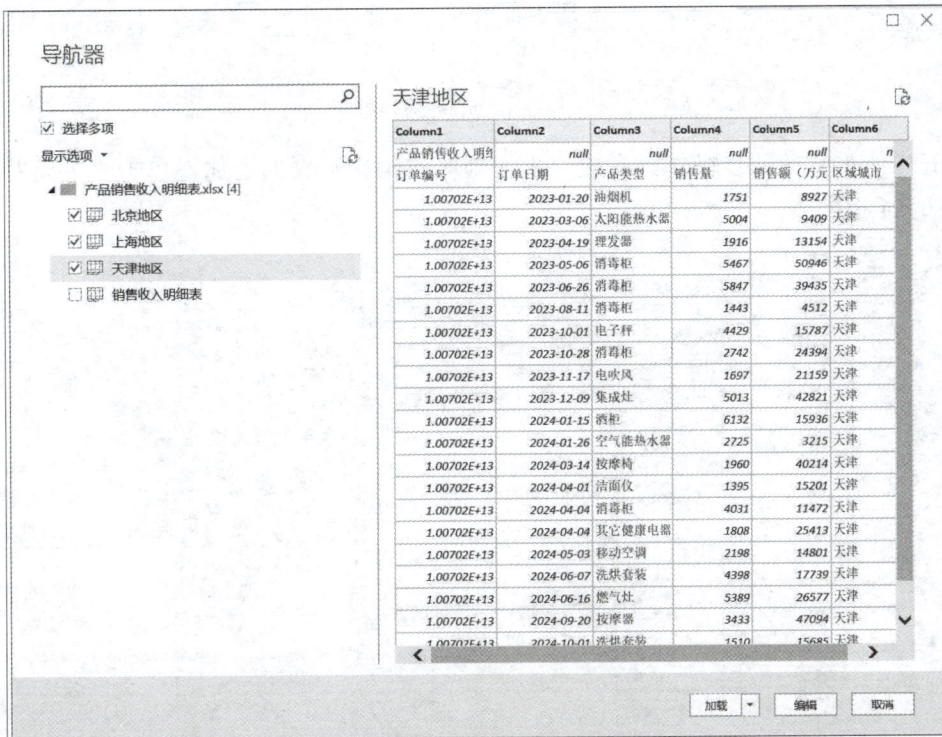

图1-3　"导航器"界面

第三步：单击"编辑"按钮，进入"Power Query编辑器"界面，选择"北京地区"，单击"追加查询"按钮，如图1-4所示。

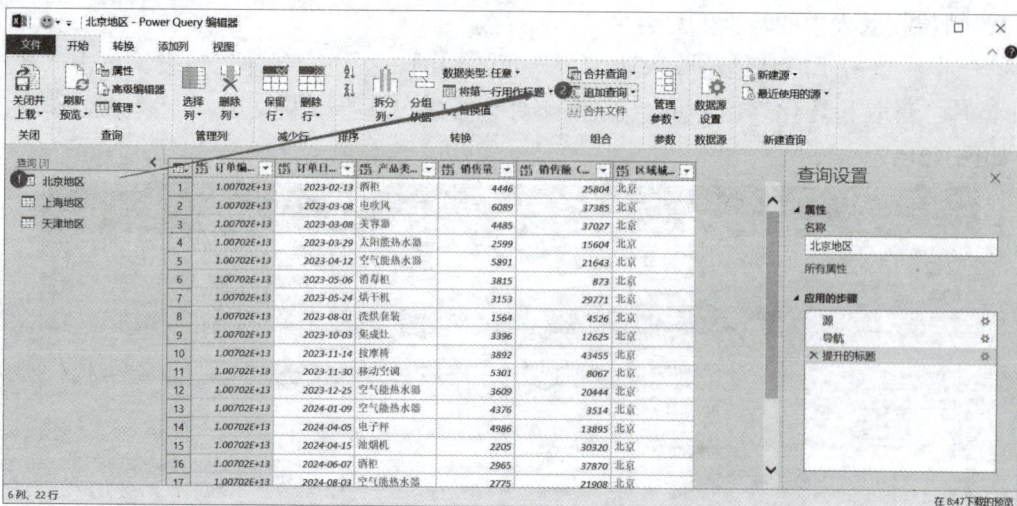

图1-4　"Power Query 编辑器"界面

第四步：在弹出的"追加"对话框中，选中"两个表"单选按钮，在"要追加的表"下拉列表框中选择"天津地区"，单击"确定"按钮，如图1-5所示。

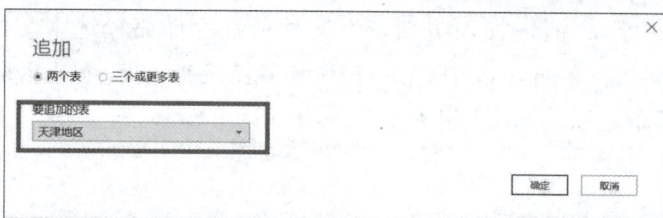

图1-5　"追加"对话框

第五步：重复第四步操作，完成"上海地区"销售数据的追加，单击"关闭并上载"按钮，如图1-6所示。

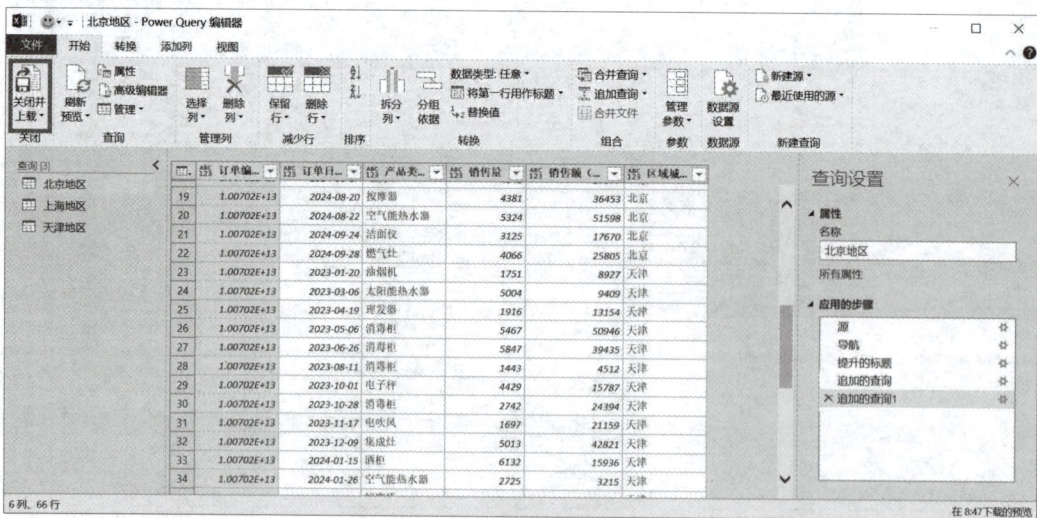

图1-6　追加后关闭并上载

第六步：选中A列，单击"数据"选项卡下"数据工具"组中的"分列"按钮，在弹出的"文本分列向导"界面中，选中"固定宽度"单选按钮，如图1-7所示。

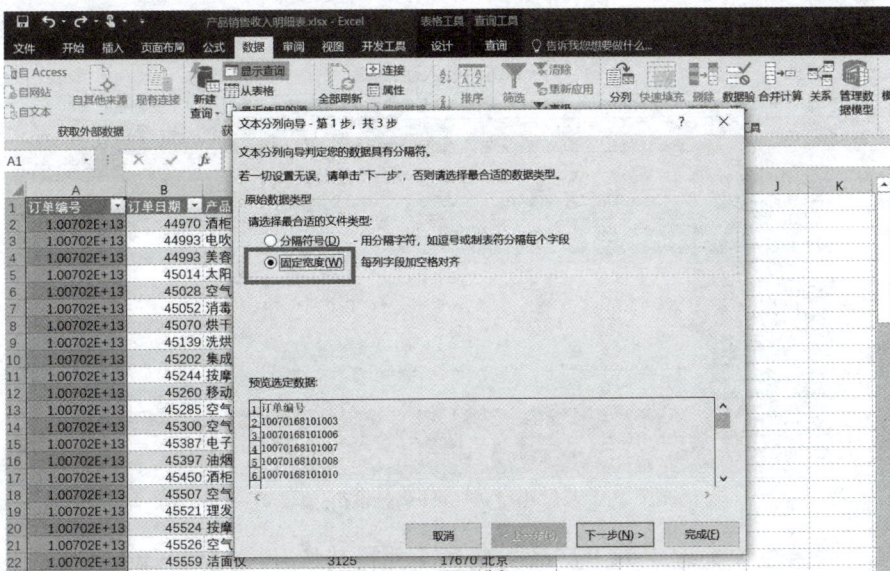

图1-7 数据分列

第七步：单击"下一步"按钮，按照数据宽度建立分列线，如图1-8所示。

第八步：单击"下一步"按钮，选择"文本"格式，单击"完成"按钮，完成数据格式转换，如图1-9所示。最后，将工作表重命名为"销售收入明细表"。

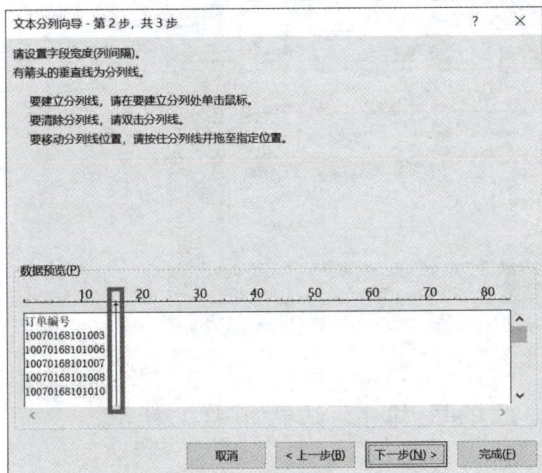

图1-8 建立分列线

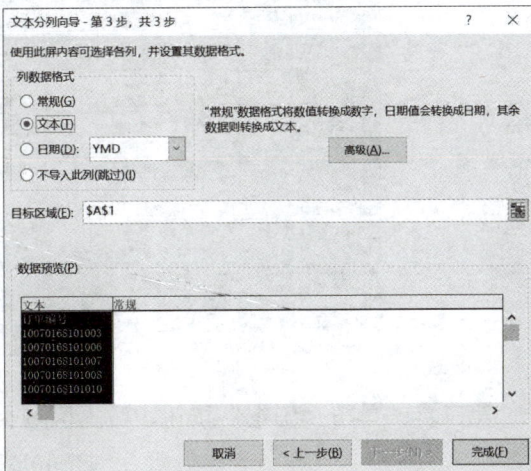

图1-9 数据格式转换

❖ **特别提醒：**

实际工作中，由于单号、身份证号等数据位数过多，Excel会默认以科学记数法形式显示，此时可采用数据分列方式转换数据格式，以完整、正确地显示数据。

2. 数据排序

调用教学资料中的"产品销售收入明细表"，按照"产品类型""订单日期""区域城市"和"销售额"4个关键字依次排序，其中"产品类型"为主关键字，"销售额"按照降序排列，其他关键字按照升序排列。

第一步：单击"产品销售收入明细表"内数据区域中的任意一个非空单元格。单击"数据"选项卡下"排序和筛选"组中的"排序"按钮,打开"排序"对话框,如图1-10所示。

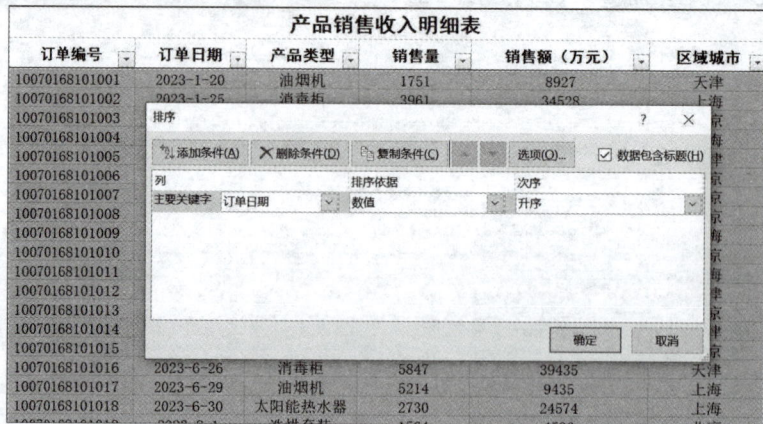

图1-10 "排序"对话框

第二步:设置主要关键字为"产品类型",并将其按升序排列。单击"添加条件"按钮,添加"次要关键字",依次选择"订单日期""区域城市"和"销售额",将"销售额"按降序排列,其他关键字按升序排列,如图1-11所示。

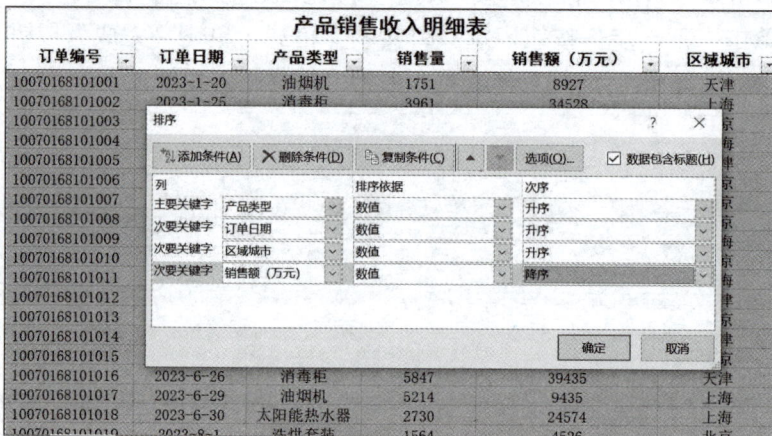

图1-11 排序关键字设置

第三步:单击"确定"按钮,数据区域会按要求进行排序,结果如图1-12所示。

		产品销售收入明细表			
订单编号	订单日期	产品类型	销售量	销售额(万元)	区域城市
10070168101056	2024-8-17	按摩器	1916	23302	上海
10070168101057	2024-8-20	按摩器	4381	36453	北京
10070168101061	2024-9-20	按摩器	3433	47094	天津
10070168101026	2023-11-14	按摩椅	3892	43455	北京
10070168101037	2024-3-14	按摩椅	1960	40214	天津
10070168101059	2024-9-6	按摩椅	4692	43882	上海
10070168101006	2023-3-8	电吹风	6089	37385	北京
10070168101009	2023-4-5	电吹风	2616	10547	上海
10070168101027	2023-11-17	电吹风	1697	21159	天津
10070168101023	2023-10-1	电子秤	4429	15787	天津
10070168101043	2024-4-5	电子秤	4986	13895	北京
10070168101052	2024-7-25	电子秤	3356	27151	上海
10070168101015	2023-5-24	烘干机	3153	29771	北京
10070168101054	2024-8-7	烘干机	2071	23258	上海
10070168101066	2024-10-1	烘干机	1842	41441	天津
10070168101015	2023-12-3	集成灶	3396	12625	北京
10070168101029	2023-12-9	集成灶	5013	42281	天津
10070168101045	2024-4-20	集成灶	4917	10932	上海

图1-12 排序结果

❖ **特别提醒：**

Excel排序规则除常规的升序和降序外，还可在"排序"对话框中单击"选项"按钮，实现"按行排序""笔画排序"等，如图1-13所示。

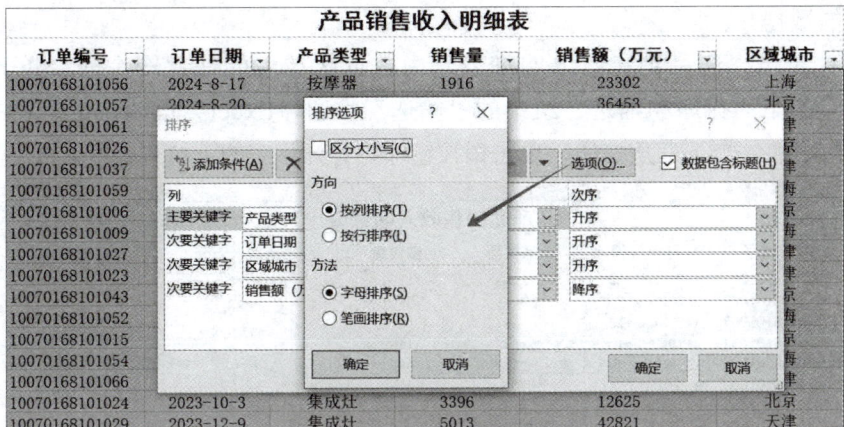

图 1-13　排序选项

在Excel中，也可将"单元格颜色""字体颜色"和"单元格图标"作为排序依据，如图1-14所示。

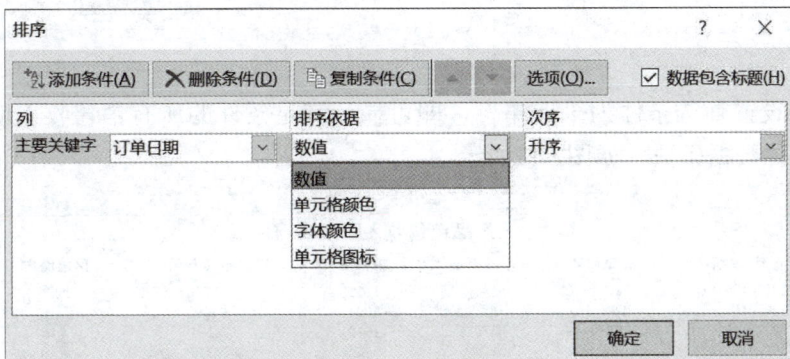

图 1-14　排序依据

在Excel中，若想自定义序列，则需要手动输入序列，如图1-15所示。

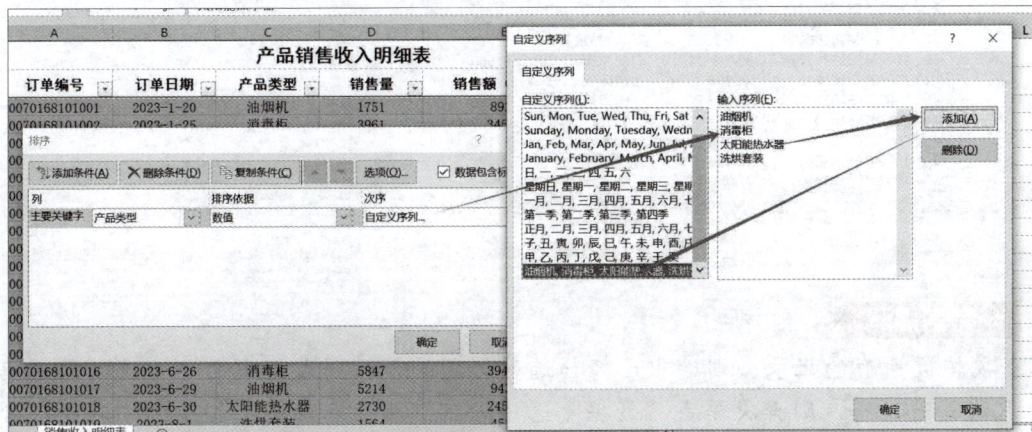

图 1-15　自定义序列

3. 数据筛选

(1) 自动筛选。

调用教学资料中的“产品销售收入明细表”，利用自动筛选功能，查找“区域城市”为“天津”的数据。

第一步：单击“产品销售收入明细表”内数据区域中的任意一个非空单元格。单击“数据”选项卡下“排序和筛选”组中的“筛选”按钮，Excel会自动在数据表的每列数据的标题右下角添加一个下三角按钮，单击该按钮即可打开相应的下拉列表框，如图1-16所示。

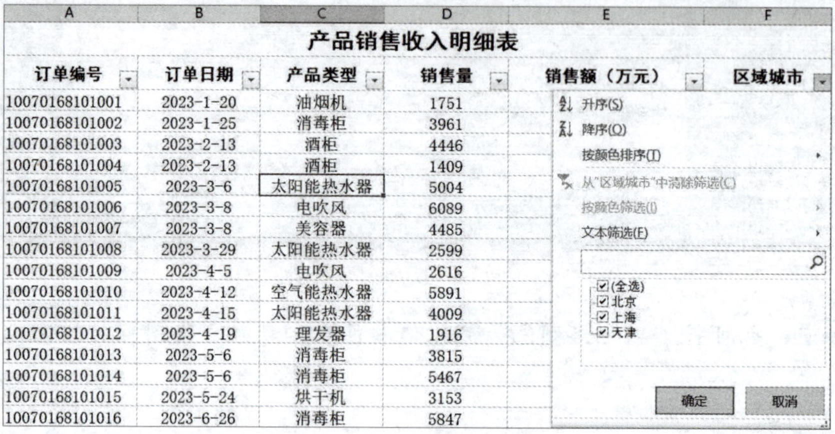

产品销售收入明细表

订单编号	订单日期	产品类型	销售量	销售额（万元）	区域城市
10070168101001	2023-1-20	油烟机	1751		
10070168101002	2023-1-25	消毒柜	3961		
10070168101003	2023-2-13	酒柜	4446		
10070168101004	2023-2-13	酒柜	1409		
10070168101005	2023-3-6	太阳能热水器	5004		
10070168101006	2023-3-8	电吹风	6089		
10070168101007	2023-3-8	美容器	4485		
10070168101008	2023-3-29	太阳能热水器	2599		
10070168101009	2023-4-5	电吹风	2616		
10070168101010	2023-4-12	空气能热水器	5891		
10070168101011	2023-4-15	太阳能热水器	4009		
10070168101012	2023-4-19	理发器	1916		
10070168101013	2023-5-6	消毒柜	3815		
10070168101014	2023-5-6	消毒柜	5467		
10070168101015	2023-5-24	烘干机	3153		
10070168101016	2023-6-26	消毒柜	5847		

图 1-16　筛选下拉列表框

第二步：设置筛选条件为“天津”，即可显示满足条件的所有销售收入明细数据，状态栏会显示具体数据条数，如图1-17所示。

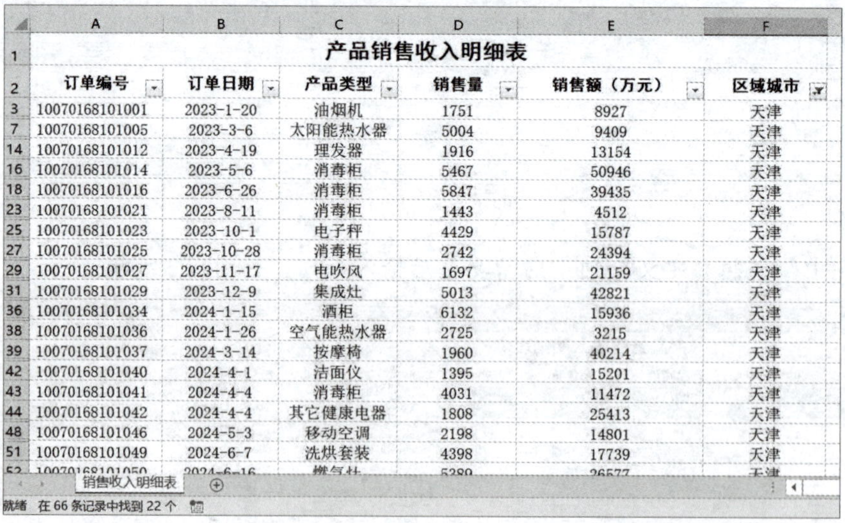

	产品销售收入明细表					
2	订单编号	订单日期	产品类型	销售量	销售额（万元）	区域城市
3	10070168101001	2023-1-20	油烟机	1751	8927	天津
7	10070168101005	2023-3-6	太阳能热水器	5004	9409	天津
14	10070168101012	2023-4-19	理发器	1916	13154	天津
16	10070168101014	2023-5-6	消毒柜	5467	50946	天津
18	10070168101016	2023-6-26	消毒柜	5847	39435	天津
23	10070168101021	2023-8-11	消毒柜	1443	4512	天津
25	10070168101023	2023-10-1	电子秤	4429	15787	天津
27	10070168101025	2023-10-28	消毒柜	2742	24394	天津
29	10070168101027	2023-11-17	电吹风	1697	21159	天津
31	10070168101029	2023-12-9	集成灶	5013	42821	天津
36	10070168101034	2024-1-15	酒柜	6132	15936	天津
38	10070168101036	2024-1-26	空气能热水器	2725	3215	天津
39	10070168101037	2024-3-14	按摩椅	1960	40214	天津
42	10070168101040	2024-4-1	洁面仪	1395	15201	天津
43	10070168101041	2024-4-4	消毒柜	4031	11472	天津
44	10070168101042	2024-4-4	其它健康电器	1808	25413	天津
48	10070168101046	2024-5-3	移动空调	2198	14801	天津
51	10070168101049	2024-6-7	洗烘套装	4398	17739	天津

图 1-17　筛选结果

❖ 特别提醒：

若要恢复所有的记录，则选中已经筛选列标题的下拉列表框中的“全选”复选框。若要取消筛选状态，则再次单击“数据”选项卡下“排序和筛选”组中的“筛选”按钮即可。

(2) 自定义筛选。

调用教学资料中的"产品销售收入明细表",利用自定义筛选功能,查找"销售量"为1000~3500件的数据。

第一步:使用自定义筛选功能,在"销售量"所在列的下拉列表框中选择"数字筛选"|"自定义筛选"命令,如图1-18所示。

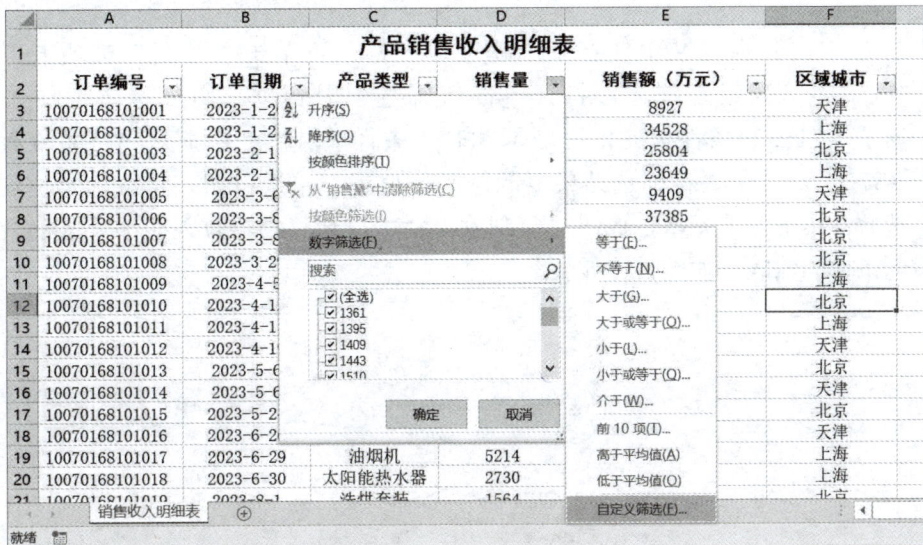

图 1-18　自定义筛选功能

第二步:在弹出的"自定义自动筛选方式"对话框中,单击"销售量"列表框第一行中的下三角按钮,选择"大于或等于",并设置条件值为"1000",单击"销售量"列表框第二行的下三角按钮,选择"小于或等于",并设置条件值为"3500",选中"与"单选按钮,即可完成满足特定自定义条件的数据筛选,如图1-19所示。

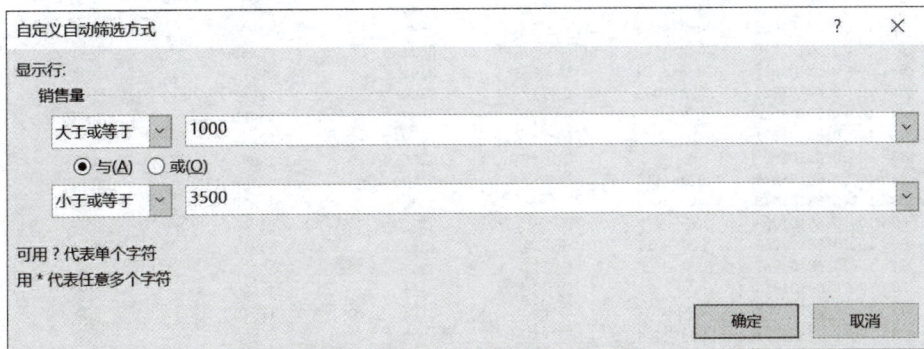

图 1-19　"自定义自动筛选方式"对话框

(3) 高级筛选。

调用教学资料中的"产品销售收入明细表",利用高级筛选功能筛选以下数据。首先,筛选"区域城市"是"北京"且销售额在10000万元以上的所有销售记录,筛选条件设置在A71:B72区域,筛选结果显示在A76;其次,筛选"产品类型"是"太阳能热水器"、销售额在10000万元以上、"区域城市"是"天津"或"上海"的所有销售记录,筛选条件设置在D71:F73区域,筛选结果显示在A96。

第一步：在A71:B72单元格区域内录入条件区域，如图1-20所示。

高级筛选条件区域	
区域城市	销售额(万元)
北京	>10000

图1-20 A71:B72区域高级筛选条件设置

第二步：单击数据区域中任意一个非空单元格，再单击"数据"选项卡下"排序和筛选"组中的"高级"按钮，打开"高级筛选"对话框。将鼠标定位在"条件区域"栏，选择A71:B72条件单元格区域，此时"条件区域"栏中显示"销售收入明细表!$A$71:$B$72"，选中"将筛选结果复制到其他位置"单选按钮，将鼠标定位在"复制到"栏，选择A76条件单元格，此时"复制到"栏中显示"销售收入明细表!$A$76"，完成高级筛选条件的输入，如图1-21所示。

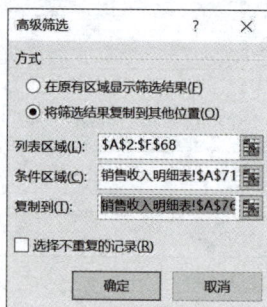

图1-21 "高级筛选"对话框

第三步：单击"确定"按钮，返回的筛选结果如图1-22所示。

76	订单编号	订单日期	产品类型	销售量	销售额（万元）	区域城市
77	10070168101003	2023-2-13	酒柜	4446	25804	北京
78	10070168101006	2023-3-8	电吹风	6089	37385	北京
79	10070168101007	2023-3-8	美容器	4485	37027	北京
80	10070168101008	2023-3-29	太阳能热水器	2599	15604	北京
81	10070168101010	2023-4-12	空气能热水器	5891	21643	北京
82	10070168101015	2023-5-24	烘干机	3153	29771	北京
83	10070168101024	2023-10-3	集成灶	3396	12625	北京
84	10070168101026	2023-11-14	按摩椅	3892	43455	北京
85	10070168101031	2023-12-25	空气能热水器	3609	20444	北京
86	10070168101043	2024-4-5	电子秤	4986	13895	北京
87	10070168101044	2024-4-15	油烟机	2205	30320	北京
88	10070168101048	2024-6-7	酒柜	2965	37870	北京
89	10070168101053	2024-8-3	空气能热水器	2775	21908	北京
90	10070168101055	2024-8-17	理发器	4341	27577	北京
91	10070168101057	2024-8-20	按摩器	4381	36453	北京
92	10070168101058	2024-8-22	空气能热水器	5324	51598	北京
93	10070168101062	2024-9-24	洁面仪	3125	17670	北京
94	10070168101064	2024-9-28	燃气灶	4066	25805	北京

图1-22 筛选结果

第四步：在D71:F73单元格区域内录入条件区域，如图1-23所示。

高级筛选条件区域		
产品类型	销售额(万元)	区域城市
太阳能热水器	>10000	天津
太阳能热水器	>10000	上海

图1-23 D71:F73区域高级筛选条件设置

第五步：参照第二步完成高级筛选条件的输入，如图1-24所示。单击"确定"按钮，返回筛选结果。

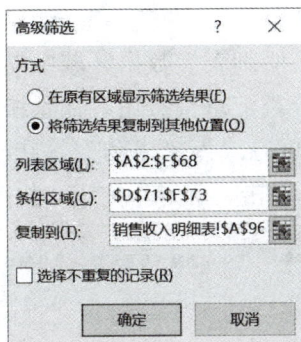

图1-24　输入高级筛选条件

❖ **特别提醒：**

　　高级筛选的条件区域是指工作表内填有筛选条件的某一区域。条件区域由两部分构成：一是标题行，用于填写一些与字段名完全相同的字符；二是条件行，位于标题行的下一行，用于填写相应字段的记录中要求筛选的条件。在条件行中，同一行中的条件是与条件，即这些条件必须同时满足；不同行中的条件是或条件，即这些条件只要满足其一。

　　如果只需要在筛选结果中返回数据源中的部分列数据，则需要预先设置返回值区域的表头。例如，只需要返回"区域城市"是"北京"且销售额在10000万元以上的销售记录，则返回列为"产品类型""销售量""销售额（万元）"和"区域城市"，如图1-25所示。

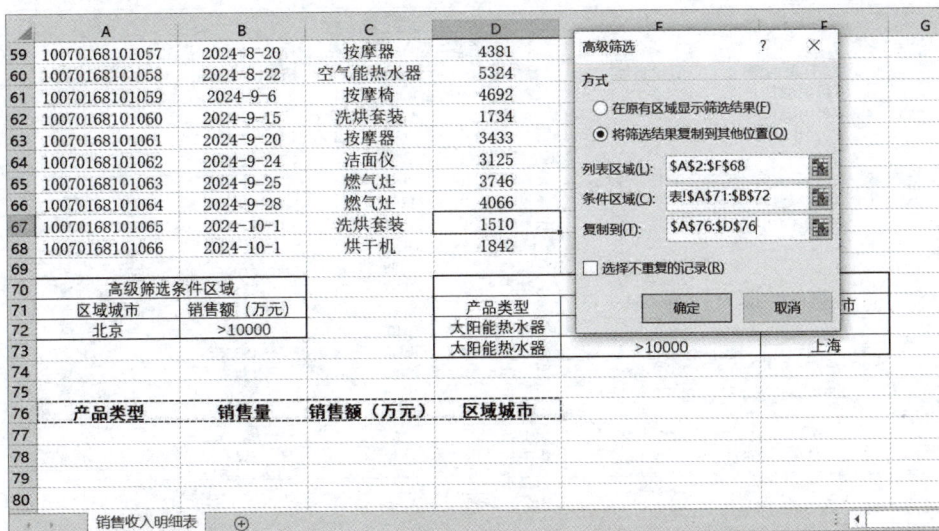

图1-25　高级筛选返回部分列数据设置

4. 分类汇总

　　调用教学资料中的"产品销售收入明细表"，利用分类汇总功能，按照"产品类型"分类，汇总各"产品类型"的"销售量"和"销售额"。

　　第一步：单击"产品销售收入明细表"数据区域中的任意一个单元格。单击"数据"

选项卡下“排序和筛选”组中的“排序”按钮，在系统弹出的“排序”对话框中，设置主要关键字为“产品类型”，并将其按升序排列，单击“确定”按钮，完成对“产品类型”的排序，结果如图1-26所示。

第二步：单击“产品销售收入明细表”数据区域中的任意一个单元格。单击“数据”选项卡下“分级显示”组中的“分类汇总”按钮，在系统弹出的“分类汇总”对话框中设置分类字段为“产品类型”、汇总方式为“求和”，在“选定汇总项”列表框中，选中“销售量”和“销售额”复选框，单击“确定”按钮，如图1-27所示。

产品销售收入明细表

订单编号	订单日期	产品类型	销售量	销售额（万元）	区域城市
10070168101057	2024-8-20	按摩器	4381	36453	北京
10070168101061	2024-9-20	按摩器	3433	47094	天津
10070168101056	2024-8-17	按摩器	1916	23302	上海
10070168101026	2023-11-14	按摩椅	3892	43455	北京
10070168101037	2024-3-14	按摩椅	1960	40214	天津
10070168101059	2024-9-6	按摩椅	4692	43882	上海
10070168101006	2023-3-8	电吹风	6089	37385	北京
10070168101027	2023-11-17	电吹风	1697	21159	天津
10070168101009	2023-4-5	电吹风	2616	10547	上海
10070168101043	2024-4-5	电子秤	4986	13895	北京
10070168101023	2023-10-1	电子秤	4429	15787	天津
10070168101052	2024-7-25	电子秤	3356	27151	上海
10070168101015	2023-5-24	烘干机	3153	29771	北京
10070168101066	2024-10-1	烘干机	1842	41441	天津
10070168101054	2024-8-7	烘干机	2071	23258	上海
10070168101024	2023-10-3	集成灶	3396	12625	北京
10070168101029	2023-12-9	集成灶	5013	42821	天津
10070168101045	2024-4-20	集成灶	4917	10932	上海
10070168101062	2024-9-24	洁面仪	3125	17670	北京

图 1-26 “产品类型”排序结果

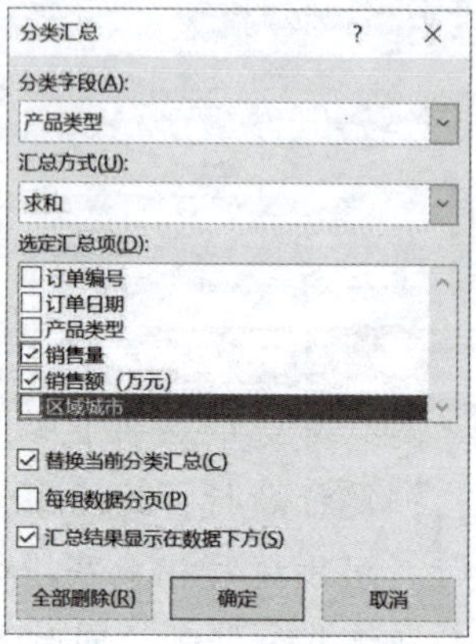

图 1-27 分类汇总条件设置

第三步：查看分类汇总结果，左上角有3个数字按钮，依次单击这3个按钮会分别显示各级次的销售量和销售额的汇总结果，如图1-28所示。

	A	B	C	D	E	F
1	产品销售收入明细表					
2	订单编号	订单日期	产品类型	销售量	销售额（万元）	区域城市
3	10070168101057	2024-8-20	按摩器	4381	36453	北京
4	10070168101061	2024-9-20	按摩器	3433	47094	天津
5	10070168101056	2024-8-17	按摩器	1916	23302	上海
6			按摩器 汇总	9730	106849	
7	10070168101026	2023-11-14	按摩椅	3892	43455	北京
8	10070168101037	2024-3-14	按摩椅	1960	40214	天津
9	10070168101059	2024-9-6	按摩椅	4692	43882	上海
10			按摩椅 汇总	10544	127551	
11	10070168101006	2023-3-8	电吹风	6089	37385	北京
12	10070168101027	2023-11-17	电吹风	1697	21159	天津
13	10070168101009	2023-4-5	电吹风	2616	10547	上海
14			电吹风 汇总	10402	69091	
15	10070168101043	2024-4-5	电子秤	4986	13895	北京
16	10070168101023	2023-10-1	电子秤	4429	15787	天津
17	10070168101052	2024-7-25	电子秤	3356	27151	上海
18			电子秤 汇总	12771	56833	
19	10070168101015	2023-5-24	烘干机	3153	29771	北京
20	10070168101066	2024-10-1	烘干机	1842	41441	天津

图 1-28 分类汇总结果

❖ 特别提醒：

分类汇总功能无法实现多个字段的分类，需要分步设置。若按照“产品类别”及“区域城市”汇总“销售量”和“销售额”，则需要在已有的分类汇总结果的基础上，再次执行分类汇总功能，设置分类字段为“区域城市”，“汇总方式”与“选定汇总项”保持不变，取消选中“替换当前分类汇总”复选框，如图1-29所示。两次分类汇总操作存在先后顺序，要先按主关键字分类汇总，再按次关键字分类汇总，否则显示结果会不同。

　　如果需要取消分类汇总，那么可在图1-29所示的"分类汇总"对话框中单击"全部删除"按钮。

　　如果需要复制分类汇总结果，则选取显示分类汇总结果的单元格区域，按F5键打开"定位条件"对话框，单击"定位条件"按钮，选中"可见单元格"单选按钮，如图1-30所示。单击"确定"按钮，即可完成定位可见单元格的操作。

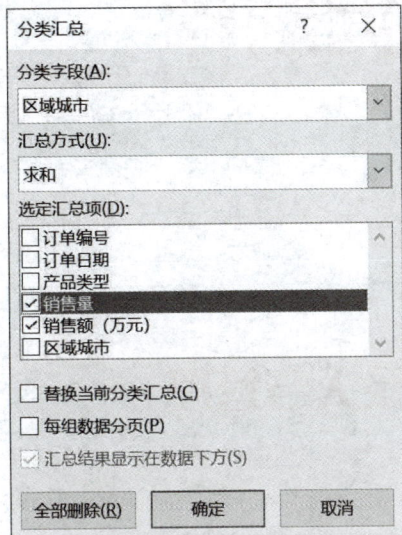

图 1-29　多字段分类汇总条件设置　　　　　　图 1-30　定位条件设置

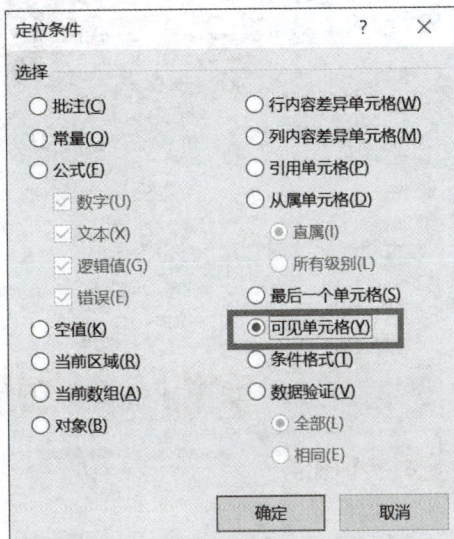

第 2 章

会计原始单据制作

实训一　财务数据录入与管理

⤵ 实训任务

财务数据录入与管理。

⤵ 任务解析

在用手工方式进行会计信息处理时，会计科目名称是会计科目的唯一标记。但如果用计算机处理会计信息，则会计科目代码将取代会计科目名称的位置，成为会计科目的唯一标记，这是在用计算机处理会计信息时必须记住的一点。除了会计科目代码，在后面的章节中，还会遇到职工代码、固定资产代码和商品代码，在用计算机处理信息时，它们同样取代了职工名称、固定资产名称、商品名称的位置，成为唯一的代表。

⤵ 实训指引

根据我国现行的会计制度，为保证会计数据的口径一致，财政部对一级会计科目和名称做了统一的规定。表2-1是工业企业常用的一级会计科目和名称对照表。从此对照表中可以看出，一级科目代码位数为4位，资产类科目代码的第一位为"1"，负债类科目代码的第一位为"2"，所有者权益类科目代码的第一位为"4"，成本类科目代码的第一位为"5"，损益类科目代码的第一位为"6"。

表2-1　工业企业常用的一级会计科目和名称对照表

资产类		资产类		负债类	
1001	库存现金	1402	在途物资	2001	短期借款
1002	银行存款	1405	库存商品	2201	应付票据
1121	应收票据	1601	固定资产	2202	应付账款
1122	应收账款	1602	累计折旧	2205	预收账款
1123	预付账款	1604	在建工程	2211	应付职工薪酬
1221	其他应收款	1606	固定资产清理	2221	应交税费
1231	坏账准备	1701	无形资产	2241	其他应付款
1401	材料采购	1702	累计摊销	2601	长期借款

(续表)

负债类		成本类		损益类	
2801	长期应付款	5001	生产成本	6601	销售费用
	所有者权益类	5101	制造费用	6602	管理费用
4001	实收资本		损益类	6603	财务费用
4002	资本公积	6001	主营业务收入	6711	营业外支出
4101	盈余公积	6111	投资收益	6801	所得税费用
4103	本年利润	6301	营业外收入		
4104	利润分配	6401	主营业务成本		

❖ **特别提醒：**

科目代码的不同数位代表不同的含义。各企业可以根据本企业会计核算的需要，设置各级明细科目及各级明细科目代码。例如，企业分别在工商银行和建设银行开设账户，可设如下明细科目与科目代码。

1002银行存款　　　（一级明细科目）

100201工商银行　　（二级明细科目)代表"银行存款"下的工商银行存款

100202建设银行　　（二级明细科目)代表"银行存款"下的建设银行存款

实训二　图表制作与函数应用

1. VLOOKUP()函数简介

VLOOKUP()函数的语法格式如下。

VLOOKUP(VLookup_value, Table_array, Col_index_num, Range_lookup)

参数说明如下。

- VLookup_value：需要在数据表首列进行搜索的值，可以是数值、引用或字符串。
- Table_array：需要在其中搜索数据的信息表。Table_array可以是对区域或区域名称的引用。
- Col_index_num：满足条件的单元格在数组区域Table_array中的列序号。首列序号为1。
- Range_lookup：指定在查找时是进行精确匹配，还是大致匹配。如果为FALSE，则大致匹配；如果为TRUE或省略，则精确匹配。

❖ **特别提醒：**

VLOOKUP()函数的功能：在Table_array区域中寻找VLookup_value，找到相匹配的单元格后将此单元格对应单元格的值返回。

例如，VLOOKUP（"02"，A1:B4, 2, TRUE），用于在A1:A4区域中找到值为02的单元格A2，然后将A2在B1:B4区域中对应单元格B2的值返回，如图2-1所示。

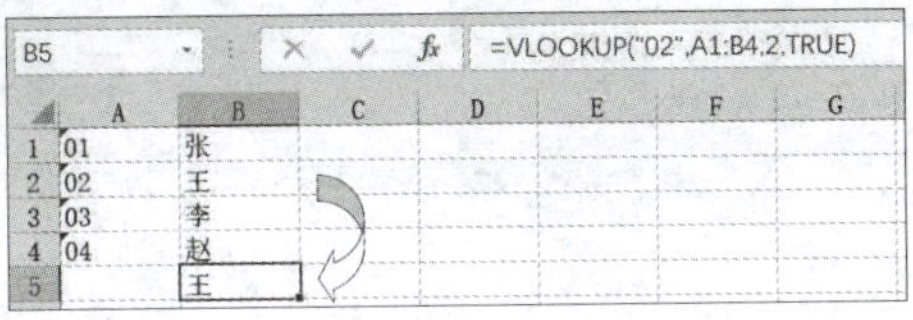

图 2-1　功能演示

2. 绝对地址、相对地址和混合地址

绝对地址的表示方法为"$列号$行号""$列号行号"或"列号$行号",如$A$1。

相对地址的表示方法为"列号行号",如A1。

混合地址的表示方法为"$列号行号"或"列号$行号",如A$1或$A1。

❖ **特别提醒:**

它们的区别主要体现在单元格公式复制时。加"$"的绝对行与列在进行单元格公式复制时是不变的,而未加"$"的相对行与列在进行单元格公式复制时是变化的。

↘ **实训任务**

设置A2单元格的公式为"=A1",如图2-2所示。然后将A2单元格的公式复制到B2和C2单元格。

图2-2 复制公式

↘ **实训指引**

复制的结果如图2-3和图2-4所示。从复制的结果可以看出,复制的单元格都在同一行,复制后,行号不变,列号发生了相应的变化。

图2-3 复制结果 (1)

图2-4 复制结果 (2)

↘ **实训任务**

设置A2单元格的公式为"=$A1",如图2-5所示。然后将A2单元格的公式复制到B2和C2单元格。

图2-5 复制公式

↘ **实训指引**

复制的结果如图2-6和图2-7所示。从复制的结果可以看出,加"$"的绝对列没有发生变化。

图2-6 复制结果 (1)

图2-7 复制结果 (2)

↪ **实训任务**

设置B1单元格的公式为"=A1"，如图2-8所示。然后将B1单元格的公式复制到B2和B3单元格。

图 2-8　复制公式

↪ **实训指引**

复制的结果如图2-9和图2-10所示。从复制的结果可以看出，复制的单元格都在同一列，复制后，列号不变，行号发生了相应的变化。

图 2-9　复制结果 (1)

图 2-10　复制结果 (2)

↪ **实训任务**

设置B1单元格的公式为"=A$1"，如图2-11所示。然后将B1单元格的公式复制到B2和B3单元格。

图 2-11　复制公式

↪ **实训指引**

复制的结果如图2-12和图2-13所示。从复制的结果可以看出，加"$"的绝对行没有发生变化。

图 2-12　复制结果 (1)

图 2-13　复制结果 (2)

3. 有效性功能简介

有效性功能可以通过选择"数据"｜"有效性"命令来实现。它的作用是对输入的无效数据行控制，有效条件可以预先设置。例如，输入的数必须大于或小于某数，或者必须在某个区间，或者必须是某些字符。如果输入的数据不满足预先设定的有效条件，计算机将给予提示，或者不允许输入此数据。利用此功能不仅方便输入数据，还可以避免输入的数据出错。

↳ 实训任务

建立科目信息。

↳ 实训指引

第一步：启动Excel后，双击第一个工作表的表名处，将此工作表命名为"科目与账簿(1月)"，如图2-14所示。

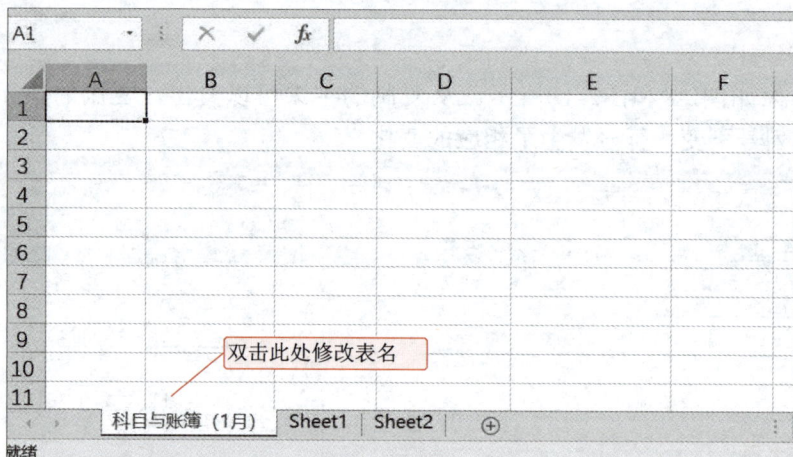

图 2-14　修改表名

第二步：在此工作表中，输入各科目代码、科目名称及期初余额，借方余额为正数，贷方余额为负数，如图2-15所示。科目代码是字符型数据，输入时先输入"'"，再输入后面的科目代码，如应在A2单元格中输入"'1001"。另外，为了方便后面的操作，科目代码要按从小到大的顺序输入。

图 2-15　输入数据

实训三　记账凭证录入及查询

1. 输入凭证信息

第一步：输入凭证各项信息的标题，如图2-16所示。

图2-16　输入标题

❖ **特别提醒：**

"科目代码"列用于输入凭证最明细一级的科目代码。对于应收或预收账款、应付或预付账款，不必按客户或供应商设明细科目，明细信息可通过"客户或供应商"列加以反映。同理，对于管理费用也不必设明细科目。例如，管理费用需要按部门(会计部、人力资源部、办公室)和项目(工资、办公费)分别核算，明细信息将通过"部门"和"项目"列加以反映。

第二步：在"科目代码"列添加有效性控制，其目的是在输入科目代码时给出提示，防止无效科目代码的输入。

① 将光标定位在D20单元格，选择"数据"｜"数据验证"命令，打开"数据验证"对话框。在"设置"选项卡的"允许"下拉列表框中选择"序列"，如图2-17所示。

② 输入预先输入的"科目代码"所在的区域A2:A18，如图2-18所示。之后，在输入凭证中的科目代码时，计算机会给出提示，并且只允许输入A2:A18区域中已设的科目代码。

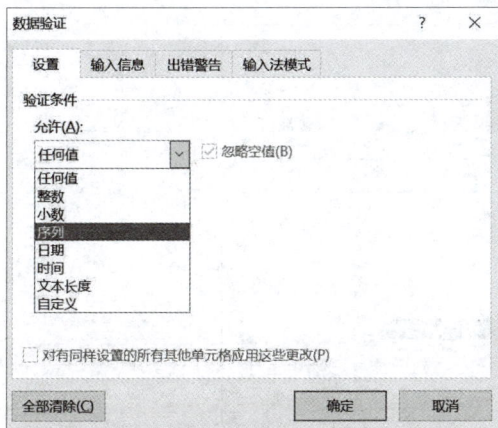

图2-17　设置验证条件

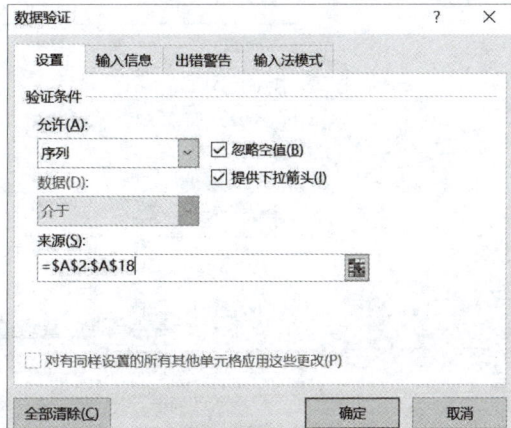

图2-18　确定来源

③ 将D20单元格的有效性控制复制到D列的其他单元格，复制方法如图2-19所示。

图 2-19　复制条件

第三步：在"科目名称"列添加VLOOKUP()函数，其目的是在输入科目代码后，自动显示科目名称。

① 将光标定位在E20单元格，选择"公式"｜"插入函数"命令，如图2-20所示。

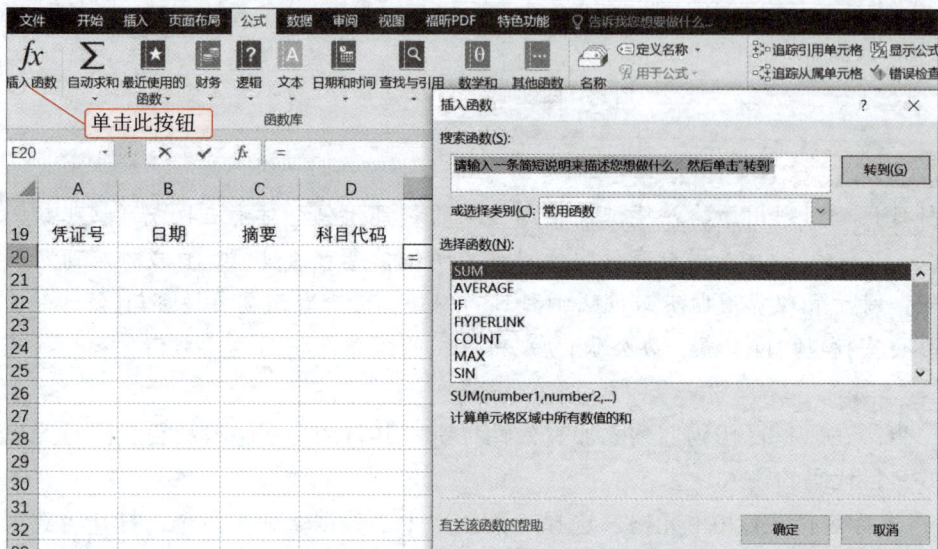

图 2-20　插入函数

② 在"插入函数"对话框的"或选择类别"下拉列表框中选择"查找与引用"，如图2-21所示。

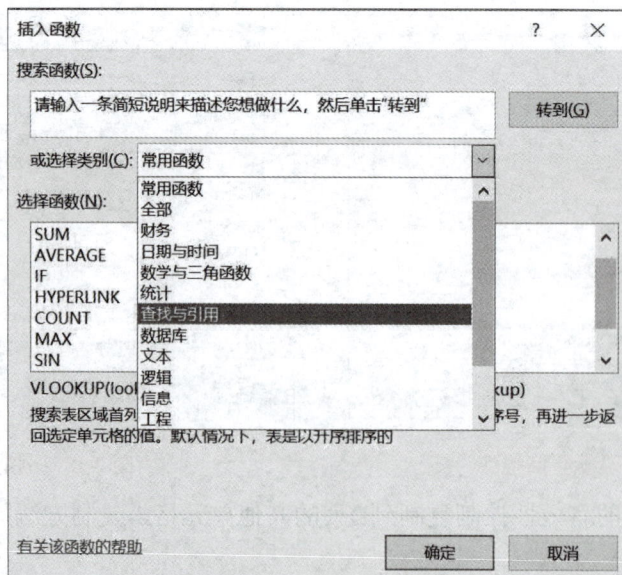

图 2-21　选择类别

③ 在"选择函数"列表框中选择VLOOKUP，如图2-22所示。

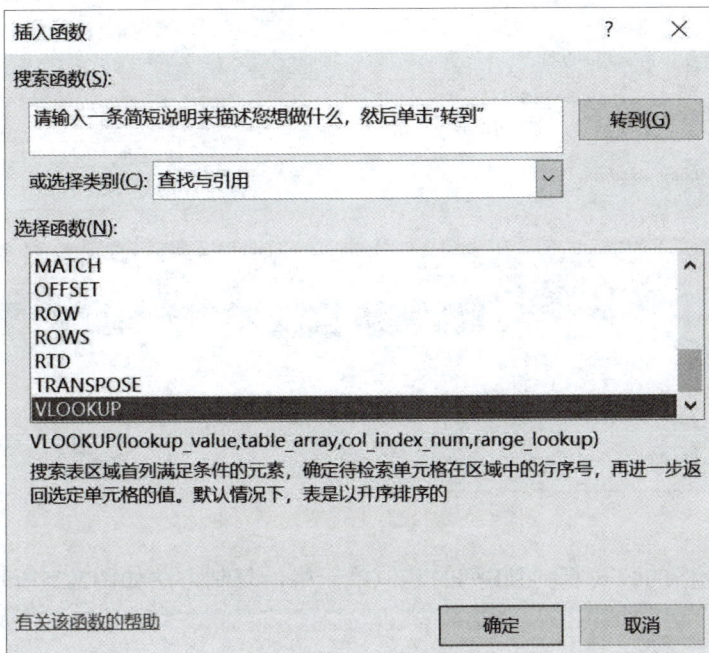

图 2-22　选择函数

④ 输入VLOOKUP()函数中的各参数，如图2-23所示。"D20"为凭证中输入的"科目代码"；A2:B18为需要在其中搜索数据的信息表；"2"为满足条件的单元格在数组区域"A2:B18"中的第2列；"TRUE"表示精准匹配。

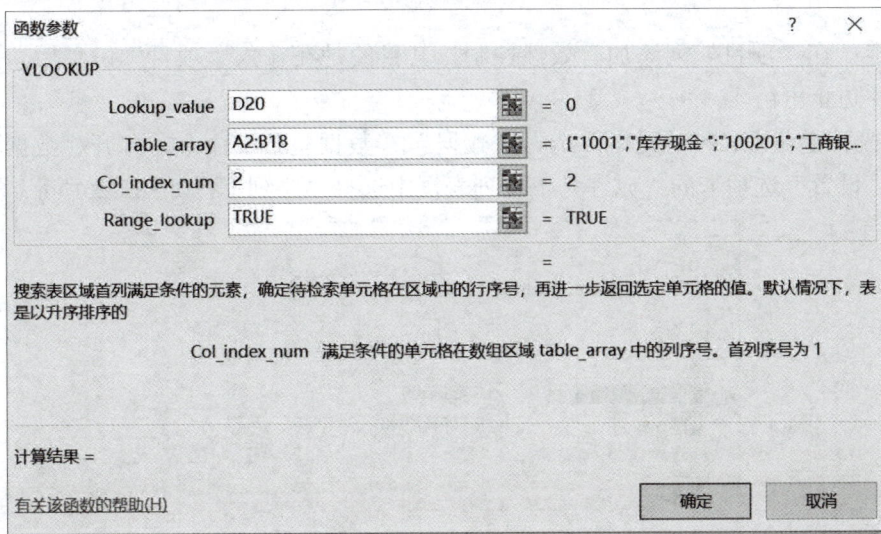

图 2-23　输入参数

⑤ 将相对地址变为绝对地址，如图2-24所示。只有这样才能在将此单元格的公式复制到本列的其他单元格时，该区域始终不变。因为始终要在这个区域中寻找"科目代码"与"科目名称"的对应关系。

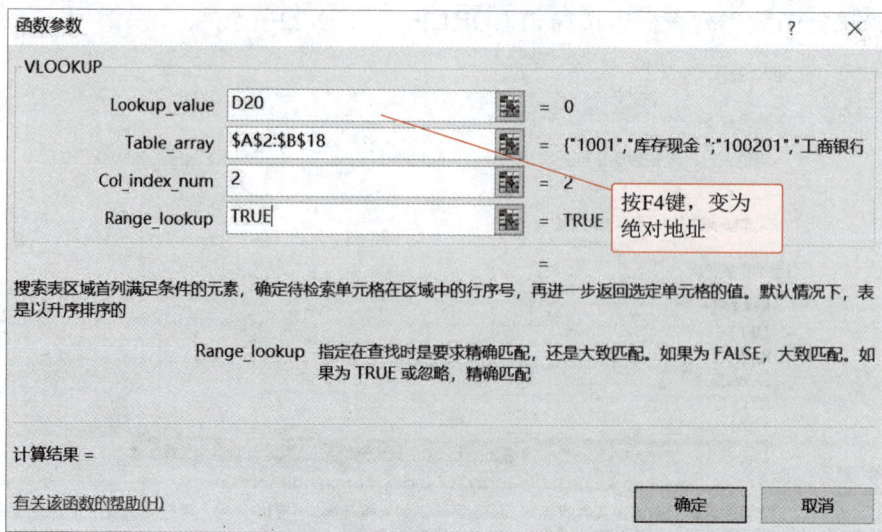

图 2-24　将相对地址变为绝对地址

⑥ 将E20单元格的公式复制到E列的其他单元格，复制方法如图2-25所示。

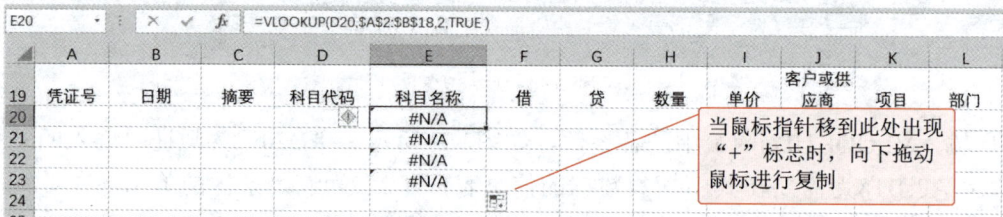

图 2-25　复制公式

第四步：在"项目"列添加有效性控制，其目的是在输入"项目"信息后，计算机能给予提示并防止出错。

① 将光标定位在K20单元格，选择"数据"|"数据验证"命令，打开"数据验证"对话框。在"设置"选项卡的"允许"下拉列表框中选择"序列"，如图2-26所示。

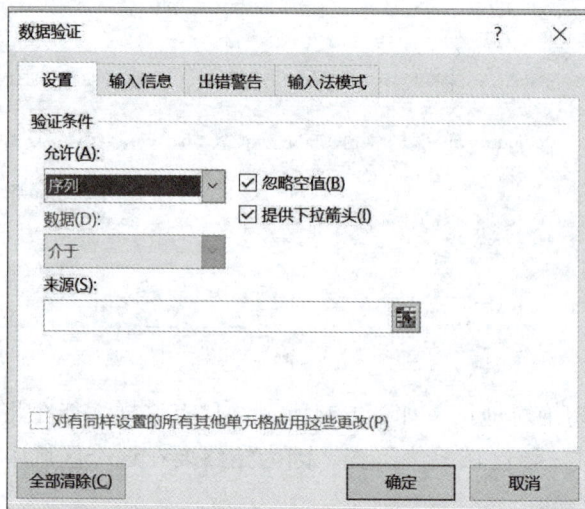

图 2-26　设置验证条件

② 输入费用项目的种类：工资、办公费，如图2-27所示。

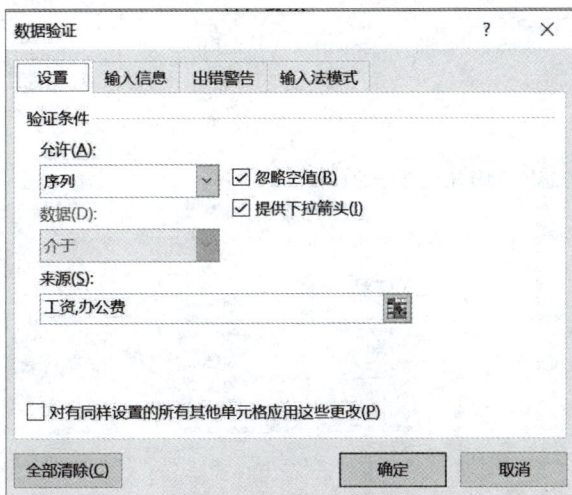

图 2-27　确定来源

③ 将K20单元格的有效性控制复制到K列的其他单元格，复制方法如图2-28所示。

图 2-28　复制公式

第五步：在"部门"列添加有效性控制，具体操作步骤参照第四步。根据背景资料可知，此企业有3个部门——会计部、人力资源部和办公室。

第六步：将光标定位在A20单元格，选择"视图"|"冻结窗格"命令，其目的是在输入凭证时，冻结凭证标题行。再次进行相同的操作，即可撤销冻结。

第七步：输入凭证时，凭证中的每一借方或贷方占一行数据，一张凭证至少占两行数据。

① 输入"凭证号""日期""摘要""科目代码"等凭证信息。注意，"科目代码"为字符型数据，手工输入时，前面加"'"，也可通过选择的方式输入，如图2-29所示。科目名称不必输入可自动带出。

图 2-29　输入凭证信息

② 凭证中的第二行或第三行与第一行相同的部分，可进行复制，如图2-30所示。

	A	B	C	D	E	F	G	H	I	J	K	L
19	凭证号	日期	摘要	科目代码	科目名称	借	贷	数量	单价	客户或供应商	项目	部门
20	1	2023-1-3	提取现金	1001	库存现金							
21	1	2023-1-3	提取现金	100201	工商银行存款							
22					#N/A							
23					#N/A							

数据相同，复制即可

图 2-30　复制数据

③ 输入所有凭证信息，如图2-31所示。

	A	B	C	D	E	F	G	H	I	J	K	L	M
19	凭证号	日期	摘要	科目代码	科目名称	借	贷	余额	数量	单价	客户或供应商	项目	部门
20	1	2023-1-3	提取现金	1001	库存现金	2000		2000					
21	1	2023-1-3	提取现金	100201	工商银行存款		2000	-2000					
22	2	2023-1-10	代垫运费	1122	应收账款	20000		20000	100	100			
23	2	2023-1-10	代垫运费	100201	工商银行存款		20000	-20000					
24	3	2023-1-13	销售产品	1122	应收账款	12000		12000					
25	3	2023-1-13	销售产品	6001	主营业务收入		12000	-12000			华夏商场		
26	4	2023-1-15	销售产品	100202	建设银行存款	7200		7200					
27	4	2023-1-15	销售产品	6001	主营业务收入		7200	-7200					
28	5	2023-1-27	结转销售成本	6401	主营业务成本	16000		16000					
29	5	2023-1-27	结转销售成本	1405	库存商品		16000	-16000	80	100			
30	6	2023-1-28	报销办公费	6602	管理费用	1400		1400				办公费	人力资源部
31	6	2023-1-28	报销办公费	6602	管理费用	1200		1200				办公费	会计部
32	6	2023-1-28	发奖金	6602	管理费用	1000		1000				工资	人力资源部
33	6	2023-1-28	报销办公费	6602	管理费用	1000		1000				办公费	办公室
34	6	2023-1-28	发奖金	6602	管理费用	800		800				工资	会计部
35	6	2023-1-28	发奖金	6602	管理费用	600		600				工资	办公室
36	6	2023-1-28		100201	工商银行存款		6000	-6000					
37	7	2023-1-28	发工资	6602	管理费用	10000		10000				工资	办公室
38	7	2023-1-28	发工资	6602	管理费用	8000		8000				工资	会计部
39	7	2023-1-28	发工资	6602	管理费用	6000		6000				工资	人力资源部
40	7	2023-1-28	发工资	100202	建设银行存款		24000	-24000					
41	8	2023-1-28	销售产品	1122	应收账款	400000		400000					
42	8	2023-1-28	销售产品	6001	主营业务收入		400000	-400000					
43	9	2023-1-28	结转销售成本	6401	主营业务成本	100000		100000					
44	9	2023-1-28	结转销售成本	1405	库存商品		100000	-100000					
45	10	2023-1-28	结转利润	6001	主营业务收入	419200		419200					
46	10	2023-1-28	结转利润	6401	主营业务成本		116000	-116000					
47	10	2023-1-28	结转利润	6602	管理费用		30000	-30000					
48	10	2023-1-28	结转利润	4103	本年利润		273200	-273200					

图 2-31　输入所有凭证信息

2. 凭证查询

利用Excel的筛选功能，可以实现凭证查询。首先选择凭证标题行，然后选择“数据”|“排序和筛选”|“筛选”命令，进入筛选状态，如图2-32所示。

	A	B	C	D	E	F	G	H	I	J	K	L	M
19	凭证	日期	摘要	科目代	科目名称	借	贷	余额	数	单	客户或供应商	项	部门
20	1	2023-1-3	提取现金	1001	库存现金	2000		2000					
21	1	2023-1-3	提取现金	100201	工商银行存款		2000	-2000					
22	2	2023-1-10	代垫运费	1122	应收账款	20000		20000	100	100			
23	2	2023-1-10	代垫运费	100201	工商银行存款			-20000					
24	3	2023-1-13	销售产品	1122	应收账款			12000					
25	3	2023-1-13	销售产品	6001	主营业务收入		12000	-12000			华夏商场		
26	4	2023-1-15	销售产品	100202	建设银行存款	7200		7200					
27	4	2023-1-15	销售产品	6001	主营业务收入		7200	-7200					
28	5	2023-1-27	结转销售成本	6401	主营业务成本	16000		16000					
29	5	2023-1-27	结转销售成本	1405	库存商品		16000	-16000	80	100			
30	6	2023-1-28	报销办公费	6602	管理费用	1400		1400				办公费	人力资源部
31	6	2023-1-28	报销办公费	6602	管理费用	1200		1200				办公费	会计部
32	6	2023-1-28	发奖金	6602	管理费用	1000		1000				工资	人力资源部
33	6	2023-1-28	报销办公费	6602	管理费用	1000		1000				办公费	办公室
34	6	2023-1-28	发奖金	6602	管理费用	800		800				工资	会计部
35	6	2023-1-28	发奖金	6602	管理费用	600		600				工资	办公室
36	6	2023-1-28		100201	工商银行存款		6000	-6000					
37	7	2023-1-28	发工资	6602	管理费用	10000		10000				工资	办公室
38	7	2023-1-28	发工资	6602	管理费用	8000		8000				工资	会计部
39	7	2023-1-28	发工资	6602	管理费用	6000		6000				工资	人力资源部
40	7	2023-1-28	发工资	100202	建设银行存款		24000	-24000					
41	8	2023-1-28	销售产品	1122	应收账款	400000		400000					
42	8	2023-1-28	销售产品	6001	主营业务收入		400000	-400000					
43	9	2023-1-28	结转销售成本	6401	主营业务成本	200000		200000					
44	9	2023-1-28	结转销售成本	1405	库存商品		200000	-200000					

筛选状态

图 2-32　进入筛选状态

❖ 特别提醒：

如果要退出筛选状态，再次选择“数据”|“排序和筛选”|“筛选”命令即可。

实训任务

按凭证号查询凭证。例如，查询凭证号为"3"的凭证。

实训指引

单击"凭证号"右侧的下三角按钮，选择"3"，如图2-33所示。

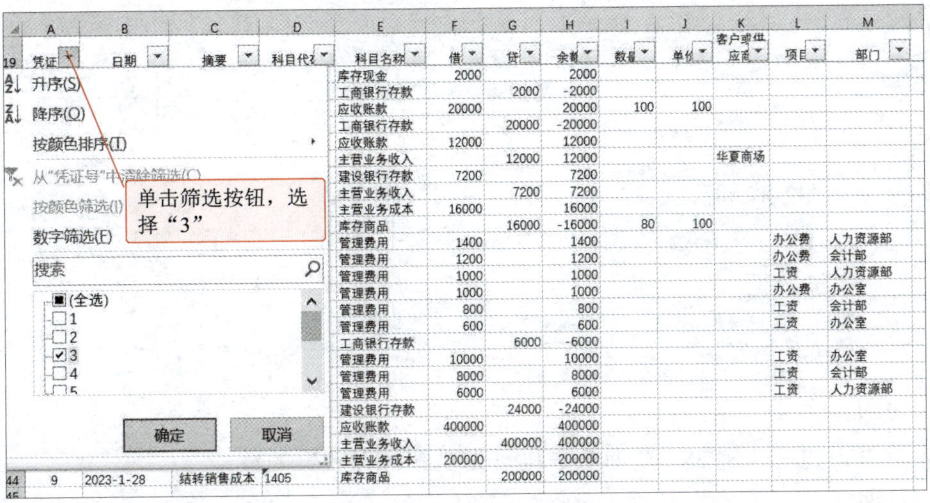

图 2-33　按凭证号查询凭证

查询结果如图2-34所示。

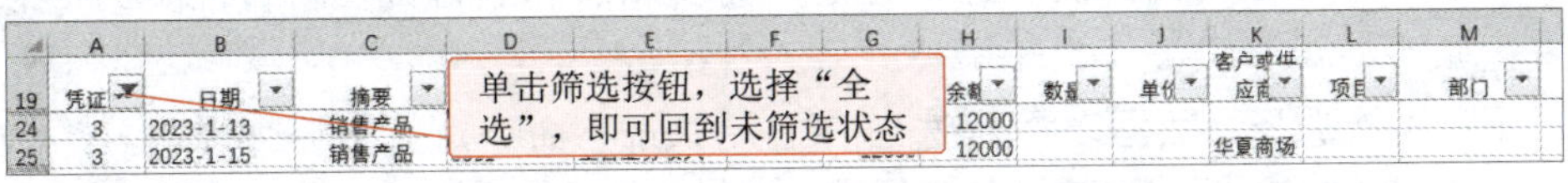

图 2-34　查询结果

实训任务

按日期查询凭证。例如，查询2003年1月1日至2003年1月15日的凭证。

实训指引

第一步：单击"日期"右侧的下三角按钮，选择"文本筛选"|"自定义筛选"命令，如图2-35所示。

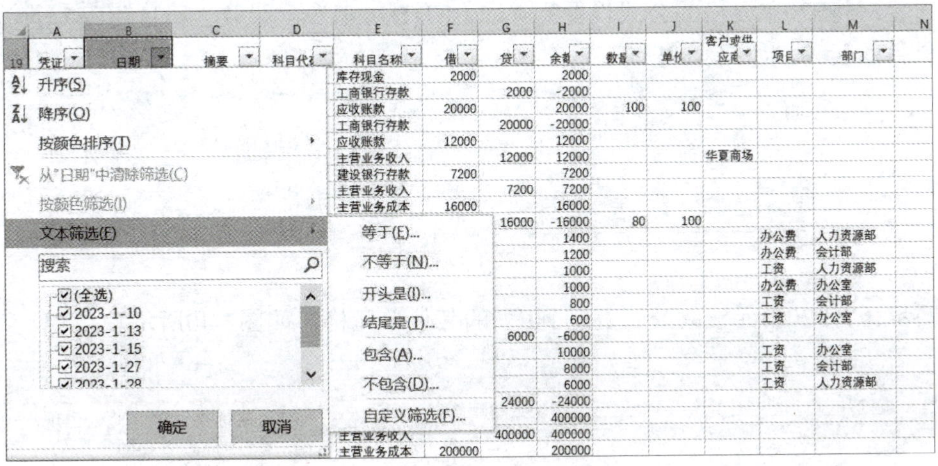

图 2-35　自定义筛选

第二步：输入筛选条件，如图2-36所示。

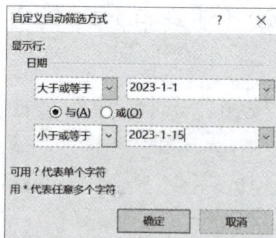

图 2-36　输入筛选条件

查询结果如图2-37所示。

图 2-37　查询结果

实训任务

按科目查询凭证。例如，查询总账科目为"银行存款"的凭证。

实训指引

(1) 加入总账科目及科目性质的信息。

为了能以总账科目及科目性质查询凭证，需要加入总账科目及科目性质的信息，加入的操作过程如下。

第一步：再次选择"数据"|"筛选"|"自动筛选"命令，退出筛选状态。

第二步：将光标定位在"科目名称"列，选择"插入"|"列"命令，在"科目名称"列左侧插入两列，如图2-38所示。

图 2-38　插入列

第三步：将F20单元格的公式设置为"=LEFT(D20,4)"，即取"科目代码"的前四位作为总账科目的代码，如图2-39所示。

图 2-39　设置公式

第四步：将F20单元格的公式复制到F列的其他单元格，如图2-40所示。

图 2-40　复制公式

第五步：将E20单元格的公式设置为"=LEFT(D20，1)"，即取"科目代码"的第一位作为科目性质的代码，如图2-41所示。"1"代表资产类，"2"代表负债类，"4"代表所有者权益类，"5"代表成本类，"6"代表损益类。

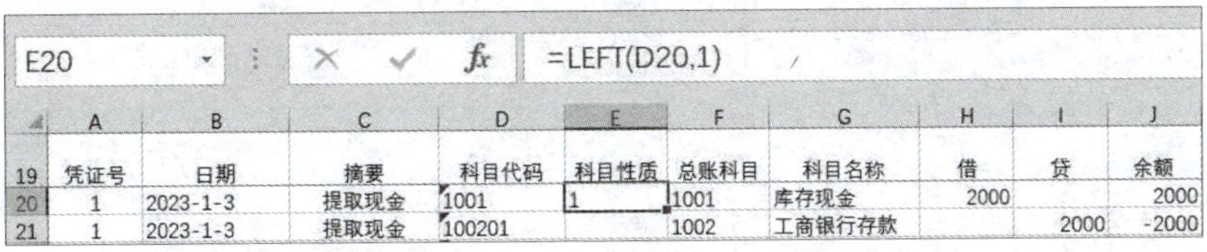

图 2-41 设置公式

第六步：将E20单元格的公式复制到E列的其他单元格，如图2-42所示。

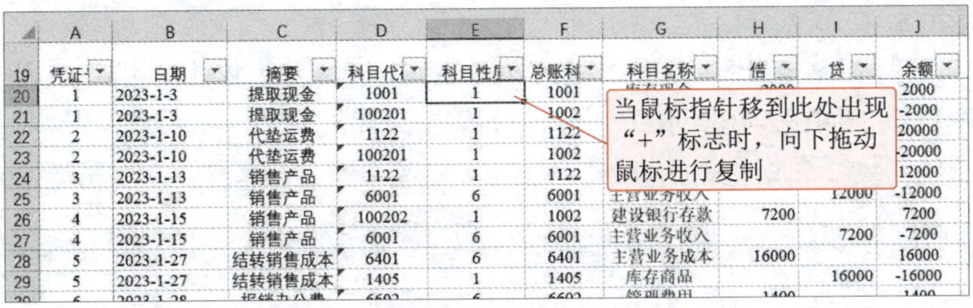

图 2-42 复制公式

总账科目及科目性质的信息加入完毕后，即可按总账科目与科目性质进行凭证查询。

(2) 查询凭证。

第一步：选择凭证标题行，然后选择"数据"|"筛选"|"自动筛选"命令，进入筛选状态，如图2-43所示。

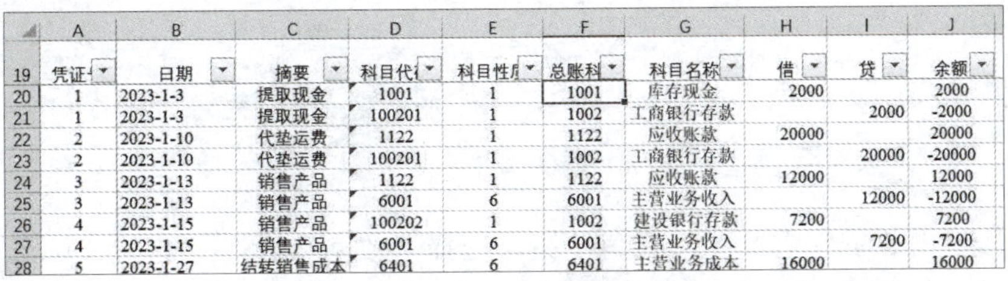

图 2-43 进入筛选状态

第二步：单击"总账科目"右侧的下三角按钮，然后选择银行存款的科目代码"1002"，如图2-44所示。

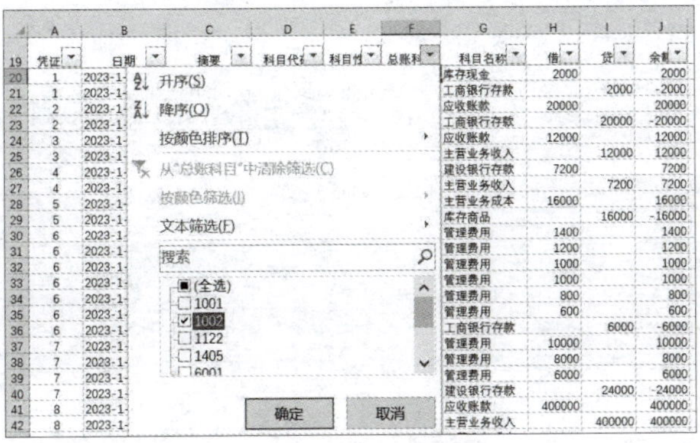

图 2-44 设置查询条件

查询结果如图2-45所示。

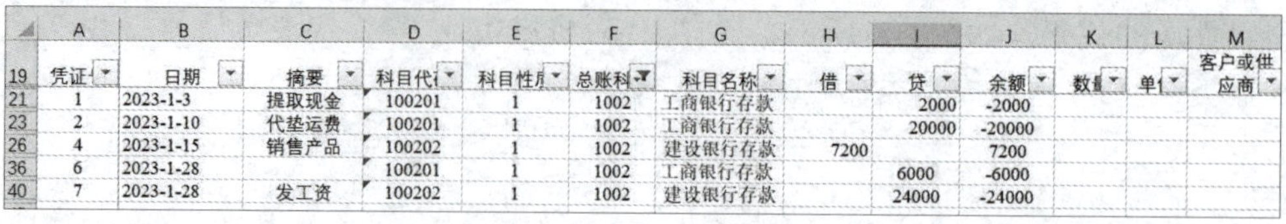

	A	B	C	D	E	F	G	H	I	J	K	L	M
19	凭证▼	日期▼	摘要▼	科目代▼	科目性质▼	总账科▼	科目名称▼	借▼	贷▼	余额▼	数量▼	单1▼	客户或供应商▼
21	1	2023-1-3	提取现金	100201	1	1002	工商银行存款		2000	-2000			
23	2	2023-1-10	代垫运费	100201	1	1002	工商银行存款		20000	-20000			
26	4	2023-1-15	销售产品	100202	1	1002	建设银行存款	7200		7200			
36	6	2023-1-28		100201	1	1002	工商银行存款		6000	-6000			
40	7	2023-1-28	发工资	100202	1	1002	建设银行存款		24000	-24000			

图 2-45　查询结果

实训任务

按金额查询凭证。例如，查询银行存款支出大于或等于20000元的凭证(依照上述查询结果继续操作)。

实训指引

第一步：银行存款支出在贷方，借方为"空白"，因此单击"借"右侧的下三角按钮，选择"空白"，如图2-46所示。

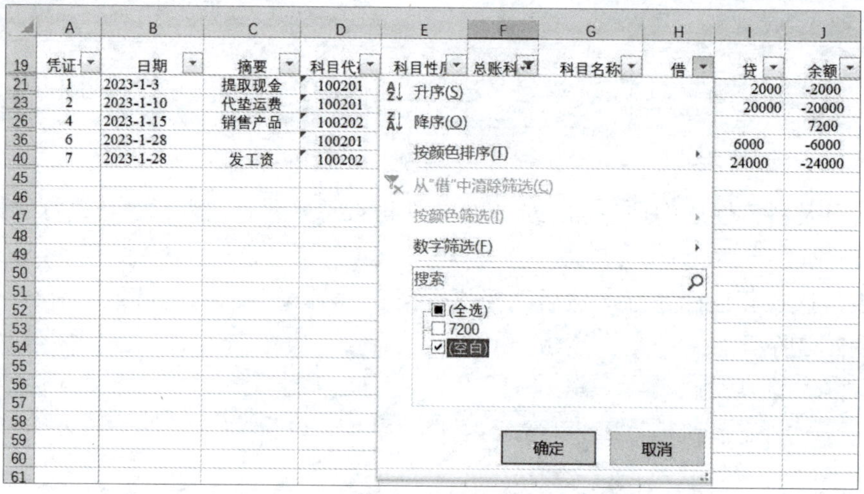

图 2-46　设置查询条件

第二步：单击"贷"右侧的下三角按钮，选择"数字筛选"|"自定义筛选"命令，如图2-47所示。

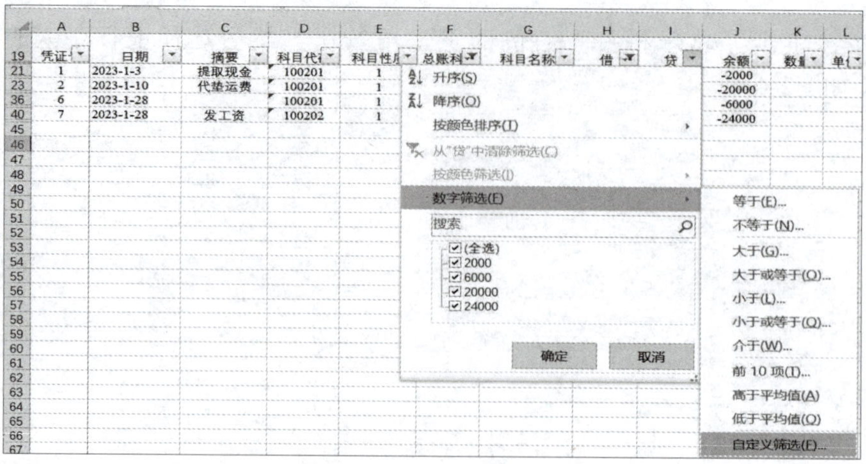

图 2-47　自定义筛选

第三步：输入"银行存款"支出大于或等于20000元的筛选条件，如图2-48所示。

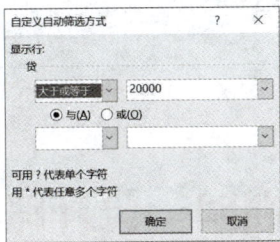

图 2-48　输入筛选条件

查询结果如图2-49所示。

	A	B	C	D	E	F	G	H	I	J
19	凭证	日期	摘要	科目代	科目性质	总账科	科目名称	借	贷	余额
23	2	2023-1-10	代垫运费	100201	1	1002	工商银行存款		20000	-20000
40	7	2023-1-28	发工资	100202	1	1002	建设银行存款		24000	-24000
45										

图 2-49　查询结果

实训任务

按部门或项目查询凭证。例如，查询"会计部"的各项费用支出。

实训指引

第一步：进入筛选状态，如图2-50所示。

图 2-50　进入筛选状态

第二步：单击"部门"右侧的下三角按钮，选择"会计部"，如图2-51所示。

图 2-51　设置筛选条件

查询结果如图2-52所示。

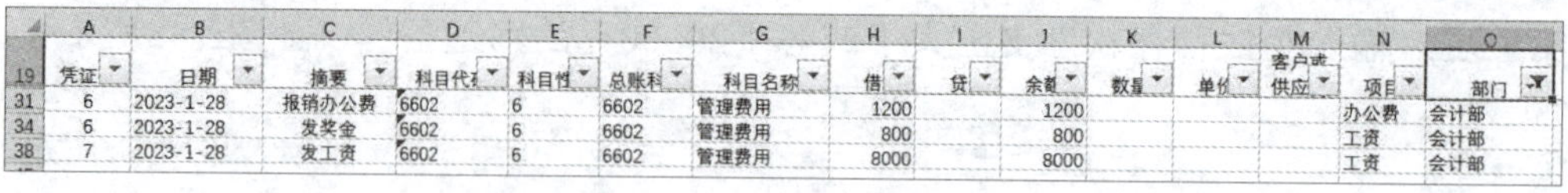

图 2-52　查询结果

实训四　会计账簿

❖ **特别提醒：**

本节中的明细账与总账是依据上节输入的凭证形成的，因此本节介绍的操作过程是上节操作过程的延续。

1. SUMIF()函数简介

SUMIF()函数的语法格式如下。

SUMIF(Range, Criteria, Sum_range)

参数说明如下。

- Range：要进行计算的单元格区域。
- Criteria：数字、文字或表达式形式的判定条件。
- Sum_range：用于求和计算的实际单元格。

SUMIF()函数的功能：在Range数据区找到与Criteria匹配的单元格，对Sum_range区域中与此单元格对应的单元格进行求和。

例如，将B5单元格的公式设置为"=SUMIF(A1:A4," a ",B1:B4)"，用于在A1:A4区域中找到值为"a"的单元格，然后对这些单元格在B1:B4区域对应单元格的值进行求和，如图2-53所示。

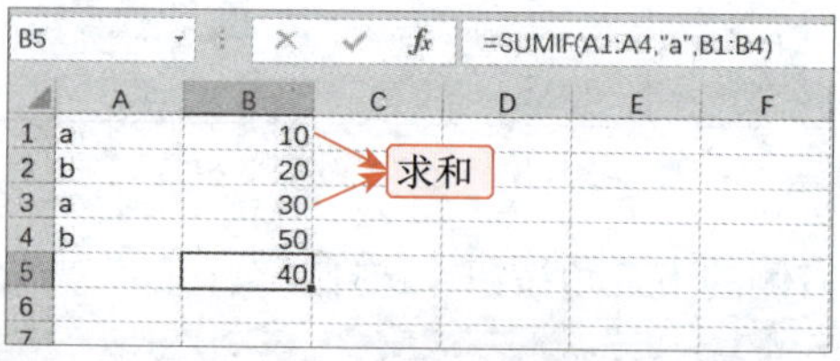

图 2-53　函数功能演示

2. 利用SUMIF()函数计算明细科目的发生额与余额

第一步：将光标定位在D2单元格，选择"公式"|"插入函数"命令，如图2-54所示。

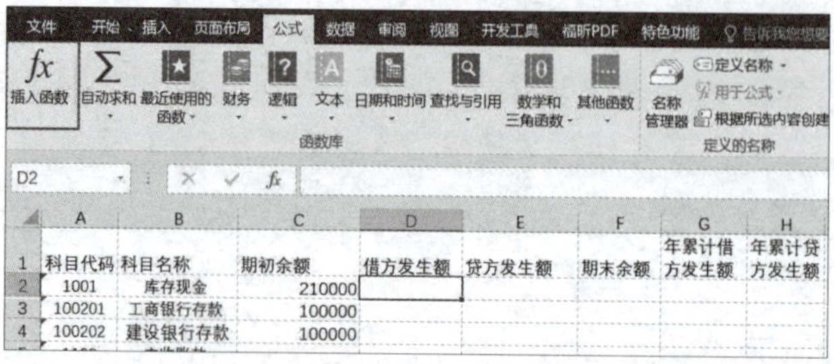

图 2-54　插入函数

第二步：在"插入函数"对话框的"或选择类别"下拉列表框中选择"数学与三角函数"，然后在"选择函数"列表框中选择SUMIF()函数，如图2-55所示。

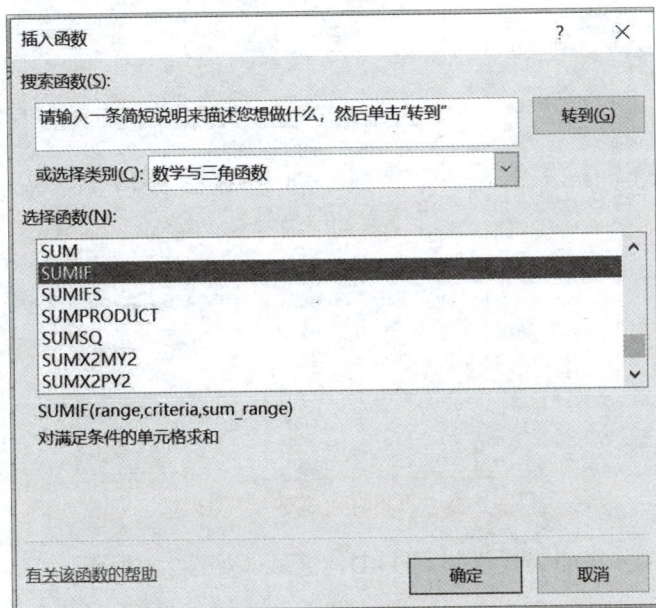

图 2-55 选择函数

第三步：输入SUMIF()函数中的各参数，如图2-56所示。D20:D2000为凭证数据的"科目代码"区域；A2为"科目代码"；H20:H2000为凭证数据的"借方"发生额区域，如图2-57所示。凭证数据区应尽量大一些，以保证新输入的凭证包含在此区域中，便于输入凭证后，计算机自动计算每个明细科目的借、贷发生额及余额。

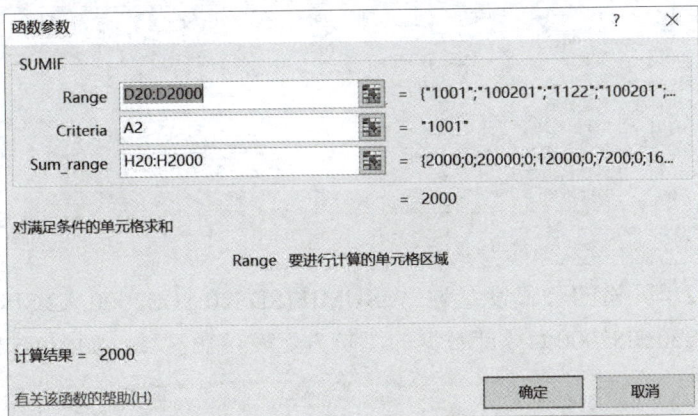

图 2-56 输入函数参数

	A	B	C	D	E	F	G	H	I
19	凭证号	日期	摘要	科目代码	科目性质	总账科目	科目名称	借	贷
20	1	2023-1-3	提取现金	1001	1	1001	库存现金	2000	
21	1	2023-1-3	提取现金	100201	1	1002	工商银行存款		2000
22	2	2023-1-10	采购产品	1122	1	1122	应收账款	20000	

图 2-57 参数说明

第四步：按F4键，将相对地址变为绝对地址，以保证在复制此公式时，Range和Sum_range区域保持不变，如图2-58所示。

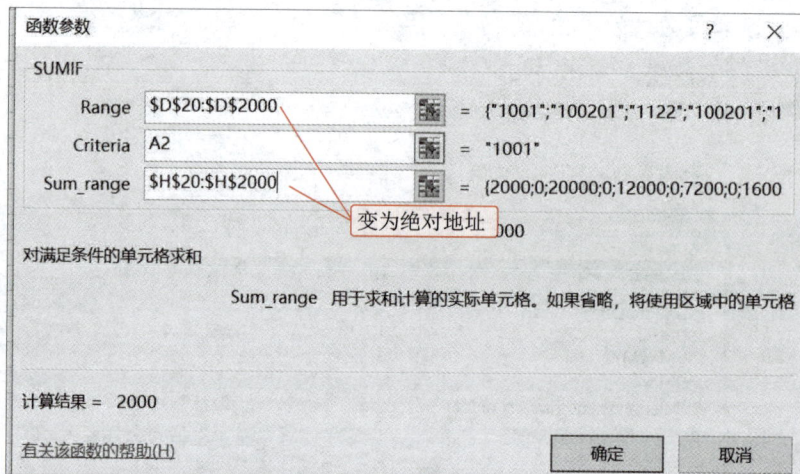

图2-58　将相对地址变为绝对地址

第五步：将D2单元格的公式复制到D3:D18区域，如图2-59所示。

图2-59　复制公式

第六步：将E2单元格的公式设置为"=SUMIF($D$20:$D$2000,A2,$I$20:$I$2000)"，如图2-60所示。$I$20:$I$2000为凭证数据的"贷方"发生额区域，如图2-57所示。

图2-60　设置公式

第七步：将E2单元格的公式复制到E3:E18区域，如图2-61所示。

	A	B	C	D	E	F	G	H
1	科目代码	科目名称	期初余额	借方发生额	贷方发生额	期末余额	年累计借方发生额	年累计贷方发生额
2	1001	库存现金	210000	2000	0			
3	100201	工商银行存款	100000	0	28000			
4	100202	建设银行存款	100000	7200	24000			
5	1122	应收账款		432000	0			
6	1405	库存商品	200000	0	116000			
7	1601	固定资产		0	0			
8	2001	短期借款		0	0			
9	2202	应付账款	-10000	0	0			
10	2205	预收账款		0	0			
11	2601	长期借款	-200000	0	0			
12	4001	实收资本	-400000	0	0			
13	4103	本年利润		0	273200			
14	4104	利润分配		0	0			
15	410401	未分配利润		0	0			
16	6001	主营业务收入		419200	419200			
17	6401	主营业务成本		116000	116000			
18	6602	管理费用		30000	30000			

图 2-61　复制公式

第八步：将F2单元格的公式设置为“=C2+D2－E2”，并将F2单元格的公式复制到F3:F18区域，如图2-62所示。

F2　=C2+D2-E2

	A	B	C	D	E	F	G	H
1	科目代码	科目名称	期初余额	借方发生额	贷方发生额	期末余额	年累计借方发生额	年累计贷方发生额
2	1001	库存现金	210000	2000	0	212000		
3	100201	工商银行存款	100000	0	28000	72000		
4	100202	建设银行存款	100000	7200	24000	83200		
5	1122	应收账款		432000	0	432000		

图 2-62　设置并复制 F2 单元格的公式

第九步：将G2单元格的公式设置为“=D2”，并将G2单元格的公式复制到G3:G18区域，如图2-63所示。

G2　=D2

	A	B	C	D	E	F	G	H
1	科目代码	科目名称	期初余额	借方发生额	贷方发生额	期末余额	年累计借方发生额	年累计贷方发生额
2	1001	库存现金	210000	2000	0	212000	2000	
3	100201	工商银行存款	100000	0	28000	72000	0	
4	100202	建设银行存款	100000	7200	24000	83200	7200	
5	1122	应收账款		432000	0	432000	432000	

图 2-63　设置并复制 G2 单元格的公式

第十步：将H2单元格的公式设置为“=E2”，并将H2单元格的公式复制到H3:H18区域，如图2-64所示。

H2　=E2

	A	B	C	D	E	F	G	H
1	科目代码	科目名称	期初余额	借方发生额	贷方发生额	期末余额	年累计借方发生额	年累计贷方发生额
2	1001	库存现金	210000	2000	0	212000	2000	0
3	100201	工商银行存款	100000	0	28000	72000	0	28000
4	100202	建设银行存款	100000	7200	24000	83200	7200	24000
5	1122	应收账款		432000	0	432000	432000	0
6	1405	库存商品	200000	0	116000	84000	0	116000

图 2-64　设置并复制 H2 单元格的公式

最终结果如图2-65所示。

图 2-65　最终结果

用此方法计算各明细科目的余额、发生额，可在凭证输入的同时，随时了解各明细科目的余额及发生额。

3. 利用SUMIF()函数计算按部门或项目进行明细核算的科目的发生额

在此，"管理费用"科目是按"部门"和"项目"进行明细核算的，下面是计算"管理费用"明细发生额的过程。

第一步：双击Sheet2处，将Sheet2工作表命名为"管理费用明细"，如图2-66所示。

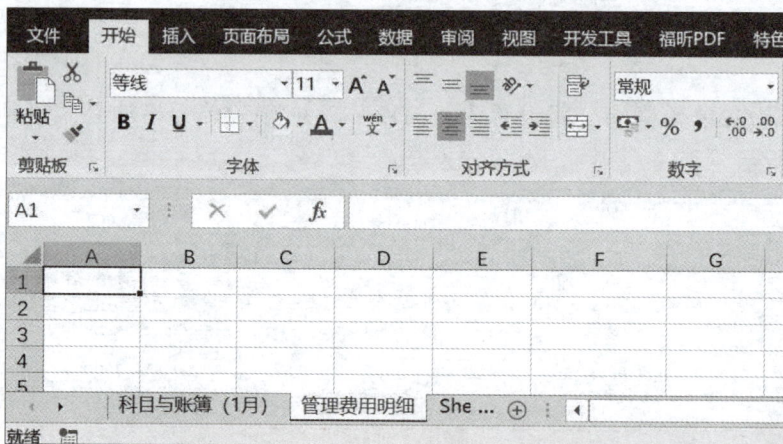

图 2-66　命名工作表

第二步：在此工作表中输入如图2-67所示的信息。

图 2-67　输入信息

第三步：在A2单元格中输入公式“=CONCATENATE(B2,C2,D2)”，用于将B2、C2和D2三个单元格中的字符合并，如图2-68所示。

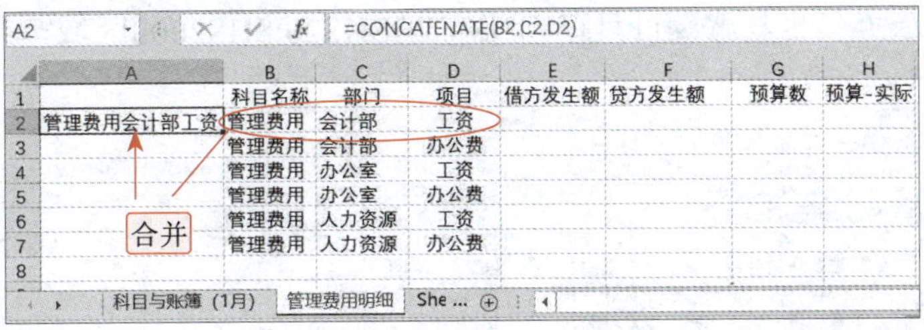

	A	B	C	D	E	F	G	H
1		科目名称	部门	项目	借方发生额	贷方发生额	预算数	预算-实际
2	管理费用会计部工资	管理费用	会计部	工资				
3		管理费用	会计部	办公费				
4		管理费用	办公室	工资				
5		管理费用	办公室	办公费				
6		管理费用	人力资源	工资				
7		管理费用	人力资源	办公费				
8								

图2-68　合并字符

❖ 特别提醒：

若内容合并后存在不可见字符，或者合并内容间出现空格，则可利用公式“concatenate(trim(a1), trim(b1))”消除不可见字符或空格。

第四步：用向下拖动的方式，将A2单元格的公式复制到A列的其他单元格，如图2-69所示。

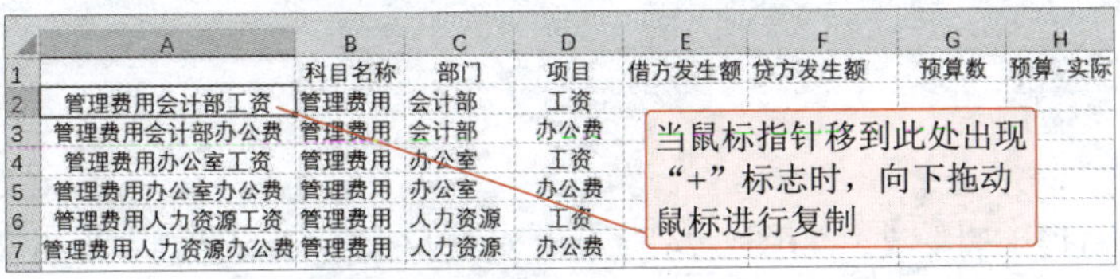

	A	B	C	D	E	F	G	H
1		科目名称	部门	项目	借方发生额	贷方发生额	预算数	预算-实际
2	管理费用会计部工资	管理费用	会计部	工资				
3	管理费用会计部办公费	管理费用	会计部	办公费				
4	管理费用办公室工资	管理费用	办公室	工资				
5	管理费用办公室办公费	管理费用	办公室	办公费				
6	管理费用人力资源工资	管理费用	人力资源	工资				
7	管理费用人力资源办公费	管理费用	人力资源	办公费				

图2-69　复制公式

第五步：打开“科目与账簿(1月)”工作表，在P20单元格中输入公式“=CONCATENATE(G20,O20,N20)”，将“科目名称”“部门”和“项目”的内容合并到P列，如图2-70所示。添加此列的目的是，通过此列利用SUMIF()函数，对不同部门、不同项目的管理费用的借方发生额或贷方发生额进行汇总。

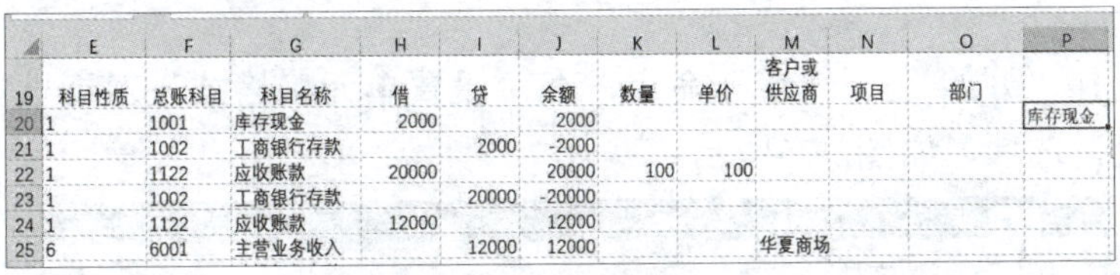

	E	F	G	H	I	J	K	L	M	N	O	P
19	科目性质	总账科目	科目名称	借	贷	余额	数量	单价	客户或供应商	项目	部门	
20	1	1001	库存现金	2000		2000						库存现金
21	1	1002	工商银行存款		2000	-2000						
22	1	1122	应收账款	20000		20000	100	100				
23	1	1002	工商银行存款		20000	-20000						
24	1	1122	应收账款	12000		12000						
25	6	6001	主营业务收入		12000	12000			华夏商场			

图2-70　添加P列

第六步：用向下拖动的方式，将P20单元格的公式复制到P列的其他单元格，如图2-71所示。

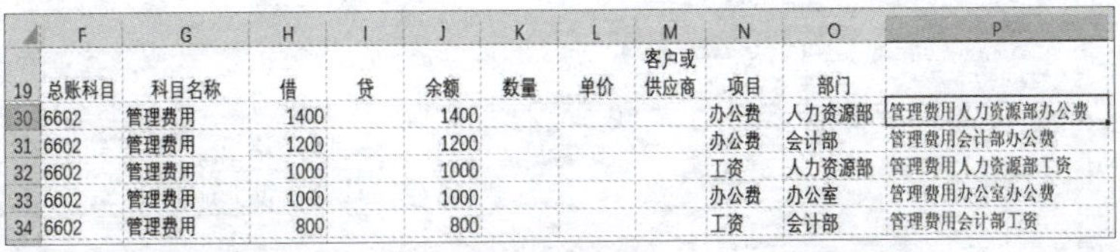

	F	G	H	I	J	K	L	M	N	O	P
19	总账科目	科目名称	借	贷	余额	数量	单价	客户或供应商	项目	部门	
30	6602	管理费用	1400		1400				办公费	人力资源部	管理费用人力资源部办公费
31	6602	管理费用	1200		1200				办公费	会计部	管理费用会计部办公费
32	6602	管理费用	1000		1000				工资	人力资源部	管理费用人力资源部工资
33	6602	管理费用	1000		1000				办公费	办公室	管理费用办公室办公费
34	6602	管理费用	800		800				工资	会计部	管理费用会计部工资

图2-71　复制公式

第七步：打开“管理费用明细”工作表。将E2单元格的公式设置为“=SUMIF ('科目与账簿(1月)'!$P$20:$P$2000,管理费用明细!A2,'科目与账簿(1月)'!$H$20:$H$2000)”，如图2-72所示。其中,'科目与账簿(1月)'!$P$20:$P$2000表示"会计科目与账簿(1月)"工作表的$P$20:$P$2000区域,即"科目名称""部门"及"项目"的合并区。'科目与账簿(1月)'!$H$20:$H$2000表示"科目与账簿(1月)"工作表的$H$20:$H$2000区域,此区域为凭证的借方发生额。

图2-72 输入公式

第八步:用向下拖动的方式,将E2单元格的公式复制到E列的其他单元格,如图2-73所示。

图2-73 复制公式

第九步:选择H2:H7区域,如图2-74所示。对此区域进行设置,当某部门的某项管理费用超出预算时,通过显示红色文字进行提醒。

图2-74 选择区域

第十步:选择"开始"|"数字"命令,在"设置单元格格式"对话框的"数字"选项卡中选择"数值"选项,如图2-75所示。

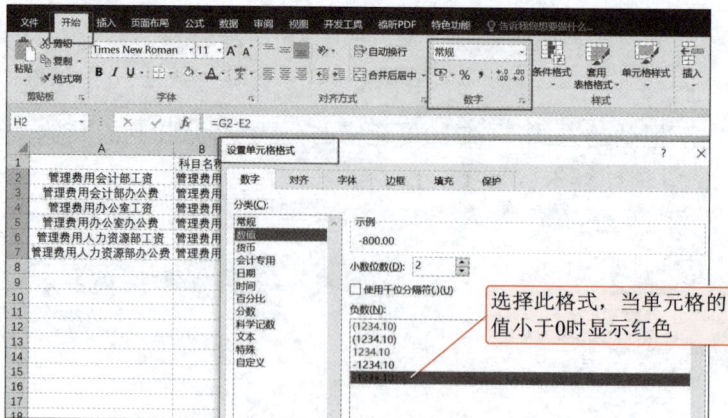

图2-75 设置单元格格式

最终结果如图2-76所示。

	A	B	C	D	E	F	G	H
1		科目名称	部门	项目	借方发生额	贷方发生额	预算数	预算-实际
2	管理费用会计部工资	管理费用	会计部	工资	8800		8000	-800.00
3	管理费用会计部办公费	管理费用	会计部	办公费	1200		1300	100.00
4	管理费用办公室工资	管理费用	办公室	工资	10600		10000	-600.00
5	管理费用办公室办公费	管理费用	办公室	办公费	1000		1000	0.00
6	管理费用人力资源部工资	管理费用	人力资源部	工资	7000		7200	200.00
7	管理费用人力资源部办公费	管理费用	人力资源部	办公费	1400		1500	100.00

图 2-76　最终结果

这样，当进行凭证输入时，可随时监控费用是否超出预算及超出多少预算。

4. 利用SUMIF()函数计算总账科目的发生额与余额

第一步：在I2单元格中输入公式"=LEFF(A2,4)"，即取明细科目代码的前四位作为总账科目的代码，如图2-77所示。

I2		× ✓ fx	=LEFT(A2,4)					
	A	B	C	D	E	F	G	H	I
1	科目代码	科目名称	期初余额	借方发生额	贷方发生额	期末余额	年累计借方发生额	年累计贷方发生额	总账科目
2	1001	库存现金	210000	2000	0	212000	2000	0	1001
3	100201	工商银行存款	100000	0	28000	72000	0	28000	
4	100202	建设银行存款	100000	7200	24000	83200	7200	24000	
5	1122	应收账款		432000	0	432000	432000	0	

图 2-77　输入公式

第二步：用向下拖动的方式，将I2单元格的公式复制到I列的其他单元格，如图2-78所示。此列的作用是以此列取出的总账科目代码为依据，利用SUMIF()函数对明细科目的借方发生额、贷方发生额等进行汇总，以形成总账科目的借方发生额、贷方发生额等。

	A	B	C	D	E	F	G	H	I
1	科目代码	科目名称	期初余额	借方发生额	贷方发生额	期末余额	年累计借方发生额	年累计贷方发生额	总账科目
2	1001	库存现金	210000	2000	0	212000	2000	0	1001
3	100201	工商银行存款	100000	0	28000	72000	0	28000	1002
4	100202	建设银行存款	100000	7200	24000	83200	7200	24000	1002
5	1122	应收账款		432000	0	432000	432000	0	1122
6	1405	库存商品	200000	0	216000	-16000	0	216000	1405

图 2-78　复制公式

第三步：输入总账科目代码和名称等信息，如图2-79所示。

	J	K	L	M	N	O	P	Q
1	总账科目代码	总账科目名称	期初余额	借方发生额	贷方发生额	期末余额	年累计借方发生	年累计贷方发生
2	1001	库存现金						
3	1002	银行存款						
4	1122	应收账款						
5	1405	库存商品						
6	1601	固定资产						
7	2001	短期借款						
8	2202	应付账款						
9	2205	预收账款						
10	2601	长期借款						
11	4001	实收资本						
12	4103	本年利润						
13	4104	利润分配						
14	6001	主营业务收入						
15	6401	主营业务成本						
16	6602	管理费用						

图 2-79　输入信息

第四步：在L2单元格中输入公式"=SUMIF($I$2:$I$18,J2,$C$2:$C$18)"，如图2-80所示。将此公式复制到L列的其他单元格。

	J	K	L	M	N	O	P	Q
1	总账科目代码	总账科目名称	期初余额	借方发生额	贷方发生额	期末余	年累计借方发生额	年累计贷方发生额
2	1001	库存现金	210000					
3	1002	银行存款						
4	1122	应收账款						
5	1405	库存商品						
6	1601	固定资产						
7	2001	短期借款						
8	2202	应付账款						
9	2205	预收账款						

图 2-80　输入公式

第五步：按照同样的方法，可分别得出总账科目的"借方发生额""贷方发生额""期末余额""年累计借方发生额"和"年累计贷方发生额"，如图2-81所示。

	I	J	K	L	M	N	O	P
1	总账科目代码	总账科目名称	期初余额	借方发生额	贷方发生额	期末余额	年累计借方发生额	年累计贷方发生额
2	1001	库存现金	210000	2000	0	212000	2000	0
3	1002	银行存款	200000	7200	52000	155200	7200	52000
4	1122	应收账款	0	432000	0	432000	432000	0
5	1405	库存商品	200000	0	116000	84000	0	116000
6	1601	固定资产	0					
7	2001	短期借款	0					
8	2202	应付账款	-10000			-10000		
9	2205	预收账款	0					
10	2601	长期借款	-200000			-200000		
11	4001	实收资本	-400000			-400000		
12	4103	本年利润	0		273200	-273200		273200
13	4104	利润分配	0					
14	6001	主营业务收	0		419200	-412900	0	419200
15	6401	主营业务成	0	116000	0	116000	116000	0
16	6602	管理费用	0	30000	0	30000	30000	0

图 2-81　计算数据

5. 利用分类汇总功能计算明细科目的余额与发生额

第一步：将各明细科目的期初数据与凭证发生数据放在同一区域，如图2-82所示。

	A	B	C	D	E	F	G	H	I
19	凭证号	日期	摘要	科目代码	科目性质	总账科目	科目名称	借	贷
20	0	2023-1-1	期初余额	1001	1	1001	库存现金	210000	
21	0	2023-1-1	期初余额	100201	1	1002	工商银行存款	100000	
22	0	2023-1-1	期初余额	100202	1	1002	建设银行存款	100000	
23	0	2023-1-1	期初余额	1405	1	1405	库存商品	200000	
24	0	2023-1-1	期初余额	2202	2	2202	应付账款		10000
25	0	2023-1-1	期初余额	2601	2	2601	长期借款		200000
26	0	2023-1-1	期初余额	4001	4	4001	实收资本		400000
27	1	2023-1-3	提取现金	1001	1	1001	库存现金	2000	
28	1	2023-1-3	提取现金	100201	1	1002	工商银行存款		2000

图 2-82　调整区域

第二步：将光标定位在J列，选择"插入"|"列"命令，插入"余额"列，此列数据为"借"与"贷"的差额。因此，若数据为正，则表示借方余额；若数据为负，则表示贷方余额，如图2-83所示。

	A	B	C	D	E	F	G	H	I	J
19	凭证号	日期	摘要	科目代码	科目性质	总账科目	科目名称	借	贷	余额
20	0	2023-1-1	期初余额	1001	1	1001	库存现金	210000		210000
21	0	2023-1-1	期初余额	100201	1	1002	工商银行存款	100000		100000
22	0	2023-1-1	期初余额	100202	1	1002	建设银行存款	100000		100000
23	0	2023-1-1	期初余额	1405	1	1405	库存商品	200000		200000
24	0	2023-1-1	期初余额	2202	2	2202	应付账款		10000	-10000
25	0	2023-1-1	期初余额	2601	2	2601	长期借款		200000	-200000
26	0	2023-1-1	期初余额	4001	4	4001	实收资本		400000	-400000
27	1	2023-1-3	提取现金	1001	1	1001	库存现金	2000		2000
28	1	2023-1-3	提取现金	100201	1	1002	工商银行存款		2000	-2000
29	2	2023-1-10	采购产品	1122	1	1122	应收账款	20000		20000
30	2	2023-1-10	采购产品	100201	1	1002	工商银行存款		20000	-20000
31	3	2023-1-13	销售产品	1122	1	1122	应收账款	12000		12000
32	3	2023-1-13	销售产品	6001			主营业务收入		12000	12000

图 2-83 插入余额列

第三步：将光标定位在A20单元格，选择"数据"|"排序"命令，设置主要关键字为"科目代码"，并对其进行升序排序，如图2-84和图2-85所示。排序结果如图2-86所示。若要计算各明细科目的发生额，就要以"科目代码"为关键字对"借""贷"数据进行分类汇总，在分类汇总之前，应以"科目代码"作为关键字进行排序。

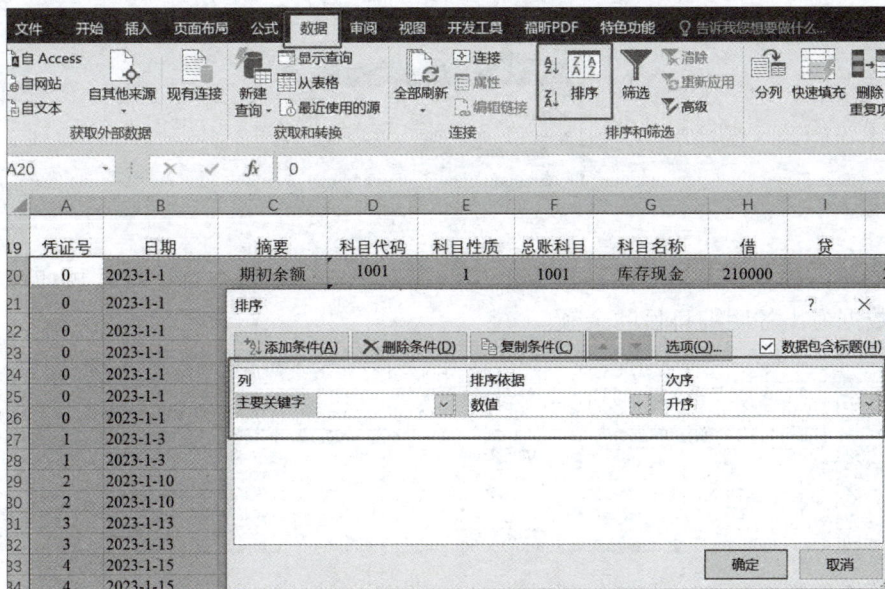

图 2-84 "排序"对话框

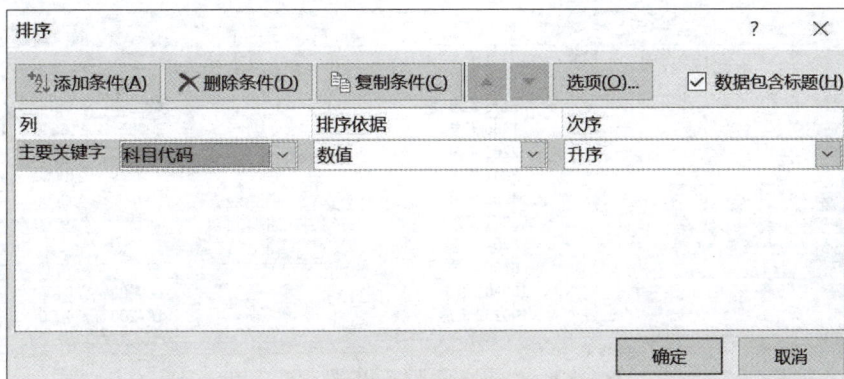

图 2-85 设置排序条件

	A	B	C	D	E	F	G	H	I	J
19	凭证号	日期	摘要	科目代码	科目性质	总账科目	科目名称	借	贷	余额
20	0	2023-1-1	期初余额	1001	1	1001	库存现金	210000		210000
21	1	2023-1-3	提取现金	1001	1	1001	库存现金	2000		2000
22	2	2023-1-10	采购产品	1122	1	1122	应收账款	20000		20000
23	3	2023-1-13	销售产品	1122	1	1122	应收账款	12000		12000
24	8	2023-1-28	销售产品	1122	1	1122	应收账款	400000		400000
25	0	2023-1-1	期初余额	1405	1	1405	库存商品	200000		200000
26	5	2023-1-27	结转销售成本	1405	1	1405	库存商品		16000	-16000

图 2-86　排序结果

第四步：将光标定位在A20单元格，选择"数据"|"分类汇总"命令，设置分类字段为"科目代码"，汇总方式为"求和"，选定汇总项为"借""贷""余额"，如图2-87所示。

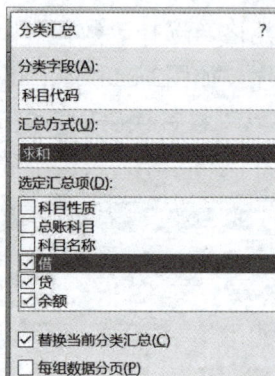

图 2-87　分类汇总条件设置

分类汇总结果如图2-88所示。由于汇总的数据中包含期初数据，在此可通过"余额"列的汇总数据看出各明细科目的余额。

图 2-88　分类汇总结果

第五步：单击图2-88中的按钮2，得到的各明细科目的余额汇总表如图2-89所示。

图 2-89　查看各明细科目的余额汇总表

第六步：单击图2-89中的按钮3，回到如图2-88所示的状态。

第七步：选择"数据"|"筛选"|"自动筛选"命令，进入筛选状态。单击"摘要"右侧的下三角按钮，选择"文本筛选"|"自定义筛选"命令，如图2-90所示。

第八步：输入如图2-91所示的筛选条件，滤除期初数据，筛选结果如图2-92所示。将期初数据滤除后，各明细科目的"借"或"贷"的汇总数为各明细科目的借方发生额或贷方发生额。

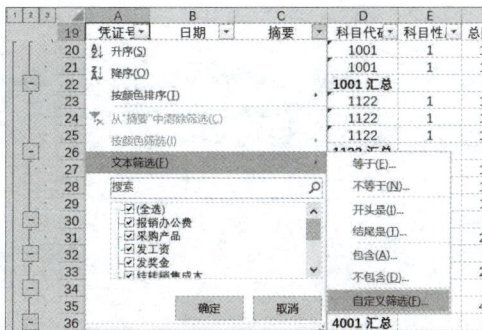

图 2-90　自定义筛选

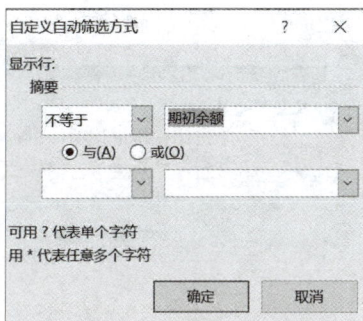

图 2-91　筛选条件

图 2-92　筛选结果

第九步：查询某一科目的余额与发生额。例如，查询100201科目的余额和发生额，操作过程如图2-93和图2-94所示。

图 2-93　查询余额

图 2-94　查询发生额

第十步：再次选择"数据"|"筛选"|"自动筛选"命令，退出筛选状态。

第十一步：再次选择"数据"|"分类汇总"命令，单击"全部删除"按钮，退出分类汇总状态，如图2-95所示。

第十二步：再次选择"数据"|"排序"命令，打开"排序"对话框，在"主要关键

字"下拉列表框中选择"凭证号",在"次要关键字"下拉列表框中选择"借",单击"确定"按钮进行排序,如图2-96所示。排序结果如图2-97所示,返回操作前的状态。

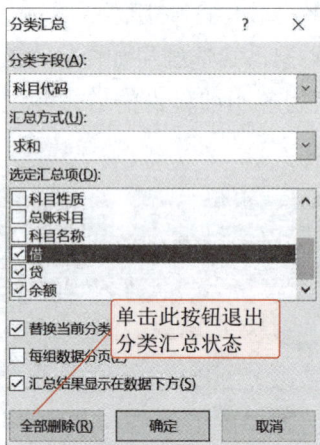

图 2-95 退出分类汇总状态

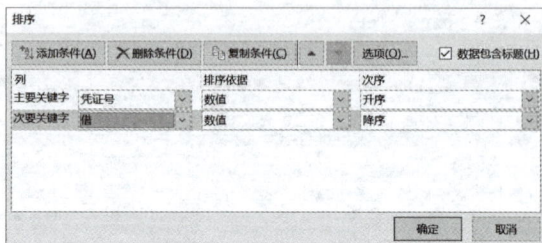

图 2-96 排序条件设置

图 2-97 排序结果

6. 利用分类汇总功能计算总账科目的余额与发生额

第一步:与计算明细科目的余额与发生额的过程类似。将光标定位在A20单元格,选择"数据"|"排序"命令,按总账科目进行排序。选项设置如图2-98所示。排序结果如图2-99所示。

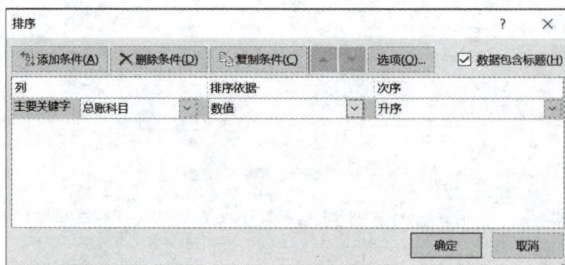

图 2-98 选项设置

图 2-99 排序结果

第二步：选择"数据"|"分类汇总"命令，在打开的"分类汇总"对话框中，设置分类字段为"总账科目"，汇总方式为"求和"，选定汇总项为"借""贷""余额"，如图2-100所示。汇总的结果如图2-101所示。由于汇总的数据中包含期数数据，在此可通过"余额"列的汇总数据看出各总账科目的余额。

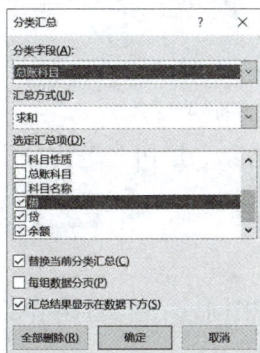

		A	B	C	D	E	F	G	H	I	J
	19	凭证号	日期	摘要	科目代码	科目性质	总账科目	科目名称	借	贷	余额
	20	0	2023-1-1	期初余额	1001	1	1001	库存现金	210000		210000
	21	1	2023-1-3	提取现金	1001	1	1001	库存现金	2000		2000
	22						1001 汇总		212000	0	212000
	23	0	2023-1-1	期初余额	100201	1	1002	工商银行存款	100000		100000
	24	0	2023-1-1	期初余额	100202	1	1002	建设银行存款	100000		100000
	25	1	2023-1-3	提取现金	100201	1	1002	工商银行存款		2000	-2000
	26	2	2023-1-10	代垫运费	100201	1	1002	工商银行存款		20000	-20000
	27	4	2023-1-15	销售产品	100202	1	1002	建设银行存款	7200		7200
	28	6	2023-1-28		100201	1	1002	工商银行存款		6000	-6000
	29	7	2023-1-28	发工资	100202	1	1002	建设银行存款		24000	-24000
	30						1002 汇总		207200	52000	155200
	31	2	2023-1-10	代垫运费	1122	1	1122	应收账款	20000		20000
	32	3	2023-1-13	销售产品	1122	1	1122	应收账款	12000		12000
	33	8	2023-1-28	销售产品	1122	1	1122	应收账款	400000		400000

图2-100　分类汇总条件设置　　　　　　　图2-101　汇总结果

第三步：单击图2-101中的按钮2，得到的总账科目余额汇总表如图2-102所示。

		A	B	C	D	E	F	G	H	I	J
	19	凭证号	日期	摘要	科目代码	科目性质	总账科目	科目名称	借	贷	余额
	22						1001 汇总		212000	0	212000
	30						1002 汇总		207200	52000	155200
	34						1122 汇总		432000	0	432000
	38						1405 汇总		200000	116000	84000
	40						2202 汇总		0	10000	-10000
	42						2601 汇总		0	200000	-200000
	44						4001 汇总		0	400000	-400000
	48						6001 汇总		0	419200	-419200
	51						6401 汇总		116000	0	116000
	61						6602 汇总		30000	0	30000
	62						总计		1197200	1197200	

图2-102　查看总账科目余额汇总表

第四步：单击图2-102中的按钮3，回到如图2-101所示的状态。

第五步：选择"数据"|"筛选"|"自动筛选"命令，滤除期初数据，"借"或"贷"的汇总数为各总账科目的借、贷方发生额，如图2-103所示。

		A	B	C	D	E	F	G	H	I	J
	19	凭证号	日期	摘要	科目代码	科目性	总账科目	科目名称	借	贷	余额
	21	1	2023-1-3	提取现金	1001	1	1001	库存现金	2000		2000
							1001 汇总		2000	0	2000
		单击筛选按钮，滤除期初数据	-1-3	提取现金	100201	1	1002	工商银行存款		2000	-2000
			-1-10	代垫运费	100201	1	1002	工商银行存款		20000	-20000
	27	4	2023-1-15	销售产品	100202	1	1002	建设银行存款	7200		7200
	28	6	2023-1-28		100201	1	1002	工商银行存款		6000	-6000
	29	7	2023-1-28	发工资	100202	1	1002	建设银行存款		24000	-24000
	30						1002 汇总		7200	52000	-44800
	31			代垫运费	1122			应收账款	20000		

图2-103　自动筛选

第六步：查询某一总账科目的余额与发生额。例如，查询1002科目的余额和发生额，操作过程与结果如图2-104和图2-105所示。

		A	B	C	D	E	F	G	H	I	J
	19	凭证号	日期	摘要	科目代码	科目性	总账科目	科目名称	借	贷	
	25	1	2023-1-3		100201	1	1002	工商银行存款			
	26	2	2023-1-10		100201	1	1002	工商银行存款			
	27	4	2023-1-15		100202	1	1002	建设银行存款	7200		7200
	28	6	2023-1-28		100201	1	1002	工商银行存款		6000	-6000
	29	7	2023-1-28	发工资	100202	1	1002	建设银行存款		24000	-24000
	62						总计		7200	52000	-44800

单击此按钮，选择"1002"

银行存款借、贷方发生额

图2-104　查询发生额

图 2-105　查询余额

第七步：再次选择"数据"|"筛选"|"自动筛选"命令，退出筛选状态。

第八步：再次选择"数据"|"分类汇总"命令，单击"全部删除"按钮，退出分类汇总状态。

7. 利用分类汇总功能计算资产、负债、所有者权益及未结利润

此过程与计算明细科目和总账科目的余额、发生额的过程相同，在此省略详细的步骤。

第一步：按"科目性质"对期初数据与凭证数据进行排序。

第二步：按"科目性质"对期初数据与凭证数据的"余额"进行分类汇总，条件设置如图2-106所示。资产、负债、所有者权益及未结利润的计算结果如图2-107所示。

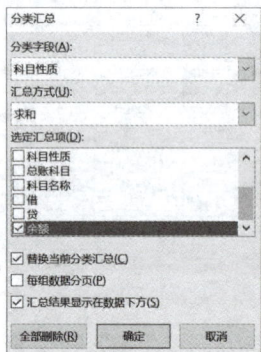

图 2-106　分类汇总条件设置

图 2-107　汇总结果

8. 利用数据透视表功能计算与分析某部门或某项目的管理费用的发生额、余额

第一步：将光标定位在A20单元格，选择"数据"|"筛选"|"自动筛选"命令，筛选出所有管理费用的明细数据，如图2-108所示。

图 2-108　自动筛选

第二步：选择所有筛选出的数据，通过"复制"与"粘贴"功能，将其复制到"管理费用明细"工作表中，如图2-109所示。

图 2-109　复制数据

第三步：选择"插入"|"数据透视表"命令(若生成透视图可选择"数据透视图"命令)，如图2-110所示。

图 2-110　插入数据透视表

第四步：输入要分析的数据区域，如图2-111所示。从图2-109中可以看出，此区域应该为A1:J10。

第五步：选择即将放置数据透视表的位置，可选择现有工作表，也可选择新工作表。在此选择在现有工作表的L1单元格中放置数据透视表，如图2-112所示。

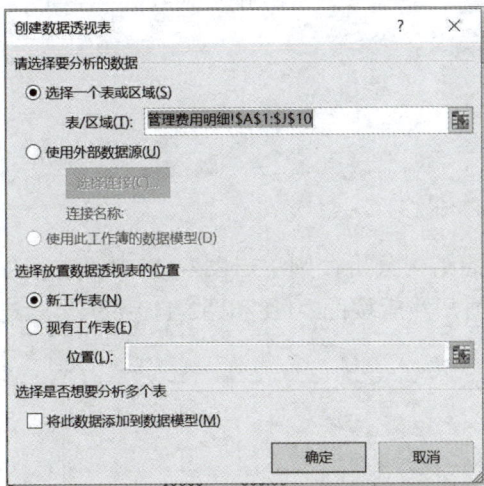

图 2-111　选择区域

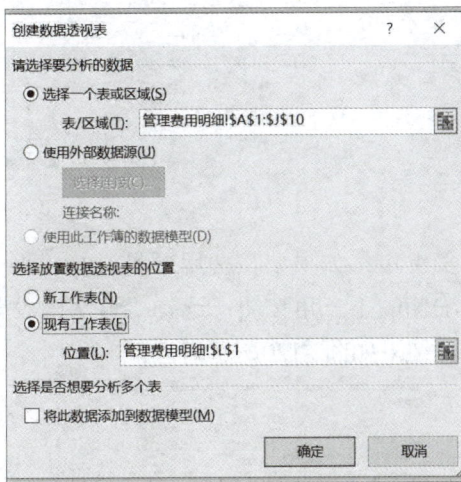

图 2-112　选择位置

第六步：在此将"管理费用"的借方数据按"部门"和"项目"分别进行汇总，操作过程如图2-113～图2-116所示。汇总结果如图2-117所示。贷方和余额数据的汇总与此类似，在此不再赘述。

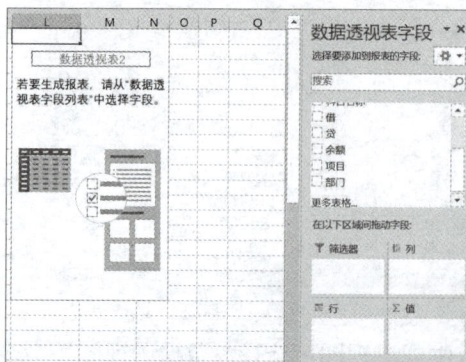

图 2-113　操作过程 (1)

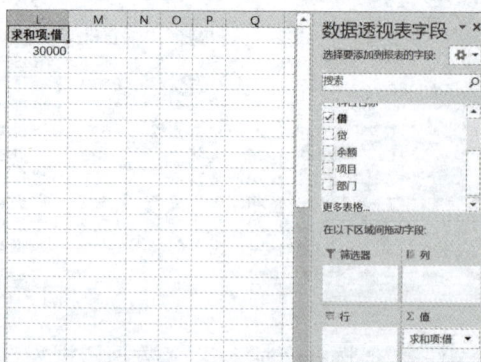

图 2-114　操作过程 (2)

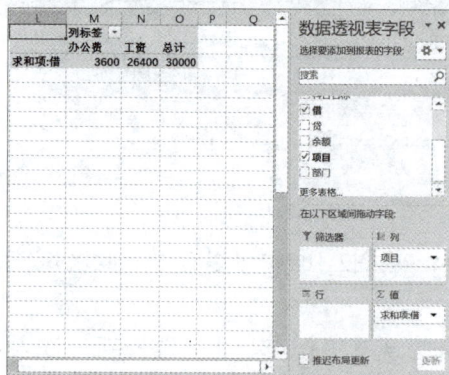

图 2-115　操作过程 (3)

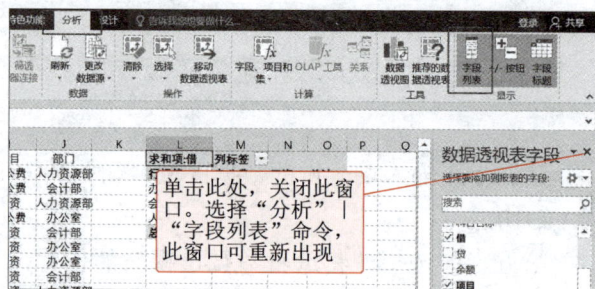

图 2-116　操作过程 (4)

图 2-117　汇总结果

第七步：如果要按费用项目进行"百分比"的结构分析，则单击图2-115中"求和项：借"右侧的下三角按钮，选择"值字段设置"选项，然后按图2-118和图2-119所示步骤进行操作，结果如图2-120所示。

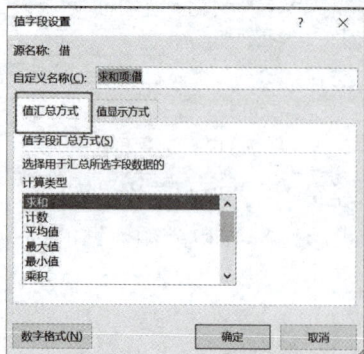

图 2-118　值汇总方式设置

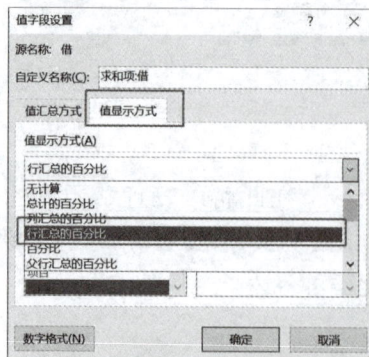

图 2-119　值显示方式设置

图 2-120　按费用项目进行百分比分析的结果

第八步：如果在图2-119中分别选择"列汇总的百分比"和"总计的百分比"，可分别得到管理费用借方数据按部门项目进行百分比分析与按总体进行百分比分析的结果，如图2-121和图2-122所示。

图 2-121　按部门项目进行百分比分析的结果

图 2-122　按总体进行百分比分析的结果

第九步：如果要形成"数据透视图"，则可在第三步中选择"插入"｜"数据透视图"命令，如图2-123所示。其他步骤与生成数据透视表的步骤相同，在此不再赘述。生成的数据透视图如图2-124所示。

图 2-123　插入数据透视图

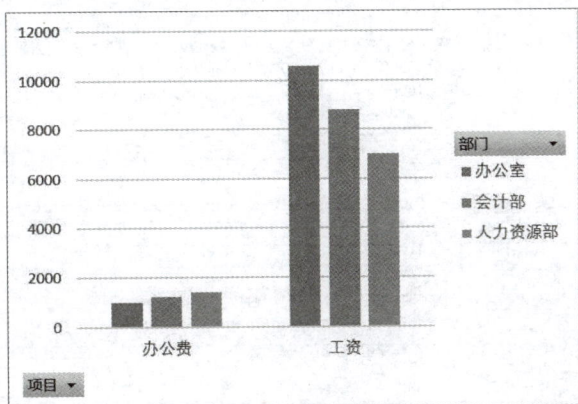

图 2-124　数据透视图

第十步：右击柱状图，选择"添加数据标签"|"添加数据标签"命令(见图2-125)，即可形成有数据显示的数据透视图，如图2-126所示。

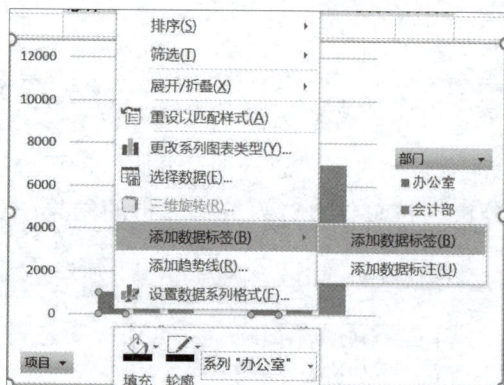

图 2-125　添加数据标签

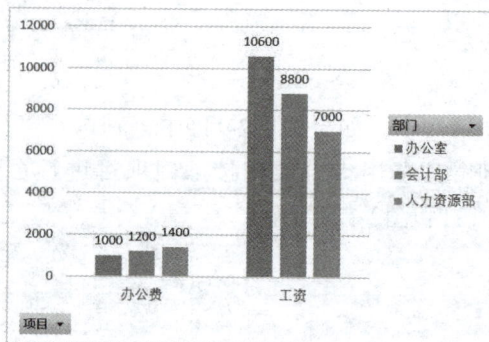

图 2-126　有数据显示的数据透视图

9. 期末损益结转

第一步：分别选择A16:A18、D17:D18和E16区域，右击选择"复制"命令，分别在对应位置右击选择"选择性粘贴"命令，并选中"粘贴"选项组中的"数值"单选按钮，如图2-127所示。将A16:A18、D17:D18和E16区域的数据分别复制到D52:D54、I153:I154和H52区域中，如图2-128所示。

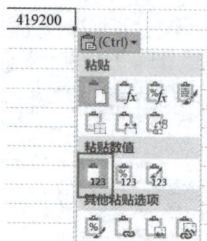

图 2-127　粘贴数值

图 2-128　复制数据

第二步：根据H52、I53、I54单元格中的主营业务收入、主营业务成本和管理费用数据，计算本年利润，并将结果输入I55单元格中，如图2-129所示。

图 2-129　计算本年利润

10. 下月账簿的建立

第一步：选择"插入"|"工作表"命令，插入表名为"科目与账簿(2月)"的工作表，

如图2-130所示。

第二步：将“科目与账簿(1月)”工作表中的有关科目与账簿信息复制到“科目与账簿(2月)”工作表中，如图2-131所示。

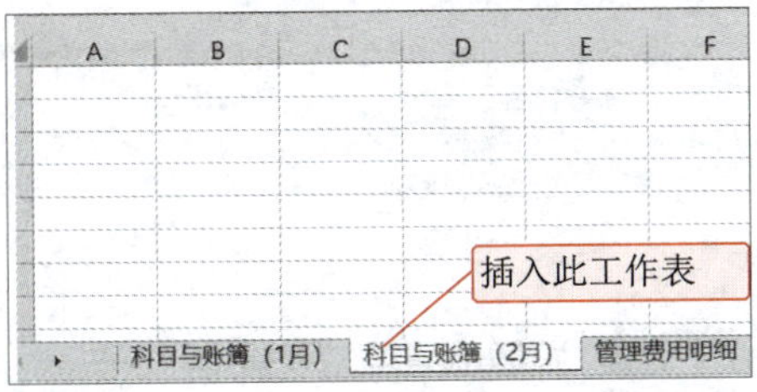

图 2-130　插入工作表

	A	B	C	D	E	F	G	H
1	科目代码	科目名称	期初余额	借方发生额	贷方发生额	期末余额	年累计借方发生额	年累计贷方发生额
2	1001	库存现金						
3	100201	工商银行存款						
4	100202	建设银行存款						
5	1122	应收账款						
6	1405	库存商品						
7	1601	固定资产						
8	2001	短期借款						
9	2202	应付账款						

图 2-131　复制信息

第三步：选择“科目与账簿(1月)”工作表中的“期末余额”列(见图2-132)，并按Ctrl+C键，或者右击选择“复制”命令。

	A	B	C	D	E	F
1	科目代码	科目名称	期初余额	借方发生额	贷方发生额	期末余额
2	1001	库存现金	210000	2000	0	212000
3	100201	工商银行存款	100000	0	28000	72000
4	100202	建设银行存款	100000	7200	24000	83200
5	1122	应收账款		432000	0	432000
6	1405	库存商品	200000	0	116000	84000
7	1601	固定资产		0	0	0
8	2001	短期借款		0	0	0
9	2202	应付账款	-10000	0	0	-10000
10	2205	预收账款		0	0	0
11	2601	长期借款	-200000	0	0	-200000
12	4001	实收资本	-400000	0	0	-400000
13	4103	本年利润		0	273200	-273200
14	4104	利润分配		0	0	0
15	410401	未分配利润		0	0	0
16	6001	主营业务收入		419200	419200	0
17	6401	主营业务成本		116000	116000	0
18	6602	管理费用		30000	30000	0

图 2-132　选择“期末余额”列

第四步：将光标移到“科目与账簿(2月)”工作表的C2单元格，右击选择“选择性粘贴”命令，并选中“粘贴”选项组中的“数值”单选按钮，如图2-133所示。将1月份科目的期末余额变为2月份科目的期初余额，如图2-134所示。

	A	B	C	D	E	F	G	H
1	科目代码	科目名称	期初余额	借方发生额	贷方发生额	期末余额	年累计借方发生额	年累计贷方发生额
2	1001	库存现金	212000				2000	0
3	100201	工商银行存款	72000				0	28000
4	100202	建设银行存款	83200				7200	24000
5	1122	应收账款	432000				432000	0
6	1405	库存商品	84000				0	116000
7	1601	固定资产	0				0	0
8	2001	短期借款	0				0	0
9	2202	应付账款	-10000				0	0
10	2205	预收账款	0				0	0
11	2601	长期借款	-200000				0	0
12	4001	实收资本	-400000				0	0
13	4103	本年利润	-273200				0	273200
14	4104	利润分配	0				0	0
15	410401	未分配利润	0				0	0
16	6001	主营业务收入	0				419200	419200
17	6401	主营业务成本	0				116000	116000
18	6602	管理费用	0				30000	30000

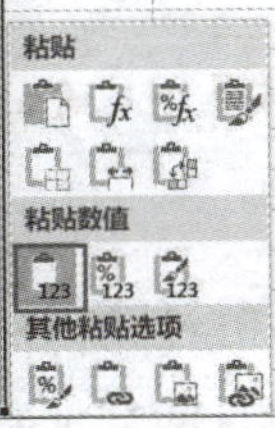

图 2-133　粘贴数值

图 2-134　最终结果

第五步：将G2单元格的公式设置为"=D2+'科目与账簿(1月)'!G2"，即本月借方发生额
+上月借方累计发生额；将H2单元格的公式设置为"=E2+'科目与账簿(1月)'!H2"，即本月
贷方发生额+上月贷方累计发生额；将G2和H2单元格的公式分别复制到G列和H列的其他单
元格，如图2-135所示。

图 2-135　设置并复制公式

实训五　会计报表

实训任务

在前文中，已经输入了2023年1月和2月的会计凭证，并且已经形成了各明细科目及总
账科目的余额及发生额。输入的1月和2月的凭证数据如图2-136和图2-137所示。据此编制相

关会计报表。

凭证号	日期	摘要	科目代码	总账科目	科目名称	借	贷	余额
0	2023-1-1	期初余额	1001	1001	库存现金	210000		210000
0	2023-1-1	期初余额	100201	1002	工商银行存款	100000		100000
0	2023-1-1	期初余额	100202	1002	建设银行存款	100000		100000
0	2023-1-1	期初余额	1405	1405	库存商品	200000		200000
0	2023-1-1	期初余额	2202	2202	应付账款		10000	-10000
0	2023-1-1	期初余额	2601	2601	长期借款		200000	-200000
0	2023-1-1	期初余额	4001	4001	实收资本		400000	-400000
1	2023-1-3	提取现金	1001	1001	库存现金	2000		2000
1	2023-1-3	提取现金	100201	1002	工商银行存款		2000	-2000
2	2023-1-10	采购产品	1122	1122	应收账款	20000		20000
2	2023-1-10	采购产品	100201	1002	工商银行存款		20000	-20000
3	2023-1-13	销售产品	1122	1122	应收账款	12000		12000
3	2023-1-13	销售产品	6001	6001	主营业务收入		12000	-12000
4	2023-1-15	销售产品	100202	1002	建设银行存款	7200		7200
4	2023-1-15	销售产品	6001	6001	主营业务收入		7200	-7200
5	2023-1-27	结转销售成本	6401	6401	主营业务成本	16000		16000
5	2023-1-27	结转销售成本	1405	1405	库存商品		16000	-16000
6	2023-1-28	报销办公费	6602	6602	管理费用	1400		1400
6	2023-1-28	报销办公费	6602	6602	管理费用	1200		1200
6	2023-1-28	发奖金	6602	6602	管理费用	1000		1000
6	2023-1-28	报销办公费	6602	6602	管理费用	1000		1000
6	2023-1-28	发奖金	6602	6602	管理费用	800		800
6	2023-1-28	发奖金	6602	6602	管理费用	600		600
6	2023-1-28		100201	1002	工商银行存款		6000	-6000
7	2023-1-28	发工资	6602	6602	管理费用	10000		10000
7	2023-1-28	发工资	6602	6602	管理费用	8000		8000
7	2023-1-28	发工资	6602	6602	管理费用	6000		6000
7	2023-1-28	发工资	100202	1002	建设银行存款		24000	-24000
8	2023-1-28	销售产品	1122	1122	应收账款	400000		400000
8	2023-1-28	销售产品	6001	6001	主营业务收入		400000	-400000
9	2023-1-28	结转销售成本	6401	6401	主营业务成本	100000		100000
9	2023-1-28	结转销售成本	1405	1405	库存商品		100000	-100000
10	2023-1-28	期末结转	6001	6001	主营业务收入	419200		419200
10	2023-1-28	期末结转	6401	6401	主营业务成本		216000	-216000
10	2023-1-28	期末结转	6602	6602	管理费用		30000	-30000
10	2023-1-28	期末结转	4103	4103	本年利润		273200	-273200
11	2023-1-29	结转利润	4103	4103	本年利润	273200		273200
11	2023-1-29	结转利润	4104	4104	未分配利润		273200	-273200

图 2-136　1 月会计凭证

凭证号	日期	摘要	科目代码	总账科目	科目名称	借	贷	余额
0	2023-2-1	期初余额	1122	1122	应收账款	432000		432000
0	2023-2-1	期初余额	1001	1001	库存现金	212000		212000
0	2023-2-1	期初余额	100202	1002	建设银行存款	83200		83200
0	2023-2-1	期初余额	100201	1002	工商银行存款	72000		72000
0	2023-2-1	期初余额	1405	1405	库存商品	84000		84000
0	2023-2-1	期初余额	2202	2202	应付账款		10000	-10000
0	2023-2-1	期初余额	2601	2601	长期借款		200000	-200000
0	2023-2-1	期初余额	4001	4001	实收资本		400000	-400000
0	2023-2-1	期初余额	410401	4104	未分配利润		273200	-273200
1	2023-2-8	提取现金	1001	1001	库存现金	4000		4000
1	2023-2-8	提取现金	100201	1002	工商银行存款		4000	-4000
2	2023-2-9	采购产品	1405	1405	库存商品	40000		40000
2	2023-2-9	采购产品	100201	1002	工商银行存款		40000	-40000
3	2023-2-9	销售产品	1122	1122	应收账款	12000		12000
3	2023-2-9	销售产品	6001	6001	主营业务收入		12000	-12000
4	2023-2-10	销售产品	100202	1002	建设银行存款	80000		80000
4	2023-2-10	销售产品	6001	6001	主营业务收入		80000	-80000
5	2023-2-28	结转销售成本	6401	6401	主营业务成本	32000		32000
5	2023-2-28	结转销售成本	1405	1405	库存商品		32000	-32000
6	2023-2-28	发奖金	6602	6602	管理费用	1400		1400
6	2023-2-28	发奖金	6602	6602	管理费用	1400		1400
6	2023-2-28	办公费	6602	6602	管理费用	1400		1400
6	2023-2-28	发奖金	6602	6602	管理费用	1200		1200
6	2023-2-28	办公费	6602	6602	管理费用	1000		1000
6	2023-2-28	办公费	6602	6602	管理费用	600		600
6	2023-2-28	办公费	100202	1002	建设银行存款		7000	-7000
7	2023-2-28	发工资	6602	6602	管理费用	10000		10000
7	2023-2-28	发工资	6602	6602	管理费用	8000		8000
7	2023-2-28	发工资	6602	6602	管理费用	6000		6000
7	2023-2-28	发工资	100202	1002	建设银行存款		24000	-24000
8	2023-2-28	期末结转	6001	6001	主营业务收入	92000		92000
8	2023-2-28	期末结转	4103	4103	本年利润	0	29000	-29000
8	2023-2-28	期末结转	6401	6401	主营业务成本	0	32000	-32000
8	2023-2-28	期末结转	6602	6602	管理费用	0	31000	-31000
9	2023-2-28	结转利润	4103	4103	本年利润	29000		29000
9	2023-2-28	结转利润	410401	4104	未分配利润		29000	-29000

图 2-137　2 月会计凭证

实训指引

1. 资产负债表的编制

第一步：选择"插入"|"工作表"命令，插入名为"资产负债表"的工作表，如图2-138所示。

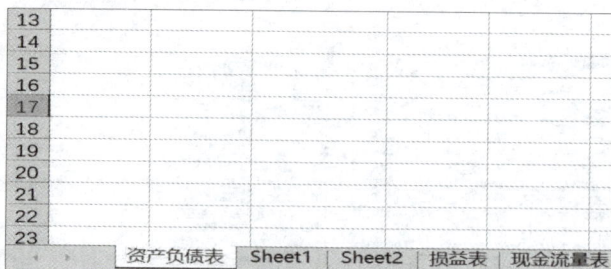

图 2-138　插入工作表

第二步：输入资产负债表的各项目，如图2-139所示。

图 2-139　输入项目

第三步：选择A1:F1区域，选择"开始"｜"合并后居中"命令(见图2-140)，合并单元格并将表头居中，如图2-141所示。

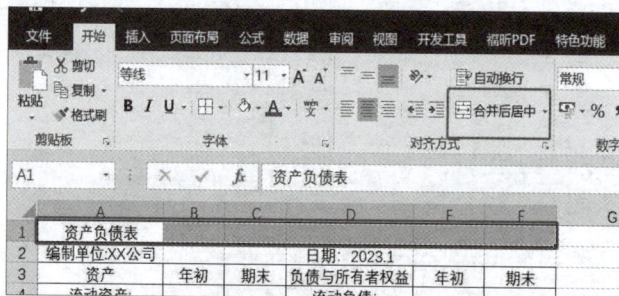

图 2-140　选择"合并后居中"命令

图 2-141　合并单元格并将表头居中

第四步：选择当前工作表为"科目与账簿(1月)"，选择"公式"|"定义名称"命令，分别将期初数据的总账科目区(F20:F26)和余额区(J20:J26)命名为"科目期初"和"余额期初"(见图2-142)；分别将期初数据和凭证数据的总账科目区(F20:F2000)和余额区(J20:J2000)命名为"科目1"和"余额1"。操作过程如图2-143～图2-146所示。

图 2-142　定义名称

图 2-143　操作过程 (1)

图 2-144　操作过程 (2)

图 2-145　操作过程 (3)

图 2-146　操作过程 (4)

第五步：选择当前工作表为"资产负债表"，开始设置此表的取数公式。将光标定位在B5单元格，选择"公式"|"插入函数"命令，插入SUMIF()函数。操作过程如图2-147和图2-148所示，操作结果如图2-149所示。

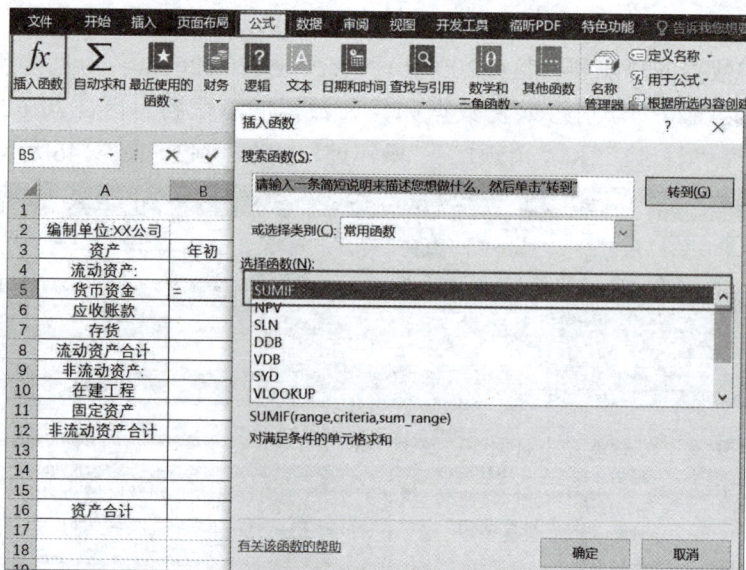

图 2-147　插入函数

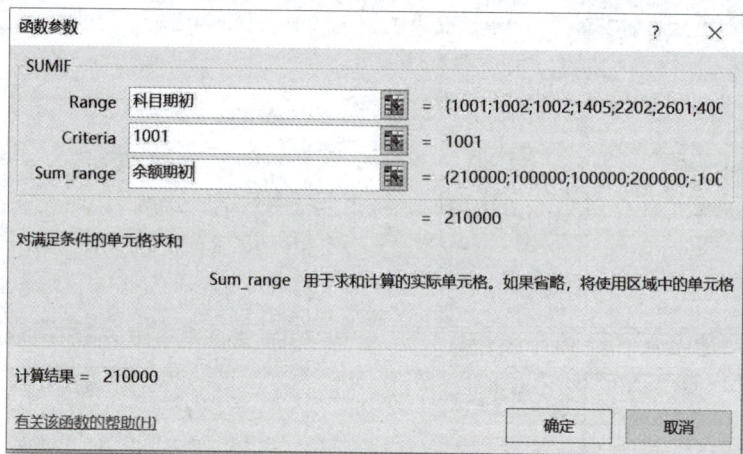

图 2-148　设置函数参数

图 2-149　操作结果

第六步：除了小计与合计的单元格，其他单元格的取数公式都与B5单元格的取数公式相似，只是中间的科目代码不同。因此，完全可通过先复制B5单元格的公式，再修改中间的科目代码的方式进行公式设置，如图2-150和图2-151所示。

	A	B
2	编制单位:XX公司	
3	资产	年初
4	流动资产:	
5	货币资金	=SUMIF(科目期初,1001,余额期初)+SUMIF(科目期初,1002,余额期初)
6	应收账款	=SUMIF(科目期初,1122,余额期初)
7	存货	=SUMIF(科目期初,1405,余额期初)
8	流动资产合计	=SUM(B5:B7)
9	非流动资产:	
10	在建工程	0
11	固定资产	=SUMIF(科目期初,1601,余额期初)
12	非流动资产合计	=SUM(B10:B11)
13		
14		
15		
16	资产合计	=B8+B12

图 2-150 操作过程 (1)

	D	E
2	日期: 2023.1	
3	负债与所有者权益	年初
4	流动负债	
5	短期借款	=-SUMIF(科目期初,2001,余额期初)
6	应付账款	=-SUMIF(科目期初,2202,余额期初)
7	预收账款	=-SUMIF(科目期初,2205,余额期初)
8	流动负债合计	=SUM(E5:E7)
9	非流动负债:	
10	长期借款	=-SUMIF(科目期初,2601,余额期初)
11	非流动负债合计	=E10
12	所有者权益:	
13	实收资本	=-SUMIF(科目期初,4001,余额期初)
14	未分配利润	=-SUMIF(科目期初,4104,余额期初)
15	所有者权益合计	=SUM(E13:E14)
16	负债与所有者权益	=E8+E11+E15

图 2-151 操作过程 (2)

第七步：选择B5:C16区域，选择"开始"|"填充"|"向右"命令，结果如图2-152所示。

图 2-152 填充数据

第八步：选择C5:C16区域，利用快捷命令"Ctrl+H"，按图2-153所示的设置进行替换。

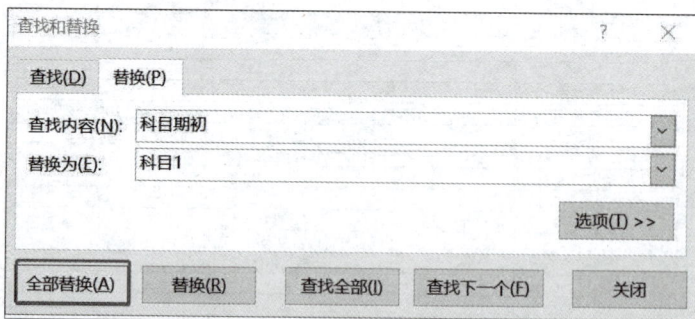

图 2-153　替换为"科目 1"

第九步：同样选择C5:C16区域，利用快捷命令"Ctrl+H"，按图2-154所示的设置进行替换，结果如图2-155所示。

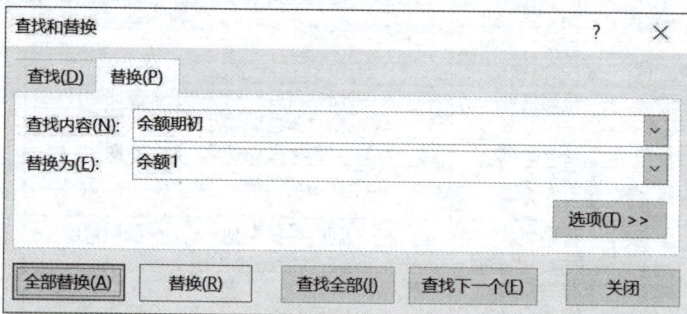

图 2-154　替换为"余额 1"

图 2-155　操作结果

第十步：用同样的方法，可以得出负债与所有者权益的期末数，如图2-156所示。

图 2-156　负债与所有者权益的期末数

第十一步：修改资产负债表的格式为多会计期的资产负债表，如图2-157所示。

	A	B	C	D	E	F	G	H
1					资产负债表			
2	编制单位:XX公司				日期：2023.1			
3	资产	年初	一月	二月	负债与所有者权益	年初	一月	二月
4	流动资产：				流动负债：			
5	货币资金	¥410,000.00	¥367,200.00		短期借款	¥0.00	¥0.00	
6	应收账款	¥0.00	¥432,000.00		应付账款	¥10,000.00	¥10,000.00	

图 2-157　修改格式

第十二步：选择当前工作表为"科目与账簿(2月)"，如图2-158所示。

	A	B	C	D	E	F	G	H	I	J
19	凭证号	日期	摘要	科目代码	科目性质	总账科目	科目名称	借	贷	余额
20	0	2023-2-1	期初余额	1001	1	1001	库存现金	212000		212000
21	0	2023-2-1	期初余额	100201	1	1002	工商银行存款	72000		72000
22	0	2023-2-1	期初余额	100202	1	1002	建设银行存款	83200		83200
23	0	2023-2-1	期初余额	1122	1	1122	应收账款	432000		432000
24	0	2023-2-1	期初余额	1405	1	1405	库存商品	84000		84000
25	0	2023-2-1	期初余额	2202	2	2202	应付账款		-10000	10000
26	0	2023-2-1	期初余额	2601	2	2601	长期借款		-200000	200000
27	0	2023-2-1	期初余额	4001	4	4001	实收资本		-400000	400000
28	0	2023-2-1	期初余额	410401	4	4104	未分配利润		-273200	273200
29	1	2023-2-8	提取现金	1001	1	1001	库存现金	4000		4000
30	1	2023-2-8	提取现金	100201	1	1002	工商银行存款		4000	-4000
31	2	2023-2-9	采购产品	1405	1	1405	库存商品	40000		40000
32	2	2023-2-9	采购产品	100201	1	1002	工商银行存款		40000	-40000
33	3	2023-2-9	销售产品	1122	1	1122	应收账款	12000		12000
34	3	2023-2-9	销售产品	6001	6	6001	主营业务收入		12000	-12000
35	4	2023-2-10	销售产品	100202	1	1002	建设银行存款	80000		80000
36	4	2023-2-10	销售产品	6001	6	6001	主营业务收入		80000	-80000
37	5	2023-2-28	结转销售成本	6401	6	6401	主营业务成本	32000		32000
38	5	2023-2-28	结转销售成本	1405	1	1405	库存商品		32000	-32000
39	6	2023-2-28	发奖金	6602	6	6602	管理费用	1400		1400
40	6	2023-2-28	发奖金	6602	6	6602	管理费用	1400		1400
41	6	2023-2-28	办公费	6602	6	6602	管理费用	1400		1400
42	6	2023-2-28	发奖金	6602	6	6602	管理费用	1200		1200
43	6	2023-2-28	办公费	6602	6	6602	管理费用	1000		1000
44	6	2023-2-28	办公费	6602	6	6602	管理费用	600		600
45	6	2023-2-28	办公费	100202	1	1002	建设银行存款		7000	-7000
46	7	2023-2-28	发工资	6602	6	6602	管理费用	10000		10000
47	7	2023-2-28	发工资	6602	6	6602	管理费用	8000		8000
48	7	2023-2-28	发工资	6602	6	6602	管理费用	6000		6000
49	7	2023-2-28	发工资	100202	1	1002	建设银行存款		24000	-24000
50	8	2023-2-28	期末结转	6001	6	6001	主营业务收入	92000		92000
51	8	2023-2-28	期末结转	4103	4	4103	本年利润	0	29000	-29000
52	8	2023-2-28	期末结转	6401	6	6401	主营业务成本	0	32000	-32000
53	8	2023-2-28	期末结转	6602	6	6602	管理费用	0	31000	-31000
54	9	2023-2-28	结转利润	4103	4	4103	本年利润	29000		29000
55	9	2023-2-28	结转利润	410401	4	4104	未分配利润		29000	-29000

图 2-158　选择工作表

第十三步：选择"公式"|"定义名称"命令，与第四步的做法相同，将此工作表中"总账科目"列的F20:F2000区域和"余额"列的J20:J2000区域分别命名为"科目2"和"余额2"，操作过程如图2-159和图2-160所示。

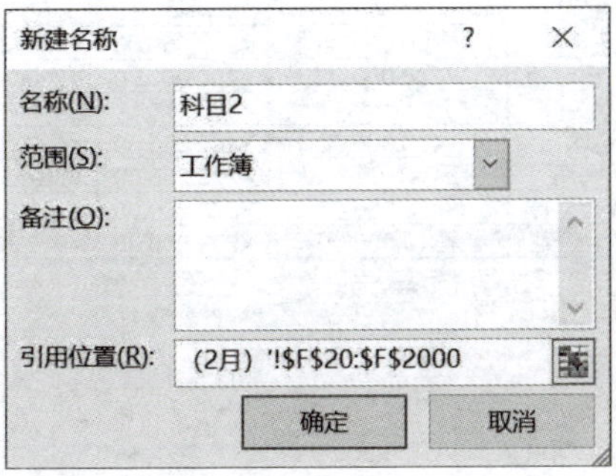

图 2-159　操作过程 (1) 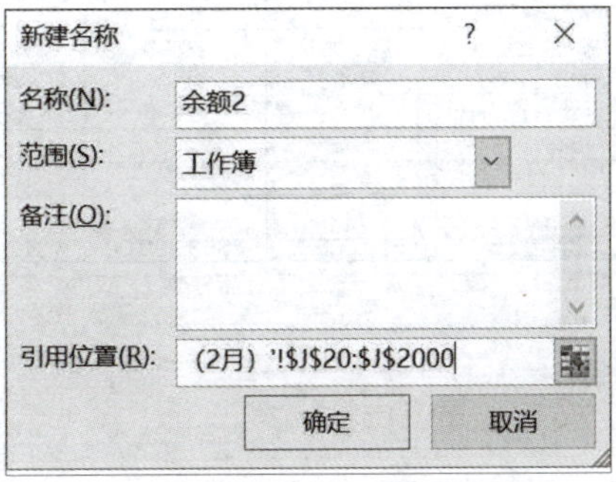　　　图 2-160　操作过程 (2)

第十四步：选择当前工作表为"资产负债表"，与第七步的做法相同，分别选择此工作表中的C5:D16和G5:H16区域，并分别选择"开始"|"填充"|"向右"命令，结果如图2-161所示。

	A	B	C	D	E	F	G	H
1				资产负债表				
2	编制单位:XX公司				日期： 2023.1			
3	资产	年初	一月	二月	负债与所有者权益	年初	一月	二月
4	流动资产：				流动负债：			
5	货币资金	¥410,000.00	¥367,200.00	¥367,200.00	短期借款	¥0.00	¥0.00	¥0.00
6	应收账款	¥0.00	¥432,000.00	¥432,000.00	应付账款	¥10,000.00	¥10,000.00	¥10,000.00
7	存货	¥200,000.00	¥84,000.00	¥84,000.00	预收账款	¥0.00	¥0.00	¥0.00
8	流动资产合计	¥610,000.00	¥883,200.00	¥883,200.00	流动负债合计	¥10,000.00	¥10,000.00	¥10,000.00
9	非流动资产：				非流动负债：			
10	在建工程	¥0.00	¥0.00	¥0.00	长期借款	¥200,000.00	¥200,000.00	¥200,000.00
11	固定资产	¥0.00	¥0.00	¥0.00	非流动负债合计	¥200,000.00	¥200,000.00	¥200,000.00
12	非流动资产合计	¥0.00	¥0.00	¥0.00	所有者权益：			
13					实收资本	¥400,000.00	¥400,000.00	¥400,000.00
14					未分配利润	¥0.00	¥273,200.00	¥273,200.00
15					所有者权益合计	¥400,000.00	¥673,200.00	¥673,200.00
16	资产合计	¥610,000.00	¥883,200.00	¥883,200.00	负债与所有者权益	¥610,000.00	¥883,200.00	¥883,200.00

图 2-161 操作结果

第十五步：分别选择D5:D16和H5:H16区域，并分别选择"编辑"|"替换"命令，将D5:D16和H5:H16区域中的"科目1"全部替换为"科目2"，"余额1"全部替换为"余额2"，操作过程如图2-162和图2-163所示。得到的多会计期的资产负债表如图2-164所示。

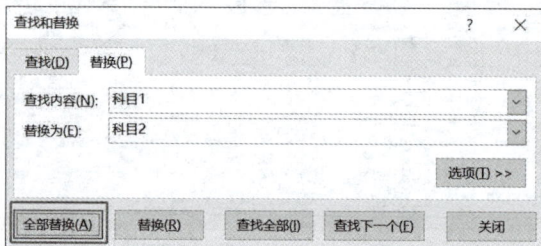

图 2-162 操作过程 (1)　　图 2-163 操作过程 (2)

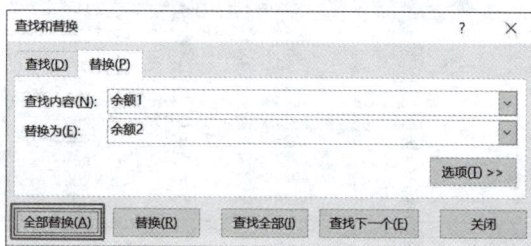

	A	B	C	D	E	F	G	H
1				资产负债表				
2	编制单位:XX公司				日期： 2023.1			
3	资产	年初	一月	二月	负债与所有者权益	年初	一月	二月
4	流动资产：				流动负债：			
5	货币资金	¥410,000.00	¥367,200.00	¥376,200.00	短期借款	¥0.00	¥0.00	¥0.00
6	应收账款	¥0.00	¥432,000.00	¥444,000.00	应付账款	¥10,000.00	¥10,000.00	¥10,000.00
7	存货	¥200,000.00	¥84,000.00	¥92,000.00	预收账款	¥0.00	¥0.00	¥0.00
8	流动资产合计	¥610,000.00	¥883,200.00	¥912,200.00	流动负债合计	¥10,000.00	¥10,000.00	¥10,000.00
9	非流动资产：				非流动负债：			
10	在建工程	¥0.00	¥0.00	¥0.00	长期借款	¥200,000.00	¥200,000.00	¥200,000.00
11	固定资产	¥0.00	¥0.00	¥0.00	非流动负债合计	¥200,000.00	¥200,000.00	¥200,000.00
12	非流动资产合计	¥0.00	¥0.00	¥0.00	所有者权益：			
13					实收资本	¥400,000.00	¥400,000.00	¥400,000.00
14					未分配利润	¥0.00	¥273,200.00	¥302,200.00
15					所有者权益合计	¥400,000.00	¥673,200.00	¥702,200.00
16	资产合计	¥610,000.00	¥883,200.00	¥912,200.00	负债与所有者权益	¥610,000.00	¥883,200.00	¥912,200.00

图 2-164 多会计期的资产负债表

2. 损益表的编制

第一步：选择"插入"|"工作表"命令，插入名为"损益表"的工作表，如图2-165所示。

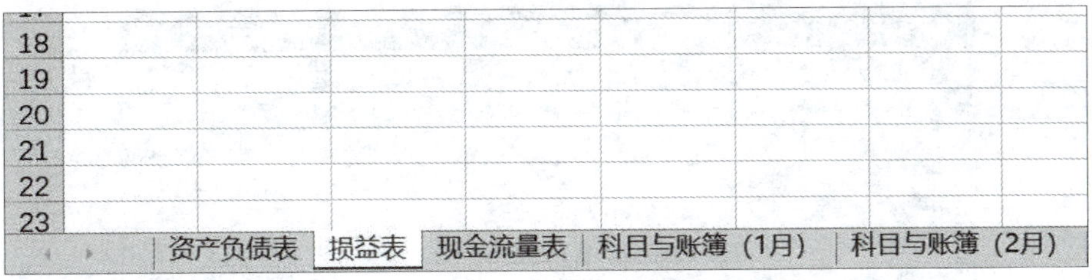

18					
19					
20					
21					
22					
23					

◀ ▶ | 资产负债表 | 损益表 | 现金流量表 | 科目与账簿（1月） | 科目与账簿（2月）

图 2-165　插入工作表

第二步：输入损益表的各项目，并使表头居中，如图2-166所示。

	A	B
1		损益表
2	编制单位:xxxx	日期: 2023.1　单位: 元
3	项目	本期金额
4	一、营业收入	
5	减:营业成本	
6	税金及附加	
7	销售费用	
8	管理费用	
9	财务费用	
10	加:投资收益	
11	二、营业利润	
12	加:营业外收入	
13	减:营业外支出	
14	三、利润总额	
15	减:所得税费用	
16	四、净利润	

图 2-166　输入项目并设置表头

第三步：选择当前工作表为"科目与账簿(1月)"，选择"公式"|"定义名称"命令，分别将期初数据和凭证数据的总账科目区(F20:F51)和余额区(J20:J51)命名为"科目11"和"余额11"，定义的区域不包括损益结转凭证。操作过程如图2-167和图2-168所示。

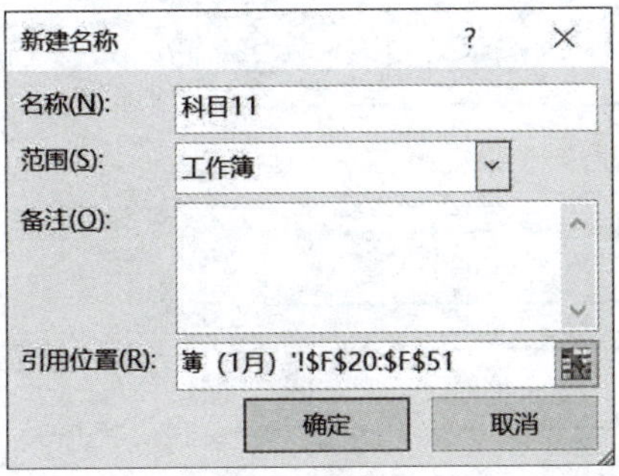

图 2-167　操作过程 (1)

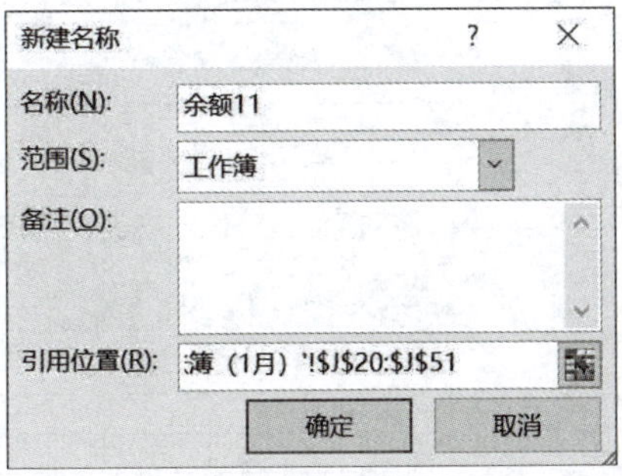

图 2-168　操作过程 (2)

第四步：选择当前工作表为"损益表"，开始设置此表的取数公式。将光标定位到B4单元格，选择"公式"|"插入函数"命令，插入SUMIF()函数。操作过程如图2-169和图2-170所示，结果如图2-171所示。

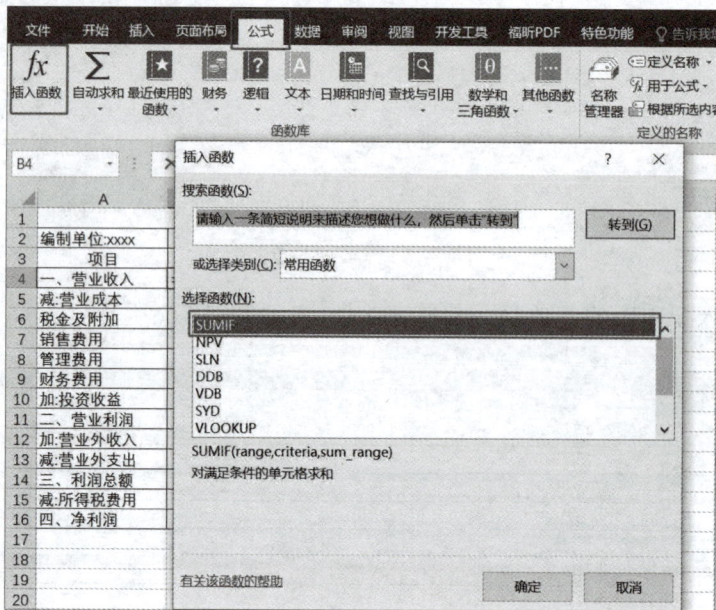

图 2-169　插入函数

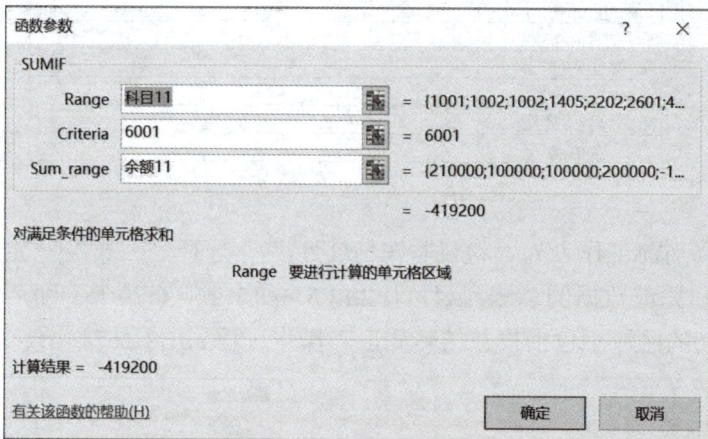

图 2-170　设置函数参数

图 2-171　操作结果

　　第五步：除了小计与合计的单元格，其他单元格的取数公式都与B4单元格的取数公式相似，只是中间的科目代码不同。因此，完全可通过先复制B4单元格的公式，再修改中间的科目代码的方式进行公式设置，如图2-172所示。

图 2-172　设置公式

第六步：修改损益表的格式，使其成为多会计期的损益表，如图2-173所示。

图 2-173　修改格式

第七步：选择当前工作表为"科目与账簿(2月)"，如图2-174所示。

图 2-174　选择工作表

第八步：选择"插入"|"名称"|"定义"命令，与第三步的做法相同，将此工作表中"总账科目"列的F20:F49区域和"余额"列的J20:J49区域(不包括结转损益的凭证)分别命名为"科目12"和"余额12"，操作过程如图2-175和图2-176所示。

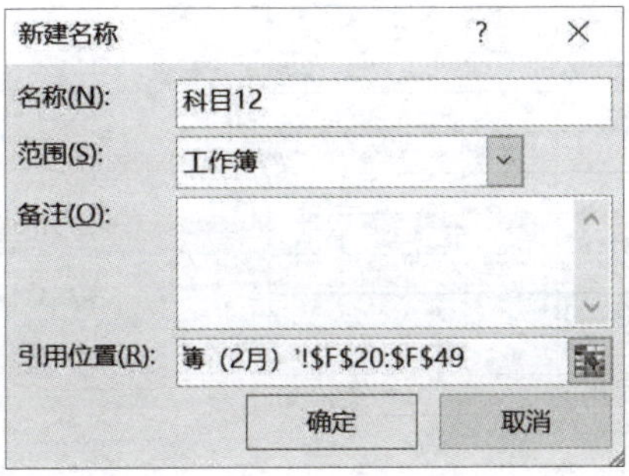

图 2-175　操作过程 (1)

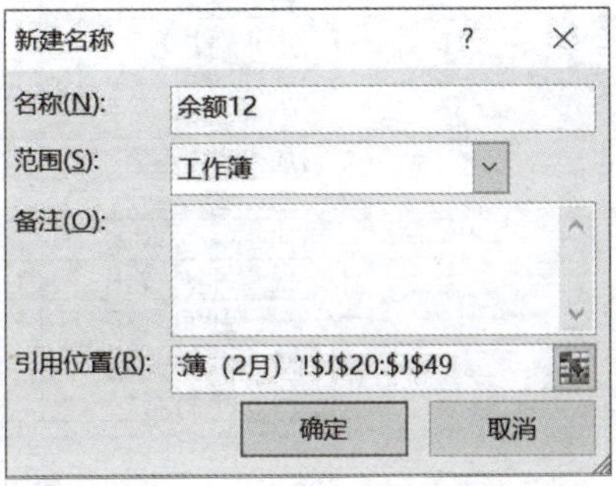

图 2-176　操作过程 (2)

第九步：选择当前工作表为"损益表"，选择此工作表中的B4:C16区域，并选择"开始"|"填充"|"向右"命令，如图2-177所示。

	A	B	C
1		损益表	
2	编制单位:xxxx	日期: 20 1	单位: 元
3	项目	一月	二月
4	一、营业收入	419200	419200
5	减:营业成本	116000	116000
6	税金及附加		
7	销售费用		
8	管理费用	30000	30000
9	财务费用		
10	加:投资收益		
11	二、营业利润	273200	273200
12	加:营业外收入		
13	减:营业外支出		
14	三、利润总额	273200	273200
15	减:所得税费用		
16	四、净利润	273200	273200

图 2-177　填充数据

第十步：选择C4:C16区域，利用快捷命令"Ctrl+H"进行内容替换，将C4:C16区域中的"科目11"全部替换为"科目12"，"余额11"全部替换为"余额12"，操作过程如图2-178和图2-179所示。得出的多会计期的损益表如图2-180所示。

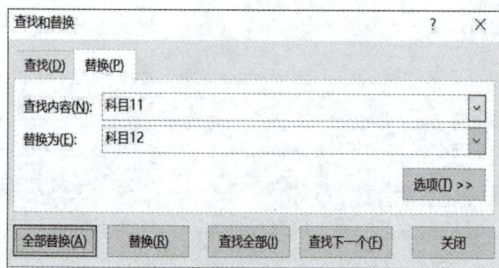

图 2-178　操作过程 (1)

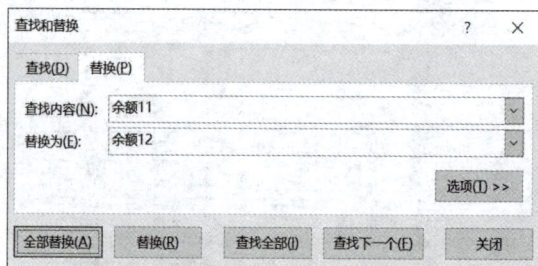

图 2-179　操作过程 (2)

	A	B	C
1		损益表	
2	编制单位:xxxx	日期: 2023.1	单位: 元
3	项目	一月	二月
4	一、营业收入	419200	92000
5	减:营业成本	116000	32000
6	税金及附加		
7	销售费用		
8	管理费用	30000	31000
9	财务费用		
10	加:投资收益		
11	二、营业利润	273200	29000
12	加:营业外收入		
13	减:营业外支出		
14	三、利润总额	273200	29000
15	减:所得税费用		
16	四、净利润	273200	29000

图 2-180　多会计期的损益表

3. 现金流量表的编制

❖ **特别提醒：**

现金流量表的编制方法有两种：一种是直接法，另一种是间接法。在此介绍直接法。如果用直接法编制现金流量表，就要求在输入与现金流量科目(现金、银行存款等)相关的凭证时，输入现金流量的项目。因此，在编制现金流量表之前，需要做好以下准备工作。

1) 编制现金流量表前的准备

第一步：建立现金流量项目代码与现金流量项目名称的对应关系，如图2-181所示。

	S	T
1	代码	现金流量表项目名称
2	101	销售商品、提供劳务收到的现金
3	102	收到的税费返还
4	103	收到的其他与经营活动有关的现金
5	111	购买商品、接受劳务支付的现金
6	112	支付给职工及为职工支付的现金
7	113	支付的各项税费
8	114	支付的其他与经营活动有关的现金
9	201	收回投资所收到的现金
10	202	取得投资收益所收到的现金

图 2-181　建立对应关系

第二步：在凭证中加入"现金流量代码"和"现金流量名称"两个项目，如图2-182所示。

	E 科目性质	F 总账科目	G 科目名称	H 借	I 贷	J 余额	P 现金流量代码	Q 现金流量名称
20	1	1001	库存现金	210000		210000		
21	1	1002	工商银行存款	100000		100000		
22	1	1002	建设银行存款	100000		100000		
23	1	1405	库存商品	200000		200000		
24	2	2202	应付账款		10000	-10000		
25	2	2601	长期借款		200000	-200000		
26	4	4001	实收资本		400000	-400000		

图 2-182　加入项目

第三步：为"现金流量代码"列添加有效性控制。将光标定位在P20单元格，选择"数据"|"数据验证"命令，输入验证条件，如图2-183所示。同时用向下拖动的方式，将P20单元格的有效性控制复制到P列的其他单元格。

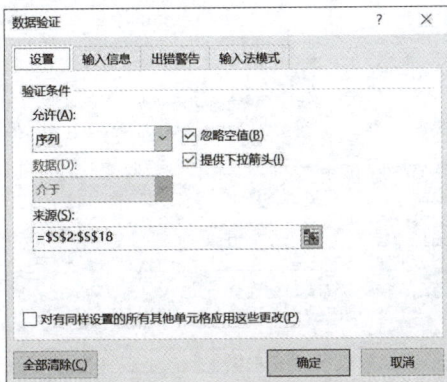

图 2-183　数据验证条件设置

第四步：为"现金流量名称"列添加LOOKUP()函数，以便输入现金流量代码后，现金流量名称自动带出。将Q20单元格的公式设置为"=LOOKUP(P20,$S$2:$S$18,$T$2:$T$18)"，其中，$S$2:$S$18为现金流量代码区，$T$2:ST$18为现金流量名称区，并用向下拖动的方式，将Q20单元格的公式复制到Q列的其他单元格，如图2-184所示。

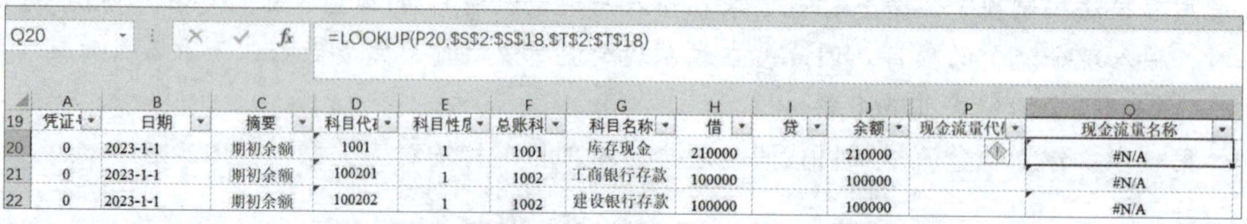

图2-184　设置并复制公式

第五步：输入凭证时，"现金"和"银行存款"科目要输入"现金流量代码"，如图2-185所示。

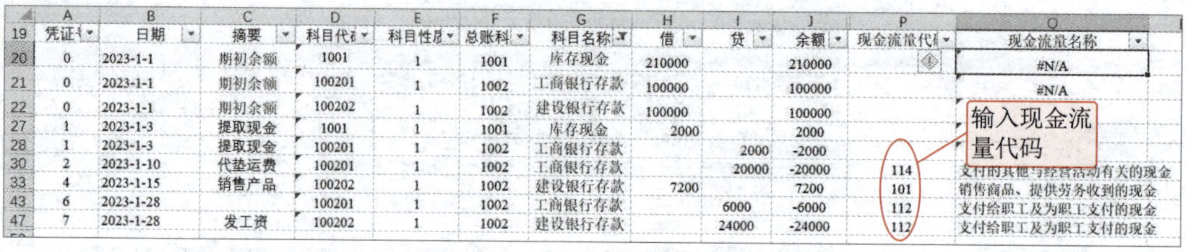

图2-185　输入现金流量代码

2) 现金流量表的编制

第一步：选择"插入"|"工作表"命令，插入名为"现金流量表"的工作表，如图2-186所示。

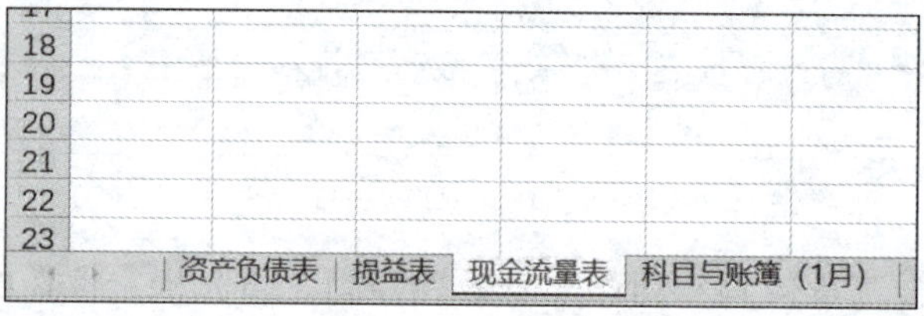

图2-186　插入工作表

第二步：输入现金流量表的各项目(在此仅列出经营活动产生的部分现金流量项目)，并使表头居中，如图2-187所示。

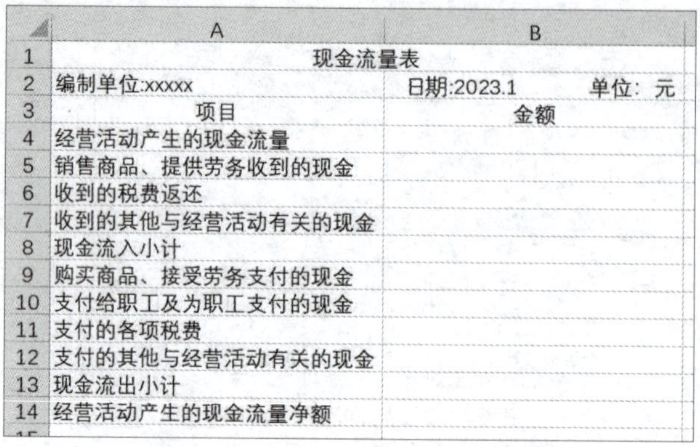

图2-187　输入项目并使表头居中

第三步：选择当前工作表为"科目与账簿(1月)"，选择"公式"|"定义名称"命令，按图2-188所示操作，将期初数据和凭证数据的现金流量代码区(P20:P2000)命名为"项目1"。

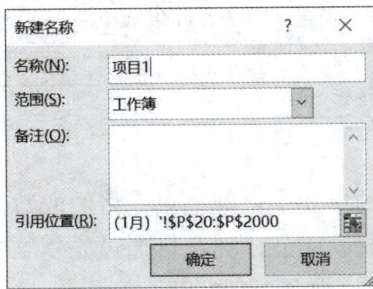

图 2-188　操作过程

第四步：选择当前工作表为"现金流量表"，开始设置此表的取数公式。将光标定位在B5单元格，选择"公式"|"插入函数"命令，插入SUMIF()函数，操作过程如图2-189和图2-190所示，结果如图2-191所示。

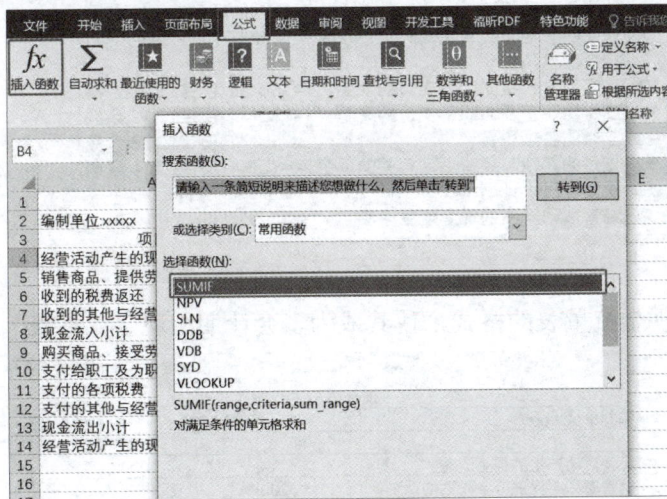

图 2-189　插入函数

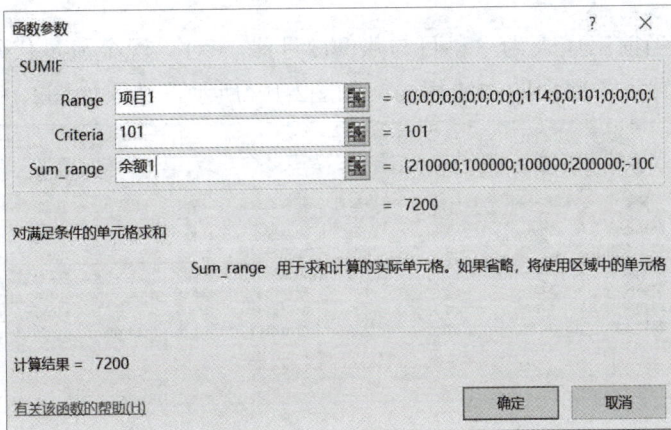

图 2-190　设置函数参数

图2-191　操作结果

第五步：除了小计与合计的单元格，其他单元格的取数公式都与B5单元格的取数公式相似，只是中间的科目代码不同。因此，完全可通过先复制B5单元格的公式，再修改中间的科目代码的方式进行公式设置，如图2-192所示。

图2-192　设置公式

第六步：修改现金流量表的格式，使其成为多会计期的现金流量表，如图2-193所示。

图2-193　修改格式

第七步：选择当前工作表为"科目与账簿(2月)"，对"现金流量代码"和"现金流量名称"进行公式设置，与前面的做法相同，如图2-194所示，结果如图2-195所示。

图2-194　操作过程

	A	B	C	D	E	F	G	H	I	J	P	Q	R	S
19	凭证号	日期	摘要	科目代码	科目性质	总账科	科目名称	借	贷	余额	现金流量代码	现金流量名称		
20	0	2023-2-1	期初余额	1001	1	1001	库存现金	212000		212000	#N/A			
21	0	2023-2-1	期初余额	100201	1	1002	工商银行存款	72000		72000	#N/A			
22	0	2023-2-1	期初余额	100202	1	1002	建设银行存款	83200		83200	#N/A			
29	1	2023-2-8	提取现金	1001	1	1001	库存现金	4000		4000	#N/A			
30	1	2023-2-8	提取现金	100201	1	1002	工商银行存款		4000	-4000	111	购买商品、接受劳务支付的现金		
32	2	2023-2-9	采购产品	100201	1	1002	工商银行存款		40000	-40000	101	销售商品、提供劳务收到的现金		
35	4	2023-2-10	销售产品	100202	1	1002	建设银行存款	80000		80000	101	销售商品、提供劳务收到的现金		
45	6	2023-2-28	办公费	100202	1	1002	建设银行存款		7000	-7000	114	支付的其他与经营活动有关的现金		
49	7	2023-2-28	发工资	100202	1	1002	建设银行存款		24000	-24000	112	支付给职工及为职工支付的现金		

图 2-195　操作结果

第八步：选择"插入"|"名称"|"定义"命令，与第三步的做法相同，将此工作表中"现金流量代码"列的P20:P2000区域命名为"项目2"，如图2-196所示。

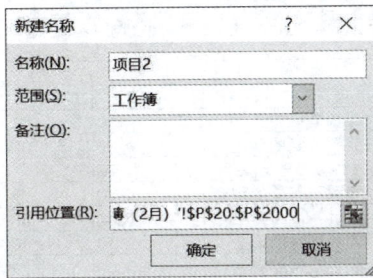

图 2-196　操作过程

第九步：选择当前工作表为"现金流量表"，选择此工作表中的B5:C14区域，并选择"开始"|"填充"|"向右"命令进行填充，如图2-197所示。

图 2-197　填充数据

第十步：选择C5:C14区域，利用快捷命令"Ctrl+H"进行内容替换，将C5:C14区域中的"项目1"全部替换为"项目2"，"余额1"全部替换为"余额2"，操作过程如图2-198和图2-199所示。得到的多会计期的现金流量表如图2-200所示。

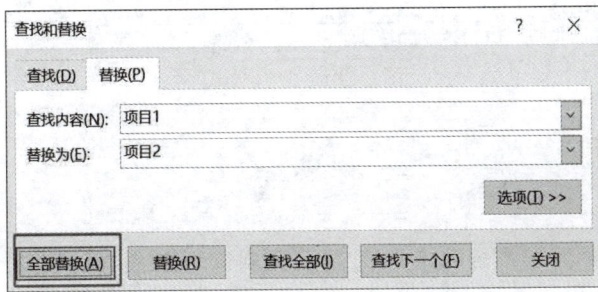

图 2-198　操作过程 (1)

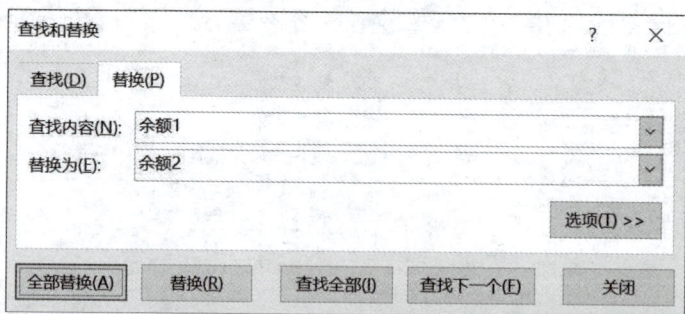

图 2-199 操作过程 (2)

图 2-200 多会计期的现金流量表

第十一步：修改D列公式，计算本年累计。将D5单元格的公式设置为"=B5+C5"，选择D6:D14区域，选择"填充"|"向下"命令，或者用向下拖动的方式，将D5单元格的公式复制到D列的其他单元格，如图2-201所示。

图 2-201 复制公式

4. 合并报表的编制

❖ **特别提醒:**

在实际工作中，需将资产负债表、利润表和利润分配表合并起来编制合并报表。为了简化起见，在此仅以母子公司合并资产负债表为例进行讲解。

第一步：将母公司的"资产负债表"保存在工作表"母公司"中，如图2-202所示。

	A	B	C	D
1	资产负债表			
2	流动资产：		流动负债：	
3	货币资金	21450	短期借款	20000
4	交易性金融资产	10000	应付票据	20000
5	应收票据	16000	应付账款	40000
6	应收账款	10000	预收账款	14000
7	减:坏账准备	50	应付工资	20000
8	应收账款净额	9950	应付职工薪酬	6000
9	预付账款	4000	长期负债:	
10	存货	62000	长期借款	8000
11	长期投资		应付债券	40000
12	对子公司	60000	长期应付款	4000
13	其他投资	34000	所有者权益:	
14	合并价差		实收资本	80000
15	固定资产		资本公积	16000
16	固定资产原价	60000	盈余公积	20000
17	减:累计折旧	18000	未分配利润	24000
18	在建工程	40000	少数股东权益	
19	无形及递延资产:			
20	无形资产	12600		
21	资产总计	312000	负债及所有者权益总计	312000
22				

图 2-202　保存数据至"母公司"工作表

第二步：将子公司的"资产负债表"保存在工作表"子公司"中，如图2-203所示。

	A	B	C	D
1	资产负债表			
2	流动资产:		流动负债	
3	货币资金	15640	短期借款	10000
4	交易性金融资产	4000	应付票据	6000
5	应收票据	6000	应付账款	10000
6	应收账款	8000	预收账款	4000
7	减:坏账准备	40	应付工资	3200
8	应收账款净额	7960	应付职工薪酬	2000
9	预付账款	3600	长期负债:	
10	存货	40000	长期借款	6000
11	长期投资:		应付债券	8000
12	对子公司	0	长期应付款	0
13	其他投资	0	所有者权益:	
14	合并价差		实收资本	40000
15	固定资产:		资本公积	8000
16	固定资产原价	40000	盈余公积	10000
17	减:累计折旧	8000	未分配利润	12000
18	在建工程	10000	少数股东权益	
19	无形及递延资产:			
20	无形资产	0		
21	资产总计	119200	负债及所有者权益总计	119200

图 2-203　保存数据至"子公司"工作表

第三步：选择当前工作表为"合并报表"，选中A3:D21区域，选择"数据"|"合并计算"命令，在选择母公司的对应位置后，单击"添加"命令，再选择子公司的对应位置，操作过程如图2-204和图2-205所示。得到的母子公司"汇总资产负债表"如图2-206所示。

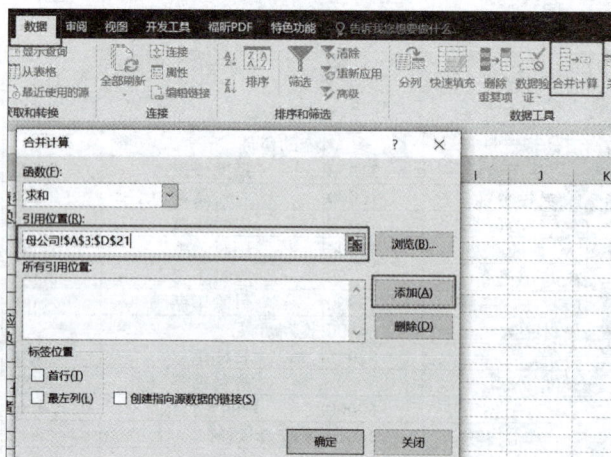

图 2-204　操作过程 (1)

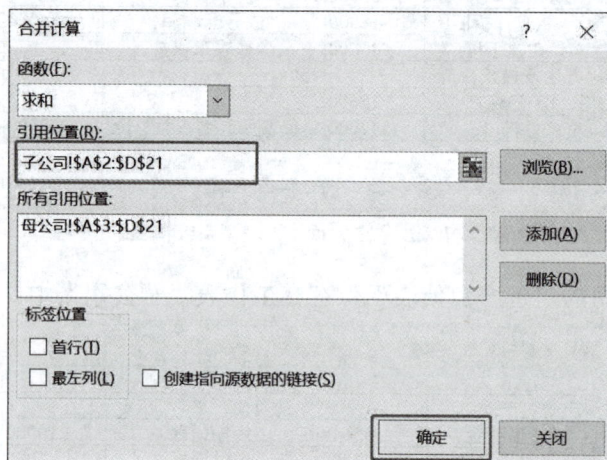

图 2-205　操作过程 (2)

	A	B	C	D
1		汇总资产负债表		
2				
3		37090		30000
4		14000		26000
5		22000		50000
6		18000		18000
7		90		23200
8		17910		8000
9		7600		
10		102000		14000
11				48000
12		60000		4000
13		34000		
14				120000
15				24000
16		100000		30000
17		26000		36000
18		50000		
19				
20		12600		
21		431200		431200

图 2-206　操作结果

第四步：将母公司或子公司资产负债表的各文字项目复制到"汇总资产负债表"中，如图2-207所示。

	A	B	C	D
1		汇总资产负债表		
2	流动资产:		流动负债:	
3	货币资金	37090	短期借款	30000
4	交易性金融资产	14000	应付票据	26000
5	应收票据	22000	应付账款	50000
6	应收账款	18000	预收账款	18000
7	减:坏账准备	90	应付工资	23200
8	应收账款净额	17910	应付职工薪酬	8000
9	预付账款	7600	长期负债:	
10	存货	102000	长期借款	14000
11	长期投资:		应付债券	48000
12	对子公司	60000	长期应付款	4000
13	其他投资	34000	所有者权益:	
14	合并价差		实收资本	120000
15	固定资产		资本公积	24000
16	固定资产原价	100000	盈余公积	30000
17	减:累计折旧	26000	未分配利润	36000
18	在建工程	50000	少数股东权益	
19	无形及递延资产:			
20	无形资产	12600		
21	资产总计	431200	负债及所有者权益总计	431200

图 2-207　复制文字项目

第五步：在23行建立调整会计分录输入的项目，如图2-208所示。

	A	B	C	D
22				
23	凭证号	科目名称	借	贷
24				
25				
26				
27				
28				
29				

母公司　子公司　合并报表　＋

图 2-208　建立项目

第六步：在F1:I21区域建立"合并资产负债表"的基本格式，如图2-209所示。

	F	G	H	I
1		合并资产负债表		
2	流动资产:		流动负债:	
3	货币资金		短期借款	
4	交易性金融资产		应付票据	
5	应收票据		应付账款	
6	应收账款		预收账款	
7	坏账准备		应付工资	
8	应收账款净额		应付职工薪酬	
9	预付账款		长期负债:	
10	存货		长期借款	
11	长期投资:		应付债券	
12	对子公司		长期应付款	
13	其他投资		所有者权益:	
14	合并价差		实收资本	
15	固定资产		资本公积	
16	固定资产原价		盈余公积	
17	减:累计折旧		未分配利润	
18	在建工程		少数股东权益	
19	无形及递延资产:			
20	无形资产			
21	资产总计		负债及所有者权益总计	

图 2-209　修改格式

第七步：设置"合并资产负债表"的取数公式。合并报表各项的值应该为汇总报表中各项的值加上或减去调整会计分录中借方或贷方对此项的调整。将光标定位在G3单元格，并将此单元格的公式设置为：

"=B3+SUMIF(\$B\$24:\$B\$1000,F3,\$C\$24:\$C\$1000)-SUMIF(\$B\$24:\$B\$1000,F3,\$D\$24:\$D\$1000)"

| 汇总报表中此项的值 | 调整会计分录中借方对此项的调整 | 调整会计分录中贷方对此项的调整 |

\$B\$24:\$B\$1000为调整会计分录的科目名称区，\$C\$24:\$C\$1000为调整会计分录的借方发生额区，\$D\$24:\$D\$1000为调整会计分录的贷方发生额区，F3为此项目的名称。

第八步：在"合并资产负债表"中，除小计、合计等项目外，其他项目的公式都可以根据G3单元格的公式进行复制而得到，如图2-210和图2-211所示。

	F	G
1		合并资产负债表
2	流动资产:	
3	货币资金	=B3+SUMIF(\$B\$24:\$B\$1000,F3,\$C\$24:\$C\$1000)-SUMIF(\$B\$24:\$B\$1000,F3,\$D\$24:\$D\$1000)
4	交易性金融资产	=B4+SUMIF(\$B\$24:\$B\$1000,F4,\$C\$24:\$C\$1000)-SUMIF(\$B\$24:\$B\$1000,F4,\$D\$24:\$D\$1000)
5	应收票据	=B5+SUMIF(\$B\$24:\$B\$1000,F5,\$C\$24:\$C\$1000)-SUMIF(\$B\$24:\$B\$1000,F5,\$D\$24:\$D\$1000)
6	应收账款	=B6+SUMIF(\$B\$24:\$B\$1000,F6,\$C\$24:\$C\$1000)-SUMIF(\$B\$24:\$B\$1000,F6,\$D\$24:\$D\$1000)
7	坏账准备	=B7-SUMIF(\$B\$24:\$B\$1000,F7,\$C\$24:\$C\$1000)+SUMIF(\$B\$24:\$B\$1000,F7,\$D\$24:\$D\$1000)
8	应收账款净额	=G6-G7
9	预付账款	=B9+SUMIF(\$B\$24:\$B\$1000,F9,\$C\$24:\$C\$1000)-SUMIF(\$B\$24:\$B\$1000,F9,\$D\$24:\$D\$1000)
10	存货	=B10+SUMIF(\$B\$24:\$B\$1000,F10,\$C\$24:\$C\$1000)-SUMIF(\$B\$24:\$B\$1000,F10,\$D\$24:\$D\$1000)
11	长期投资:	
12	对子公司	=B12+SUMIF(\$B\$24:\$B\$1000,F12,\$C\$24:\$C\$1000)-SUMIF(\$B\$24:\$B\$1000,F12,\$D\$24:\$D\$1000)
13	其他投资	=B13+SUMIF(\$B\$24:\$B\$1000,F13,\$C\$24:\$C\$1000)-SUMIF(\$B\$24:\$B\$1000,F13,\$D\$24:\$D\$1000)
14	合并价差	=B14+SUMIF(\$B\$24:\$B\$1000,F14,\$C\$24:\$C\$1000)-SUMIF(\$B\$24:\$B\$1000,F14,\$D\$24:\$D\$1000)
15	固定资产:	
16	固定资产原价	=B16+SUMIF(\$B\$24:\$B\$1000,F16,\$C\$24:\$C\$1000)-SUMIF(\$B\$24:\$B\$1000,F16,\$D\$24:\$D\$1000)
17	减累计折旧	=B17-SUMIF(\$B\$24:\$B\$1000,F17,\$C\$24:\$C\$1000)+SUMIF(\$B\$24:\$B\$1000,F17,\$D\$24:\$D\$1000)
18	在建工程	=B18+SUMIF(\$B\$24:\$B\$1000,F18,\$C\$24:\$C\$1000)-SUMIF(\$B\$24:\$B\$1000,F18,\$D\$24:\$D\$1000)
19	无形及递延资产:	
20	无形资产	=B20+SUMIF(\$B\$24:\$B\$1000,F20,\$C\$24:\$C\$1000)-SUMIF(\$B\$24:\$B\$1000,F20,\$D\$24:\$D\$1000)
21	资产总计	=SUM(G3:G5)+SUM(G8:G10)+SUM(G12:G14)+G16-G17+G18+G20
22		
23		
24		
25		
26		
27		

母公司　子公司　合并报表

图 2-210　操作过程 (1)

	H	I
1		汇总资产负债表
2	流动负债:	
3	短期借款	=D3-SUMIF(\$B\$24:\$B\$1000,H3,\$C\$24:\$C\$1000)+SUMIF(\$B\$24:\$B\$1000,H3,\$D\$24:\$D\$1000)
4	应付票据	=D4-SUMIF(\$B\$24:\$B\$1000,H4,\$C\$24:\$C\$1000)+SUMIF(\$B\$24:\$B\$1000,H4,\$D\$24:\$D\$1000)
5	应付账款	=D5-SUMIF(\$B\$24:\$B\$1000,H5,\$C\$24:\$C\$1000)+SUMIF(\$B\$24:\$B\$1000,H5,\$D\$24:\$D\$1000)
6	预收账款	=D6-SUMIF(\$B\$24:\$B\$1000,H6,\$C\$24:\$C\$1000)+SUMIF(\$B\$24:\$B\$1000,H6,\$D\$24:\$D\$1000)
7	应付工资	=D7-SUMIF(\$B\$24:\$B\$1000,H7,\$C\$24:\$C\$1000)+SUMIF(\$B\$24:\$B\$1000,H7,\$D\$24:\$D\$1000)
8	应付职工薪酬	=D8-SUMIF(\$B\$24:\$B\$1000,H8,\$C\$24:\$C\$1000)+SUMIF(\$B\$24:\$B\$1000,H8,\$D\$24:\$D\$1000)
9	长期负债:	
10	长期借款	=D10-SUMIF(\$B\$24:\$B\$1000,H10,\$C\$24:\$C\$1000)+SUMIF(\$B\$24:\$B\$1000,H10,\$D\$24:\$D\$1000)
11	应付债券	=D11-SUMIF(\$B\$24:\$B\$1000,H11,\$C\$24:\$C\$1000)+SUMIF(\$B\$24:\$B\$1000,H11,\$D\$24:\$D\$1000)
12	长期应付款	=D12-SUMIF(\$B\$24:\$B\$1000,H12,\$C\$24:\$C\$1000)+SUMIF(\$B\$24:\$B\$1000,H12,\$D\$24:\$D\$1000)
13	所有者权益	
14	实收资本	=D14-SUMIF(\$B\$24:\$B\$1000,H14,\$C\$24:\$C\$1000)+SUMIF(\$B\$24:\$B\$1000,H14,\$D\$24:\$D\$1000)
15	资本公积	=D15-SUMIF(\$B\$24:\$B\$1000,H15,\$C\$24:\$C\$1000)+SUMIF(\$B\$24:\$B\$1000,H15,\$D\$24:\$D\$1000)
16	盈余公积	=D16-SUMIF(\$B\$24:\$B\$1000,H16,\$C\$24:\$C\$1000)+SUMIF(\$B\$24:\$B\$1000,H16,\$D\$24:\$D\$1000)
17	未分配利润	=D17-SUMIF(\$B\$24:\$B\$1000,H17,\$C\$24:\$C\$1000)+SUMIF(\$B\$24:\$B\$1000,H17,\$D\$24:\$D\$1000)
18	少数股东权益	=D18-SUMIF(\$B\$24:\$B\$1000,H18,\$C\$24:\$C\$1000)+SUMIF(\$B\$24:\$B\$1000,H18,\$D\$24:\$D\$1000)
19		
20		
21	负债及所有者权益总计	=SUM(I3:I8)+SUM(I10:I12)+SUM(I14:I18)
22		
23		

母公司　子公司　合并报表

图 2-211　操作过程 (2)

第九步：输入调整会计分录，如图2-212所示。要求输入调整会计分录的科目名称应该是"合并资产负债表"中的一个项目名称。这样随着调整会计分录的输入，"合并资产负债表"即可自动形成，如图2-213所示。

	A	B	C	D
23	凭证号	科目名称	借	贷
24	1	实收资本	40000	
25	1	资本公积	8000	
26	1	盈余公积	10000	
27	1	未分配利润	12000	
28	1	合并价差	4000	
29	1	对子公司		60000
30	1	少数股东权益		14000
31	2	应付账款	6000	
32	2	应收账款		6000
33	3	坏账准备	30	
34	3	未分配利润		30
35	4	应付票据	8000	
36	4	应收票据		8000
37	5	应付债券	4000	
38	5	其他投资		4000
39	6	未分配利润	12000	
40	6	存货		12000
41	7	未分配利润	2000	
42	7	固定资产原价		2000
43	8	未分配利润	1600	
44	8	盈余公积		1600
45	9	未分配利润	6400	
46	9	盈余公积		6400
47	10	预收账款	2000	
48	10	预付账款		2000
49				

母公司　子公司　合并报表

图 2-212　输入调整会计分录

	F	G	H	I
1		合并资产负债表		
2	流动资产：		流动负债：	
3	货币资金	37090	短期借款	30000
4	交易性金融资产	14000	应付票据	18000
5	应收票据	14000	应付账款	44000
6	应收账款	12000	预收账款	16000
7	坏账准备	60	应付工资	23200
8	应收账款净额	11940	应付职工薪酬	8000
9	预付账款	5600	长期负债：	
10	存货	90000	长期借款	14000
11	长期投资：		应付债券	44000
12	对子公司	0	长期应付款	4000
13	其他投资	30000	所有者权益：	
14	合并价差	4000	实收资本	80000
15	固定资产：		资本公积	16000
16	固定资产原价	98000	盈余公积	28000
17	减:累计折旧	26000	未分配利润	2030
18	在建工程	50000	少数股东权益	14000
19	无形及递延资产：			
20	无形资产	12600		
21	资产总计	341230	负债及所有者权益总计	341230
22				
23				

母公司　子公司　合并报表

图 2-213　合并资产负债表

第 3 章

财务报表数据分析

财务分析是以企业的财务报表及其他资料为依据和起点，对企业的财务状况与经营成果、财务信用与财务风险、财务总体情况与未来发展趋势等进行分析和评价。财务分析可为企业的投资者、债权人、经营者及其他关心企业的组织或个人提供准确的信息，以便他们了解企业的过去、评价企业的现状、预测企业的未来，从而做出正确的决策。

LF有限公司2023年资产负债表、利润及利润分配表如图3-1和图3-2所示。

资产负债表

编制单位：LF有限公司　　　　单位：元

资　产	行号	年初数	期末数	发生额	负债及所有者权益	行号	年初数	期末数	发生额
流动资产：					流动负债：				
货币资金	1	2,500.00	3,500.00	1,000.00	短期借款	33	1,800.00	2,100.00	300.00
短期投资	2	800.00	900.00	100.00	应付票据	34	1,200.00	1,500.00	300.00
应收票据	3	1,700.00	2,100.00	400.00	应付帐款	35	400.00	800.00	400.00
应收股利	4	2,100.00	2,300.00	200.00	预收帐款	36			-
应收利息	5	500.00	1,700.00	1,200.00	应付工资	37			-
应收帐款	6	200.00	1,300.00	1,100.00	应付福利费	38			-
其他应收款	7	400.00	600.00	200.00	应付股利	39	1,400.00	2,100.00	700.00
预付帐款	8	200.00	1,200.00	1,000.00	应交税金	40	800.00	1,200.00	400.00
应收补贴款	9	300.00	1,500.00	1,200.00	其他应交款	41			-
存货	10	2,300.00	2,700.00	400.00	其他应付款	42			-
待摊费用	11	300.00	500.00	200.00	预提费用	43			-
一年内到期的长期债券投资	12	600.00	1,400.00	800.00	预计负债	44			-
其他流动资产	13	800.00	1,200.00	400.00	一年内到期的长期负债	45			-
				-	其他流动负债	46	1,400.00	2,100.00	700.00
流动资产合计	14	#########	#########	8,200.00	流动负债合计		7,000.00	9,800.00	2,800.00
长期投资：					长期负债：				
长期股权投资	15	600.00	1,700.00	1,100.00	长期借款	47	1,500.00	1,700.00	200.00
长期债权投资	16	1,400.00	1,700.00	300.00	应付债券	48	600.00	800.00	200.00
长期投资合计	17	2,000.00	3,400.00	1,400.00	长期应付款	49	400.00	600.00	200.00
固定资产：				-	专项应付款	50			-
固定资产原价	18	450.00	550.00	100.00	其他长期负债	51			-
减：累计折旧	19	40.00	40.00	-	长期负债合计	52	2,500.00	3,100.00	600.00
固定资产净值	20	410.00	510.00	100.00	递延税项：				-
减：固定资产减值准备	21	20.00	40.00	20.00	递延税项贷项	53	2,500.00	1,700.00	-800.00
固定资产净额	22	390.00	470.00	80.00	负债总计		#########	#########	2,600.00
工程物资	23	140.00	280.00	140.00					
在建工程	24	170.00	340.00	170.00	所有者权益（或股东权益）：				
固定资产清理	25	150.00	300.00	150.00	实收资本（或股本）	54	8,550.00	#########	#########
固定资产合计	26	850.00	1,390.00	540.00	减：已归还投资	55	400.00	600.00	200.00
无形资产及其他资产：					实收资本（或股本）净额	56	8,150.00	#########	#########
无形资产	27	1,400.00	2,500.00	1,100.00	资本公积	57	400.00	800.00	400.00
长期待摊费用	28	1,700.00	2,100.00	400.00	盈余公积	58			-
其他长期资产	29	1,700.00	3,500.00	1,800.00	其中：法定公益金	59			-
无形资产及其他资产合计	30	4,800.00	6,100.00	3,300.00	未分配利润	60	1,500.00	2,100.00	600.00
递延税项：					外币会计报表折算差额	61			-
递延税款借项	31	1,700.00	3,400.00	1,700.00	所有者权益（或股东权益）合计	62	#########	#########	#########
资产总计	32	#########	#########	#########	负债和所有者权益（或股东权益）	63	#########	#########	#########

资产负债表　利润表

图 3-1　LF 有限公司 2023 年资产负债表

项　　　　　目	本年累计数	上年同期数	环比增长
一、主营业务收入	2,500.00	1,200.00	108.33%
减：主营业务成本	1,200.00	900.00	33.33%
主营业务税金及附加			
二、主营业务利润（亏损以"－"号填列）	1,300.00	300.00	333.33%
加：其他业务利润（亏损以"－"号填列）	1,500.00	1,100.00	36.36%
减：销售费用	600.00	500.00	20.00%
管理费用	300.00	200.00	50.00%
财务费用	1,500.00	1,200.00	25.00%
三、营业利润（亏损以"－"号填列）	400.00	-500.00	-180.00%
加：投资收益（损失以"－"号填列）	700.00	500.00	40.00%
补贴收入	1,000.00	600.00	66.67%
营业外收入	1,200.00	500.00	140.00%
减：营业外支出	300.00	210.00	42.86%
四、利润总额（亏损以"－"号填列）	3,000.00	890.00	237.08%
减：所得税	300.00	200.00	50.00%
少数股东权益	1,000.00	400.00	150.00%
五、净利润（亏损以"－"号填列）	1,700.00	290.00	486.21%
加：年初未分配利润			
其他转入			
六、可供分配的利润	1,700.00	290.00	486.21%
减：提取法定盈余公积			
提取法定公益金			
提取职工奖励及福利基金			
提取储备基金			
提取企业发展基金			
利润归还投资			
七、可供投资者分配的利润	1,700.00	290.00	486.21%
减：应付优先股股利			
提取任意盈余公积			
应付普通股股利			
转作资本（或股本）的普通股股利			
八、未分配利润	1,700.00	290.00	486.21%

表格标题：利润及利润分配表

编制单位：LF有限公司　　　　　　　　　　单位：元

工作表标签：资产负债表　利润及利润分配表　⊕

图 3-2　LF 有限公司 2023 年利润及利润分配表

实训一　偿债、营运与盈利能力财务指标计算

实训任务

财务比率分析是对财务报表中的有关项目进行对比，从而得出一系列财务比率，用以发现并评价企业的财务现状和经营中存在的问题。

任务解析

财务比率分析表中主要包括偿债能力财务指标、营运能力财务指标和盈利能力财务指标。

实训指引

1. 创建财务比率分析表

第一步：新建工作簿“财务分析”，将LF有限公司2023年的资产负债表和利润表分别复制粘贴到工作表Sheet1和Sheet2中，并将其分别重命名为“资产负债表”和“利润表”，如图3-3所示。

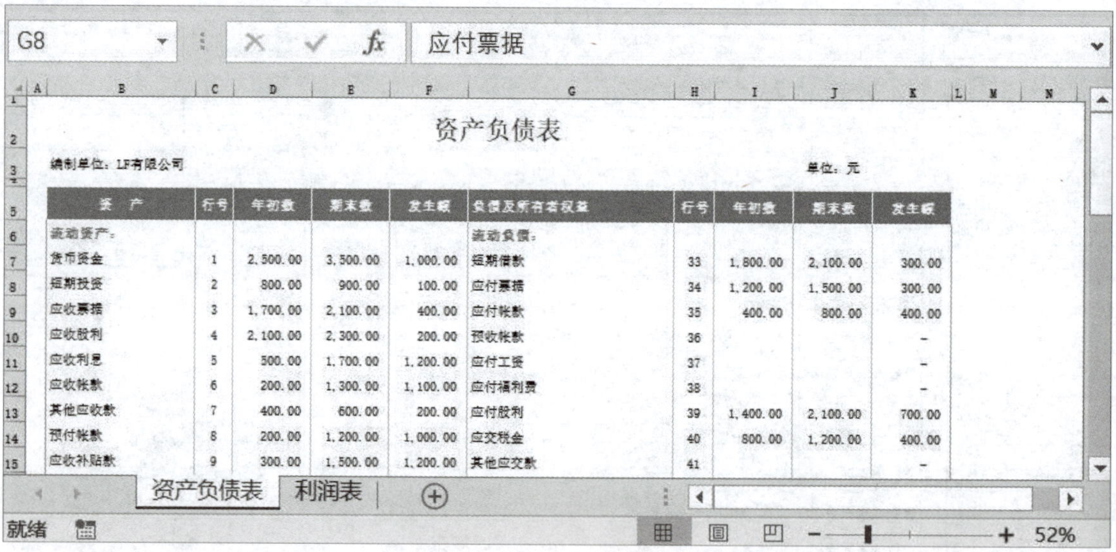

资产负债表

编制单位：LF有限公司　　单位：元

资　产	行号	年初数	期末数	发生额	负债及所有者权益	行号	年初数	期末数	发生额
流动资产：					流动负债：				
货币资金	1	2,500.00	3,500.00	1,000.00	短期借款	33	1,800.00	2,100.00	300.00
短期投资	2	800.00	900.00	100.00	应付票据	34	1,200.00	1,500.00	300.00
应收票据	3	1,700.00	2,100.00	400.00	应付帐款	35	400.00	800.00	400.00
应收股利	4	2,100.00	2,300.00	200.00	预收帐款	36			-
应收利息	5	500.00	1,700.00	1,200.00	应付工资	37			-
应收帐款	6	200.00	1,300.00	1,100.00	应付福利费	38			-
其他应收款	7	400.00	600.00	200.00	应付股利	39	1,400.00	2,100.00	700.00
预付帐款	8	200.00	1,200.00	1,000.00	应交税金	40	800.00	1,200.00	400.00
应收补贴款	9	300.00	1,500.00	1,200.00	其他应交款	41			-

图 3-3　新建工作簿

第二步：将工作表Sheet3重命名为“财务比率分析表”，并设置财务比率分析表的格式，如图3-4所示。

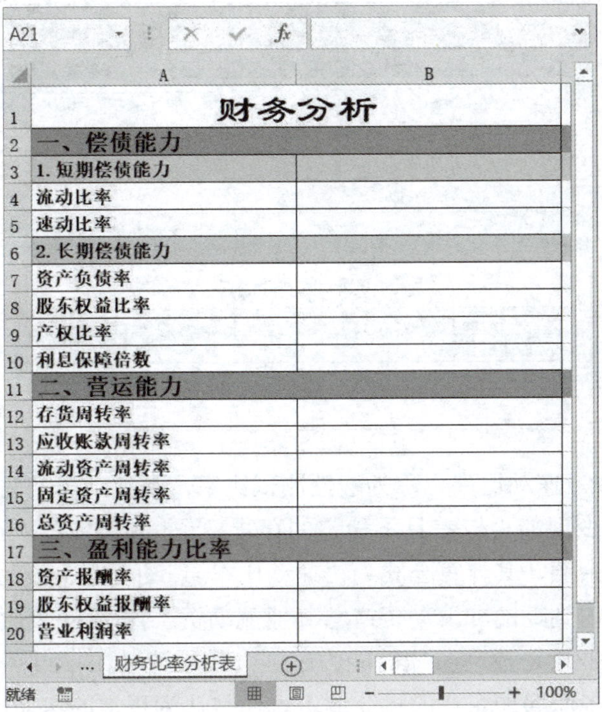

	A	B
1	财务分析	
2	一、偿债能力	
3	1. 短期偿债能力	
4	流动比率	
5	速动比率	
6	2. 长期偿债能力	
7	资产负债率	
8	股东权益比率	
9	产权比率	
10	利息保障倍数	
11	二、营运能力	
12	存货周转率	
13	应收账款周转率	
14	流动资产周转率	
15	固定资产周转率	
16	总资产周转率	
17	三、盈利能力比率	
18	资产报酬率	
19	股东权益报酬率	
20	营业利润率	

图 3-4　财务比率分析表

2. 偿债能力财务指标计算

偿债能力分为短期偿债能力和长期偿债能力。短期偿债能力是指企业产生现金的能力，它取决于可以在短期内转变为现金的流动资产的数量。反映短期偿债能力的财务指标主要包括流动比率和速动比率两种。长期偿债能力是指债务和资产、净资产的关系，可以反映企业偿付到期长期债务的能力。反映长期偿债能力的财务指标主要包括资产负债率、股东权益比率、产权比率和利息保障倍数等。

1) 短期偿债能力财务指标计算

(1) 计算流动比率。流动比率是企业流动资产与流动负债之比，其计算公式为“流动比率=流动资产÷流动负债”。流动比率是衡量企业短期偿债能力的一个重要财务指标。这个比率越高，说明企业偿还流动负债的能力越强，流动负债得到偿还的保障越大。如果流动负债上升的速度过快，流动比率过低，那么企业近期可能会有流动资金方面的困难。但过高的流动比率并非好现象，应注意分析企业的具体情况，检查是否是资产结构不合理造成的，或者是募集的长期资金没有尽快投入使用。根据西方企业的经验，流动比率在2左右比较合适。

在“财务比率分析表”的B4单元格中输入公式“=资产负债表!E21/资产负债表!J21”，生成的结果如图3-5所示。

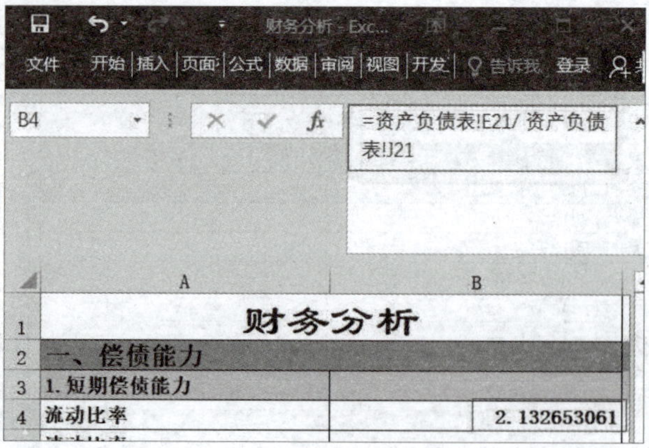

图 3-5　计算流动比率

(2) 计算速动比率。速动比率也称为酸性测试比率，是速动资产与流动负债之比。速动资产是流动资产减去变现能力较差且不稳定的存货、预付账款、一年内到期的非流动资产和其他流动资产后的余额，其计算公式为"速动比率=速动资产÷流动负债=(流动资产－存货－预付账款－一年内到期的非流动资产－其他流动资产)÷流动负债"。一般情况下，速动比率越高，说明企业偿还流动负债的能力越强。如果速动比率过高，则表明企业会因现金及应收账款占用过多而增加企业的机会成本。通常认为正常的速动比率为1，速动比率低于1说明企业短期偿债能力偏低。

在"财务比率分析表"的B5单元格中输入公式"=(资产负债表!E21－资产负债表!E16－资产负债表!E14－资产负债表!E18－资产负债表!E19)/资产负债表!J21"，生成的结果如图3-6所示。

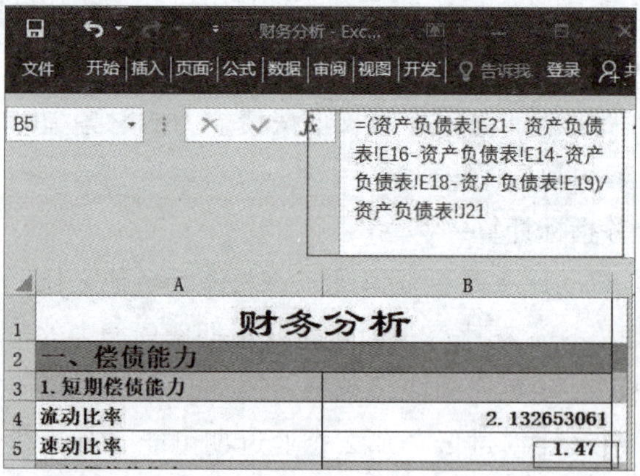

图 3-6　计算速动比率

2) 长期偿债能力财务指标计算

(1) 计算资产负债率。资产负债率是企业负债总额与资产总额之比，也称为负债比率，反映了企业的资产总额中有多少是通过举债而得到的。资产负债率可以反映企业偿还债务的综合能力，该比率越高，企业偿还债务的能力越差；反之，偿还债务的能力越强。资产负债率的计算公式为"资产负债率=负债总额÷资产总额×100%"。

在"财务比率分析表"的B7单元格中输入公式"=资产负债表!J31/资产负债表!E43"，生成的结果如图3-7所示。

(2) 计算股东权益比率。股东权益比率是股东权益总额与资产总额之比，反映了企业资产中有多少属于所有者，其计算公式为"股东权益比率=股东权益总额÷资产总额×100%"。

在"财务比率分析表"的B8单元格中输入公式"=资产负债表!J42/资产负债表!E43"，生成的结果如图3-8所示。

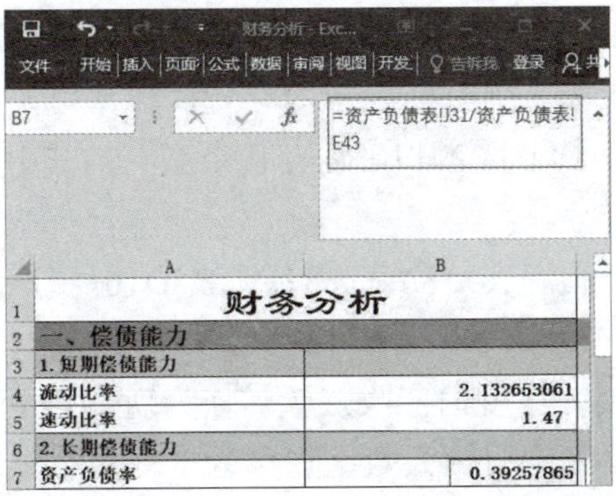

图 3-7　计算资产负债率

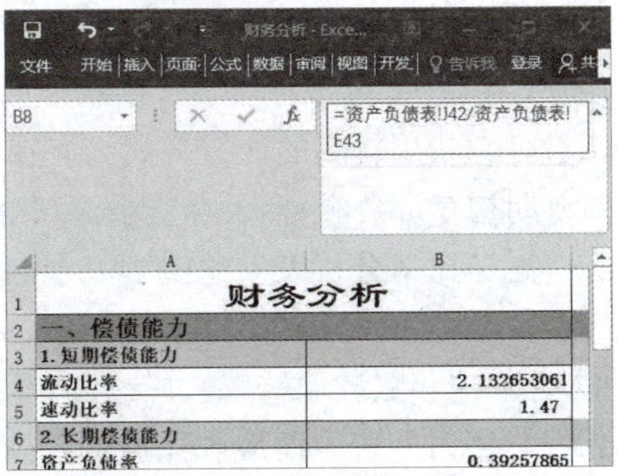

图 3-8　计算股东权益比率

(3) 计算产权比率。产权比率是负债总额与股东权益总额之比，反映了债权人所提供的资金与股东所提供的资金的对比关系，从而揭示企业的财务风险及股东权益对债务的保障程度。该比率越低，说明企业长期财务状况越好，债权人贷款的安全性越有保障，企业的风险越小。产权比率的计算公式为"产权比率=负债总额÷股东权益总额×100%"。

在"财务比率分析表"的B9单元格中输入公式"=资产负债表!J31/资产负债表!J42"，生成的结果如图3-9所示。

(4) 计算利息保障倍数。利息保障倍数是税前利润与利息支出之和(即息税前利润)与利息支出的比值，反映了企业用经营所得支付债务利息的能力。该比率越高，说明企业用经营所得支付债务利息的能力越强，从而增强贷款人对企业支付能力的信任程度。利息保障倍数的计算公式为"利息保障倍数=(税前利润+利息支出)÷利息支出=息税前利润÷利息支出。国际上通常认为，该指标为3时较为适当，从长期来看至少应大于1。

在"财务比率分析表"的B10单元格中输入"=(利润表!C20+利润表!C14)/利润表!C14"，生成的结果如图3-10所示。

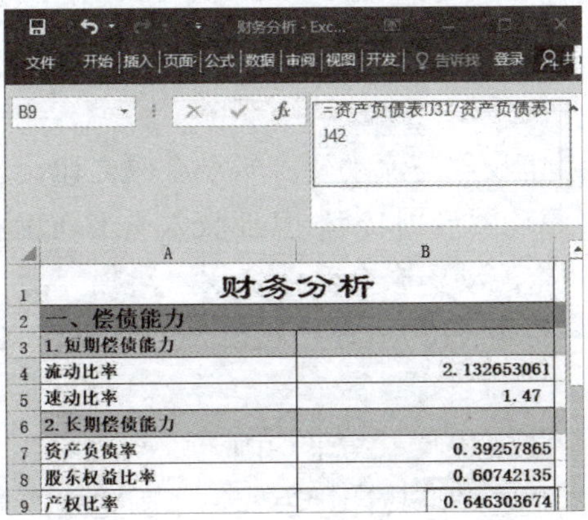

图 3-9　计算产权比率

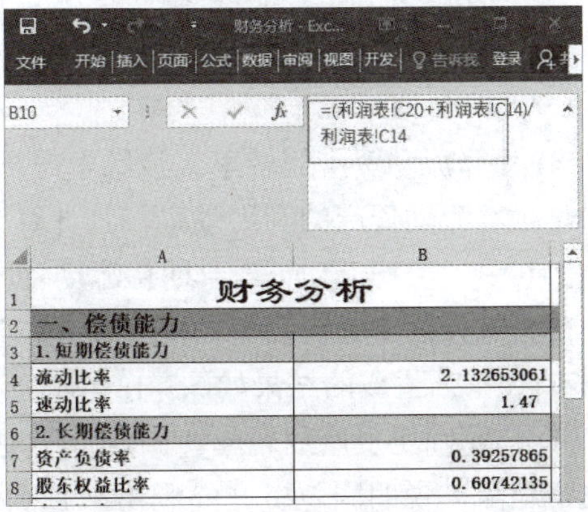

图 3-10　计算利息保障倍数

3. 营运能力财务指标计算

营运能力财务指标是用来衡量企业在资产管理方面的效率的财务比率。营运能力财务指标主要包括存货周转率、应收账款周转率、流动资产周转率、固定资产周转率和总资产周转率等。

(1) 计算存货周转率。存货周转率(又称为存货周转次数)是衡量和评价企业购入存货、投入生产、销售收回等各环节管理状况的综合性指标。用时间表示的存货周转率就是存货周转天数。存货周转率的计算公式为"存货周转率=营业成本÷平均存货余额"。其中，平均存货=(期初存货余额+期末存货余额)÷2。

在"财务比率分析表"的B12单元格中输入"=利润表!C8/((资产负债表!D16+资产负债表!E16)/2)"，生成的结果如图3-11所示。

(2) 计算应收账款周转率。应收账款周转率是反映年度内应收账款转换为现金的平均次数的指标，用时间表示的应收账款周转速度是应收账款周转天数，也称为平均应收款回收期，它表示企业从取得应收账款的权利到收回款项所需要的时间。应收账款周转率的计算公式为"应收账款周转率=营业收入÷平均应收账款余额"。其中，平均应收款=(期初应收款余额+期末应收款余额)÷2。

在"财务比率分析表"的B13单元格中输入"=利润表!C7/((资产负债表!D12+资产负债表!E12)/2)"，生成的结果如图3-12所示。

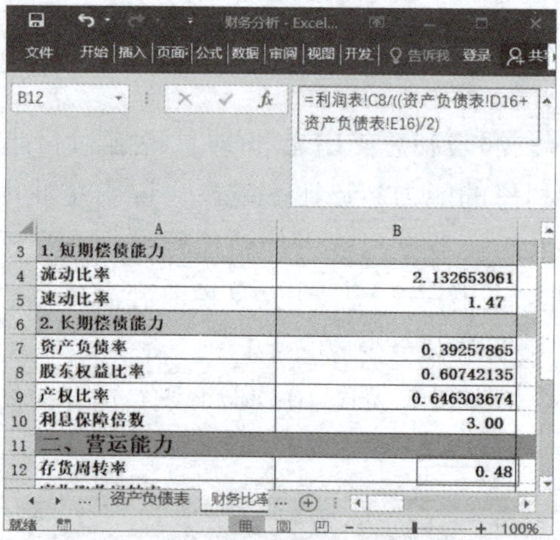

图3-11　计算存货周转率

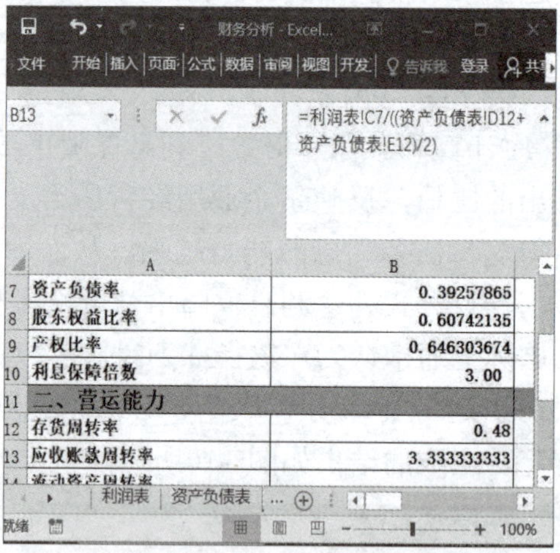

图3-12　计算应收账款周转率

(3) 计算流动资产周转率。流动资产周转率是销售收入与流动资产平均余额之比，它反映的是全部流动资产的利用效率，其计算公式为"流动资产周转率=营业收入÷平均流动资产"。其中，平均流动资产=(期初流动资产余额+期末流动资产余额)÷2。

在"财务比率分析表"的B14单元格中输入"=利润表!C7/((资产负债表!D21+资产负债表!E21)/2)"，生成的结果如图3-13所示。

(4) 计算固定资产周转率。固定资产周转率是企业销售收入与平均固定资产净值之比。该比率越高，说明固定资产的利用率越高，管理水平越好，其计算公式为"固定资产周转率=营业收入÷平均固定资产净值"。其中，平均固定资产净值=(期初固定资产净值+期末固定资产净值)÷2。

在"财务比率分析表"的B15单元格中输入"=利润表!C7/(资产负债表!D35+资产负债表!E35)/2",生成的结果如图3-14所示。

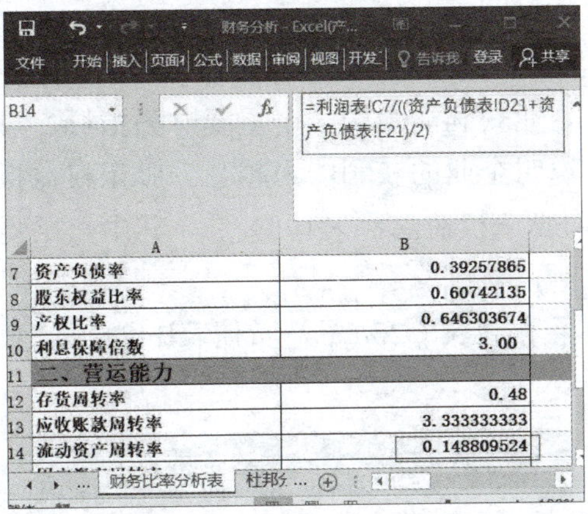

图 3-13　计算流动资产周转率

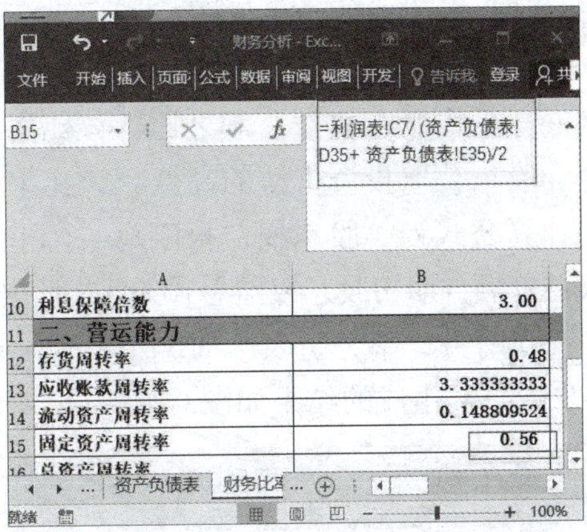

图 3-14　计算固定资产周转率

(5) 计算总资产周转率。总资产周转率是企业销售收入与平均资产总额之比,可以用来分析企业全部资产的使用效率。如果该比率较低,那么企业应采取措施提高销售收入或处置资产,以提高总资产利用率。总资产周转率的计算公式为"总资产周转率(周转次数)=营业收入÷平均资产总额"。其中,平均资产总额=(期初资产总额+期末资产总额)÷2。

在"财务比率分析表"的B16单元格中输入"=利润表!C7/(资产负债表!D43+资产负债表!E43)/2",生成的结果如图3-15所示。

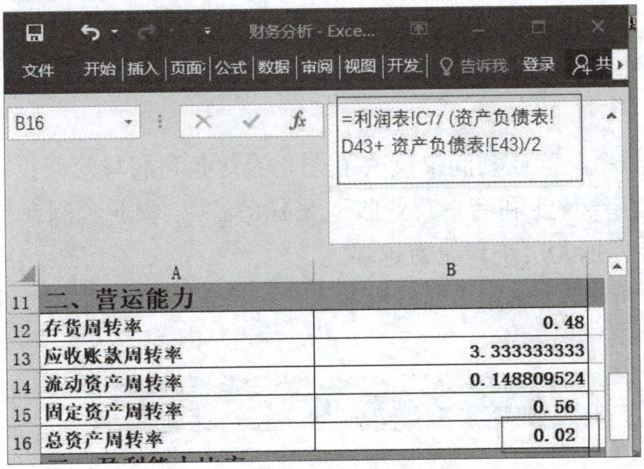

图 3-15　计算总资产周转率

4. 盈利能力财务指标计算

盈利能力财务指标可以反映企业获得利润的能力。盈利能力财务指标主要包括资产报酬率、股东权益报酬率和营业利润率等。

(1) 计算资产报酬率。资产报酬率也称为资产利润率或资产收益率,是企业在一定时期内的净利润与平均资产总额之比。该比率用来衡量企业利用资产获取利润的能力,反映了企业总资产的利用效率。如果企业的资产报酬率较低,则说明该企业的资产利用效率较低,经营管理存在问题。资产报酬率的计算公式为"资产报酬率=净利润÷平均资产总额

×100%"。其中，平均资产总额=(期初资产总额+期末资产总额)÷2。

在"财务比率分析表"的B18单元格中输入"=利润表!C23/(资产负债表!D43+资产负债表!E43)/2"，生成的结果如图3-16所示。

(2) 计算股东权益报酬率。股东权益报酬率也称为净资产收益率，是一定时期内企业的净利润与平均股东权益总额之比。该比率是评价企业获利能力的一个重要财务指标，反映了企业股东获取投资报酬的高低。该比率越高，说明企业的获利能力越强。股东权益报酬率的计算公式为"股东权益报酬率=净利润÷平均股东权益总额×100%"。其中，平均股东权益总额=(期初股东权益总额+期末股东权益总额)÷2。

在"财务比率分析表"的B19单元格中输入"=利润表!C23/(资产负债表!I42+资产负债表!J42)/2"，生成的结果如图3-17所示。

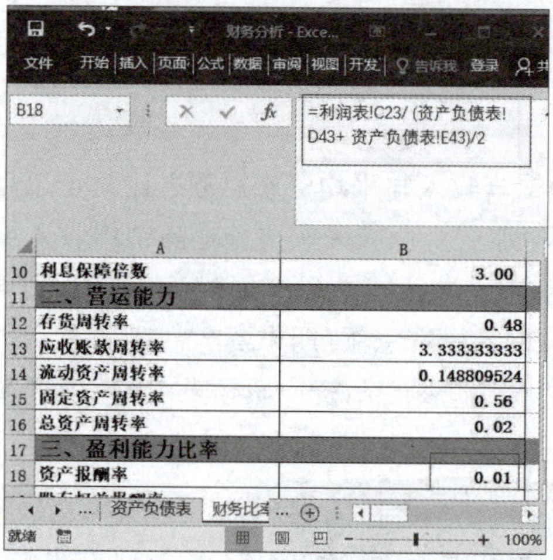

图3-16　计算资产报酬率

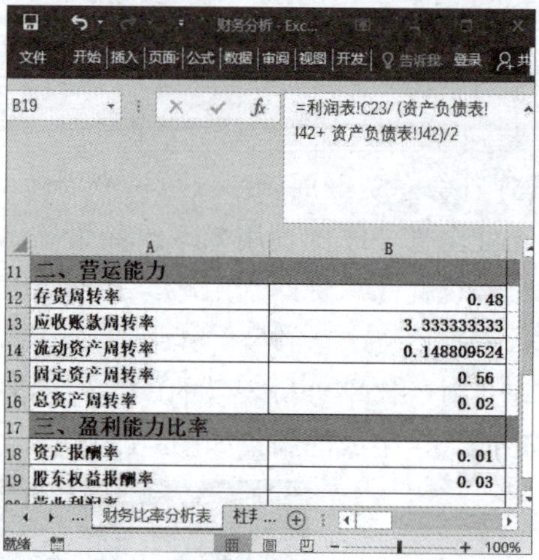

图3-17　计算股东权益报酬率

(3) 计算营业利润率。营业利润率反映了企业的营业利润与营业收入的比例关系，其计算公式为"营业利润率=营业利润÷营业收入×100%"。营业利润率越高，表明企业市场竞争力越强，发展潜力越大，获利能力越强。

在"财务比率分析表"的B20单元格中输入"=利润表!C15/利润表!C7"，生成的结果如图3-18所示。

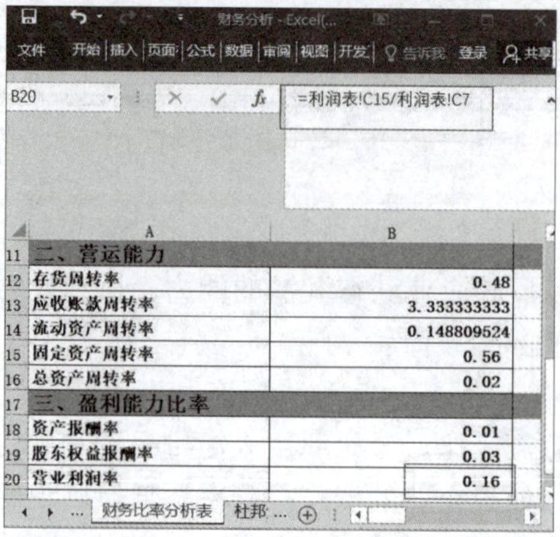

图3-18　计算营业利润率

实训二 杜邦分析模型设计

实训任务

杜邦分析是对企业的财务状况进行综合分析，它通过几种主要的财务指标之间的关系反映企业的财务状况。

任务解析

1) 资产净利率

资产净利率是销售净利率与总资产周转率的乘积，其计算公式如下。

$$资产净利率＝销售净利率×总资产周转率$$

2) 权益乘数

权益乘数表示企业的负债程度，权益乘数越大，企业的负债程度就越高，其计算公式如下。

$$权益乘数＝1÷(1－资产负债率)$$

权益乘数主要受资产负债率的影响，负债比率越大，权益乘数越高，说明企业有较高的负债程度，能给企业带来较大的杠杆利益，同时也会给企业带来较大的风险。

3) 权益净利率

权益净利率是杜邦分析的核心，是所有财务比率中综合性最强、最具有代表性的一个指标，其计算公式如下。

$$权益净利率＝资产净利率×权益乘数$$

权益净利率可以反映所有者投入资金的获利能力，也可以反映权益筹资和投资等各种经营活动的效率。

了解了常用的杜邦分析指标后，下面介绍创建杜邦分析模型的方法。

实训指引

1. 创建杜邦分析模型

第一步：在工作簿的最后插入一个新的工作表，并将其重命名为"杜邦分析"，然后在该工作表中输入各个指标项目，对其进行格式设置并调整列宽，如图3-19所示。

第二步：单击"插入"选项卡下"插图"组中的"形状"按钮，在弹出的下拉列表框中选择"直线"。随即鼠标指针变为"十"字形状，此时用户即可在合适的位置绘制一条直线。按照此方法在工作表中插入直线，并将其移动到合适的位置，如图3-20所示。

第三步：按住Ctrl键的同时选中各指标之间的关系图，然后右击，在弹出的快捷菜单中选择"组合"｜"组合"命令，即可将选中的图形组合成一个整体。右击组合后的图形，在弹出的快捷菜单中选择"设置形状格式"命令，按图3-21所示的内容进行设置。

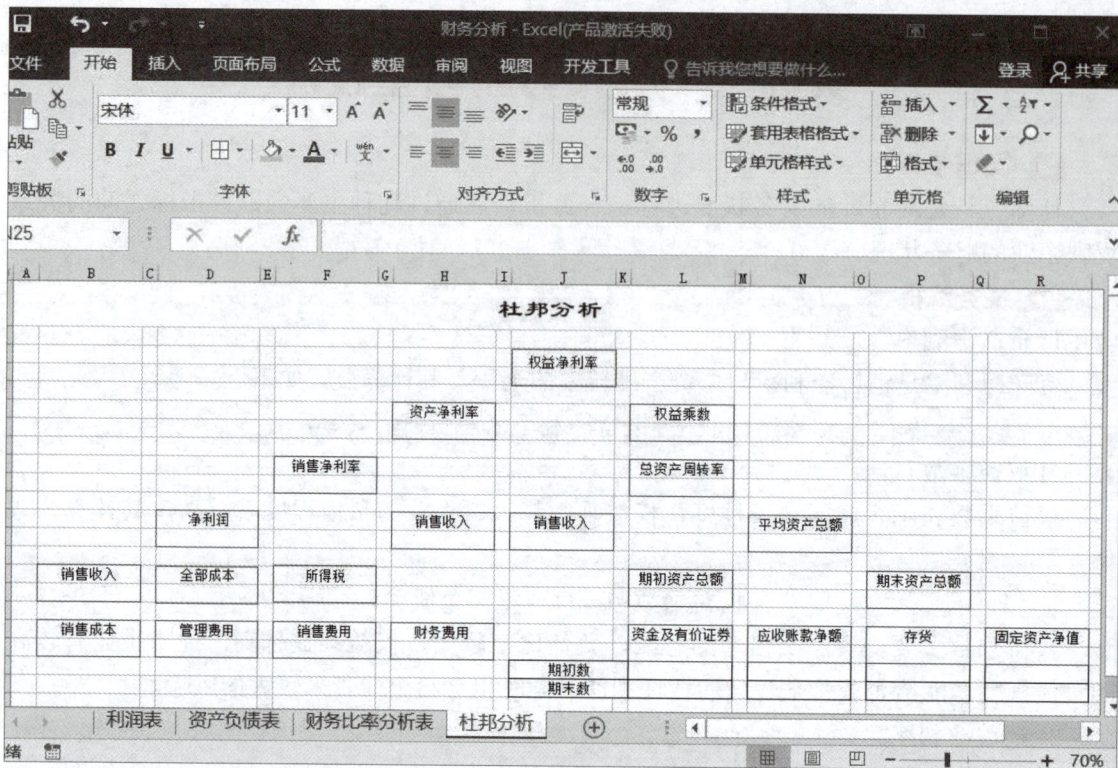

图 3-19   新建"杜邦分析"工作表并输入指标项目

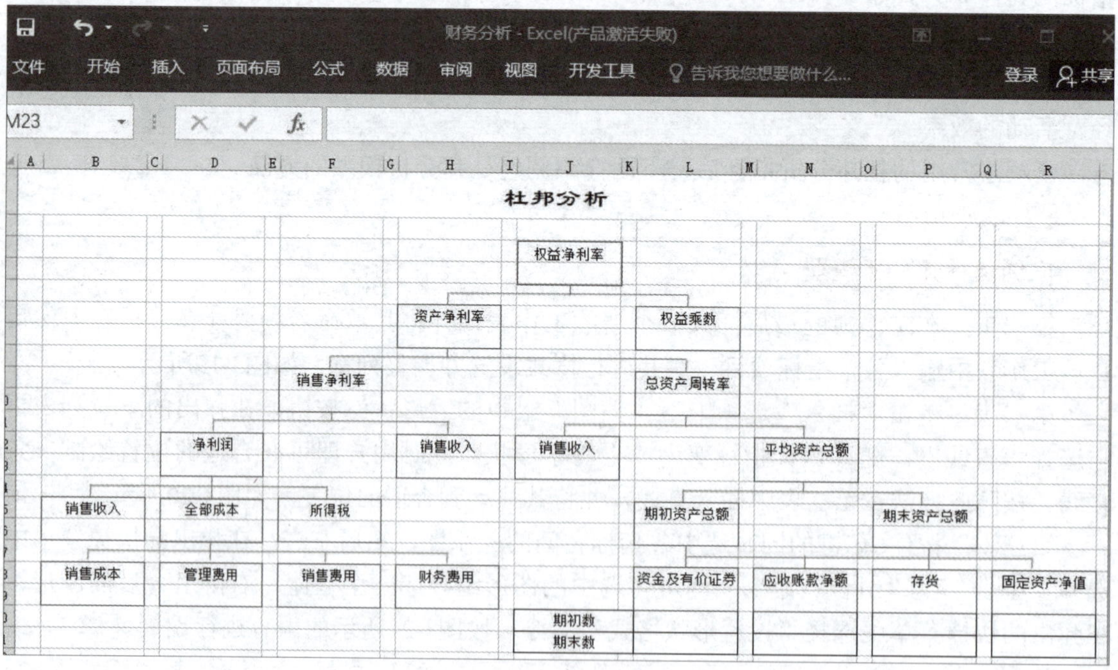

图 3-20   添加直线

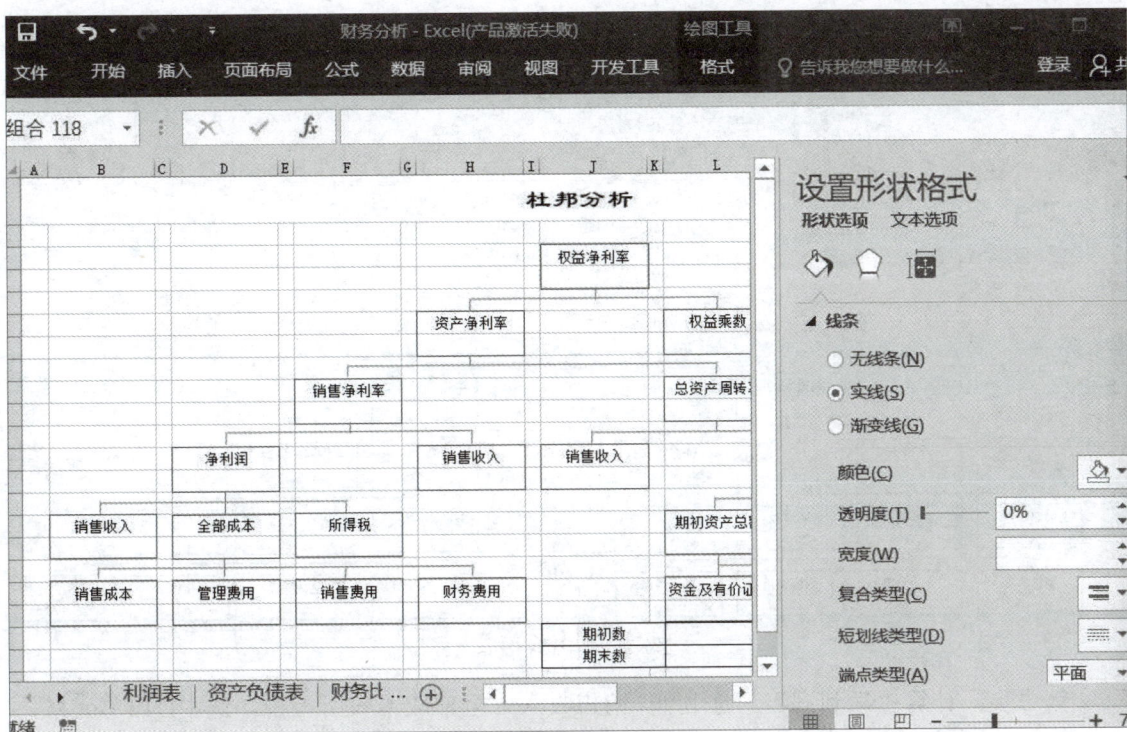

图 3-21　设置形状格式

第四步：设置完毕，单击"关闭"按钮，返回工作表，效果如图3-22所示。

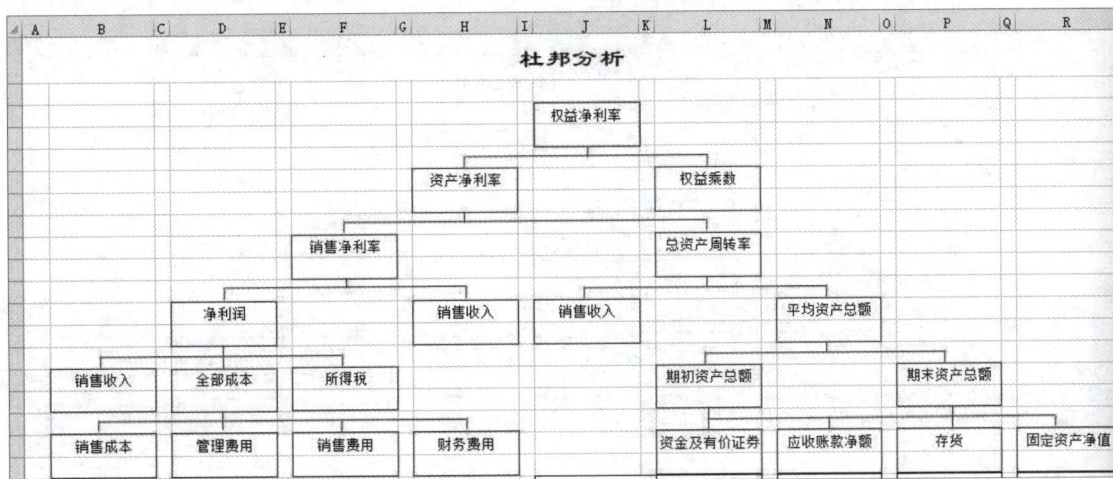

图 3-22　杜邦分析模型

2. 编辑杜邦分析模型

杜邦分析模型创建完成后，需要对其进行编辑，计算各财务比率，从而合理地分析企业的财务状况和经营成果。

第一步：计算"全部成本"。全部成本=销售成本+管理费用+销售费用+财务费用，选中D16单元格，输入公式"=B19+D19+F19+H19"，按Enter键完成输入，随即返回计算结果，如图3-23所示。

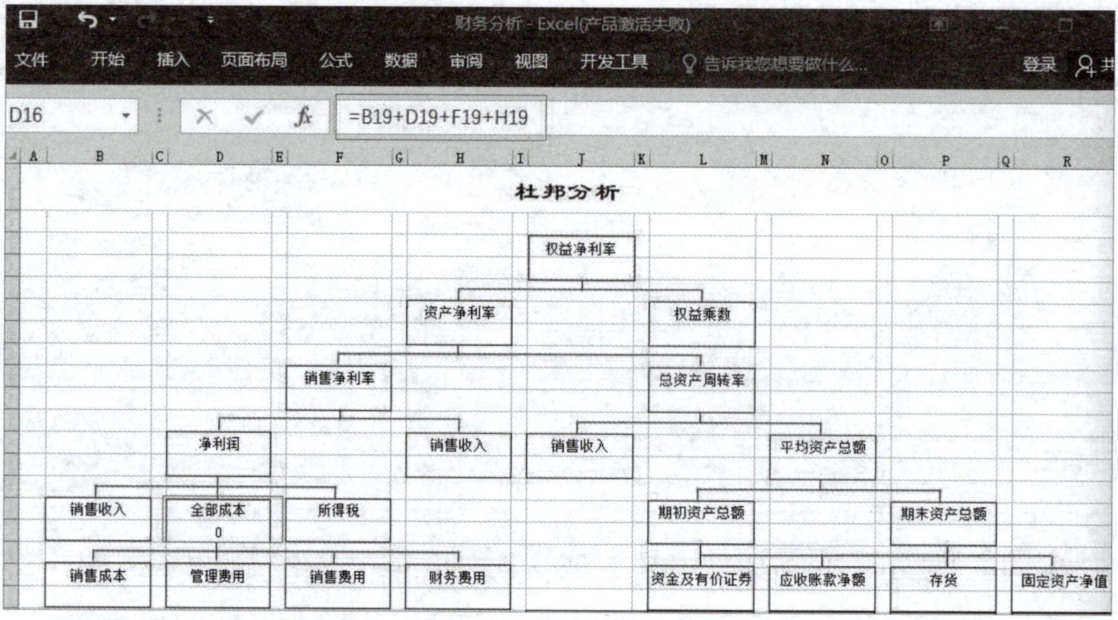

图 3-23　计算全部成本

第二步：计算"净利润"。净利润=销售收入－全部成本－所得税，选中D13单元格，输入公式"=B16－D16－F16"，结果如图3-24所示。

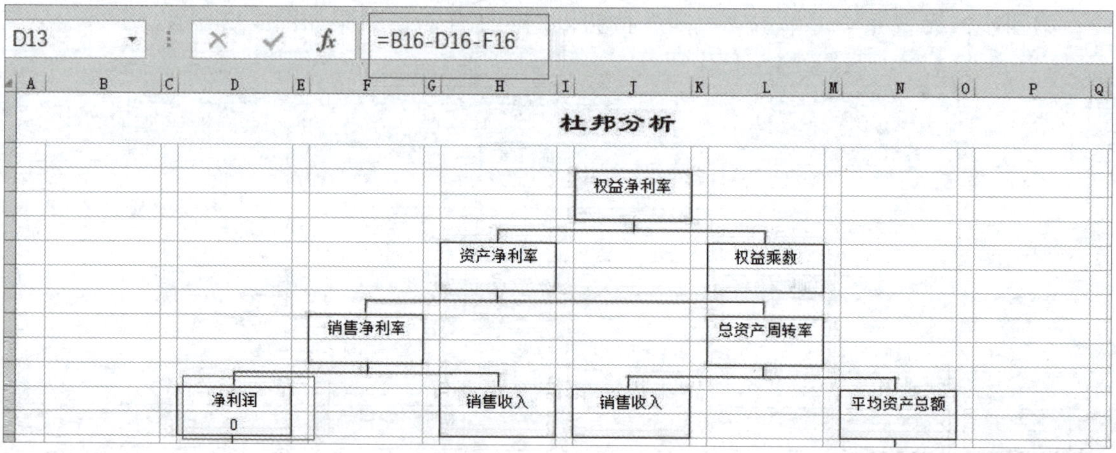

图 3-24　计算净利润

第三步：计算"销售净利率"。销售净利率=净利润÷销售收入，选中F10单元格，输入公式"=D13/H13"，按Enter键完成输入，随即返回计算结果，如图3-25所示。

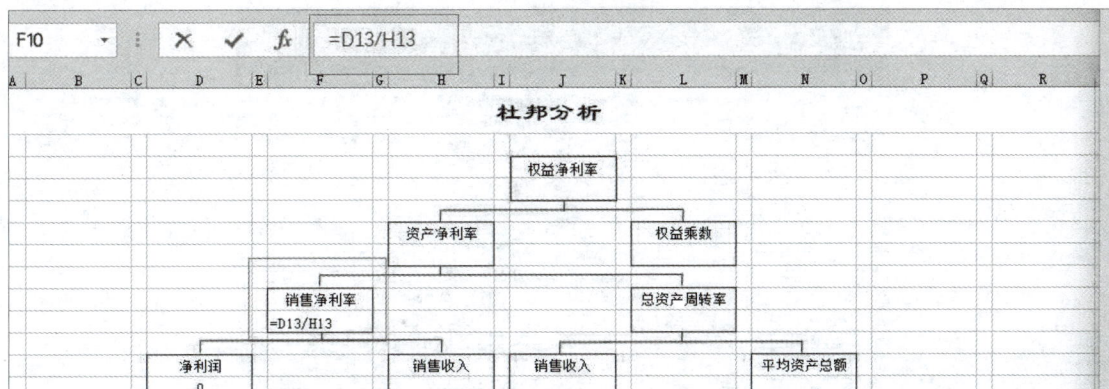

图 3-25　计算销售净利率

第四步：计算"期初资产总额"。期初资产总额=资金及有价证券的期初数+应收账款净额的期初数+存货的期初数+固定资产净值的期初数，选中L16单元格，输入公式"=L19+N19+P19+R19"，按Enter键完成输入，随即返回计算结果，如图3-26所示。

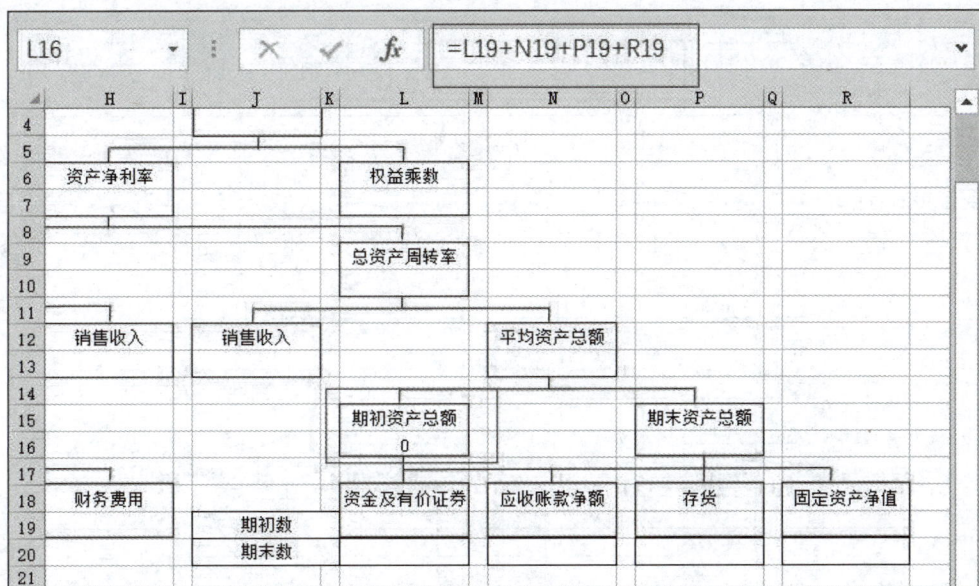

图 3-26　计算期初资产总额

第五步：计算"期末资产总额"。期末资产总额=资金及有价证券的期末数+应收账款净额的期末数+存货的期末数+固定资产净值的期末数，选中P16单元格，输入公式"=L20+N20+P20+R20"，按Enter键完成输入，随即返回计算结果，如图3-27所示。

第六步：计算"平均资产总额"。平均资产总额=(期初资产总额+期末资产总额)÷2，选中N13单元格，输入公式"=(L16+P16)/2"，按Enter键完成输入，随即返回计算结果，如图3-28所示。

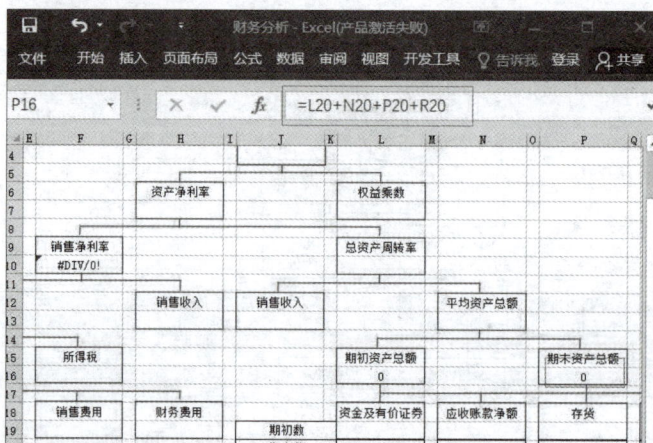

图 3-27   计算期末资产总额

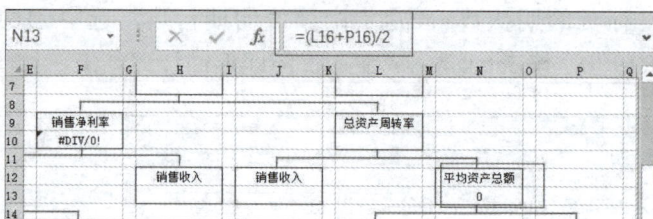

图 3-28   计算平均资产总额

第七步：计算"总资产周转率"。总资产周转率=销售收入÷平均资产总额，选中L10单元格，输入公式"=J13/N13"，按Enter键完成输入，随即返回计算结果，如图3-29所示。

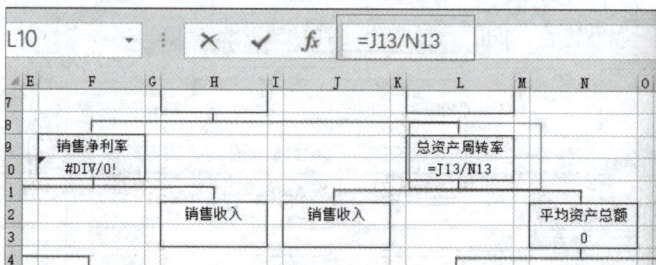

图 3-29   计算总资产周转率

第八步：计算"资产净利率"。资产净利率=销售净利率×总资产周转率，选中H7单元格，输入公式"=F10*L10"，按Enter键完成输入，随即返回计算结果，如图3-30所示。

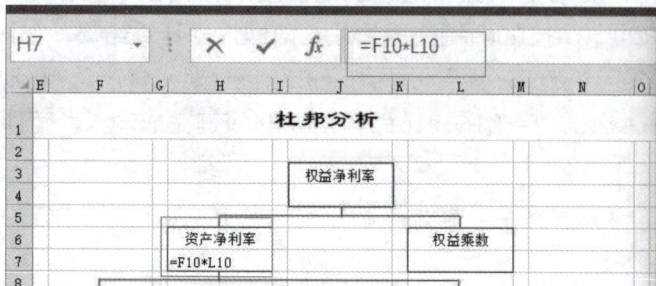

图 3-30   计算资产净利率

第九步：计算"权益乘数"。权益乘数=1÷(1-资产负债率)，选中L7单元格，输入公式"=1/(1-财务比率分析表!B7)"，按Enter键完成输入，随即返回计算结果，如图3-31所示。

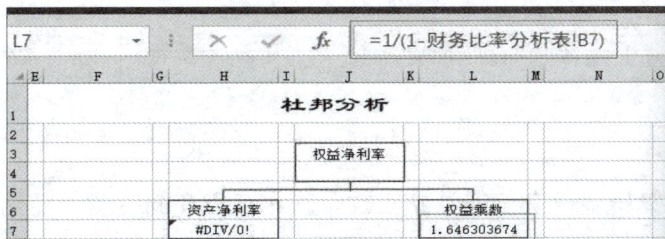

图 3-31　计算权益乘数

第十步：计算"权益净利率"。权益净利率=资产净利率×权益乘数，选中J4单元格，输入公式"=H7*L7"，按Enter键完成输入，随即返回计算结果，如图3-32所示。

图 3-32　计算权益净利率

第十一步：同时选中J4、H7、L7、F10和L10单元格，然后将单元格中的数值设置为保留两位小数的百分比格式，如图3-33所示。

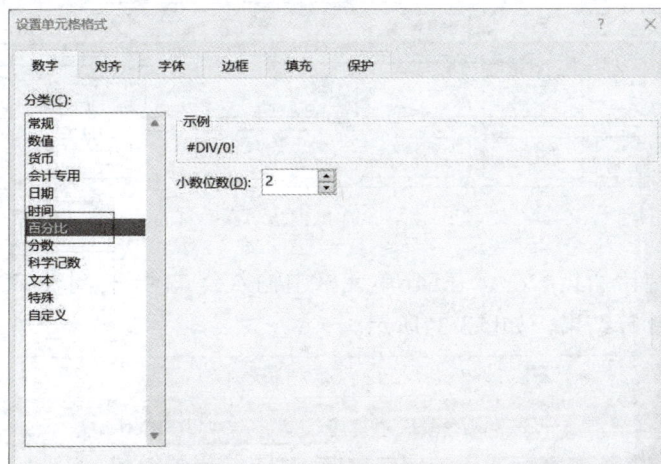

图 3-33　设置单元格格式

第十二步：计算资金及有价证券、应收账款、存货和固定资产的期初数。选中L19、N19、P19和R19单元格，在单元格中分别输入公式"=资产负债表!D7+资产负债表!D8""=资产负债表!D12""=资产负债表!D16""=资产负债表!D35"，按Enter键完成输入，随即返回计算结果，如图3-34所示。

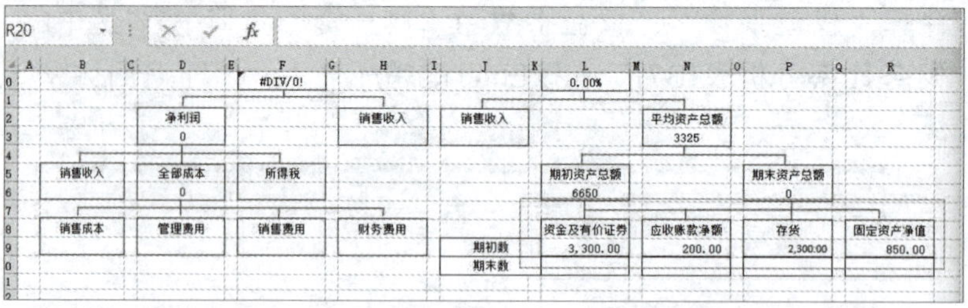

图 3-34　计算资金及有价证券、应收账款、存货和固定资产的期初数

第十三步：计算资金及有价证券、应收账款、存货和固定资产的期末数。选中L20、N20、P20和R20单元格，在单元格中分别输入公式"=资产负债表!E7+资产负债表!E8""=资产负债表!E12""=资产负债表!E16""=资产负债表!E35"，按Enter键完成输入，随即返回计算结果，如图3-35所示。

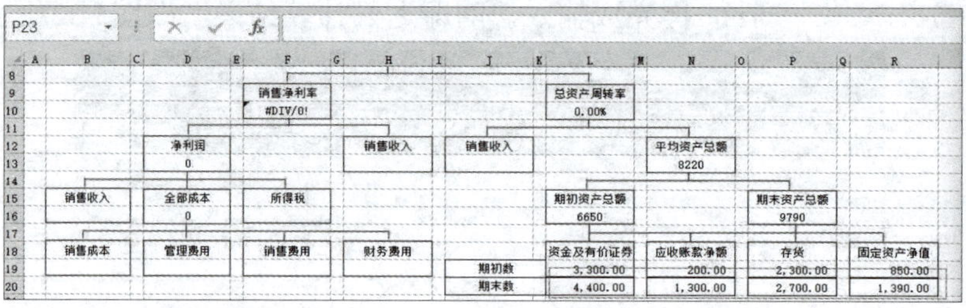

图 3-35　计算资金及有价证券、应收账款、存货和固定资产的期末数

第十四步：计算"销售收入"。在B16、H13和J13单元格中分别输入公式"=利润表!C7"，按Enter键完成输入，随即返回计算结果，如图3-36所示。

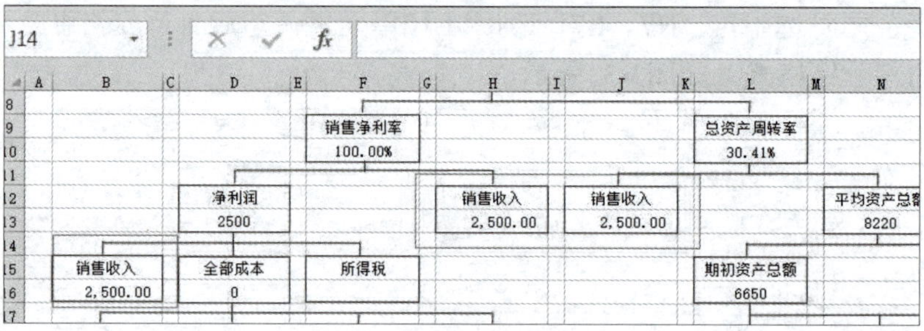

图 3-36　计算销售收入

第十五步：计算"所得税"。在F16单元格中输入公式"=利润表!C21"，按Enter键完成输入，随即返回计算结果，如图3-37所示。

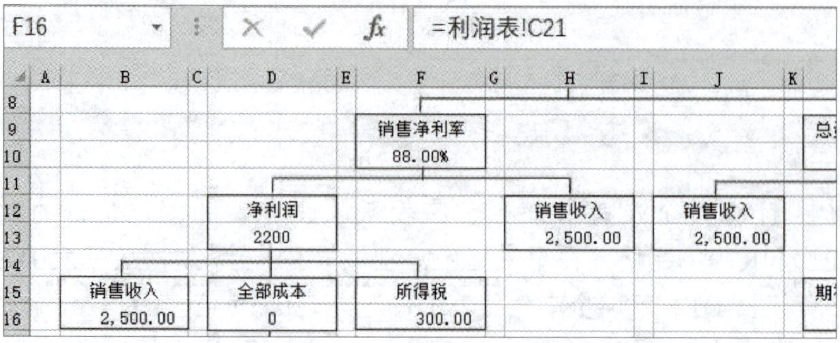

图 3-37　计算所得税

第十六步：计算销售成本、管理费用、销售费用和财务费用。在B19、D19、F19和H19单元格中分别输入公式"=利润表!C8""=利润表!C13""=利润表!C12""=利润表!C14"，按Enter键完成输入，随即返回计算结果，如图3-38所示。

图 3-38　计算销售成本、管理费用、销售费用和财务费用

第十七步：隐藏网格线。在"视图"选项卡的"显示"组中，取消选中"网格线"复选框，效果如图3-39所示。

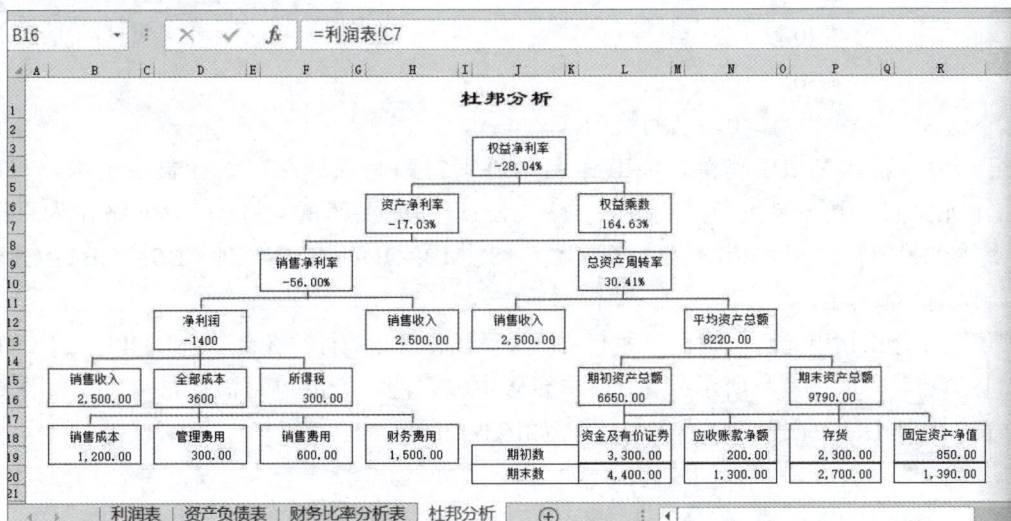

图 3-39　隐藏网格线

实训三　目标利润规划分析模型设计

实训任务

本节我们以利润最大化模型为例，利用Excel 2016进行规划求解，以解决企业的最优经营决策问题。

LF有限公司生产的甲、乙两种产品的产品数据如表3-1所示。企业应该如何安排甲、乙两种产品的产销量才能获得最大的销售利润？

表3-1　LF有限公司生产的甲、乙两种产品的产品数据

产品参数	甲产品	乙产品	生产约束性条件	
产品单价/元	200	180	每月工时总数/小时	400
单位变动成本/元	120	100	每月材料总量/千克	300

(续表)

产品参数	甲产品	乙产品	生产约束性条件	
单位产品消耗工时/小时	6	8	每月固定总成本/元	1500
单位产品消耗材料/千克	6	4		
产品每月最大销售量/件	40	30		

📥 **实训指引**

利用规划求解工具求解该问题的步骤如下。

第一步：建立优化模型。设x与y分别表示甲产品与乙产品的产销量。

目标函数：max{销售利润}=$(200-120)x+(180-100)y$

约束条件：$6x+8y\leq400$

$6x+4y\leq300$

$x\leq40$

$y\leq30$

$x\geq0$，$y\geq0$，且为整数

第二步：新建空白工作簿，将其命名为"销售利润规划"。设计表格结构，将B11和C11单元格设为可变单元格，分别存放甲、乙产品的生产量，将B12单元格作为目标单元格，并在其中输入每月利润的计算公式"=SUMPRODUCT(B4:C4−B5:C5,B11:C11)−E5"，如图3-40所示。

第三步：在B14单元格中输入两种产品每月消耗总工时的计算公式"=SUMPRODUCT(B6:C6,B11:C11)"，如图3-41所示；在B15单元格中输入两种产品每月消耗材料总量的计算公式"=SUMPRODUCT(B7:C7,B11:C11)"，如图3-42所示。

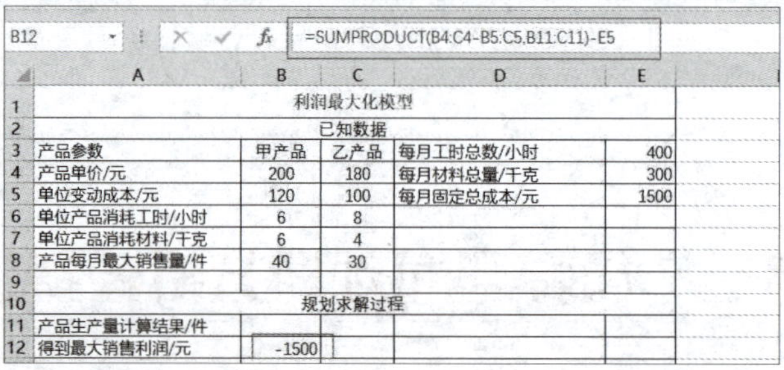

图 3-40　计算每月利润

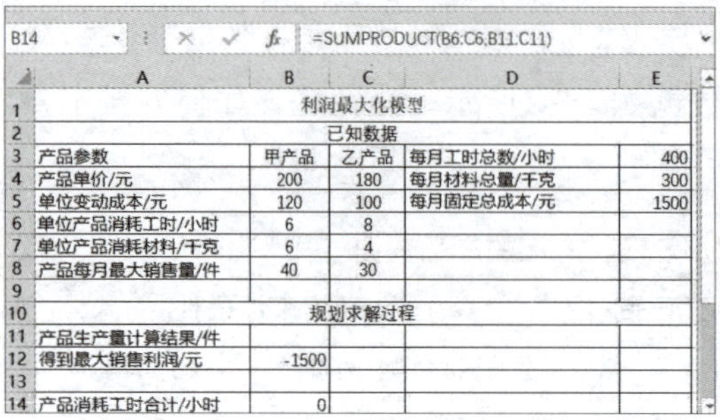

图 3-41　计算产品消耗工时合计　　　图 3-42　计算产品消耗材料合计

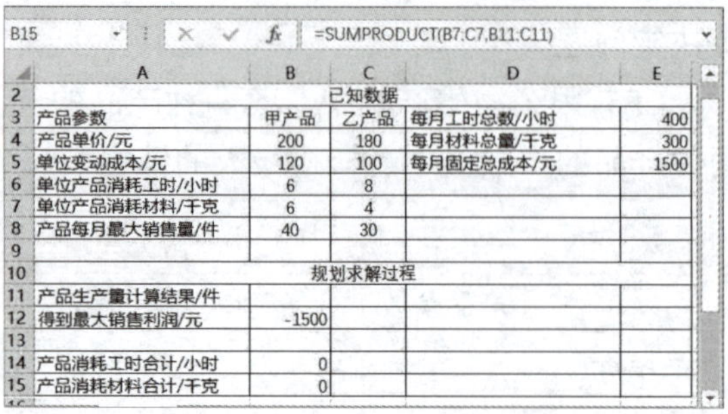

第四步：选择"数据"｜"规划求解"命令，打开"规划求解参数"对话框。在该对话框的"设置目标"栏中输入"$B$12"，选中"最大值"单选按钮，在"通过更改可变单元格"栏中输入"$B$11:$C$11"，如图3-43所示。

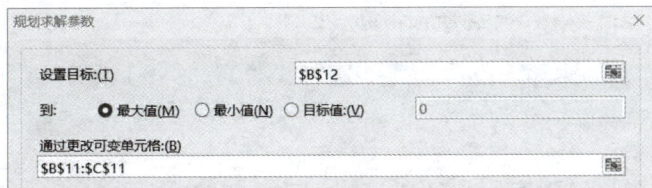

图 3-43　规划求解参数设定

第五步：单击"添加"按钮，打开"添加约束"对话框，首先添加第一个约束条"$B$11:$C$11=整数"，有关参数的设置如图3-44所示。

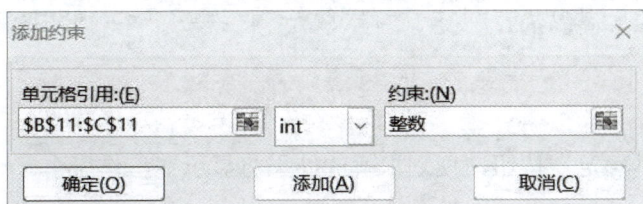

图 3-44　添加约束条件 1

第六步：单击"添加"按钮，系统又会弹出空白的"添加约束"对话框，再输入第二个约束条件"$B$11:$C$11≥0"，有关参数的设置如图3-45所示。

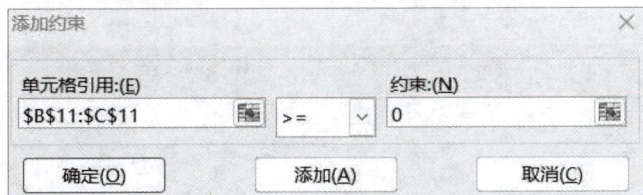

图 3-45　添加约束条件 2

第七步：按照同样的方式添加完所有的约束条件后，关闭"添加约束"对话框，系统显示出输入完成的"规划求解参数"对话框，如图3-46所示。

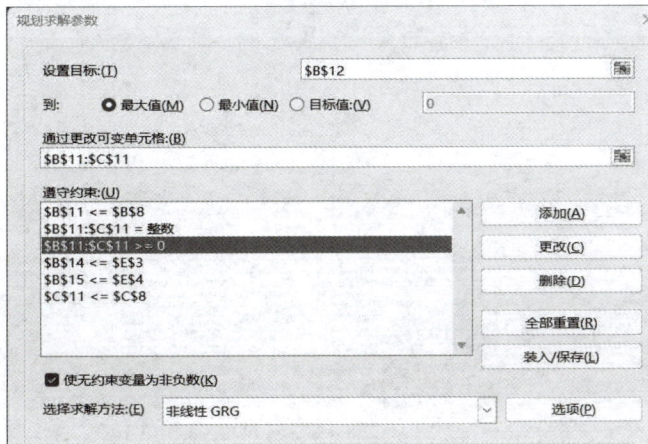

图 3-46　规划求解参数设定完成

第八步：单击"规划求解参数"对话框中的"求解"按钮，系统将显示"规划求解结果"对话框，如图3-47所示。

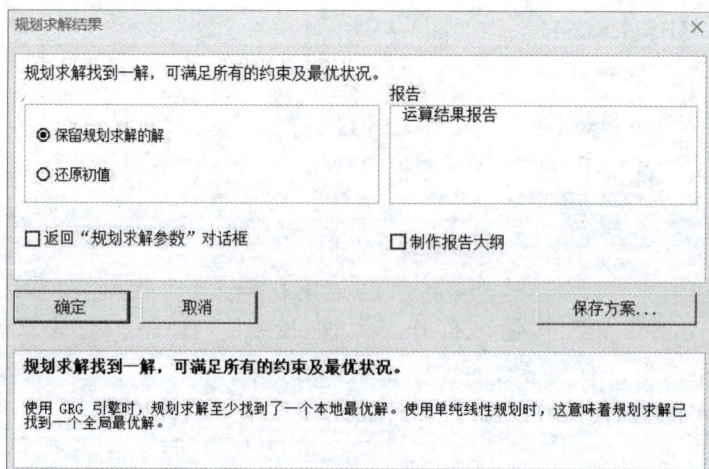

图 3-47　规划求解结果

第九步：单击"确定"按钮，规划求解的结果将显示在工作表上。

第 4 章

薪酬管理与分析

　　LF有限公司主要有企划部、财务部、后勤部、组装部、机修部、销售部和供应部7个部门；拥有员工20人；主要有公司经理、管理人员、部门经理、基本生产人员、辅助生产人员、销售人员和采购人员7种职工类别；每个员工的工资项目包括基本工资、岗位工资、职务津贴、奖金、事假扣款、病假扣款、住房公积金和个人所得税。2023年10月LF有限公司职工的基本工资信息如表4-1所示。

表4-1　2023年10月LF有限公司职工的基本工资信息

职工代码	职工姓名	性别	年龄	部门	工作岗位	职工类别	事假天数	病假天数	基本工资/元
1	屈亚杰	男	42	企划部	公司经理	公司经理			6000
2	李欣悦	女	35	企划部	职员	管理人员			4000
3	吴宝悦	女	34	财务部	部门经理	部门经理		2	4500
4	王欣然	女	22	财务部	职员	管理人员			3000
5	郑贺骞	女	43	后勤部	职员	管理人员			3800
6	赵亚	男	38	组装部	部门经理	部门经理			4800
7	谢华恩	男	26	组装部	生产人员	基本生产人员			3200
8	孟凯	男	31	组装部	生产人员	基本生产人员			3800
9	蓝辰龙	男	27	组装部	生产人员	基本生产人员			3600
10	黄辉	男	30	组装部	生产人员	基本生产人员			3700
11	陈泓霖	女	29	组装部	生产人员	基本生产人员		2	3300
12	刘连	男	32	机修部	部门经理	部门经理			4500
13	韩霄	男	30	机修部	生产人员	辅助生产人员			3400
14	宋有鹤	男	26	销售部	部门经理	部门经理			4600
15	姜鑫	男	30	销售部	销售员	销售人员			2800
16	张奇贤	男	25	销售部	销售员	销售人员	2		2800
17	张飒	男	22	销售部	销售员	销售人员			2800
18	刘羽	女	28	销售部	销售员	销售人员			2800
19	蒋光美	女	32	供应部	部门经理	部门经理			4500
20	曹圆圆	女	25	供应部	职员	采购人员		8	3600

其他工资项目的发放情况及有关规定如下。

(1) 岗位工资是根据职工类别来设置的,岗位工资标准如表4-2所示。

表4-2　岗位工资标准

职工类别	岗位工资/元
公司经理	3000
管理人员	2400
部门经理	2800
基本生产人员	2200
辅助生产人员	2200
销售人员	2200
采购人员	2200

(2) 职务津贴是基本工资与岗位工资之和的10%。

(3) 奖金根据职工所在部门的不同而有所差别,奖金标准如表4-3所示。

表4-3　奖金标准

部门	奖金/元
企划部	2000
财务部	1800
后勤部	1800
组装部	1900
机修部	1900
销售部	1600
供应部	1800

(4) 请事假按日基本工资扣款。

(5) 请病假每天扣款100元。

(6) 住房公积金为应发工资的15%。

(7) 个人所得税根据应发工资的数额确定,具体规定如表4-4所示。

表4-4　个人所得税规定

应发工资/元	个人所得税/元
(应发工资－3500)≤0	0
0<(应发工资－3500)≤1500	(应发工资－3500)×0.03
1500<(应发工资－3500)≤4500	(应发工资－3500)×0.1－105
4500<(应发工资－3500)≤9000	(应发工资－3500)×0.2－555
9000<(应发工资－3500)≤35000	(应发工资－3500)×0.25－1005

实训一　薪资项目设置

实训任务

输入工资数据，即用 Excel 2016 建立工资结算单。

任务解析

工资结算单也称为工资单，一般按车间、部门分别填制，每月一张，工资结算单内按职工分行填列应付工资、代发款项、代扣款项和实发金额。工资结算单的用途如下。

- 按职工姓名裁成"工资条"，连同实发金额发给职工，以便职工查对。
- 作为劳资部门进行劳动工资统计的依据。
- 作为工资结算和支付的凭证，并据以进行工资结算的汇总核算。

职工工资数据是进行工资管理的基础，需要建立一个 Excel 2016 工作簿来记录这些数据。

实训指引

1. 输入数据

第一步：新建 Excel 2016 工作簿，将其命名为"工资核算"，在此工作簿中新建工作表"工资结算单"。

第二步：输入工资项目。输入职工代码、职工姓名、性别、年龄、部门、工作岗位、职工类别、事假天数、病假天数、基本工资、岗位工资、职务津贴、奖金、事假扣款、病假扣款、应发工资、住房公积金、个人所得税和实发工资，如图 4-1 所示。

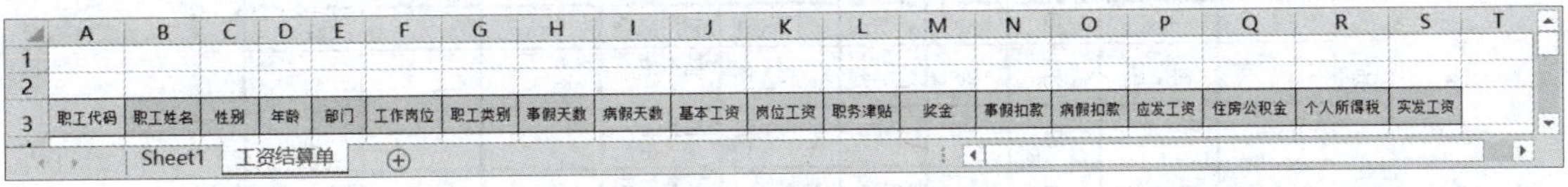

图 4-1　输入工资项目

第三步：为了输入方便并防止出错，可对某些数据列添加有效性控制。例如，对"性别"列添加有效性控制，单击 C3 单元格，单击"数据"选项卡下"数据工具"组中的"数据验证"按钮，在级联菜单中选择"数据验证"命令。在弹出的"数据验证"对话框中打开"设置"选项卡，在"允许"下拉列表框中选择"序列"选项，在"来源"文本框中输入"男，女"，然后单击"确定"按钮，即可完成对"性别"数据的有效性设定，如图 4-2 所示。设置完毕后，用向下拖动的方式，将 C3 单元格的有效性控制复制到 C 列的其他单元格。

第四步：采用同样的方法对其他需要设置数据有效性的数据列(如"部门""工作岗位""职工类别")进行设置。

第五步：根据表 4-1 中的数据分别输入"职工代码""职工姓名""性别""年龄""部门""工作岗位""职工类别""事假天数""病假天数""基本工资"列的初始数据，其他信息暂不输入，效果如图 4-3 所示。

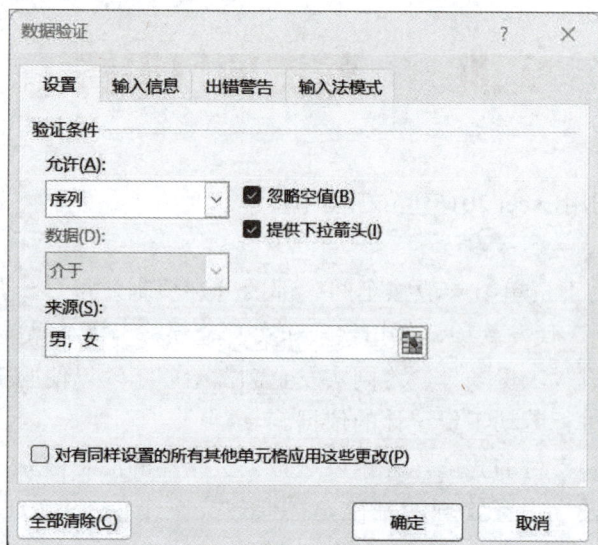

图 4-2　添加有效性控制

图 4-3　输入初始数据

2. 设置工资具体项目

1) 设置"岗位工资"项目

根据LF有限公司的规定,岗位工资是根据职工类别来设置的。

第一步:选择K4单元格,单击"公式"选项卡下的"插入函数"按钮或单击名称框右侧的"插入函数"图标,选择IF()函数。

第二步:输入IF()函数中的各参数,如图4-4所示。如果G4单元格的值为"公司经理",则返回的值是3000,否则又有3种情况。因此,在第3个参数中继续单击IF函数进行判断。如果G4单元格的值为"管理人员",则返回的值是2400;如果不是,则继续单击IF函数进行判断。如果G4单元格的值为"部门经理",则返回的值是2800;如果不是,则

IF()函数的值是2200。

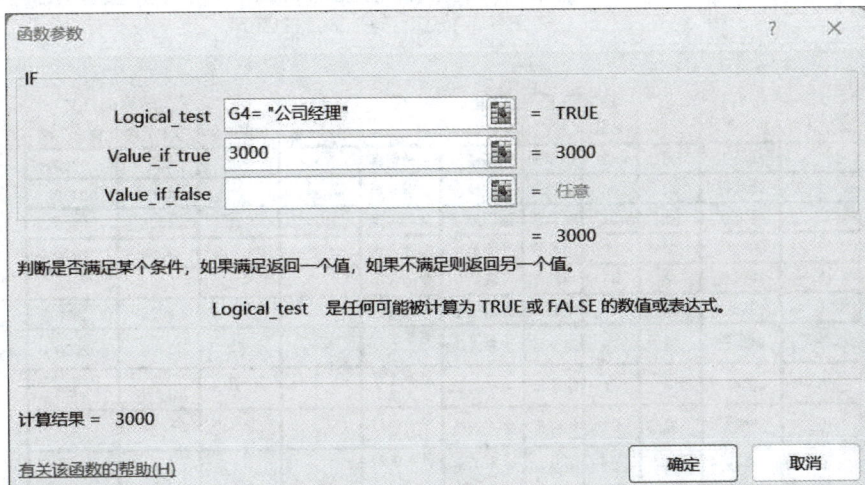

图 4-4　IF() 函数参数设置

第三步：因为G4单元格的内容为"公司经理"，所以K4单元格的内容是3000，如图4-5所示。将K4单元格的公式复制到K列的其他单元格，结果如图4-6所示。

图 4-5　设置 K4 单元格

K4　　　fx　=IF(G4="公司经理",3000,IF(G4="管理人员",2400,IF(G4="部门经理",2800,2200)))

职工代码	职工姓名	性别	年龄	部门	工作岗位	职工类别	事假天数	病假天数	基本工资	岗位工资	职
1	屈亚杰	男	42	企划部	公司经理	公司经理			6000	3000	
2	李欣悦	女	35	企划部	职员	管理人员			4000	2400	
3	吴宝悦	女	34	财务部	部门经理	部门经理		2	4500	2800	
4	王欣然	女	22	财务部	职员	管理人员			3000	2400	
5	郑贺骞	女	43	后勤部	职员	管理人员			3800	2400	
6	赵亚	男	38	组装部	部门经理	部门经理			4800	2800	
7	谢华恩	男	26	组装部	生产人员	基本生产人员			3200	2200	
8	孟凯	男	31	组装部	生产人员	基本生产人员			3800	2200	
9	蓝辰龙	男	27	组装部	生产人员	基本生产人员			3600	2200	
10	黄辉	男	30	组装部	生产人员	基本生产人员			3700	2200	
11	陈泓霖	女	29	组装部	生产人员	基本生产人员		2	3300	2200	
12	刘连	男	32	机修部	部门经理	部门经理			4500	2800	
13	韩霄	男	30	机修部	生产人员	辅助生产人员			3400	2200	
14	宋有鹤	男	26	销售部	部门经理	部门经理			4600	2800	
15	姜鑫	男	30	销售部	销售员	销售人员			2800	2200	
16	张奇贤	男	25	销售部	销售员	销售人员	2		2800	2200	

图4-6　复制公式

2) 设置"职务津贴"项目

根据公司的规定,职务津贴是基本工资与岗位工资之和的10%。

操作步骤:将L4单元格的公式设置为"=(J4+K4)*0.1",如图4-7所示。将L4单元格的公式复制到L列的其他单元格。

IF　　　fx　=(J4+K4)*0.1

职工姓名	性别	年龄	部门	工作岗位	职工类别	事假天数	病假天数	基本工资	岗位工资	职务津贴	奖金
屈亚杰	男	42	企划部	公司经理	公司经理			6000	3000	=(J4+K4)*0.1	
李欣悦	女	35	企划部	职员	管理人员			4000	2400		
吴宝悦	女	34	财务部	部门经理	部门经理		2	4500	2800		

图4-7　设置"职务津贴"项目

3) 设置"奖金"项目

操作步骤:将M4单元格的公式设置为"=IF(E4="企划部",2000,IF(OR(E4="组装部",E4="机修部"),1900,IF(E4="销售部",1600,1800)))",并将M4单元格的公式复制到M列的其他单元格,如图4-8所示。

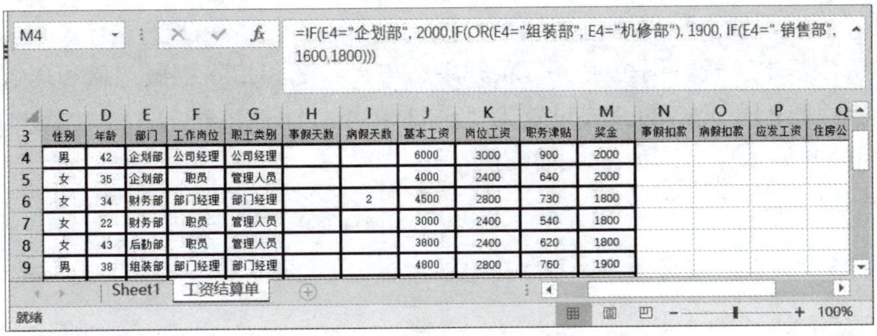

图 4-8   设置"奖金"项目

4) 设置"事假扣款"项目

根据公司的规定，请事假按日基本工资扣款。

操作步骤：将N4单元格的公式设置为"=ROUND(J4/22*H4,0)"，并将N4单元格的公式复制到N列的其他单元格，如图4-9所示。

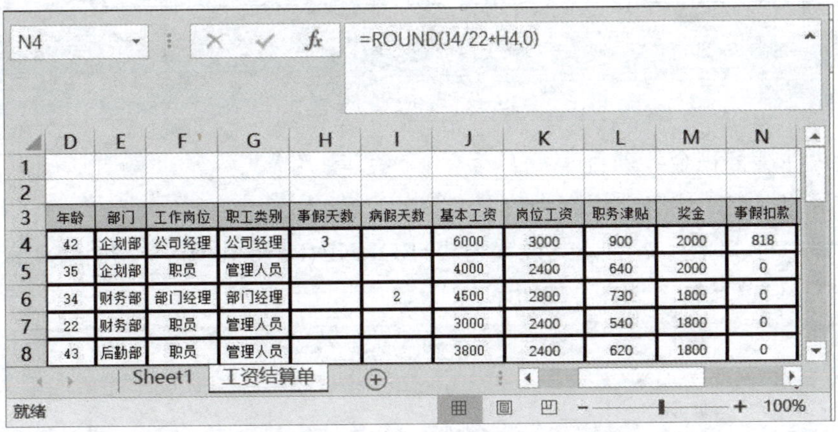

图 4-9   设置"事假扣款"项目

5) 设置"病假扣款"项目

根据公司的规定，请一天病假扣款100元。

操作步骤：将O4单元格的公式设置为"=I4*100"，并将O4单元格的公式复制到O列的其他单元格，如图4-10所示。

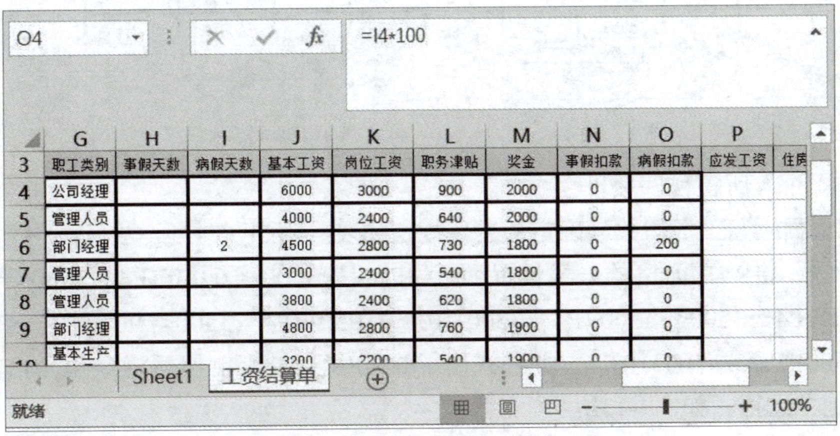

图 4-10   设置"病假扣款"项目

6) 设置“应发工资”项目

应发工资为基本工资、岗位工资、职务津贴与奖金之和扣除事假扣款和病假扣款。

操作步骤：将P4单元格的公式设置为“=SUM(J4:M4)－N4－O4”，并将P4单元格的公式复制到P列的其他单元格，如图4-11所示。

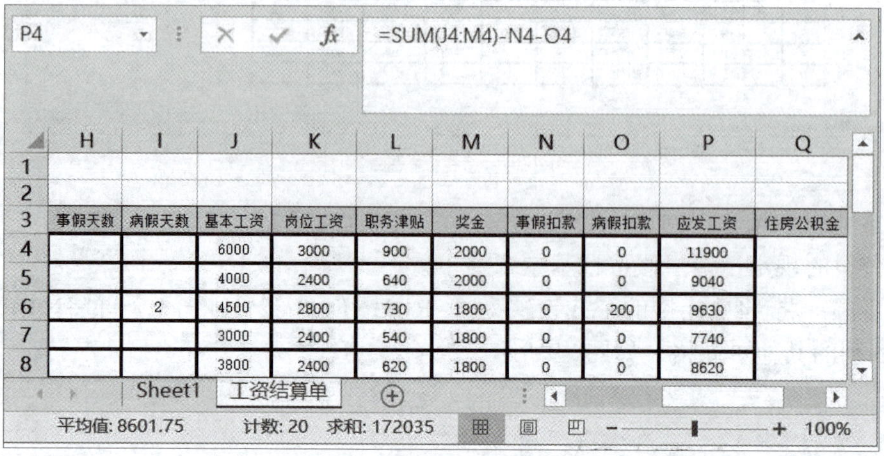
P4 =SUM(J4:M4)-N4-O4

	H	I	J	K	L	M	N	O	P	Q
3	事假天数	病假天数	基本工资	岗位工资	职务津贴	奖金	事假扣款	病假扣款	应发工资	住房公积金
4			6000	3000	900	2000	0	0	11900	
5			4000	2400	640	2000	0	0	9040	
6		2	4500	2800	730	1800	0	200	9630	
7			3000	2400	540	1800	0	0	7740	
8			3800	2400	620	1800	0	0	8620	

Sheet1 工资结算单
平均值: 8601.75 计数: 20 求和: 172035 100%

图 4-11 设置“应发工资”项目

7) 设置“住房公积金”项目

根据公司的规定，住房公积金为应发工资的15%。

操作步骤：将Q4单元格的公式设置为“=ROUND(P4*0.15,0)”，并将Q4单元格的公式复制到Q列的其他单元格，如图4-12所示。

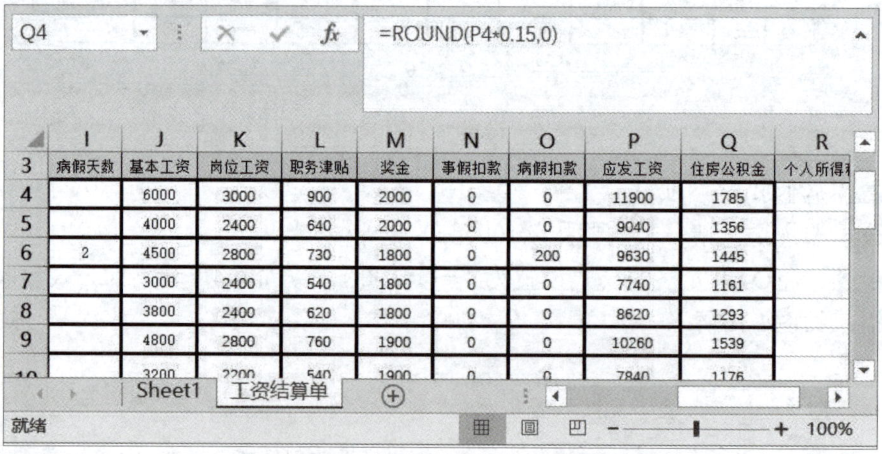
Q4 =ROUND(P4*0.15,0)

	I	J	K	L	M	N	O	P	Q	R
3	病假天数	基本工资	岗位工资	职务津贴	奖金	事假扣款	病假扣款	应发工资	住房公积金	个人所得税
4		6000	3000	900	2000	0	0	11900	1785	
5		4000	2400	640	2000	0	0	9040	1356	
6	2	4500	2800	730	1800	0	200	9630	1445	
7		3000	2400	540	1800	0	0	7740	1161	
8		3800	2400	620	1800	0	0	8620	1293	
9		4800	2800	760	1900	0	0	10260	1539	
10		3200	2200	540	1900	0	0	7840	1176	

Sheet1 工资结算单
就绪 100%

图 4-12 设置“住房公积金”项目

8) 设置“个人所得税”项目

所得税根据应发工资的数额确定，具体规定如表4-4所示。

操作步骤：将R4单元格的公式设置为“=IF(P4－3500<=0,0,IF(P4－3500<=1500,(P4－3500)*0.03,IF(P4－3500<=4500,(P4－3500)*0.1－105,IF(P4－3500<=9000,(P4－3500)*0.2－555,(P4－3500)*0.25－1005))))”，此公式用了4级IF函数嵌套，然后将R4单元格的公式复制到R列的其他单元格，如图4-13所示。

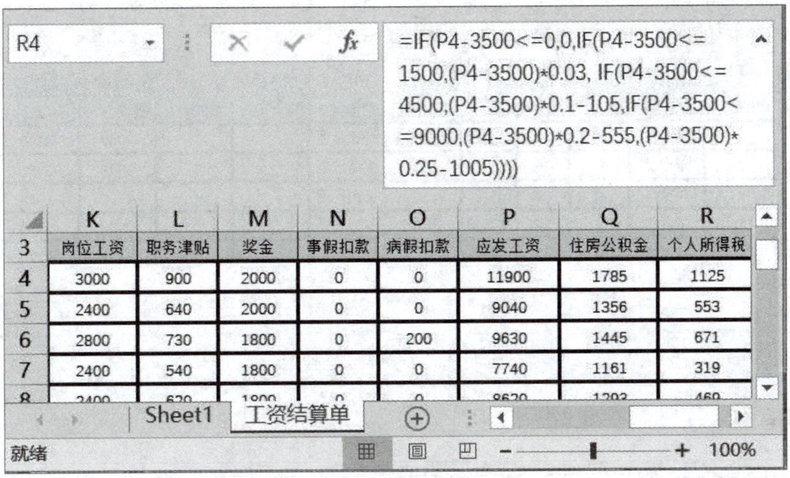

	K	L	M	N	O	P	Q	R
3	岗位工资	职务津贴	奖金	事假扣款	病假扣款	应发工资	住房公积金	个人所得税
4	3000	900	2000	0	0	11900	1785	1125
5	2400	640	2000	0	0	9040	1356	553
6	2800	730	1800	0	200	9630	1445	671
7	2400	540	1800	0	0	7740	1161	319

图 4-13　设置"个人所得税"项目

9) 设置"实发工资"项目

操作步骤：将S4单元格的公式设置为"=P4－Q4－R4"，并将S4单元格的公式复制到S列的其他单元格，如图4-14所示。

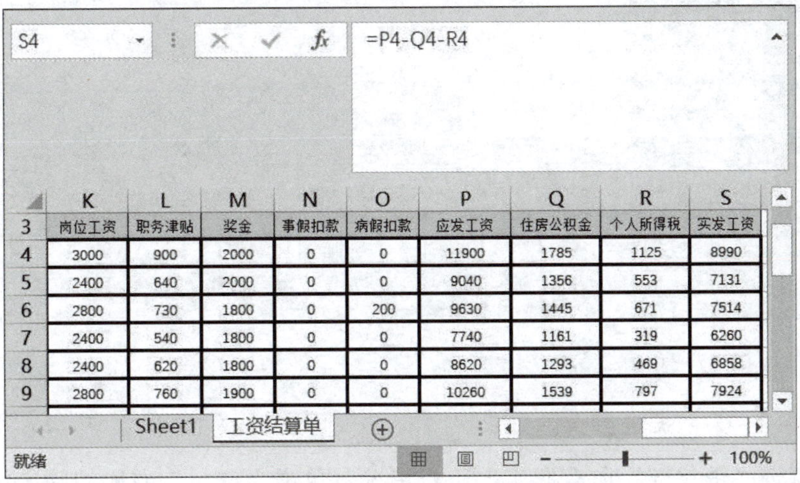

	K	L	M	N	O	P	Q	R	S
3	岗位工资	职务津贴	奖金	事假扣款	病假扣款	应发工资	住房公积金	个人所得税	实发工资
4	3000	900	2000	0	0	11900	1785	1125	8990
5	2400	640	2000	0	0	9040	1356	553	7131
6	2800	730	1800	0	200	9630	1445	671	7514
7	2400	540	1800	0	0	7740	1161	319	6260
8	2400	620	1800	0	0	8620	1293	469	6858
9	2800	760	1900	0	0	10260	1539	797	7924

图 4-14　设置"实发工资"项目

实训二　薪资项目查询

实训任务

在实际工作中，我们经常需要了解某个职工的工资情况，或者按照一定标准对工资数据进行汇总分析。

任务解析

如果要利用筛选功能进行工资数据查询，那么首先要进入筛选状态。单击"数据"选项卡下"排序和筛选"组中的"筛选"按钮，进入筛选状态，此时每列数据标题的右侧会出现一个下三角按钮，如图4-15所示。

图 4-15　进入筛选状态

↘ **实训指引**

1. 以"职工姓名"为依据进行查询

例如，查询职工姓名为"黄辉"的职工的工资情况。单击"职工姓名"右侧的筛选按钮，在如图4-16所示的下拉列表框中，取消选中"全选"复选框，选中"黄辉"复选框，单击"确定"按钮。查询结果如图4-17所示。

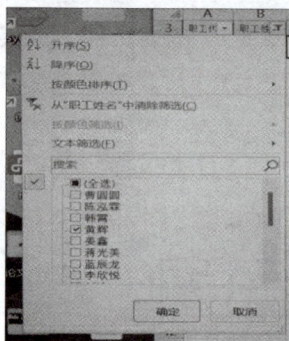

图 4-16　输入查询条件

图 4-17　查询结果

2. 以"部门"为依据进行查询

例如，查询"销售部"所有职工的工资情况。单击"部门"右侧的筛选按钮，在下拉列表框中选择"销售部"。查询结果如图4-18所示。

图 4-18　依据"部门"进行查询

如果要退出筛选状态，那么再次选择"数据"｜"排序和筛选"｜"筛选"命令即可。

实训三　薪资项目汇总与分析

↴ 实训任务

运用Excel 2016对员工工资的基本数据进行处理，可以简便、快捷地对这些数据进行分析，为管理者提供很大的帮助。

↴ 实训指引

1. 计算每一部门每一职工类别"应发工资"的汇总数

第一步：选中数据列表中的任何一个单元格，单击"插入"选项卡下"表格"组中的"数据透视表"按钮，打开"创建数据透视表"对话框。被选中数据区域的地址显示在"选择一个表或区域"文本框内；确认数据区域正确后，选择放置透视表的位置，在此选择放置在新工作表中，单击"确定"按钮，如图4-19所示。

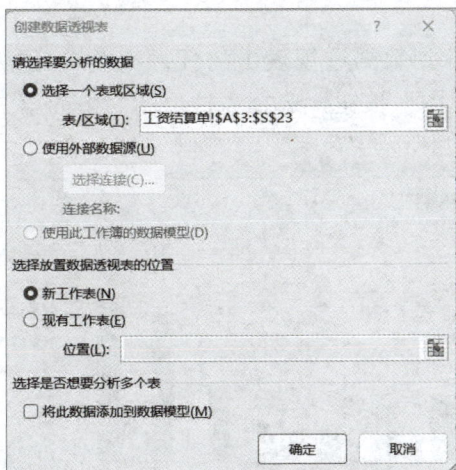

图 4-19　创建数据透视表

完成透视表的创建后，系统会自动在当前工作表标签的左侧添加新工作表标签，同时显示"数据透视表"工具栏，如图4-20所示。

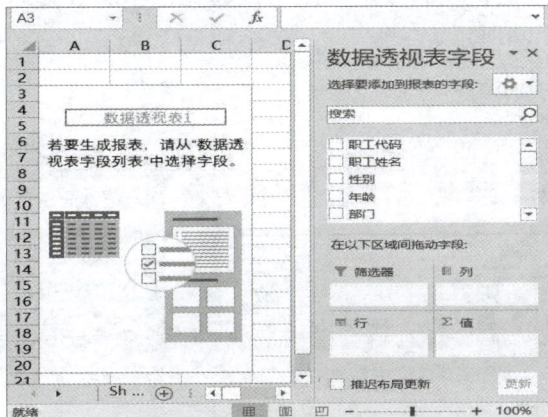

图 4-20　"数据透视表"工具栏

第二步：将"部门"拖至行标签，将"职工类别"拖至列标签，将"应发工资"拖至数值区，如图4-21所示。生成的按部门与职工类别显示的"应发工资"数据透视表如图4-22所示。

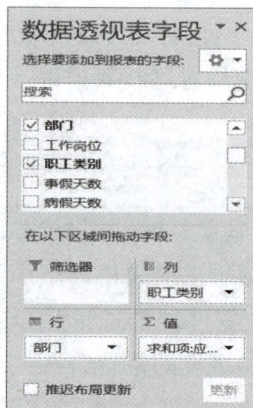

图 4-21　数据透视表布局

图 4-22　"应发工资"数据透视表

第三步：移动鼠标指针到数据透视表中的任意一个单元格，单击"分析"选项卡下"工具"组中的"数据透视图"按钮，选择"柱形图"中的第二种图形，即可在当前页生成一张数据透视图，如图4-23所示。

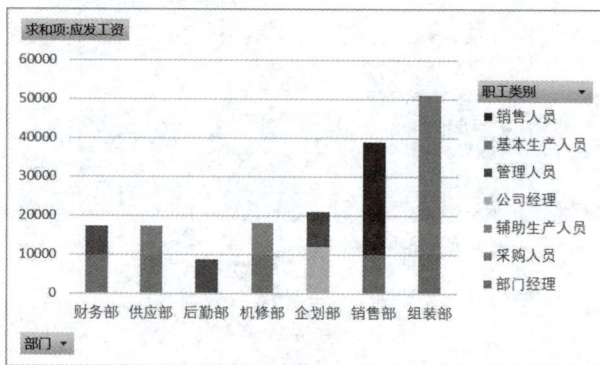

图 4-23　数据透视图

第四步：右击数据透视图中的一个基准柱，选择"添加数据标签"命令，数据透视图中即可显示数字，如图4-24所示。

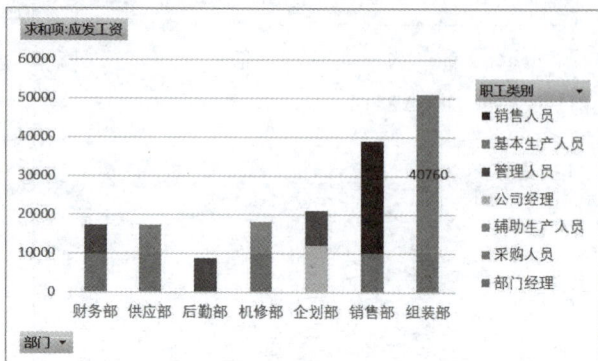

图 4-24　添加数据标签

2. 计算每一部门每一职工类别"应发工资"的平均数

右击数据透视表中的"求和项"处，选择"值字段设置"选项，打开"值字段设置"对话框，设置"值汇总方式"为"平均值"，如图4-25所示。"应发工资"平均值结果如图4-26所示。

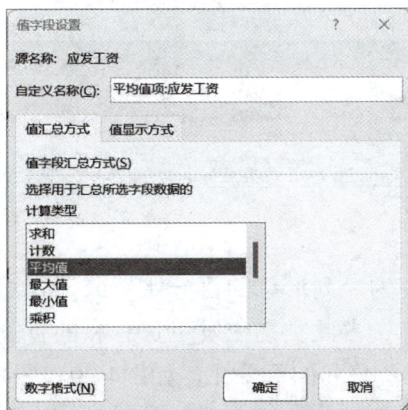

图 4-25　选择"平均值"汇总方式

平均值项:应发工资	列标签							
行标签	部门经理	采购人员	辅助生产人员	公司经理	管理人员	基本生产人员	销售人员	总计
财务部	9630				7740			8685
供应部	9830	7380						8605
后勤部					8620			8620
机修部	9930		8060					8995
企划部				11900	9040			10470
销售部	9940						7236.25	7777
组装部	10260					8152		8503.333333
总计	9918	7380	8060	11900	8466.666667	8152	7236.25	8601.75

图 4-26　"应发工资"平均值结果

3. 计算每一部门每一职工类别"应发工资"的汇总数占"应发工资"总和的百分比

打开"值字段设置"对话框，设置"值汇总方式为""求和"，设置"值显示方式"为"总计的百分比"，如图4-27所示。结果如图4-28所示。

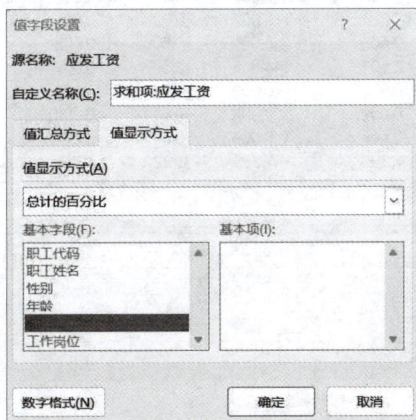

图 4-27　选择汇总方式与显示方式

B5	▼ : × ✓ fx		5.59769814281977%						
	A	B	C	D	E	F	G	H	I
3	求和项:应发工资	列标签 ▼							
4	行标签 ▼	部门经理	采购人员	辅助生产人员	公司经理	管理人员	基本生产人员	销售人员	总计
5	财务部	5.60%	0.00%	0.00%	0.00%	4.50%	0.00%	0.00%	10.10%
6	供应部	5.71%	4.29%	0.00%	0.00%	0.00%	0.00%	0.00%	10.00%
7	后勤部	0.00%	0.00%	0.00%	0.00%	5.01%	0.00%	0.00%	5.01%
8	机修部	5.77%	0.00%	4.69%	0.00%	0.00%	0.00%	0.00%	10.46%
9	企划部	0.00%	0.00%	0.00%	6.92%	5.25%	0.00%	0.00%	12.17%
10	销售部	5.78%	0.00%	0.00%	0.00%	0.00%	0.00%	16.83%	22.60%
11	组装部	5.96%	0.00%	0.00%	0.00%	0.00%	23.69%	0.00%	29.66%
12	总计	28.83%	4.29%	4.69%	6.92%	14.76%	23.69%	16.83%	100.00%

图 4-28　各部门应发工资占应发工资总和的百分比

如果设置"值显示方式"为"列汇总的百分比"或"行汇总的百分比"，还可以计算同一职工类别不同部门应发工资占此类别应发工资总和的百分比，或者同一部门不同职工类别应发工资占此部门应发工资总和的百分比，如图4-29和图4-30所示。

B5	▼ : × ✓ fx		19.4192377495463%						
	A	B	C	D	E	F	G	H	I
3	求和项:应发工资	列标签 ▼							
4	行标签 ▼	部门经理	采购人员	辅助生产人员	公司经理	管理人员	基本生产人员	销售人员	总计
5	财务部	19.42%	0.00%	0.00%	0.00%	30.47%	0.00%	0.00%	10.10%
6	供应部	19.82%	100.00%	0.00%	0.00%	0.00%	0.00%	0.00%	10.00%
7	后勤部	0.00%	0.00%	0.00%	0.00%	33.94%	0.00%	0.00%	5.01%
8	机修部	20.02%	0.00%	100.00%	0.00%	0.00%	0.00%	0.00%	10.46%
9	企划部	0.00%	0.00%	0.00%	100.00%	35.59%	0.00%	0.00%	12.17%
10	销售部	20.04%	0.00%	0.00%	0.00%	0.00%	0.00%	100.00%	22.60%
11	组装部	20.69%	0.00%	0.00%	0.00%	0.00%	100.00%	0.00%	29.66%
12	总计	100.00%	100.00%	100.00%	100.00%	100.00%	100.00%	100.00%	100.00%

图 4-29　各部门应发工资占应发工资总和的百分比

B5	▼ : × ✓ fx		55.440414507772%						
	A	B	C	D	E	F	G	H	I
3	求和项:应发工资	列标签 ▼							
4	行标签 ▼	部门经理	采购人员	辅助生产人员	公司经理	管理人员	基本生产人员	销售人员	总计
5	财务部	55.44%	0.00%	0.00%	0.00%	44.56%	0.00%	0.00%	100.00%
6	供应部	57.12%	42.88%	0.00%	0.00%	0.00%	0.00%	0.00%	100.00%
7	后勤部	0.00%	0.00%	0.00%	0.00%	100.00%	0.00%	0.00%	100.00%
8	机修部	55.20%	0.00%	44.80%	0.00%	0.00%	0.00%	0.00%	100.00%
9	企划部	0.00%	0.00%	0.00%	56.83%	43.17%	0.00%	0.00%	100.00%
10	销售部	25.56%	0.00%	0.00%	0.00%	0.00%	0.00%	74.44%	100.00%
11	组装部	20.11%	0.00%	0.00%	0.00%	0.00%	79.89%	0.00%	100.00%
12	总计	28.83%	4.29%	4.69%	6.92%	14.76%	23.69%	16.83%	100.00%

图 4-30　各职工类别应发工资占应发工资总和的百分比

实训四　编制工资费用分配表

⚑ 实训任务

编制工资费用分配表。

工资费用是一个企业必然要发生的一项重要费用，财务人员要能够将各部门各岗位人员的工资费用进行正确的归集和分配。工资费用分配表是企业自制的原始凭证。LF有限公司编制的工资费用分配表如表4-5所示。

表4-5　工资费用分配表

年　　月　　日

部门 / 分配项目			工资总额	职工福利费(14%)	工会经费(2%)	职工教育经费(1.5%)	社会保险金(32%)
企划部							
财务部							
后勤部							
制造部	基本生产人员	组装部					
	工作人员	机修部					
	管理人员	组装部					
供应部							
销售部							
合计							

❖ 特别提醒：

工资费用的分配，是指将企业职工的工资作为一项费用，按照其用途计入各种产品成本、经营管理费用等。工资结算凭证中所列示的各车间各部门各种用途的应付工资额，就是分配工资费用的依据。

⚑ 实训指引

1. 设计工资费用分配表格式

第一步：打开"工资核算"工作簿，新建工作表，并将其命名为"工资费用分配表"，如图4-31所示。

第二步：选择A1单元格，输入"工资费用分配表"。

第三步：选择A1:H1单元格区域，设置"合并及居中"。

第四步：根据图4-31设置工资费用分配表相关栏目。

第五步：选择A3:C4单元格区域，设置"合并及居中"。

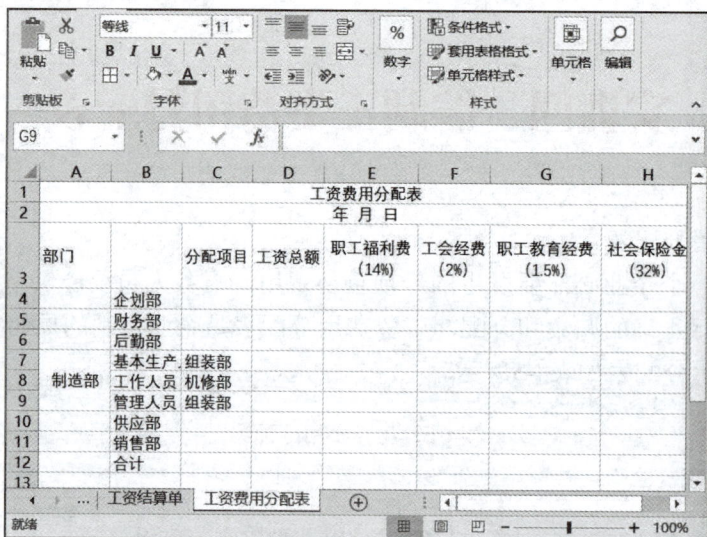

图 4-31　建立工资费用分配表

第六步：选择A3单元格，单击"开始"选项卡下"单元格"组中的"格式"按钮，选择"设置单元格格式"选项，在"设置单元格格式"对话框中，打开"边框"选项卡，单击 ╲ 按钮，即可对该单元格画斜线。在该单元格内输入"分配项目部门"后，在"设置单元格格式"对话框的"对齐"选项卡中，设置"水平对齐"为"靠左(缩进)"，设置"垂直对齐"为"靠上"，并选中"自动换行"和"合并单元格"复选框，如图4-32所示。完成设置后双击A3单元格，或者单击编辑栏，在"分配项目部门"前面加空格，加到自动换行即可。

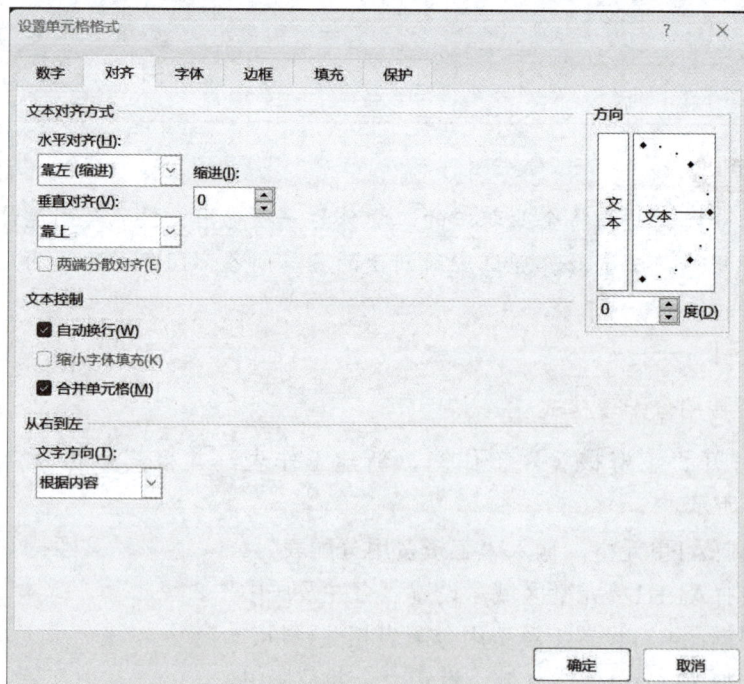

图 4-32　对齐设置

110

第七步：将A8:A10合并为一个单元格，并设置自动换行。

第八步：选中1～13行，右击选择"行高"命令，打开"行高"对话框，在"行高"输入框中输入"18"，单击"确定"按钮。

第九步：选中A～H列，右击选择"列宽"命令，打开"列宽"对话框，在"列宽"输入框中输入"10"，单击"确定"按钮。

第十步：选择D5:H13单元格区域，单击"开始"选项卡下"单元格"组中的"格式"按钮，选择"设置单元格格式"选项，在"设置单元格格式"对话框中，打开"数字"选项卡。在"分类"列表框中选择"自定义"；在"类型"列表框中选择"#,##0.00;[红色]-#,##0.00"。

第十一步：选择A1单元格，设置"字体"为"隶书""加粗""20""深红色"即可。

第十二步：选中A3:H13单元格区域，设置内边框为细线，外边框为粗线。

完成以上操作，结果如图4-33所示。

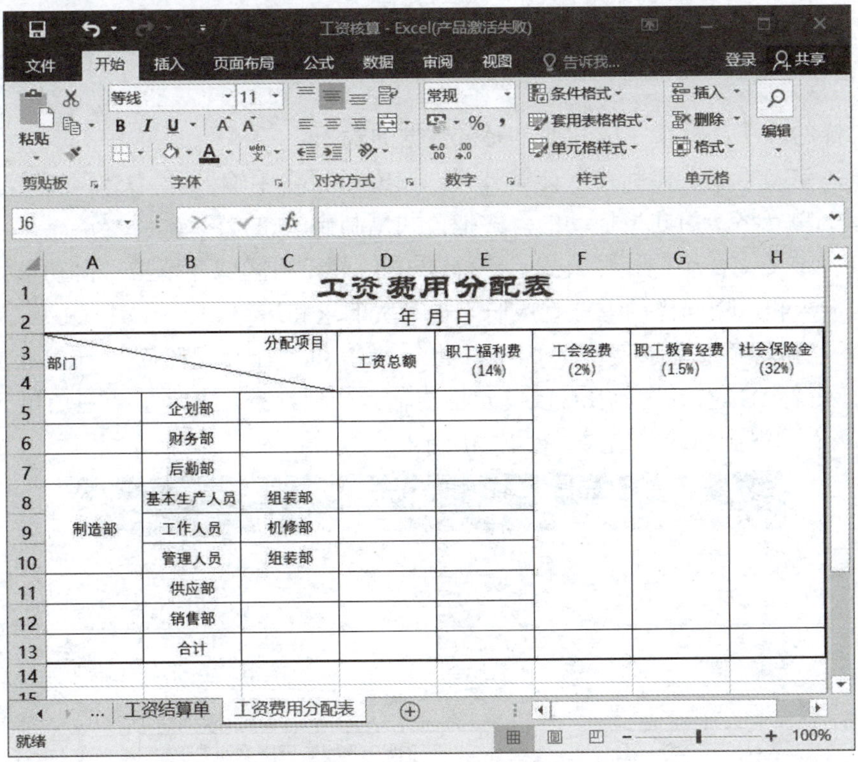

图 4-33　工资费用分配表格式

2. 编制工资费用分配表

第一步：打开"工资核算"工作簿，将用于存放数据透视表的工作表重命名为"工资总额汇总表"。

第二步：打开"工资费用分配表"，定义"工资总额"计算公式。选择D5单元格，输入"="，单击"工资总额汇总表"，选择用于存放"企划部"合计金额的I9单元格，按Enter键确认后，"工资总额汇总表"I9单元格中的数据就会被引用过来，如图4-34所示。

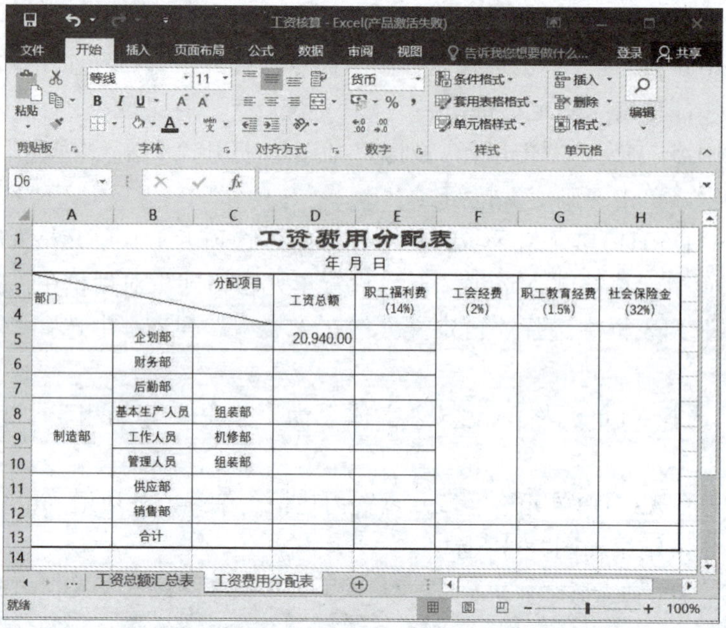

图 4-34　数据引用

使用同样的方法，继续完成其他单元格数据的输入。

第三步：定义"职工福利费"计算公式。在E5单元格中输入"=D5*14%"，按Enter键确认。选择E5单元格，用向下拖动的方式把公式复制到E6:E12区域。

第四步：定义"合计"计算公式。选择D5:D12单元格区域，单击"自动求和"按钮，完成工资总额求和。用同样的方法完成职工福利费的求和运算。

第五步：定义"工会经费""职工教育经费"和"社会保险金"计算公式。在F13单元格内输入"=D13*2%"，在G13单元格内输入"=D13*1.5%"，在H13单元格内输入"=D13*32%"，得到的计算结果如图4-35所示。

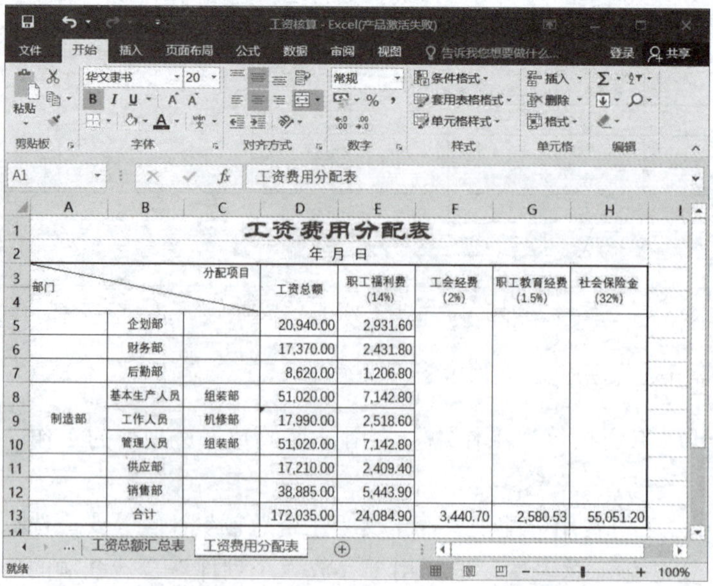

图 4-35　工资费用分配表计算结果

第 5 章

固定资产管理与分析

实训一 固定资产计提折旧方法及模型设计

固定资产折旧费是企业成本费用的重要组成部分。折旧虽然不是现金流，但会影响企业的净利润，从而间接产生抵税效应。因此，在进行固定资产更新决策时，折旧方法也是要考虑的重要因素。

计提固定资产折旧的方法可分为直线折旧法和加速折旧法两大类。其中，直线折旧法有平均年限法、工作量法；加速折旧法有年数总和法、双倍余额递减法等。下面主要介绍平均年限法、年数总和法和双倍余额递减法。

1. 平均年限法

平均年限法是指按固定资产的使用年限平均计提折旧的一种方法。它是最简单、最普遍的折旧方法，也称为"直线法"。

平均年限法的计算公式如下。

$$每期折旧额 = \frac{(固定资产原值 - 预计净残值)}{固定资产预计使用年限}$$

平均年限法折旧函数如下，用于返回固定资产的每期线性折旧额。

SLN(cost,salvage,life)

参数说明如下。

cost：固定资产原值。

salvage：预计净残值。

life：预计使用期限。

2. 年数总和法

年数总和法是将固定资产的原值减去残值后的净额乘以一个逐年递减的分数计算确定固定资产折旧额的一种方法，是固定资产加速折旧法的一种。

年数总和法的计算公式如下。

$$\text{每期折旧额}=(\text{固定资产原值}-\text{预计净残值})\times\frac{\text{尚可使用期限}}{\text{可使用期限}}$$

年数总和法折旧函数如下,用于返回某项固定资产按年限总额折旧法计算的每期折旧金额。

SYD(cost,salvage,life,per)

参数说明如下。

cost:固定资产原值。

salvage:预计净残值。

life:预计使用期限。

per:指定要计提第几期的折旧。

3. 双倍余额递减法

双倍余额递减法,是在固定资产使用年限的最后两年前的各年,用年限平均法折旧率的两倍作为固定的折旧率乘以逐年递减的固定资产期初净值,得出各年应提折旧额的方法,在固定资产使用年限的最后两年改用年限平均法,将倒数第2年初的固定资产账面净值扣除预计净残值后的余额在这两年平均分摊。

双倍余额递减法的计算公式如下。

$$\text{每期折旧额}=\text{期初固定资产账面余额}\times\frac{2}{\text{预计使用期限}}$$

双倍余额递减法折旧函数如下,用于返回指定期间内某项固定资产的折旧额。

DDB(cost,salvage,life,per,factor)

参数说明如下。

cost:固定资产原值。

salvage:预计净残值。

life:预计使用期限。

per:指定要计提第几期的折旧。

factor:余额递减速率,若省略,则采用默认值2。

❖ **特别提醒:**

需要注意的是,当年采用双倍余额递减法所计提的折旧如果已经小于按直线法所计提的折旧,那么从该期起,应该采用平均年限法将此时的固定资产账面余额减去预计净残值后的余额在剩余使用期限内平均分摊。用双倍余额递减法计算折旧时,在整个使用年限内均按双倍余额计提,但在最后两年采用平均年限法计提处理。

倍率递减法折旧函数如下,用于返回某项固定资产用余额递减法或其他指定方法计算的特定或指定时期的折旧额。

VDB(cost,salvage,life,start_period,end_period,factor,no_switch)

主要参数说明如下。

start_period、end_period:分别为要计算折旧的起始时间和结束时间。如果要计算第n期的折旧,则应该将这两个参数分别设置为$n-1$和n;如果要计算截至第n期的累计折旧,则应该将这两个参数分别设置为0和 n。

factor：倍率，如果默认将取2，即双倍余额递减法。

no_switch：当no_switch为FALSE或默认时，若使用倍率余额递减法计算的折旧小于平均年限法计算的折旧，则会转换为平均年限法计算剩余期间的折旧额。当no_switch为TRUE时，即使倍率余额递减法计算的折旧已小于直线法计算的折旧，函数仍按倍率余额递减法计算折旧。

实训二　不同折旧计算方法对比应用

1. 固定资产折旧计算模型应用

⮊ 实训任务

已知固定资产原值为100 000元，预计净残值为4000元，预计使用年限为5年，分别用直线法、年数总和法和双倍余额递减法计算每年的折旧额。

⮊ 实训指引

第一步：在Excel中建立基本数据区，如图5-1所示。为了比较VDB和DDB函数，将DDB函数也列示于其中。

	A	B	C	D	E
1	固定资产原值:	100000			
2	残值:	4000			
3	使用年限	直线折旧SLN	年数总和SYD	双倍余额递减VDB	DDB
4	1				
5	2				
6	3				
7	4				
8	5				
9	累计折旧				

图5-1　折旧计算基本数据区

第二步：在B4:E4区域中分别输入以下函数。

- B4=SLN($B$1,$B$2,$A$8)
- C4=SYD($B$1,$B$2,$A$8,A4)
- D4=VDB($B$1,$B$2,$A$8,A4－1,A4)
- E4=DDB($B$1,$B$2,$A$8,A4)

第三步：选中B4:E4区域，用向下拖动的方式将公式复制到B5:E8区域，得到计算结果。

第四步：选中B4:E9区域，单击"自动求和"按钮，得到累计折旧结果，如图5-2所示。

	A	B	C	D	E
1	固定资产原值:	100000			
2	残值:	4000			
3	使用年限	直线折旧SLN	年数总和SYD	双倍余额递减VDB	DDB
4	1	¥19,200.00	¥32,000.00	¥40,000.00	¥40,000.00
5	2	¥19,200.00	¥25,600.00	¥24,000.00	¥24,000.00
6	3	¥19,200.00	¥19,200.00	¥14,400.00	¥14,400.00
7	4	¥19,200.00	¥12,800.00	¥8,800.00	¥8,640.00
8	5	¥19,200.00	¥6,400.00	¥8,800.00	¥5,184.00
9	累计折旧	¥96,000.00	¥96,000.00	¥96,000.00	¥92,224.00

图5-2　折旧计算结果

2. 改进的固定资产折旧计算模型

利用Excel函数对固定资产折旧计算模型进行改进，将使用年限、折旧方法设为可选项。计算固定资产寿命期间本期折旧和累计折旧的模型如图5-3所示。

⬇ 实训任务

设计一个固定资产折旧计算模型。假设已知固定资产原值和预计净残值，要求如下。

(1) 设置使用年限在2～10年之间可选。

(2) 将折旧方法设为可选项，提供平均年限法、年数总和法和双倍余额递减法3种选择。

(3) 按图5-3所示计算使用年限期间内各期的本期折旧和累计折旧，其中A列的使用年限将D1单元格中选择的年限作为上限，B列中本年折旧采用的折旧方法为D2单元格中选择的折旧方法。

	A	B	C	D
1	固定资产原值:	40000	使用年限:	8
2	残值:	2000	折旧方法:	双倍余额递减法
3	使用年限	本年折旧	累计折旧	
4	1	10000.00	10000.00	
5	2	7500.00	17500.00	
6	3	5625.00	23125.00	
7	4	4218.75	27343.75	
8	5	3164.06	30507.81	
9	6	2497.40	33005.21	
10	7	2497.40	35502.60	
11	8	2497.40	38000.00	
12				
13				

图 5-3 固定资产折旧计算模型

⬇ 实训指引

第一步：设置使用年限及折旧方法。

将光标定位在D1单元格，选择"数据"｜"数据验证"命令，打开"数据验证"对话框，在"设置"选项卡的"允许"下拉列表框中选择"序列"，并设置对应的数据来源，如图5-4所示。采用相同思路进行折旧方法的设置，如图5-5所示。

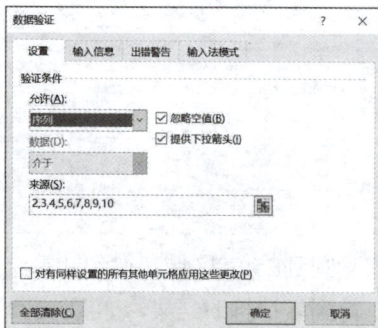

图 5-4 设置使用年限

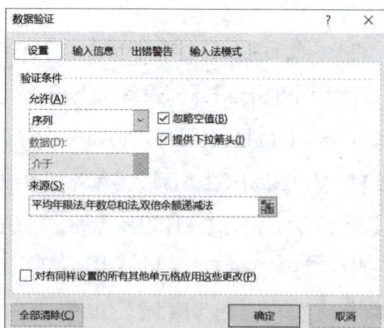

图 5-5 设置折旧方法

第二步：定义使用年限公式。

为了自动显示年限，可进行如下设置：在A4单元格中定义公式"=IF($D$1="","",1)"，即如果在D1单元格选择了年限，则令A4单元格等于1，否则为空。

在A5单元格中定义公式"=IF(A4="","",IF(A4+1>$D$1,"",A4+1))"，即先看A4单元格是否为空，如果为空则将A5单元格也设置为空，否则再看"A4＋1"是否已经大于使用年限，如果大于则设置为空，否则设置为"A4＋1"。

最后，将A5单元格的公式复制到A5单元格下方的各单元格中(可复制到A13单元格为止，因为使用年限最大值为10年)。

经过以上设置，当输入使用年限后，即可自动显示各年份。

第三步：设置本年折旧公式。

为了自动显示各年的折旧额，可进行如下设置：在B4单元格中定义公式"=IF(A4="","",IF($D$2="平均年限法",SLN($B$1,$B$2,$D$1),IF($D$2="年数总和法"，SYD($B$1,$B$2,$D$1,A4),VDB($B$1,$B$2,$D$1,A4-1,A4))))"，即首先判断当前年份(A4单元格的值)是否为空，若为空则不再显示折旧，否则按照D2单元格中所选择的折旧方法计算该年份折旧；然后将该公式复制到B4单元格下方的各单元格中(可复制到B13单元格为止，因为使用年限最大值为10年)。

经过以上设置，即可自动显示各年份的折旧额。

第四步：设置累计折旧公式。

为了自动显示截至各年份的累计折旧额，可进行如下设置：在C4单元格中定义公式"=IF(A4="","",IF(A4=1,B4,B4+C3))"，即首先判断当前年份(A4单元格的值)是否为空，若为空则不显示累计折旧，否则再判断当前是否为第1年，若是则将截至该年份的累计折旧设置为本年折旧额，否则将截至该年份的累计折旧设置为本年折旧与上年累计折旧之和；然后将该公式复制到C4单元格下方的各单元格中(可复制到C13单元格为止，因为使用年限最大值为10年)。

经过以上设置，即可自动显示截至各年份的累计折旧额。

至此，该模型设计完毕。使用该模型时，可以任意更改固定资产原值、残值和使用年限，而且选择任意一种折旧计提方法，各年折旧及累计折旧都可自动计算出来。

实训三　固定资产更新决策模型设计

1. 固定资产更新决策概述

当旧资产在技术上或经济上不宜再继续使用时，企业可以用新技术对其进行局部改造或购置新的资产进行替换，我们将其统称为固定资产更新。但究竟是应该继续使用旧设备还是重新购置新设备呢?进行固定资产更新决策可以给出答案。

固定资产更新决策与一般投资决策不同，它通常不会改变企业的生产能力，也就不能增加现金流入，因此，只有现金流出，在进行决策时便不能计算其净值、现值指数和内含报酬率，也就不能通过这些方法来进行更新决策。我们只能通过比较选择新、旧设备两种方案的成本来进行决策，此时分为以下两种情况。

1) 新旧设备的使用年限相同

若新旧设备的使用年限相同，则可以通过直接比较新旧两种设备的未来现金流出的总现值来进行决策，哪个方案的现金流出总现值少，就选择哪个方案。

2) 新旧设备的使用年限不同

新旧设备使用年限相同的情况是极少的，更普遍的情况是新旧设备的使用年限不同。如果使用年限不同，就不能通过直接比较其现金流出现值来进行优劣的判断，而应该比较继续使用旧设备和更换新设备两种方案的平均年成本，平均年成本较少的为最优方案。平均年成本是指购置新设备或继续使用旧设备所引起的现金流出的年平均值。在不考虑货币时间价值的情况下，平均年成本是指未来使用年限内现金流出总额与可使用年限的比值；在考虑货币时间价值的情况下，平均年成本是指未来使用年限内现金流出现值总额与年金现值系数的比值。

2. 所得税与折旧对投资的影响

所得税是企业的一种现金流出，它的多少与利润和所得税税率有关，而作为计入成本或费用的折旧会影响利润的多少进而影响所得税的多少。虽然折旧不是现金流出，但它却能够影响所得税这一现金流出，因此，谈论所得税必然要涉及折旧问题。

1) 税后成本与税后收入

税后成本是指扣除所得税影响后的费用净额，其计算公式如下。

$$税后成本=支付金额×(1-税率)$$

税后收入是指扣除所得税影响后的收入净额，其计算公式如下。

$$税后收入=收入金额×(1-税率)$$

2) 折旧抵税

折旧可以减少利润进而减少所得税，我们把折旧的这种作用称为折旧抵税或税收挡板。所得税减少额等于折旧额与所得税税率的乘积。

3) 税后现金流量的计算

通常，计算税后现金流量有以下3种方法。

① 营业现金流量=营业收入-付现成本-所得税

② 营业现金流量=税后利润+折旧

③ 营业现金流量=收入×(1-税率)-付现成本×(1-税率)+折旧×税率

3. 寿命相等的固定资产更新决策模型设计

◆ 实训任务

某企业有一台设备，预计使用10年，目前已经使用5年。市面上出现了一种新设备，新旧设备的有关资料如表5-1所示。请问，该企业是应该购买新设备淘汰旧设备还是继续使用旧设备呢？

表5-1　新旧设备资料

项目	旧设备	新设备
原值	160 000	280 000
预计使用年限	10	5
已使用年限	5	
年销售收入	200 000	3 120 000
每年付现成本	120 000	160 000
残值		40 000
变现收入	20 000	
折旧方法	直线法	直线法(年数总和法、双倍余额递减法)
其他相关	资金成本率10%，所得税税率25%	

实训指引

第一步：在Excel中建立基本数据区，如图5-6所示。

	A	B	C	D	E	F
1			固定资产更新决策模型			
2	资金成本	10%	所得税率	25%		
3	旧设备：			新设备：		
4	初始投资	160000		初始投资	280000	
5	预计使用年限	10		预计使用年限	5	
6	已使用年限	5		已使用年限	0	
7	残值	0	变现收入	残值	40000	
8	折旧方法	直线法	20000	折旧方法	直线法	
9						
10	旧设备剩余使用年限	1	2	3	4	5
11	销售收入	200000	200000	200000	200000	200000
12	付现成本	120000	120000	120000	120000	120000
13	折旧额					
14	税前净利					
15	所得税					
16	税后净利					
17	营业净现金流量					
18	终结现金流量					
19	现金流量					
20						
21	新设备剩余使用年限	1	2	3	4	5
22	销售收入	312000	312000	312000	312000	312000
23	付现成本	160000	160000	160000	160000	160000
24	折旧额					
25	税前净利					
26	所得税					
27	税后净利					
28	营业净现金流量					
29	终结现金流量					40000
30	现金流量					

图 5-6　固定资产更新决策模型基本数据

第二步：计算固定资产折旧。假设新旧设备都采用直线法折旧，运用SLN函数计算各年折旧额，并将其分别填入第13行和24行中。

第三步：计算有关现金流量。有关新旧设备现金流量的计算方式如下。

第14行和第25行：税前净利=销售收入－付现成本－折旧；

第15行和第26行：所得税=税前净利×所得税率；

第16行和第27行：税后净利=税前净利－所得税；

第17行和第28行：营业净现金流量=税后净利＋折旧；

第29行：终结现金流量这里指到期能收回的设备残值；

第19行和第30行：现金流量=营业净现金流量＋终结现金流量。

第四步：计算净现值。在C5单元格中计算旧设备的净现值；在F5单元格中计算新设备的净现值。

第五步：决策。新设备的净现值＋旧设备的变现收入<旧设备的净现值(见图5-7)，因此可以得出结论：应该继续使用旧设备，如图5-7所示。

	A	B	C	D	E	F
1			固定资产更新决策模型			
2	资金成本	10%	所得税率	25%		
3	旧设备:			新设备:		
4	初始投资	160000	**净现值**	初始投资	280000	**净现值**
5	预计使用年限	10	¥242,610.35	预计使用年限	5	¥222,475.99
6	已使用年限	5		已使用年限	0	
7	残值	0	变现收入	残值	40000	**是否更新**
8	折旧方法	直线法	20000	折旧方法	直线法	不更新
9						
10	旧设备剩余使用年限	1	2	3	4	5
11	销售收入	200000	200000	200000	200000	200000
12	付现成本	120000	120000	120000	120000	120000
13	折旧额	16000	16000	16000	16000	16000
14	税前净利	64000	64000	64000	64000	64000
15	所得税	16000	16000	16000	16000	16000
16	税后净利	48000	48000	48000	48000	48000
17	营业净现金流量	64000	64000	64000	64000	64000
18	终结现金流量					
19	现金流量	64000	64000	64000	64000	64000
20						
21	新设备剩余使用年限	1	2	3	4	5
22	销售收入	312000	312000	312000	312000	312000
23	付现成本	160000	160000	160000	160000	160000
24	折旧额	48000	48000	48000	48000	48000
25	税前净利	104000	104000	104000	104000	104000
26	所得税	26000	26000	26000	26000	26000
27	税后净利	78000	78000	78000	78000	78000
28	营业净现金流量	126000	126000	126000	126000	126000
29	终结现金流量					40000
30	现金流量	126000	126000	126000	126000	166000

图 5-7　固定资产更新决策模型

❖ **特别提醒：**

上述情况也可以利用IF函数进行决策。IF函数的格式如下。

IF(Logical_test, Value_if_true, Value_if_false)

参数说明如下。

Logical_test：逻辑表达式，其结果只能为true或false。

Value_if_true：Logical_test为true时的返回值。

Value_if_false：Logical_test为false时的返回值。

● 注意：IF函数可以嵌套，但最多嵌套7层。

● 思考：IF(1>2,"1小于2","1大于2")的结果是?

在F8单元格中设置IF函数，自动得出是否更新设备的决策结果。

4. 改进的固定资产更新决策模型

▣ **实训任务**

在图5-7中，新设备采用直线法计提折旧，最终得到"不更新"的结论。前面讨论过，企业采用的折旧方法会对投资决策产生直接影响，试想一下，按照现行规定，如果新设备采用加速折旧法计提折旧，那么结果会有什么不同吗？

实训指引

在图5-7中，E8单元格中新设备的折旧方法"直线法"是一个常量。应将新设备的折旧方法设置为可选项，以便用户随时选择不同的折旧方法。此处提供直线法、年数总和法和双倍余额递减法供用户选择。

第一步：将光标定位在E8单元格，选择"数据"|"数据验证"命令，打开"数据验证"对话框，在"设置"选项卡的"允许"下拉列表框中选择"序列"，并设置对应的数据来源，如图5-8所示。

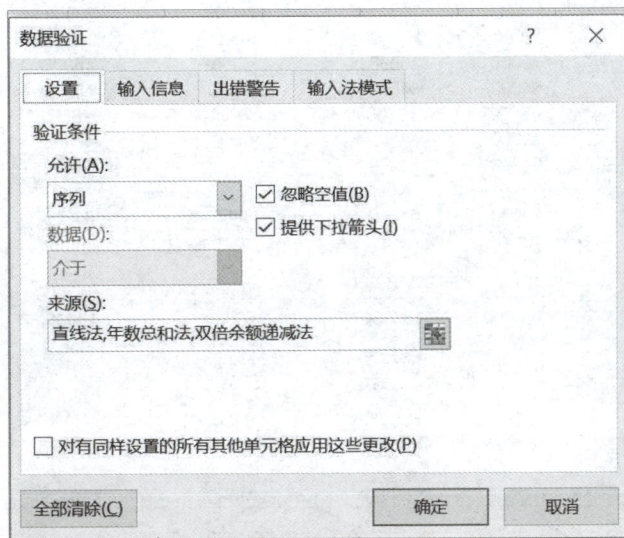

图 5-8　折旧方法设置

第二步：体会选择不同折旧方法对决策的影响。

实训任务

在固定资产更新决策模型中，新设备采用年数总和法或双倍余额递减法计提折旧是否会对前面得出的结论产生影响？

实训指引

第一步：利用IF函数修改新设备的折旧额，使其随着折旧方法的不同而改变。3个选项需要两个IF函数嵌套才能实现。在B24单元格中定义公式"=IF($E$8="直线法",SLN($E$4,$E$7,$E$5), IF($E$8="年数总和法",SYD($E$4,$E$7,$E$5,B21),VDB($E$4,$E$7,$E$5,B21−1,B21)))"，即E8单元格中的返回值若为"直线法"，则按照平均年限法计算折旧；E8单元格中的返回值若为"年数总和法"，则按照年数总和法计算折旧，否则就按照双倍余额递减法计算折旧。

第二步：将B24单元格中的公式复制到C24:F24区域，即可得到按选定的折旧方法计算的不同时期的折旧额。

第三步：新旧设备的净现值和是否更新的决策也随着折旧方法的选择发生变化。可以看出，当新设备的折旧方法为直线法时，结论是"不更新"；当折旧方法是年数总和法和双倍余额递减法时，结论是"更新"。

修订后的固定资产更新决策模型如图5-9所示。

	A	B	C	D	E	F
1			固定资产更新决策模型			
2	资金成本	10%	所得税率	25%		
3	旧设备:			新设备:		
4	初始投资	160000	净现值	初始投资	280000	净现值
5	预计使用年限	10	¥242,610.35	预计使用年限	5	¥227,395.67
6	已使用年限	5		已使用年限	0	
7	残值	0	变现收入	残值	40000	是否更新
8	折旧方法	直线法	20000	折旧方法	双倍余额递减法	更新
9						
10	旧设备剩余使用年限	1	2	3	4	5
11	销售收入	200000	200000	200000	200000	200000
12	付现成本	120000	120000	120000	120000	120000
13	折旧额	16000	16000	16000	16000	16000
14	税前净利	64000	64000	64000	64000	64000
15	所得税	16000	16000	16000	16000	16000
16	税后净利	48000	48000	48000	48000	48000
17	营业净现金流量	64000	64000	64000	64000	64000
18	终结现金流量					
19	现金流量	64000	64000	64000	64000	64000
20						
21	新设备剩余使用年限	1	2	3	4	5
22	销售收入	312000	312000	312000	312000	312000
23	付现成本	160000	160000	160000	160000	160000
24	折旧额	112000	67200	40320	20480	0
25	税前净利	40000	84800	111680	131520	152000
26	所得税	10000	21200	27920	32880	38000
27	税后净利	30000	63600	83760	98640	114000
28	营业净现金流量	142000	130800	124080	119120	114000
29	终结现金流量					40000
30	现金流量	142000	130800	124080	119120	154000

图 5-9　修订后的固定资产更新决策模型

🔁 实训任务

华夏公司一台机床原始成本为80 000元，预计净残值为2000元，预计使用年限为10年，分别用直线法、年数总和法、双倍余额递减法计算各年的折旧额，并绘制3种折旧方法的对比分析图。

🔁 任务解析

本实训参考固定资产折旧计算模型应用的解题思路，如图5-10所示。

	A	B	C	D
1	固定资产原值:	80000		
2	残值:	2000		
3	使用年限	直线折旧SLN	年数总和SYD	双倍余额递减VDB
4	1			
5	2			
6	3			
7	4			
8	5			
9	6			
10	7			
11	8			
12	9			
13	10			

图 5-10　固定资产折旧计算对比

实训任务

华夏公司目前在用一台4年前购入的机床，原始成本为400 000元，剩余使用年限为6年，假定期满无残值，采用直线折旧法计提折旧160 000元，账面折余价值240 000元，使用该设备每年可获得销售收入398 000元，每年支付的直接材料和直接人工为226 000元。目前市面上有一种新型机床，可以提高产品的产量和质量，价款600 000元，预计使用年限为6年，预计净残值为30 000元。旧机床可以作价150 000元，使用新设备每年可增加销售收入100 000元，同时每年可节约直接材料和直接人工40 000元。

建立固定资产更新决策模型，假设资金成本率为10%，所得税税率为25%，根据净现值对该设备是否更新做出决策。

任务解析

本任务参考固定资产更新决策的解题思路，在设置新设备选择不同折旧方法的情况下，判断是否应当进行设备更新，如图5-11所示。

	A	B	C	D	E	F	G
1				固定资产更新决策模型			
2	资金成本	10%	所得税率	25%			
3	旧设备:				新设备:		
4	初始投资	400000	净现值		初始投资	600000	净现值
5	预计使用年限	10			预计使用年限	6	
6	已使用年限	4			已使用年限	0	
7	残值	0	变现收入		残值	30000	是否更新
8	折旧方法	直线法	150000		折旧方法	直线法	
9							
10	设备剩余使用年	1	2	3	4	5	6
11	销售收入	398000	398000	398000	398000	398000	398000
12	付现成本	226000	226000	226000	226000	226000	226000
13	折旧额	40000	40000	40000	40000	40000	40000
14	税前净利						
15	所得税						
16	税后净利						
17	营业净现金流量						
18	终结现金流量						
19	现金流量						
20							
21	设备剩余使用年	1	2	3	4	5	6
22	销售收入	498000	498000	498000	498000	498000	498000
23	付现成本	186000	186000	186000	186000	186000	186000
24	折旧额						
25	税前净利						
26	所得税						
27	税后净利						
28	营业净现金流量						
29	终结现金流量						30000
30	现金流量						

图 5-11　固定资产更新决策模型

第 6 章

采购、销售、库存数据分析

实训一　采购成本分析

⮊ 实训任务

进行采购成本分析。

⮊ 任务解析

在企业年采购总量不变的情况下，采购次数越多，每批采购量则越小，采购成本将上升，存储成本随之减少；反之，采购次数越少，每批采购量则越大，采购成本将下降，而存储成本将增多。因此，在分析采购成本时，相关数据的关系可用公式表示如下。

- 采购数量=年采购量÷年采购批次
- 平均存量=采购数量÷2
- 存储成本=平均存量×单位存储成本
- 采购成本=年采购批次×采购成本
- 总成本=存储成本+采购成本

⮊ 实训指引

1. 创建数据变化表

下面首先创建采购成本和存储成本在不同批次下的数据变化表，然后利用公式与函数计算相应的数据，具体操作如下。

第一步：将新建的工作簿以"采购成本分析表"为名进行保存，其中输入表题和表头数据，并设置单元格格式，如图6-1所示。

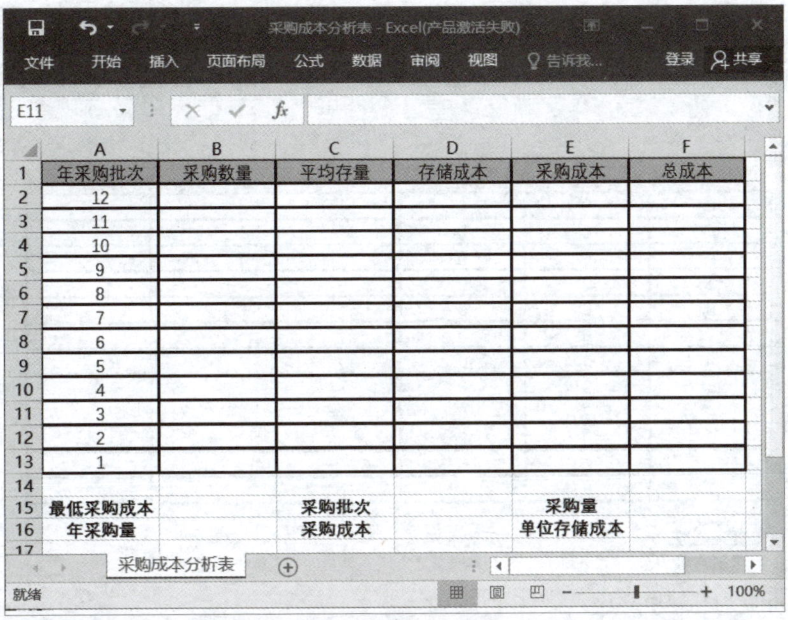

图6-1 输入数据并设置单元格格式

第二步：选择B2:B13单元格区域，在编辑栏中输入公式"=$B$16/A2"，完成后按Ctrl+Enter组合键计算采购数量，如图6-2所示。

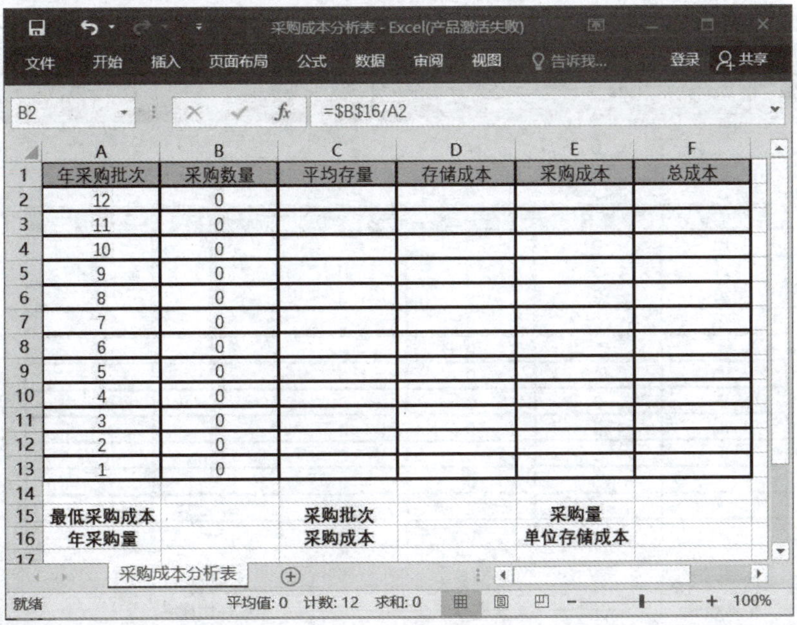

图6-2 计算采购数量

第三步：选择C2:C13单元格区域，在编辑栏中输入公式"=B2/2"，完成后按Ctrl+Enter组合键计算平均存量，如图6-3所示。

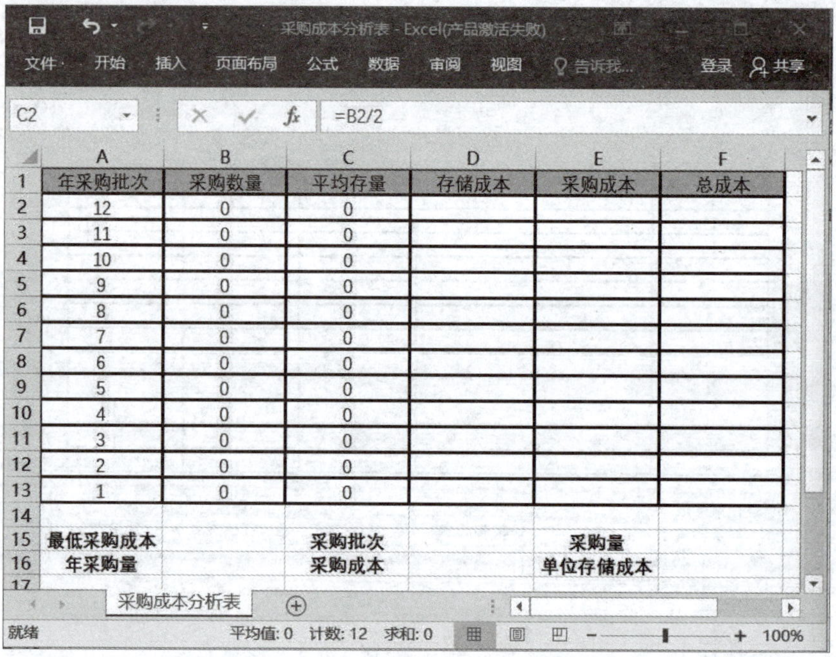

图6-3　计算平均存量

第四步：选择D2:D13单元格区域，在编辑栏中输入公式"=C2*$F$16"，完成后按Ctrl+Enter组合键计算存储成本，如图6-4所示。

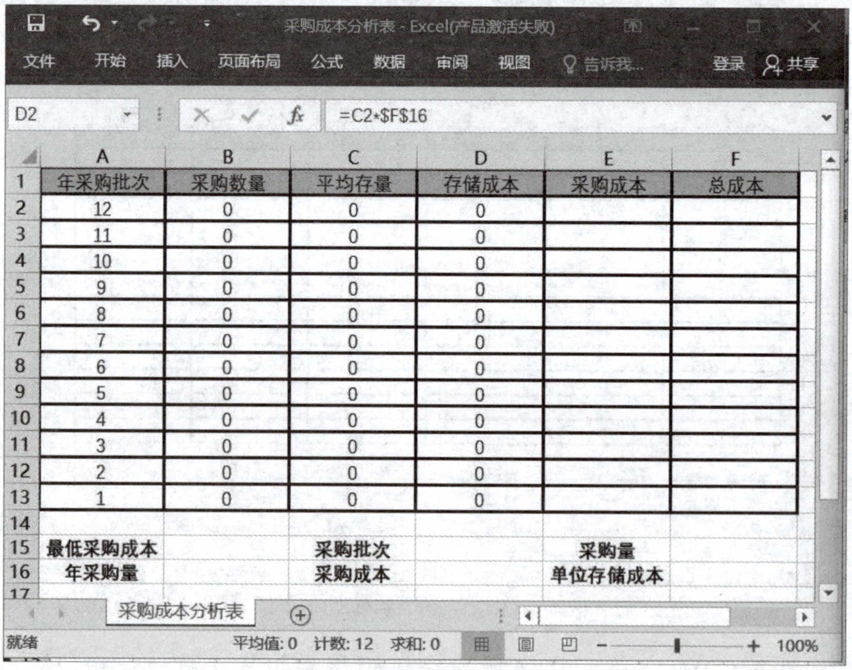

图6-4　计算存储成本

第五步：选择E2:E13单元格区域，在编辑栏中输入公式"=A2*$D$16"，完成后按Ctrl+Enter组合键计算采购成本，如图6-5所示。

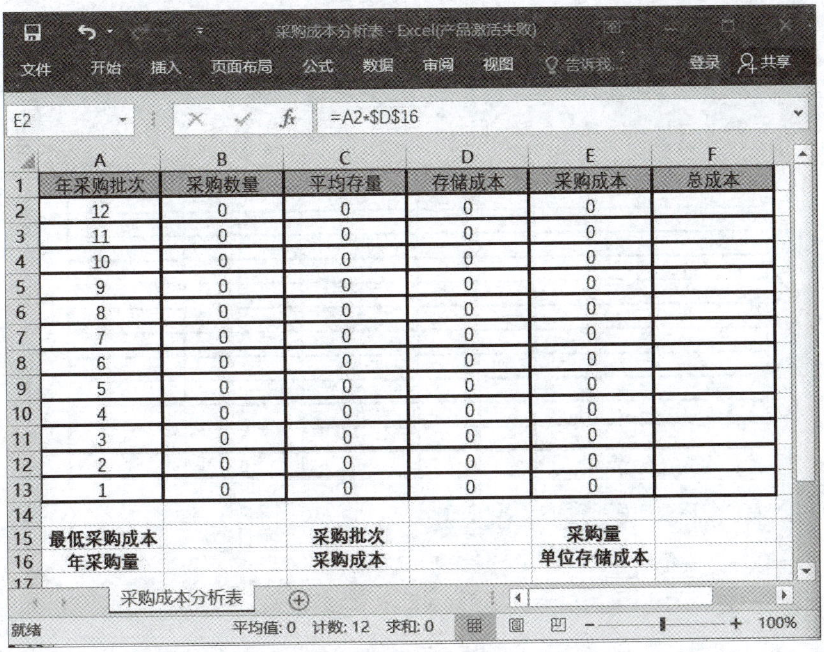

E2　=A2*$D$16

	A	B	C	D	E	F
1	年采购批次	采购数量	平均存量	存储成本	采购成本	总成本
2	12	0	0	0	0	
3	11	0	0	0	0	
4	10	0	0	0	0	
5	9	0	0	0	0	
6	8	0	0	0	0	
7	7	0	0	0	0	
8	6	0	0	0	0	
9	5	0	0	0	0	
10	4	0	0	0	0	
11	3	0	0	0	0	
12	2	0	0	0	0	
13	1	0	0	0	0	
14						
15	最低采购成本		采购批次		采购量	
16	年采购量		采购成本		单位存储成本	

图 6-5　计算采购成本

第六步：选择F2:F13单元格区域，在编辑栏中输入公式“=D2+E2”，完成后按Ctrl+Enter组合键计算总成本，如图6-6所示。

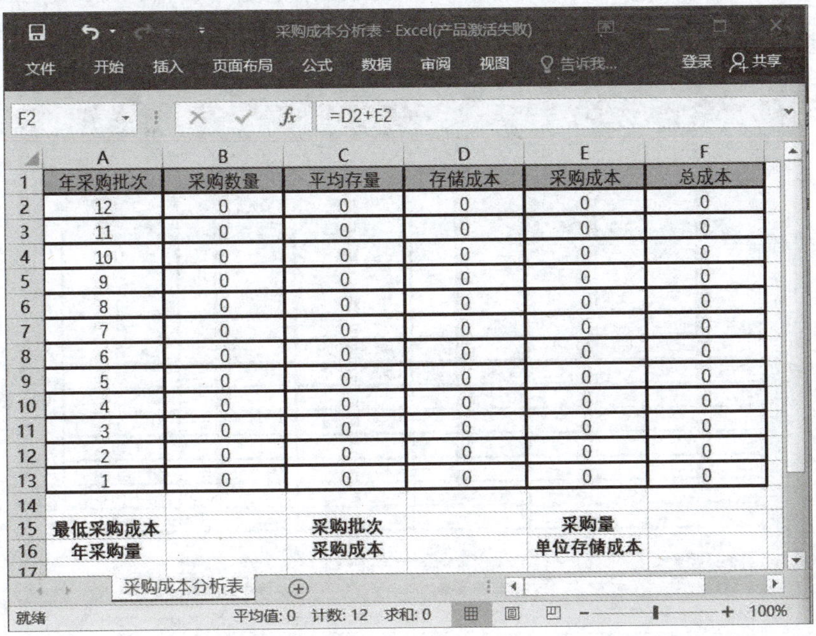

F2　=D2+E2

	A	B	C	D	E	F
1	年采购批次	采购数量	平均存量	存储成本	采购成本	总成本
2	12	0	0	0	0	0
3	11	0	0	0	0	0
4	10	0	0	0	0	0
5	9	0	0	0	0	0
6	8	0	0	0	0	0
7	7	0	0	0	0	0
8	6	0	0	0	0	0
9	5	0	0	0	0	0
10	4	0	0	0	0	0
11	3	0	0	0	0	0
12	2	0	0	0	0	0
13	1	0	0	0	0	0
14						
15	最低采购成本		采购批次		采购量	
16	年采购量		采购成本		单位存储成本	

图 6-6　计算总成本

第七步：选择B15单元格，输入公式“=MIN(F2:F13)”，完成后按Ctrl+Enter组合键计算最低采购成本，如图6-7所示。MIN函数用来返回一组值中的最小值，其语法结构为MIN(numberl,number2…)。其中，number1,number2…表示要筛选的1～30个数值或引用，引用的单元格区域中包含的文本、逻辑值或空白单元格都将被忽略。

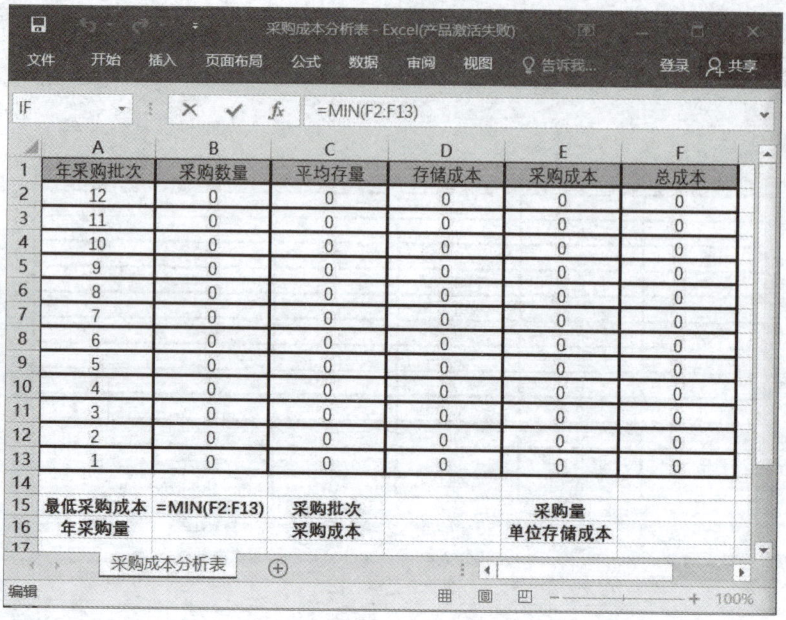

年采购批次	采购数量	平均存量	存储成本	采购成本	总成本
12	0	0	0	0	0
11	0	0	0	0	0
10	0	0	0	0	0
9	0	0	0	0	0
8	0	0	0	0	0
7	0	0	0	0	0
6	0	0	0	0	0
5	0	0	0	0	0
4	0	0	0	0	0
3	0	0	0	0	0
2	0	0	0	0	0
1	0	0	0	0	0
最低采购成本	=MIN(F2:F13)	采购批次		采购量	
年采购量		采购成本		单位存储成本	

图 6-7　计算最低采购成本

第八步：选择D15单元格，输入公式“=INDEX(A2:A13,MATCH(B15,F2:F13,0))”，完成后按Ctrl+Enter组合键计算采购批次，如图6-8所示。此公式表示在F2:F13单元格区域中查询B15单元格中的“最低采购成本”，返回查找到的总成本的相对行号，然后将此值作为INDEX函数的第2个参数，返回A2:A13 单元格区域中的相应值。

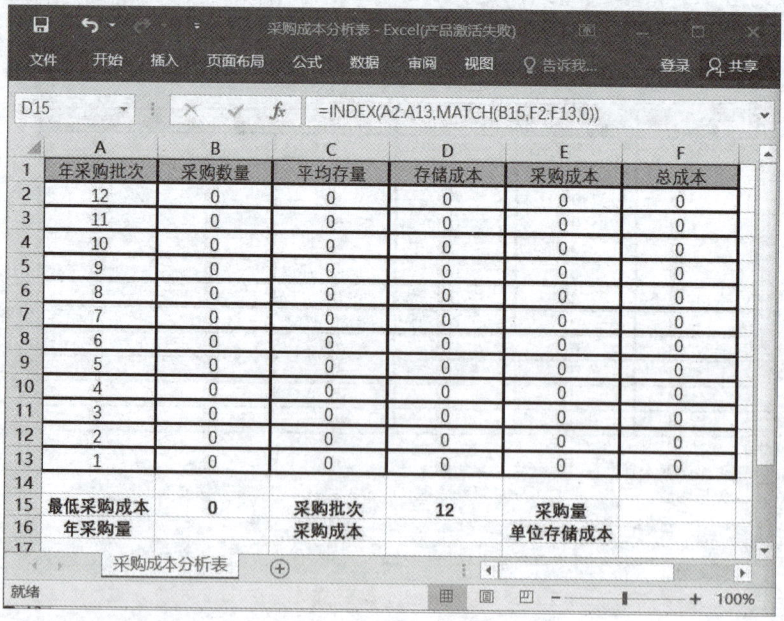

年采购批次	采购数量	平均存量	存储成本	采购成本	总成本
12	0	0	0	0	0
11	0	0	0	0	0
10	0	0	0	0	0
9	0	0	0	0	0
8	0	0	0	0	0
7	0	0	0	0	0
6	0	0	0	0	0
5	0	0	0	0	0
4	0	0	0	0	0
3	0	0	0	0	0
2	0	0	0	0	0
1	0	0	0	0	0
最低采购成本	0	采购批次	12	采购量	
年采购量		采购成本		单位存储成本	

图 6-8　计算采购批次

第九步：选择F15单元格，输入公式“=INDEX(B2:B13,MATCH(B15,F2:F13,0))”，完成后按Ctrl+Enter组合键计算采购量，如图6-9所示。

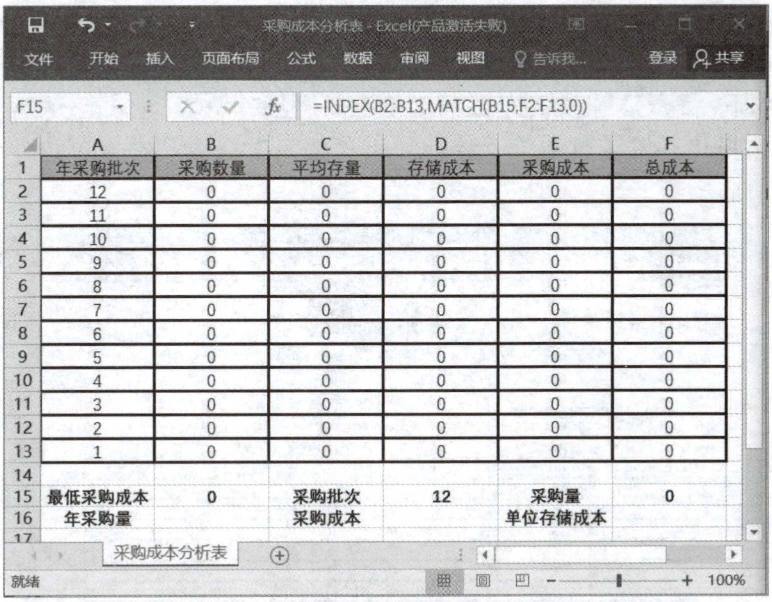

	A	B	C	D	E	F
1	年采购批次	采购数量	平均存量	存储成本	采购成本	总成本
2	12	0	0	0	0	0
3	11	0	0	0	0	0
4	10	0	0	0	0	0
5	9	0	0	0	0	0
6	8	0	0	0	0	0
7	7	0	0	0	0	0
8	6	0	0	0	0	0
9	5	0	0	0	0	0
10	4	0	0	0	0	0
11	3	0	0	0	0	0
12	2	0	0	0	0	0
13	1	0	0	0	0	0
14						
15	最低采购成本	0	采购批次	12	采购量	0
16	年采购量		采购成本		单位存储成本	

图 6-9　计算采购量

第十步：选择B15单元格，进行格式设置。按Ctrl+1组合键打开“单元格格式”对话框，在“数字”选项卡的“分类”列表框中选择“自定义”，在“类型”列表框中选择“#,##0.00”，然后单击“确定”按钮。用相同的方法，自定义D15单元格的数字格式为“0'次/年'”和F15单元格的数字格式为“0'件/次'”，如图6-10所示。

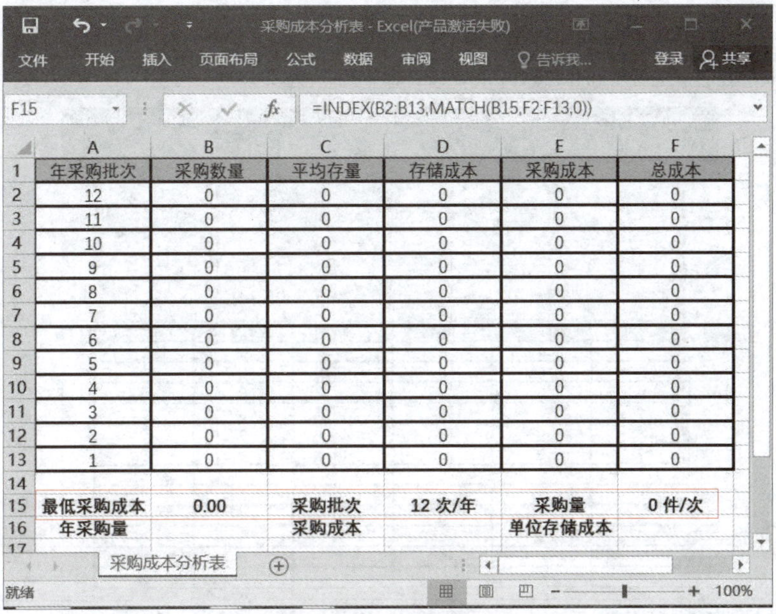

	A	B	C	D	E	F
1	年采购批次	采购数量	平均存量	存储成本	采购成本	总成本
2	12	0	0	0	0	0
3	11	0	0	0	0	0
4	10	0	0	0	0	0
5	9	0	0	0	0	0
6	8	0	0	0	0	0
7	7	0	0	0	0	0
8	6	0	0	0	0	0
9	5	0	0	0	0	0
10	4	0	0	0	0	0
11	3	0	0	0	0	0
12	2	0	0	0	0	0
13	1	0	0	0	0	0
14						
15	最低采购成本	0.00	采购批次	12 次/年	采购量	0 件/次
16	年采购量		采购成本		单位存储成本	

图 6-10　自定义数字格式

2. 添加滚动条控件

滚动条控件可以非常方便地改变它所链接的单元格中的数值，从而便于用户直观地观察到由此而产生的一系列变化，这些变化有助于用户对问题进行理解、分析和决策。在本例中将结合相关函数灵活自如地对分析对象的各影响因素进行变动分析。

下面分别创建与"年采购量""采购成本""单位存储成本"数据相关的滚动条控件,具体操作如下。

第一步:选择"开发工具"|"控件"|"插入"命令,在表单控件中选择"滚动条",如图6-11所示。

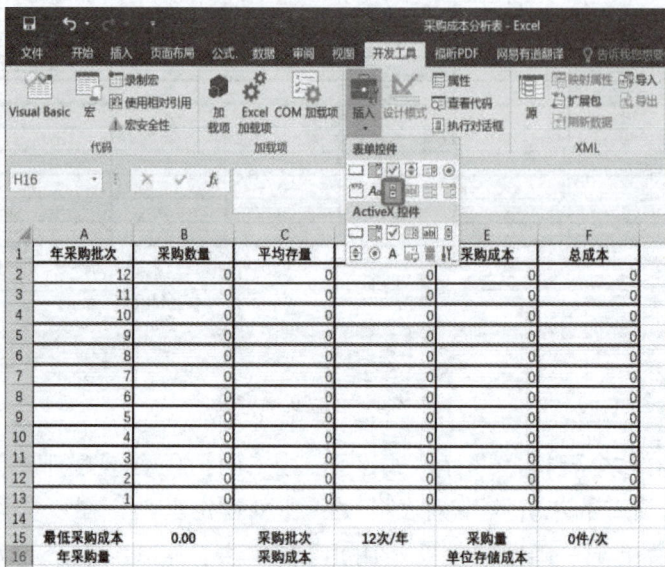

图 6-11　添加滚动条控件

第二步:在A18单元格的左上角按住鼠标左键不放,拖动鼠标指针至B18单元格的右下角,释放鼠标即可绘制出所需的滚动条,如图6-12所示。

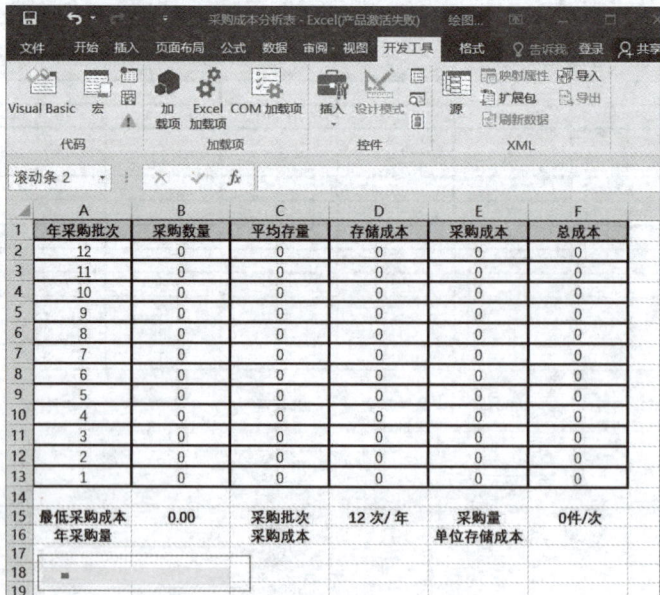

图 6-12　绘制滚动条

第三步:右击滚动条,在弹出的快捷菜单中选择"设置控件格式"命令,打开"设置控件格式"对话框,如图6-13所示。

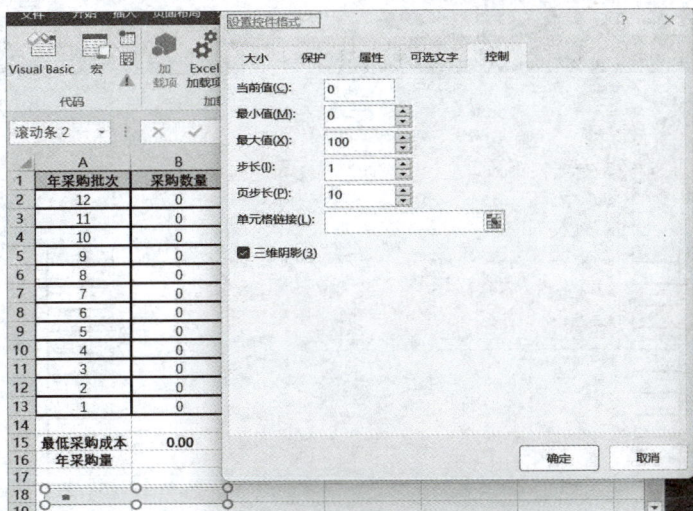

图 6-13 "设置控件格式"对话框

第四步：打开"控制"选项卡，在"最小值"文本框中输入数据"1000"，在"最大值"文本框中输入数据"3000"，在"步长"文本框中输入数据"200"，然后再将文本插入点定位到"单元格链接"文本框中，收缩对话框后在工作表中选择B16单元格，完成后单击"确定"按钮，如图6-14所示。

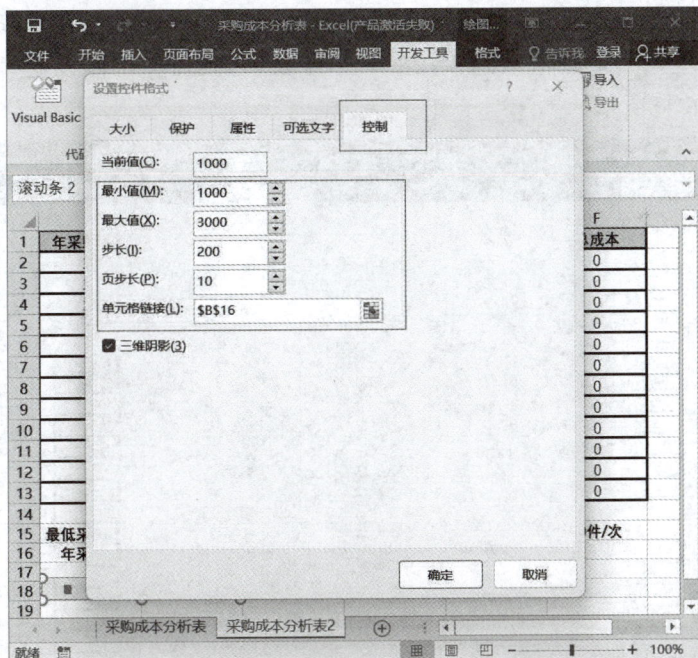

图 6-14 设置"年采购量"滚动条控件的格式

第五步：用相同的方法在C18:D18单元格区域中绘制一个滚动条并设置控件格式。设置"最小值"为"200"，"最大值"为"600"，"步长"为"100"，再设置"单元格链接"为D16单元格，如图6-15所示。

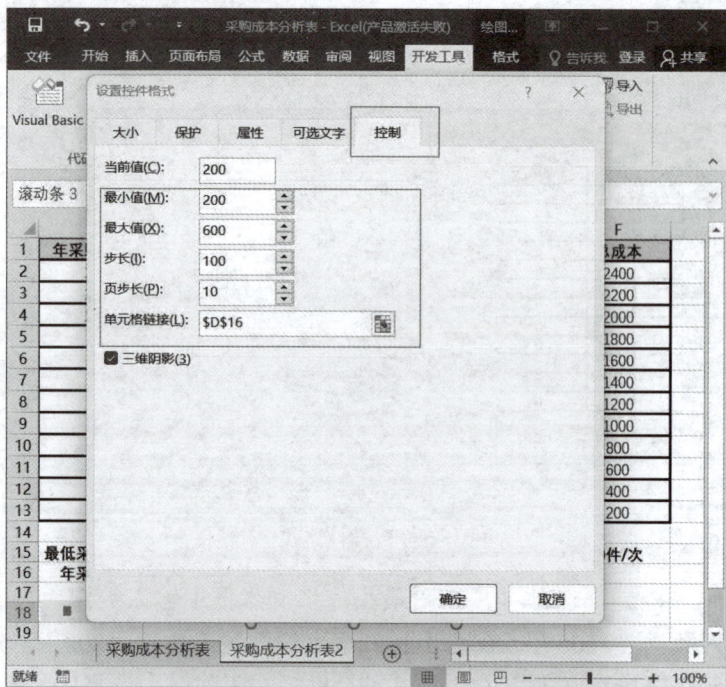

图 6-15　绘制并设置"采购成本"滚动条控件的格式

第六步：用相同的方法在E18:F18单元格区域中绘制一个滚动条并设置控件格式。设置"最小值"为"4"，"最大值"为"12"，"步长"为"1"，再设置"单元格链接"为F16单元格，如图6-16所示。

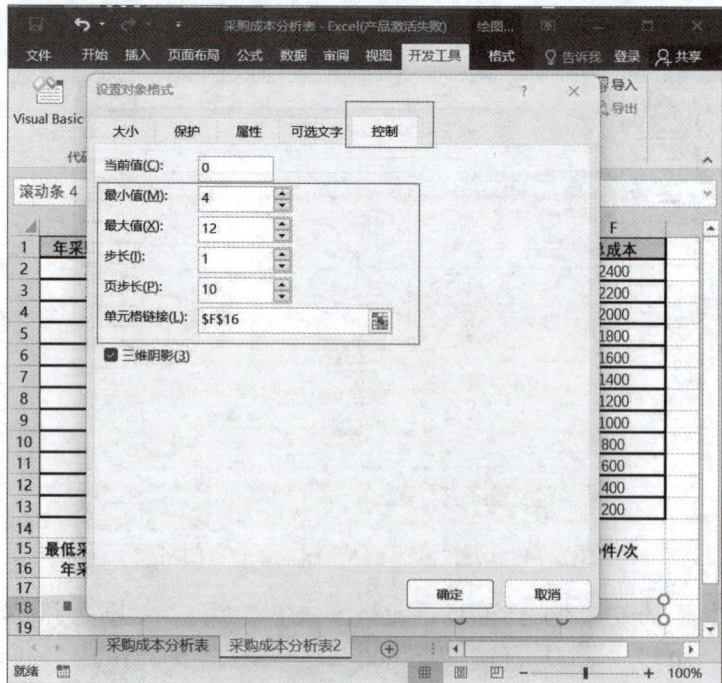

图 6-16　绘制并设置"单位存储成本"滚动条控件的格式

第七步：返回工作表，可查看相应数据的变化情况，如图6-17所示。

图 6-17　查看数据的变化情况

3. 创建和编辑折线图

下面创建并编辑折线图，用以显示并分析存储成本和采购成本的数据变化情况，具体操作如下。

第一步：选择D1:E13 单元格区域，选择"插入"｜"图表"命令，打开"插入图表"对话框，在"所有图表"列表框中选择"折线图"选项，然后在"子图表类型"列表框中选择默认的"带数据标记的折线图"选项，如图6-18所示。完成后单击"确定"按钮，生成的采购成本分析图如图6-19所示。

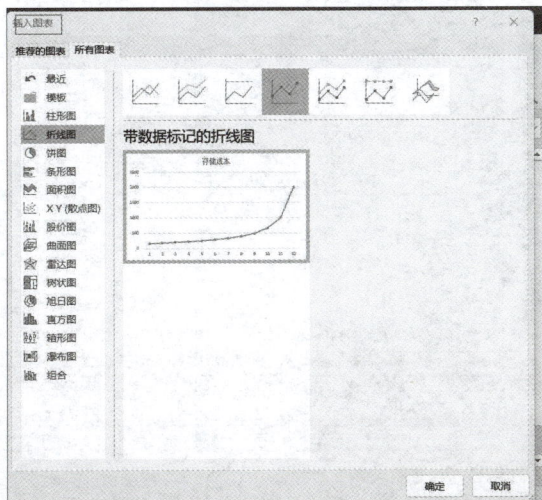

图 6-18　选择图表类型

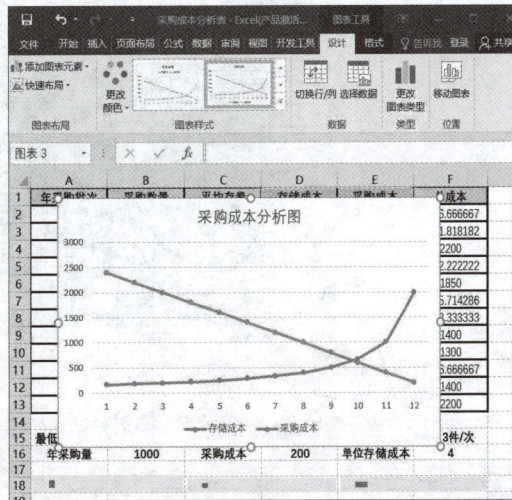

图 6-19　采购成本分析图

第二步：单击采购成本分析图，选择"设计"｜"选择数据"命令，打开"选择数据源"对话框，单击"水平(分类)轴标签"选项卡中的"编辑"按钮，如图6-20所示。将文本插入点定位到"轴标签区域"文本框中，然后在工作表中选择A2:A13单元格区域，完成后单击"确定"按钮，如图6-21所示。

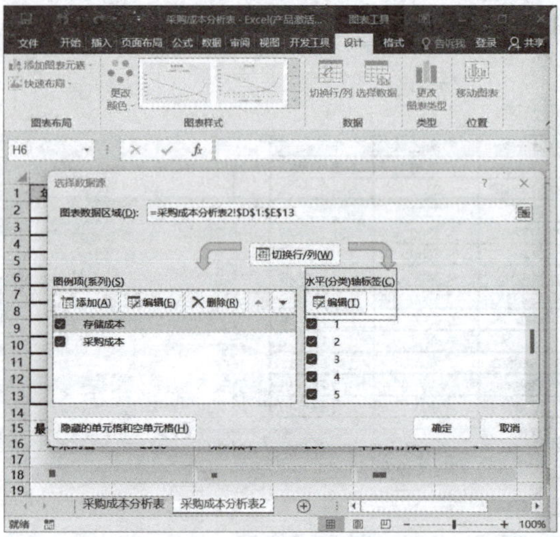

图 6-20　选择折线图的分类轴标签 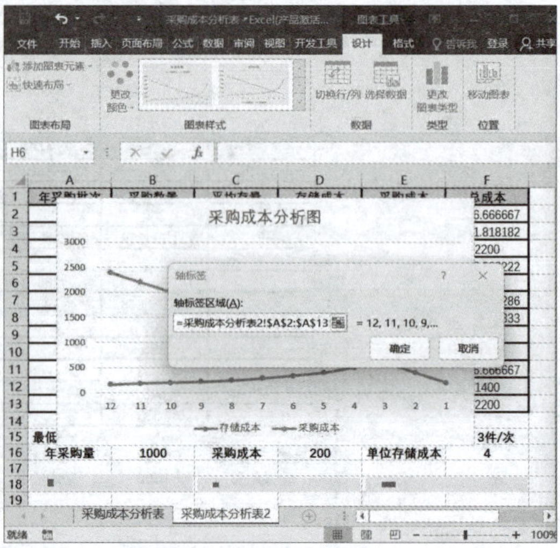　　　　　图 6-21　生成年采购批次折线图

　　第三步：双击图表区，在打开的"设置图表区格式"对话框的"图表选项"选项卡中选择"填充"｜"纯色填充"命令，如图6-22所示。

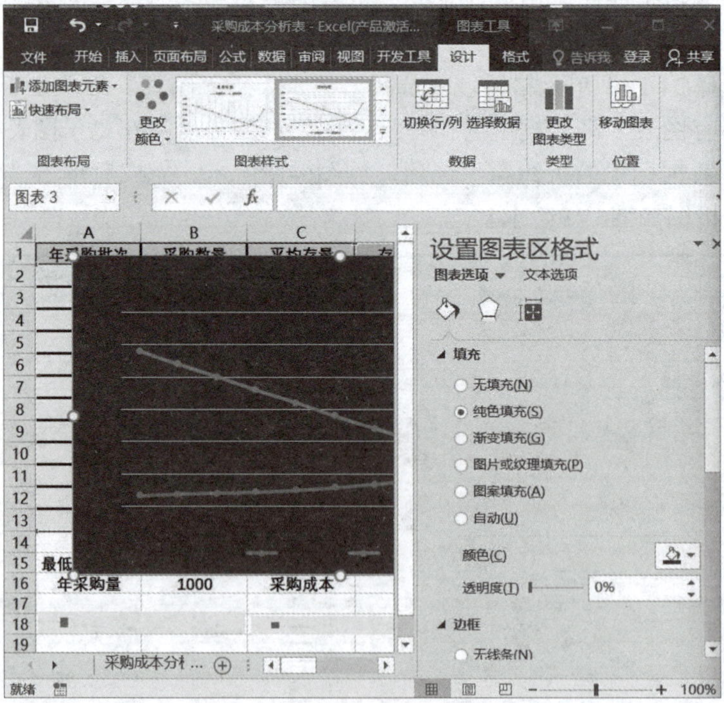

图 6-22　生成填充背景的折线图

　　第四步：关闭"设置图表区格式"对话框，查看最终生成的采购成本分析折线图，如图6-23所示。

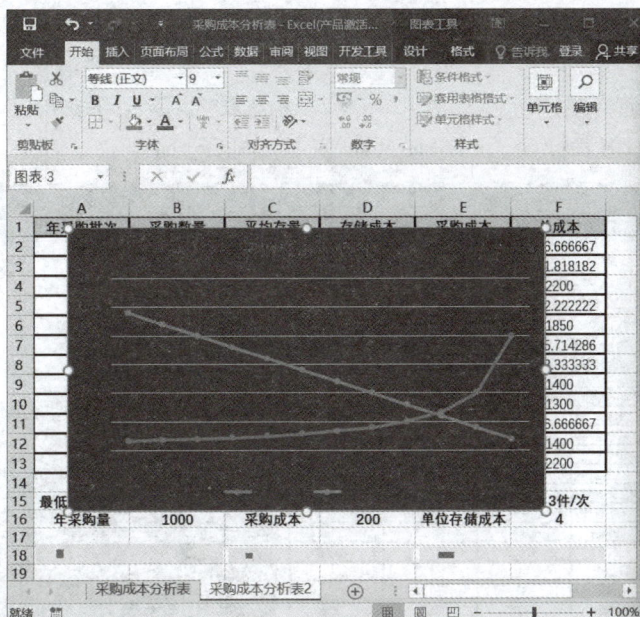

图 6-23 查看图表效果

4. 分析采购成本变化情况

下面分别拖动与"年采购量""采购成本""单位存储成本"数据相关的滚动条滑块，分析"年采购量""采购成本""单位存储成本""最低采购成本""采购批次""采购量"，及其与折线图之间的动态变化关系，具体操作如下。

第一步：将鼠标指针移动到"年采购量"下方的滚动条滑块上，按住鼠标左键不放，向右拖动增大"年采购量"，此时"存储成本""总成本""最低采购成本""采购批次"和"采购量"也随之增大，而"采购成本"不变；同时，折线图中的"存储成本"线发生变动，而"采购成本"线保持不变，如图6-24所示。

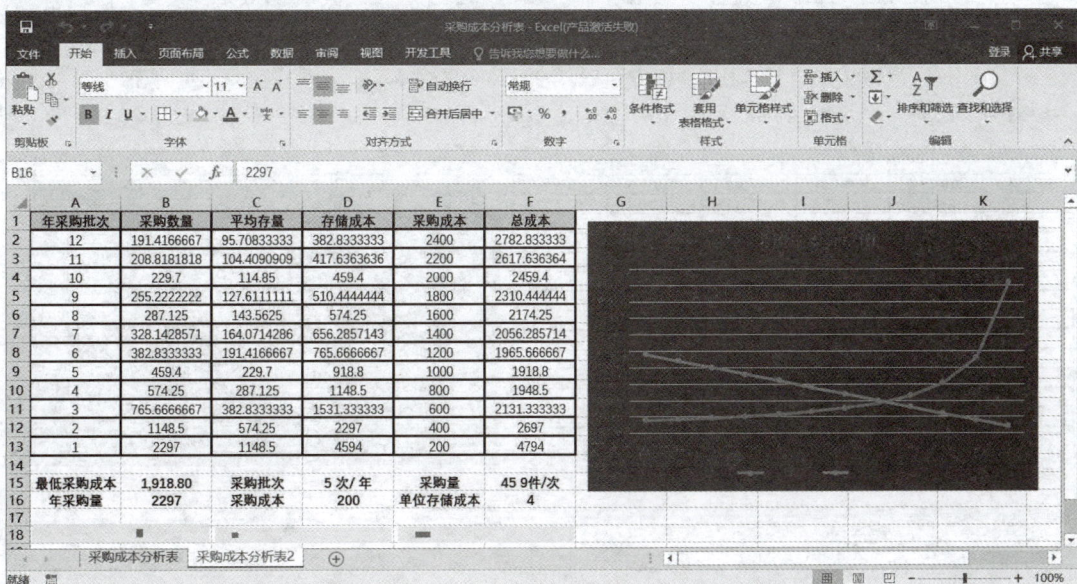

	A	B	C	D	E	F
1	年采购批次	采购数量	平均存量	存储成本	采购成本	总成本
2	12	191.4166667	95.70833333	382.8333333	2400	2782.833333
3	11	208.8181818	104.4090909	417.6363636	2200	2617.636364
4	10	229.7	114.85	459.4	2000	2459.4
5	9	255.2222222	127.6111111	510.4444444	1800	2310.444444
6	8	287.125	143.5625	574.25	1600	2174.25
7	7	328.1428571	164.0714286	656.2857143	1400	2056.285714
8	6	382.8333333	191.4166667	765.6666667	1200	1965.666667
9	5	459.4	229.7	918.8	1000	1918.8
10	4	574.25	287.125	1148.5	800	1948.5
11	3	765.6666667	382.8333333	1531.333333	600	2131.333333
12	2	1148.5	574.25	2297	400	2697
13	1	2297	1148.5	4594	200	4794
14						
15	最低采购成本	1,918.80	采购批次	5 次/年	采购量	459 件/次
16	年采购量	2297	采购成本	200	单位存储成本	4

图 6-24 "年采购量"的变动影响分析

第二步：将鼠标指针移动到"采购成本"下方的滚动条滑块上，按住鼠标左键不放，向右拖动增大"采购成本"，此时"采购成本""总成本""最低采购成本"和"采购量"也随之增大，而"采购批次"减小，"存储成本"不变；同时，折线图中的"采购成本"线发生变动，而"存储成本"线保持不变，如图6-25所示。

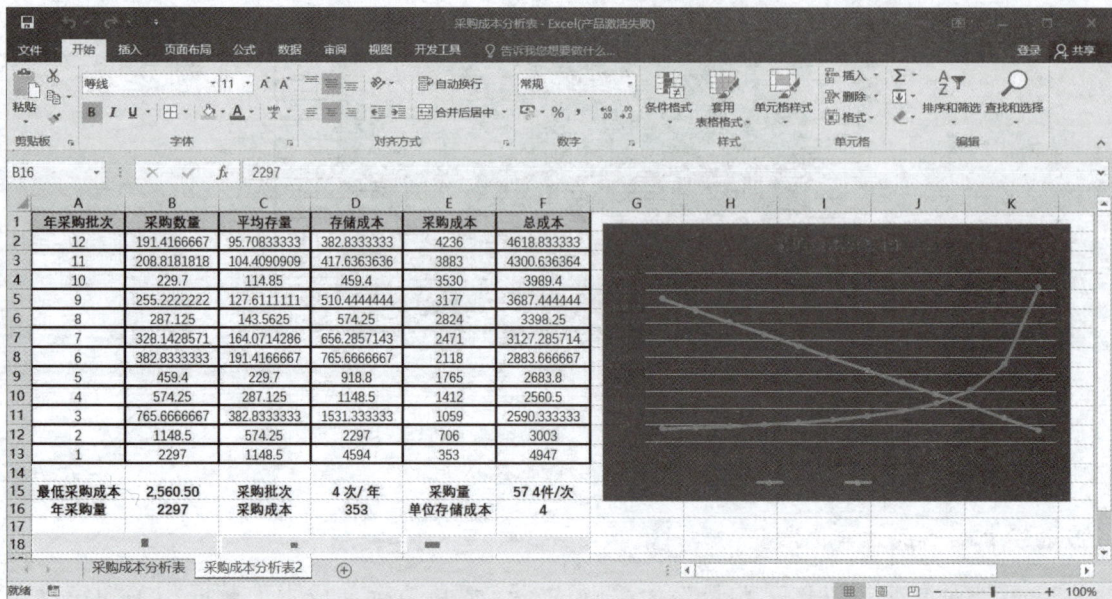

图 6-25　"采购成本"的变动影响分析

第三步：将鼠标指针移动到"单位存储成本"下方的滚动条滑块上，按住鼠标左键不放，向右拖动增大"单位存储成本"，此时"存储成本""总成本""最低采购成本"和"采购批次"也随之增大，而"采购量"减小，"采购成本"不变；同时，折线图中的"存储成本"线发生变动，而"采购成本"线保持不变，如图6-26所示。

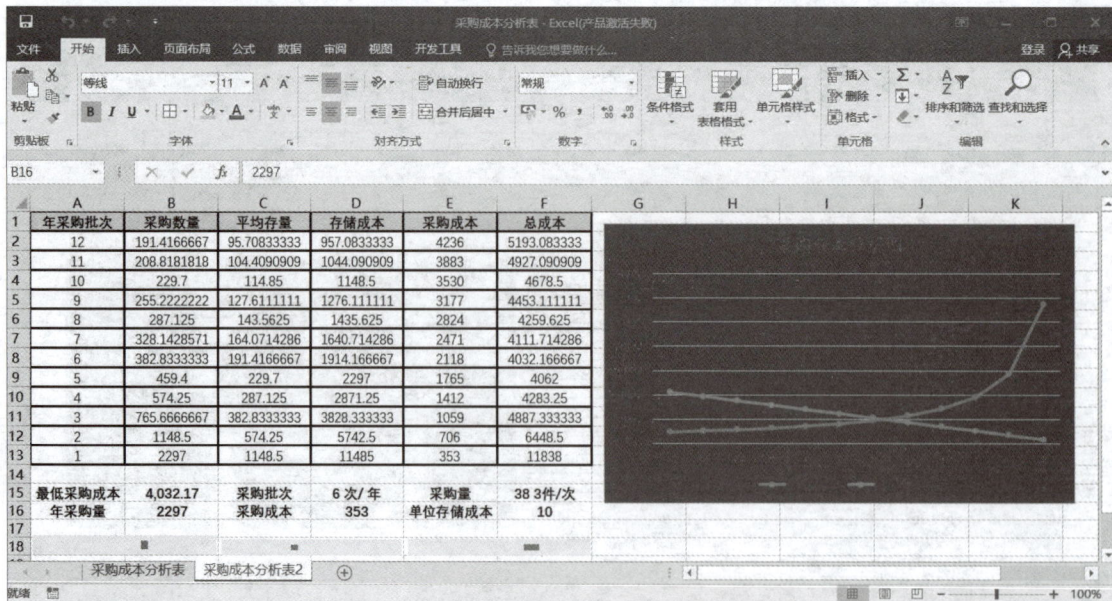

图 6-26　"单位存储成本"的变动影响分析

实训二　销售利润分析

面对日趋激烈的市场竞争，越来越多的企业开始注重销售与利润的管理，并应用计算机技术建立相应的模型，以便及时、准确地反映企业的销售业绩和经营成果，分析其潜在的问题和能力，从而提高企业自身的竞争力。本节借助利润分析模型找出影响企业利润的各种因素，分析影响企业利润的真正原因，从而指导企业调整销售计划与销售策略，提高销售与利润管理水平服务。

由于收入、费用与销售量之间存在一定的函数关系，因此，可以根据销售数据估计收入和费用，并确定净利润。企业进行利润管理的主要方法是本量利分析法，它强调通过业务量、成本、利润之间的关系对企业生产经营活动进行规划和控制。为了实行目标利润管理，一般进行两方面的分析：一是各因素变动分析，研究利润不为零的一般经营状况的有关问题；二是盈亏临界点分析，主要研究利润为零的一般经营状况的有关问题。

1. 利润分析——本量利模型的设计

本量利分析的基本公式如下。

利润=销售收入−总成本

　　　=销售收入−变动成本−固定成本

　　　=边际贡献−固定成本

　　　=(售价−单位变动成本)×销售量−固定成本

　　　=单位边际贡献×销售量−固定成本

　　　=边际贡献率×销售收入−固定成本

在上述公式中，有5个相互联系的变量，已知其中4个变量的值，便可以求出另1个变量的值。本量利分析法在财务管理中的应用非常广泛，可以用于盈亏临界点分析、单位因素变动对利润的影响分析、多因素变动对目标利润的影响分析等。

实训任务

LF有限公司生产电热水壶的有关数据如下：单价为150元，单位变动成本为75元，固定成本为60 000元。假定销量为3000台，建立本量利分析的基本模型。如果预计销量为0～6000台，考察销售量的变化对销售收入、总成本、利润的影响。

实训指引

第一步：建立基本数据区。新建工作表，将其命名为"本量利分析模型"，在A2:D3区域输入已知的基本数据，如图6-27所示。

第二步：计算销售收入。销售收入=单价×销量，在A5单元格中输入"销售收入"，在B5单元格中输入公式"=B2*B3"，如图6-28所示。

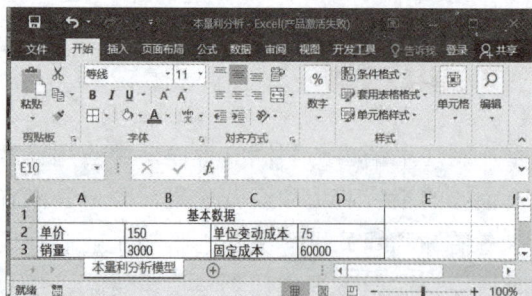

图 6-27　输入基本数据

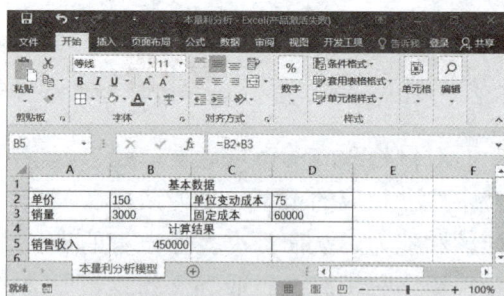

图 6-28　计算销售收入

第三步：计算总成本。总成本=固定成本+单位变动成本×销量，在A6单元格中输入"总成本"，在B6单元格中输入公式"=D3+D2*B3"，如图6-29所示。

第四步：计算利润。利润=销售收入－总成本，在C6单元格中输入"利润"，在D6单元格中输入公式"=B5－B6"，如图6-30所示。

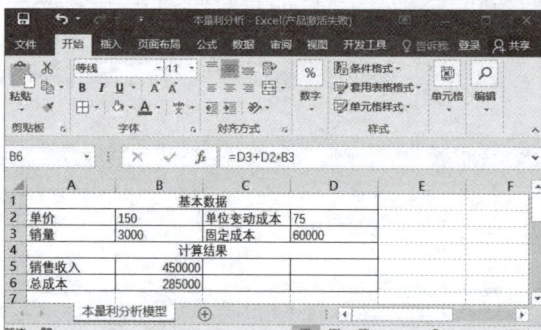

图 6-29　计算总成本

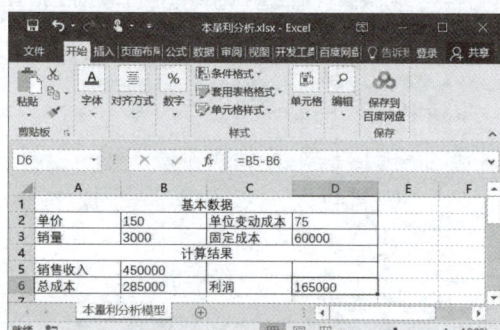

图 6-30　计算利润

第五步：利用模拟运算表来模拟销售量的变化对销售收入、总成本和利润的影响。在A10:A16区域输入变动的销售量的值。在A8:D8单元格中分别输入"销售量""销售收入""总成本"和"利润"。在B9单元格中输入公式"=B2*B3"，在C9单元格中输入公式"=D3+D2*B3"，在D9单元格中输入公式"=B9－C9"。选中A9:D16区域，选择"数据"｜"模拟分析"｜"模拟运算表"命令，打开"模拟运算表"对话框。在"输入引用列的单元格"文本框中输入"B3"，如图6-31所示。单击"确定"按钮，得到的计算结果如图6-32所示。

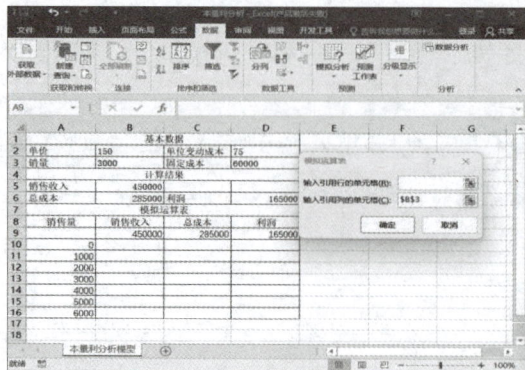

图 6-31　生成模拟运算表

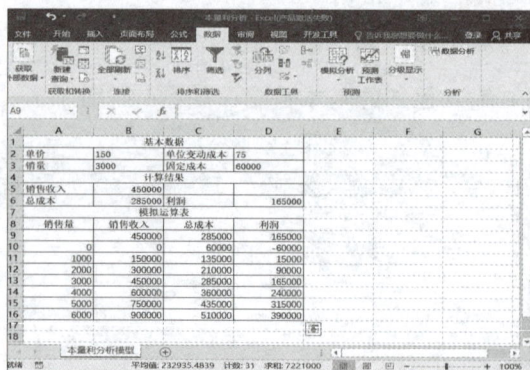

图 6-32　模拟运算表计算结果

实训任务

绘制本量利分析散点图，更加直观地反映总成本、销售收入及利润与销售量的关系。

实训指引

选中A8:D16区域，选择"插入"｜"图表"｜"散点图"｜"带平滑线的散点图"命令，图表自动生成，如图6-33所示。

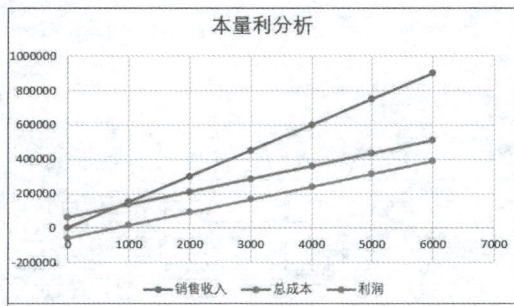

图 6-33 本量利分析散点图

2. 保本点分析

保本点是指企业在达到这一点时既不盈利也不亏损，保持利润为零，因此也称为盈亏临界点。此时边际贡献刚好等于固定成本。保本点通常有两种表现形式，用销售量表现称为"保本量"；用销售额表现称为"保本额"。保本点分析是研究利润为零这种特殊经营状况的相关问题。

根据本量利分析的基本公式，令利润=0，则：

保本点销售量=固定成本÷(销售单价－单位变动成本)

实训任务

利用单变量求解进行保本点分析。

实训指引

第一步：调用单变量求解工具。选择"数据"｜"模拟分析"｜"单变量求解"命令，打开"单变量求解"对话框，如图6-34所示。

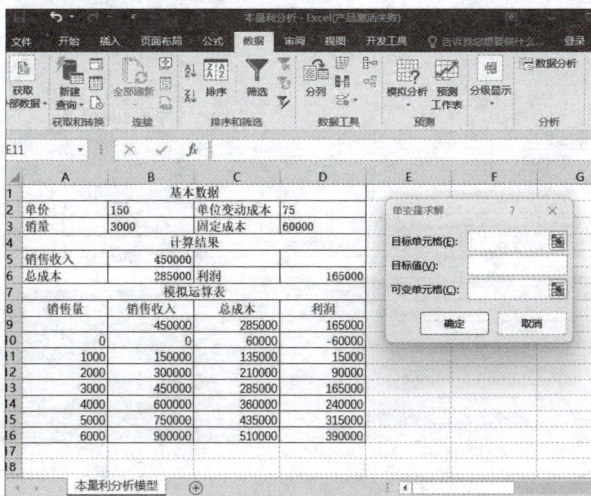

图 6-34 "单变量求解"对话框

第二步：输入各项参数。本题目标是利润为0，因此，设置目标单元格为"D6"，目标值为"0"，可变单元格为"B3(即要求解的销售量)"，如图6-35所示。

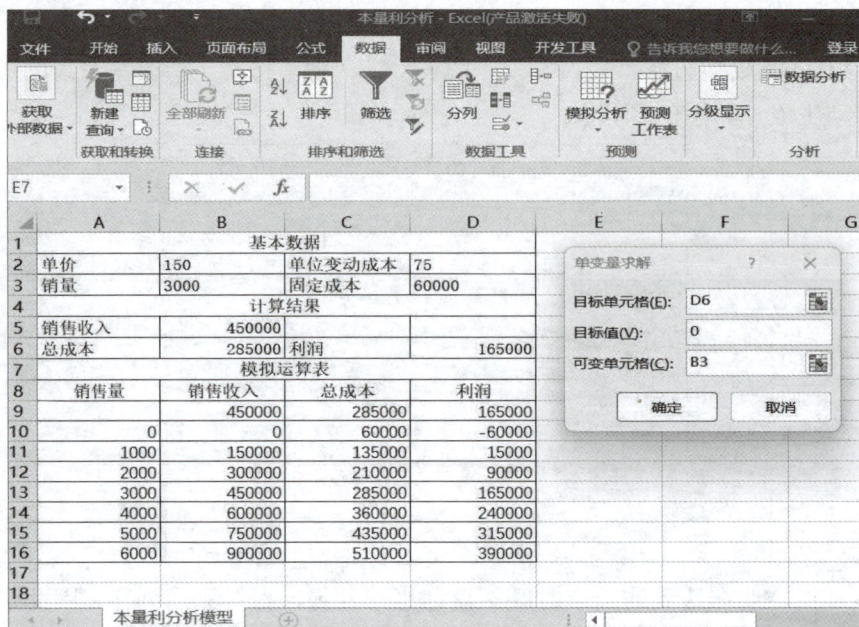

图6-35　输入单变量求解参数

实训任务

图解单价的变动对保本点的影响。

实训指引

第一步：在F2:F12单元格中输入145～155，模拟单价的变动范围。在G1单元格中输入保本点的计算公式"=D3/(B2－D2)"。选中F1:G12区域，选择"数据"｜"模拟分析"｜"模拟运算表"命令，打开"模拟运算表"对话框。在"输入引用列的单元格"中输入"B2"，如图6-36所示。单击"确定"按钮，求得计算结果。

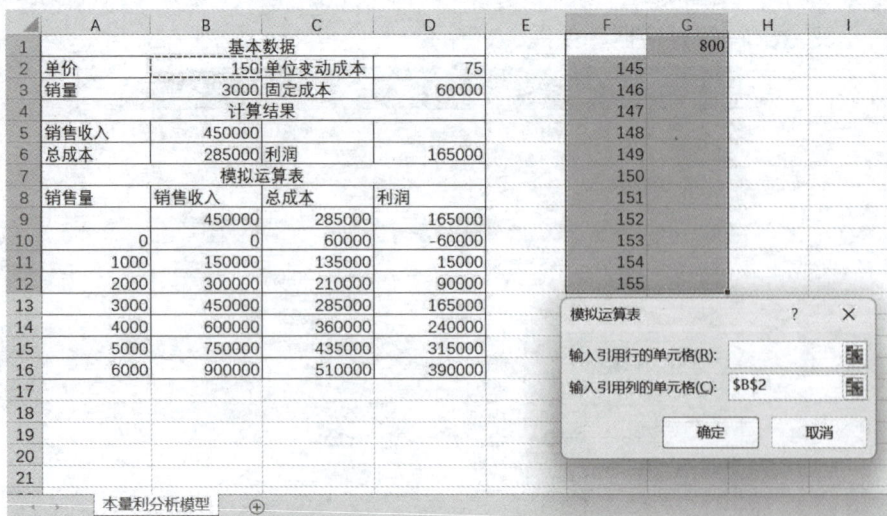

图6-36　输入模拟运算条件

第二步：选中F2:G12区域，选择"插入"｜"散点图"｜"带直线的散点图"命令，系统会自动生成一个初始散点图，如图6-37所示。

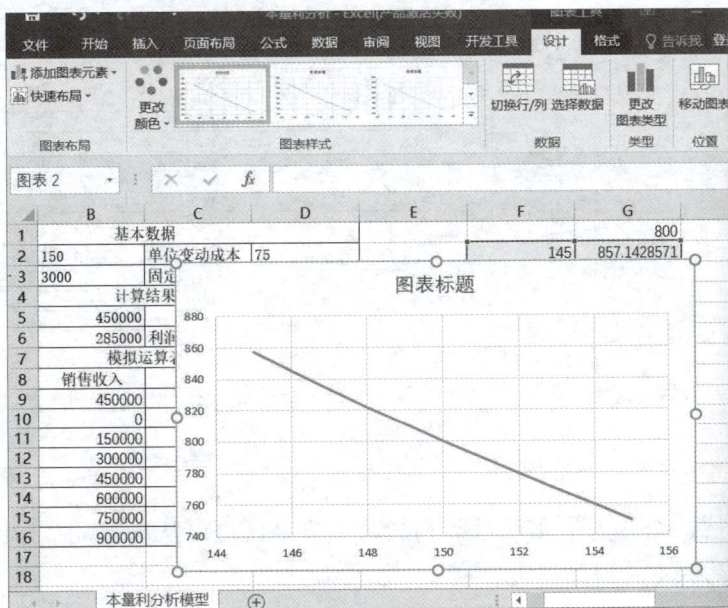

图 6-37　初始散点图

第三步：设置坐标轴。右击X坐标轴，在弹出的快捷菜单中选择"设置坐标轴格式"选项。将X轴的最小值设置为"145"，最大值设置为"155"，如图6-38所示。设置Y轴的最小值为"750"，最大值为"870"，如图6-39所示。

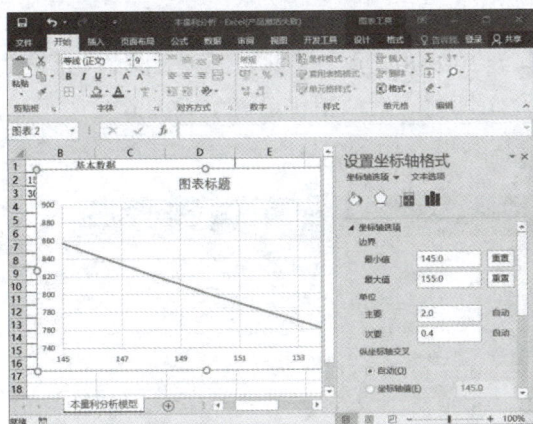

图 6-38　设置 X 坐标轴

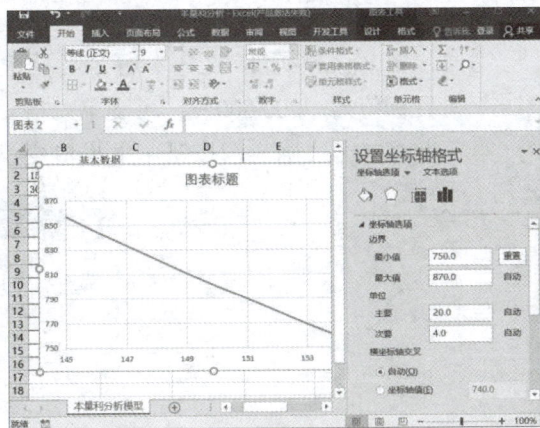

图 6-39　设置 Y 坐标轴

第四步：添加表单控件模拟单价的变动。选择"开发工具"｜"控件"｜"插入"命令，在表单控件中选择"滚动条"，在相应位置插入滚动条控件。右击滚动条控件，在弹出的快捷菜单中选择"设置对象格式"选项，按图6-40所示内容进行设置，单击"确定"按钮，效果如图6-41所示，观察单价变动引发的"销售收入""总成本"和"利润"的变动。

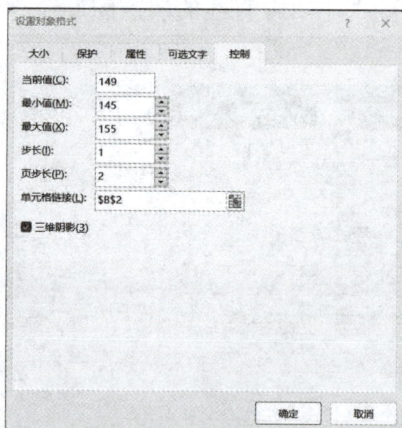

图6-40　设置滚动条

图6-41　单价变动滚动条

3. 目标利润规划

根据以上分析，企业为了实现目标利润，一般来说可以从以下几个方面着手：减少固定成本、减少变动成本、提高单价、增加产量等。

实训任务

利用单变量求解进行目标利润分析。接上例，分析销售量达到多少才能保证实现200 000元的利润目标。

实训指引

第一步：调用单变量求解工具。选择"数据"｜"模拟分析"｜"单变量求解"命令，打开"单变量求解"对话框。

第二步：输入各项参数。本题目标是利润为200 000元，因此，设置目标单元格为"D6"，目标值为"200 000"，可变单元格为"B3(即要求解的销售量)"，如图6-42所示。

第三步：单击"确定"按钮，生成单变量求解结果，如图6-43所示。

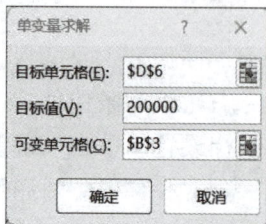

图6-42　输入单变量求解参数

图6-43　生成单变量求解结果

实训任务

利用控件进行利润管理多因素变动分析。假设单价、单位变动成本、销量和固定成本以当前值为基准，可能在-50%～50%之间变动，检测某种因素或某几种因素的变动对利润及保本点的影响。

实训指引

第一步：选中A17:D17区域，选择"开始"｜"对齐方式"｜"合并后居中"命令，输入"多因素变动分析"。在A18:A23及C22:C23区域中分别输入"单价""单位变动成本""销量""固定成本""预计利润""保本点分析""利润变动额""保本点销售量"，如图6-44所示。

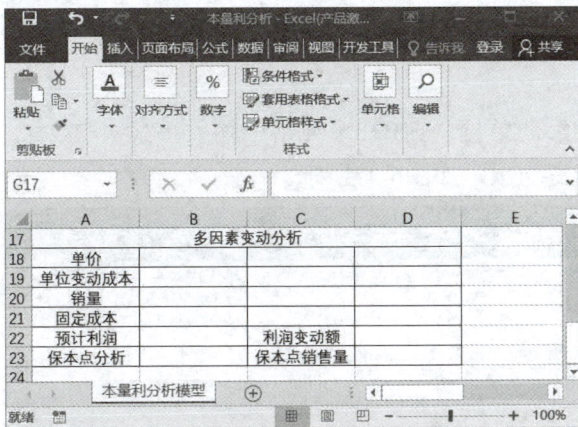

图 6-44 输入基本信息

第二步：设计4个滚动条控件，分别用于设置单价、单位变动成本、销量和固定成本的变动幅度，并将滚动条的当前值、最小值、最大值、步长和页步长分别设置为40、0、100、1、10，单元格链接分别指定为"C18""C19""C20""C21"，结果如图6-45所示。

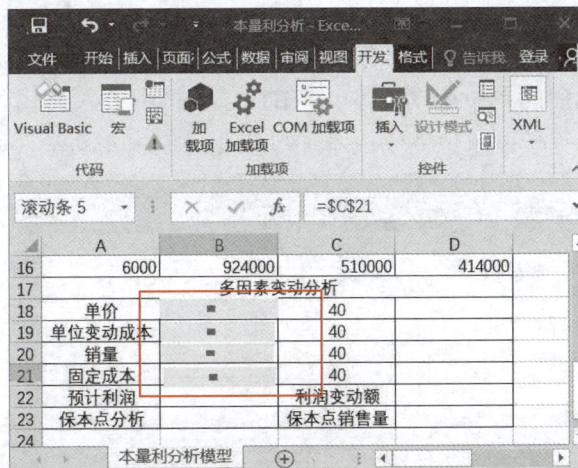

图 6-45 添加滚动条控件

第三步：因为滚动条的取值范围为0～100，而变动幅度为−50%～50%，所以在D18单元格中输入公式"=C18/100−50%"，并将该公式复制到D19:D21区域，这样便可得到单价、单位变动成本、销量和固定成本的滚动条变动幅度，如图6-46所示。

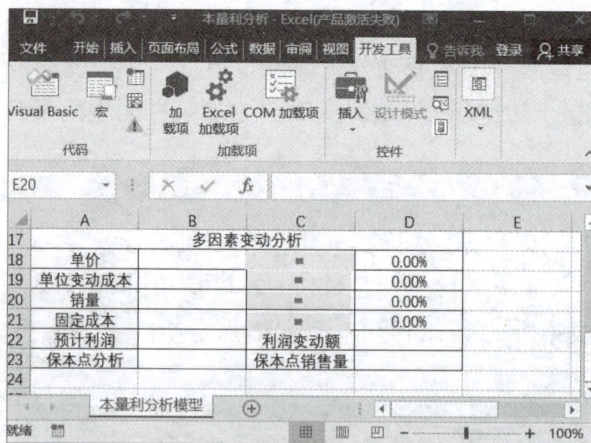

图 6-46　设置滚动条变动幅度

第四步：定义变动后的单价。在B18单元格中输入公式"=B2*(1+D18)"，即变动后的单价等于原单价加单价变动额，如图6-47所示。

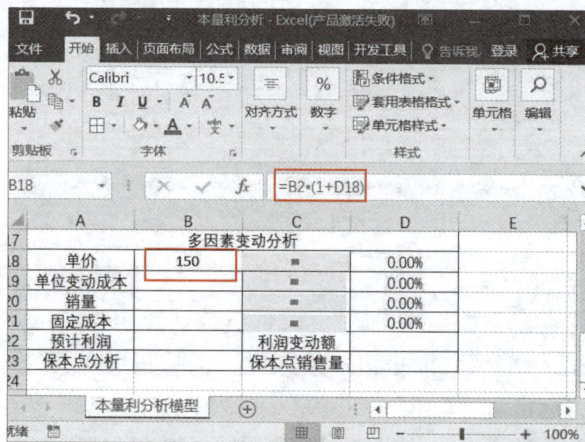

图 6-47　定义变动后的单价

第五步：定义变动后的单位变动成本。在B19单元格中输入公式"=D2*(1+D19)"，即变动后的单位变动成本等于原单位变动成本加单位变动成本变动额，如图6-48所示。

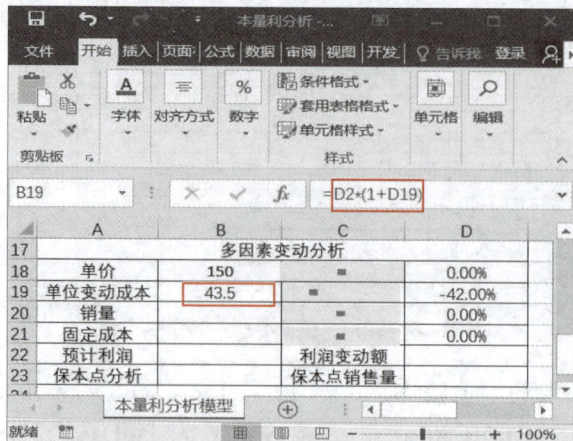

图 6-48　定义变动后的单位变动成本

第六步：定义变动后的销量。在B20单元格中输入公式"=B3*(1+D20)"，即变动后的销量等于原销量加销量变动额，如图6-49所示。

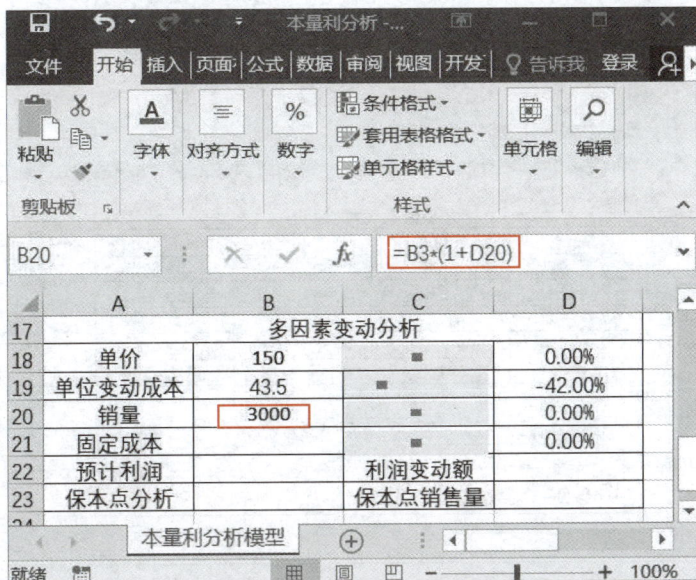

图6-49　定义变动后的销量

第七步：定义变动后的固定成本。在B21单元格中输入公式"=D3*(1+D21)"，即变动后的固定成本等于原固定成本加固定成本变动额，如图6-50所示。

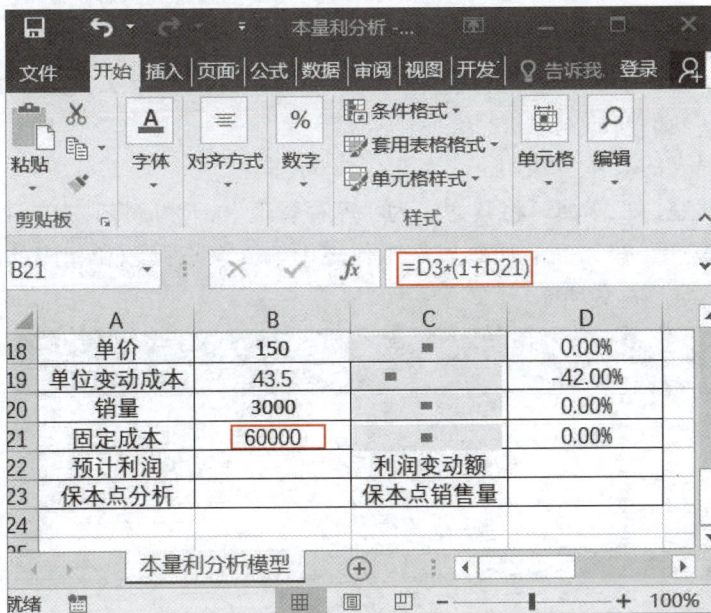

图6-50　定义变动后的固定成本

第八步：计算预计利润、保本点销量和保本点销售额。将预计利润、保本点销量和保本点销售额的公式分别设置为"=B18*B20－B19*B20－B21""=B21/(B18－B19)""=B23*B18"，如图6-51所示。这样，通过滚动条就能调整单价、单位变动成本、销量和固定成本的变动幅度，从而观察变动后对利润及保本点的影响。

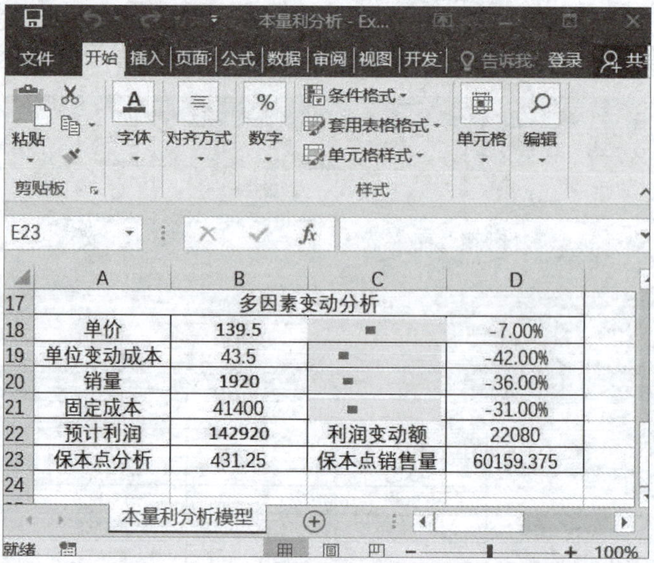

图 6-51　计算预计利润、保本点销量和保本点销售额

实训三　库存汇总分析

1. 制作商品代码表

商品代码表在库存的系统化管理中起着关键性作用，既便于查找商品代码对应的商品名称、规格型号、供应商等信息，又可以实现个别计价，对发生价格变化的商品重新编码，以新代码识别新的商品入库价格。

制作商品代码表的具体步骤如下。

第一步：新建空白工作簿，将其命名为"库存管理"，然后将其中的工作表sheet 1重命名为"商品代码表"。在"商品代码表"工作表中输入表格标题和相应的列标题，并进行简单的格式设置，如图6-52所示。

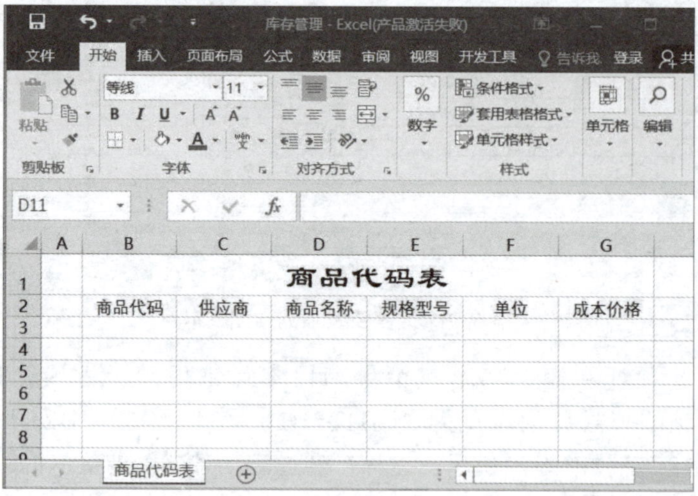

图 6-52　新建商品代码表

第二步：设置文本型数字。选中 B 列，右击，在弹出的快捷菜单中选择"设置单元格格式"选项，打开"设置单元格格式"对话框，在"数字"选项卡下的"分类"列表框中选择"文本"选项，如图6-53所示。以同样的方法将G列数据设置为"货币"格式。

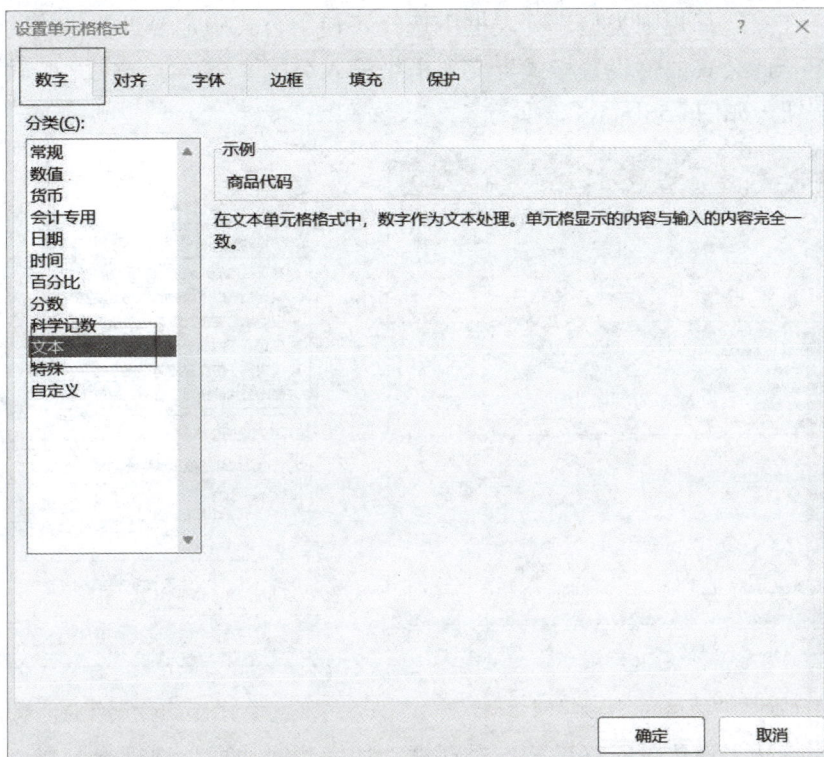

图 6-53　设置 B 列单元格格式

第三步：单击"确定"按钮返回工作表，输入商品代码等商品信息，并对其进行简单的格式设置，适当地调整各列的列宽，如图6-54所示。

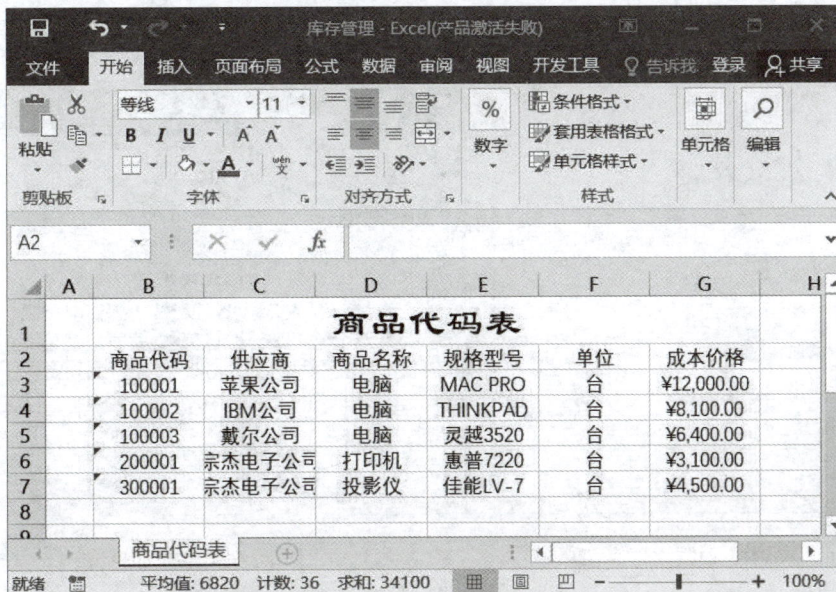

商品代码表

商品代码	供应商	商品名称	规格型号	单位	成本价格
100001	苹果公司	电脑	MAC PRO	台	¥12,000.00
100002	IBM公司	电脑	THINKPAD	台	¥8,100.00
100003	戴尔公司	电脑	灵越3520	台	¥6,400.00
200001	宗杰电子公司	打印机	惠普7220	台	¥3,100.00
300001	宗杰电子公司	投影仪	佳能LV-7	台	¥4,500.00

图 6-54　输入信息并调整列宽

第四步：使用条件格式自动添加边框。选中A3:H10单元格区域，切换到"开始"选项卡，在"样式"组中单击"条件格式"按钮，在弹出的下拉列表框中选择"新建规则"选项，打开"新建格式规则"对话框，如图6-55所示。

第五步：在"选择规则类型"列表框中选择"使用公式确定要设置格式的单元格"选项，在"为符合此公式的值设置格式"文本框中输入公式"=$C4<>$C3"。输入完成后单击"格式"按钮，如图6-56所示。

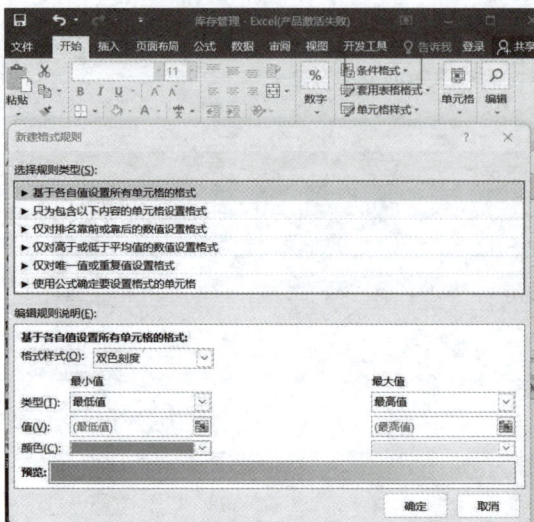

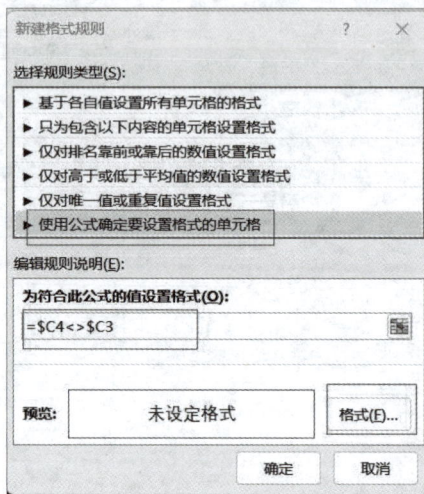

图 6-55　"新建格式规则"对话框　　　　图 6-56　新建格式规则

第六步：打开"设置单元格格式"对话框，切换到"边框"选项卡，在"样式"列表框中选择一种合适的线条样式，在"颜色"下拉列表框中选择一种合适的线条颜色，然后单击"下框线"图标，如图6-57所示。单击"确定"按钮，返回"新建格式规则"对话框，单击"确定"按钮。此时不同的供应商之间会出现一条间隔线，用以区分不同的供应商，如图6-58所示。

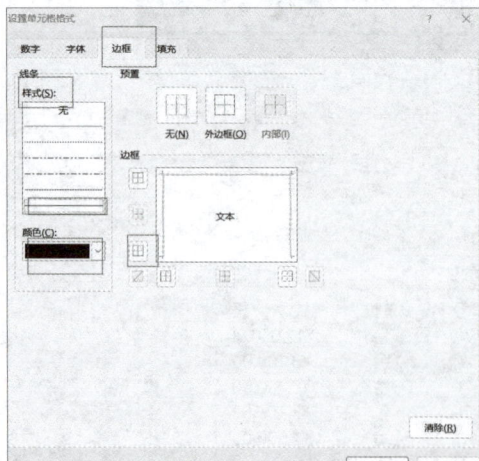

图 6-57　"设置单元格格式"对话框　　　　图 6-58　添加框线

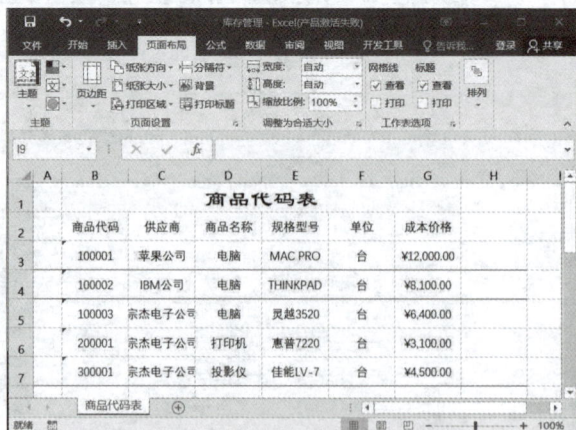

第七步：隐藏网格线。为了使不同供应商之间的间隔线看起来更加明显，用户可以隐

藏表格的网格线。切换到"页面布局"选项卡,在"工作表选项"组中取消选中"网格线"组合框中的"查看"复选框,如图6-59所示。

第八步:在原有记录下面添加一条新的记录,由于添加的新记录与上一条记录的供应商不同,系统会自动在新记录的下方添加框线,如图6-60所示。

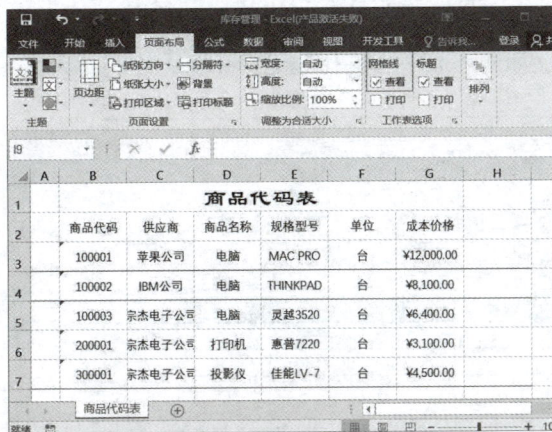

图 6-59　隐藏网格线

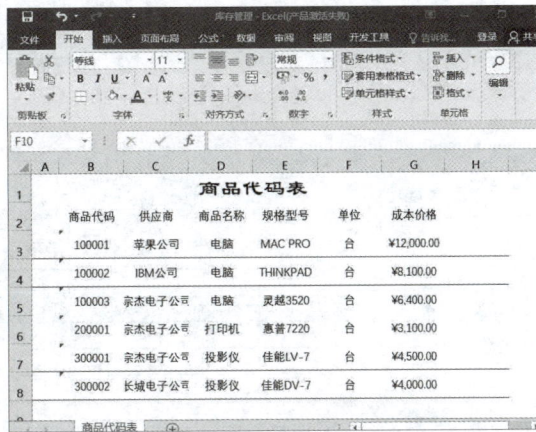

图 6-60　添加新记录

2. 制作出入库单据

第一步:新建工作表,将其重命名为"入库单",并输入"入库单"的相关项目,然后对其进行单元格格式(包括数字格式)设置,并适当地调整各列的列宽,如图6-61所示。

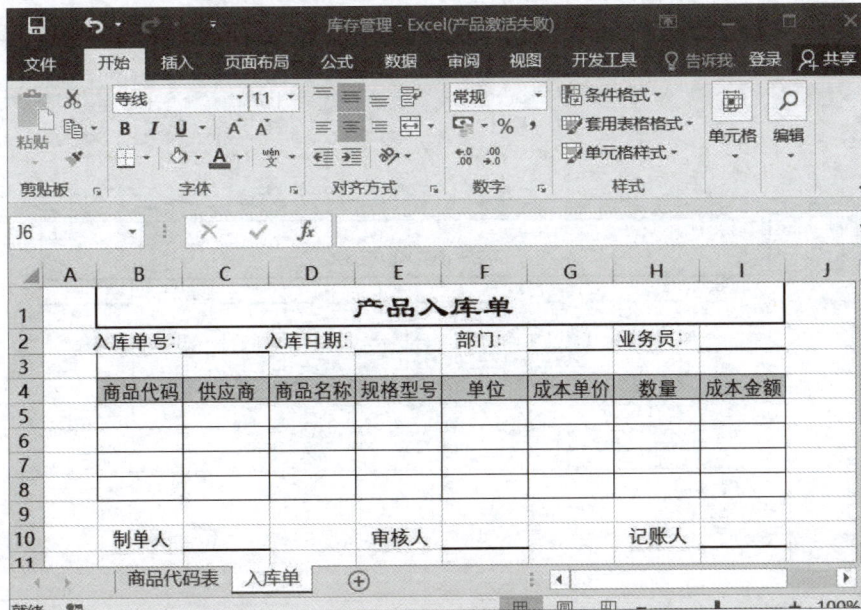

图 6-61　新建入库单

第二步:导入入库商品信息。在C5单元格中输入公式"=IF($B5="","",VLOOKUP($B5,商品代码表!$B:$G,COLUMN()－1,0))",如图6-62所示。

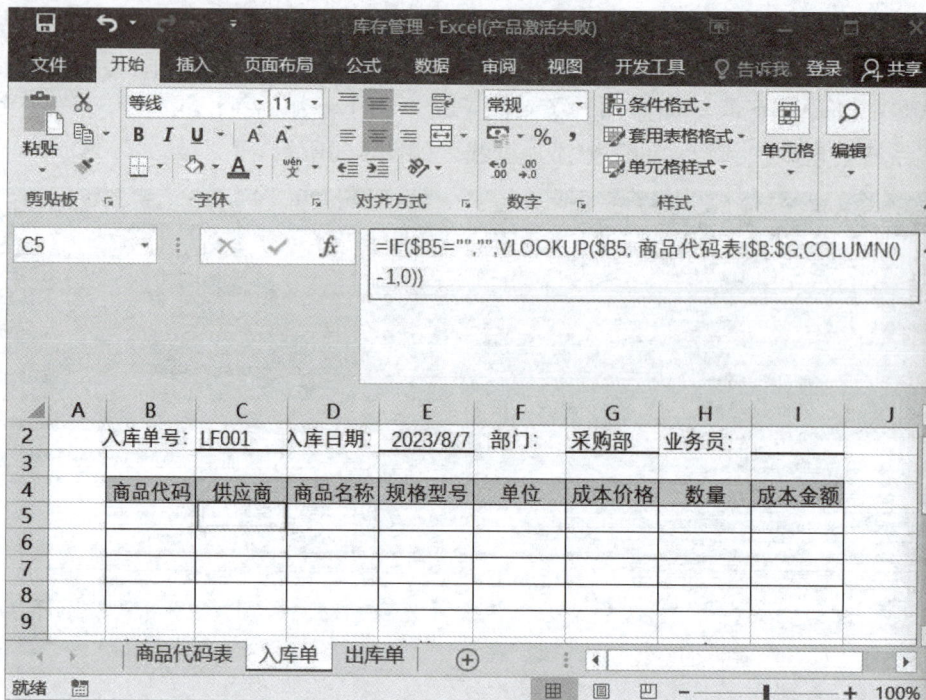

图 6-62　输入 VLOOKUP 公式

第三步：按Enter键完成输入，随即返回引用结果，然后将该单元格中的公式不带格式地分别向右和向下，填充到C5:G8单元格区域中，如图6-63所示。

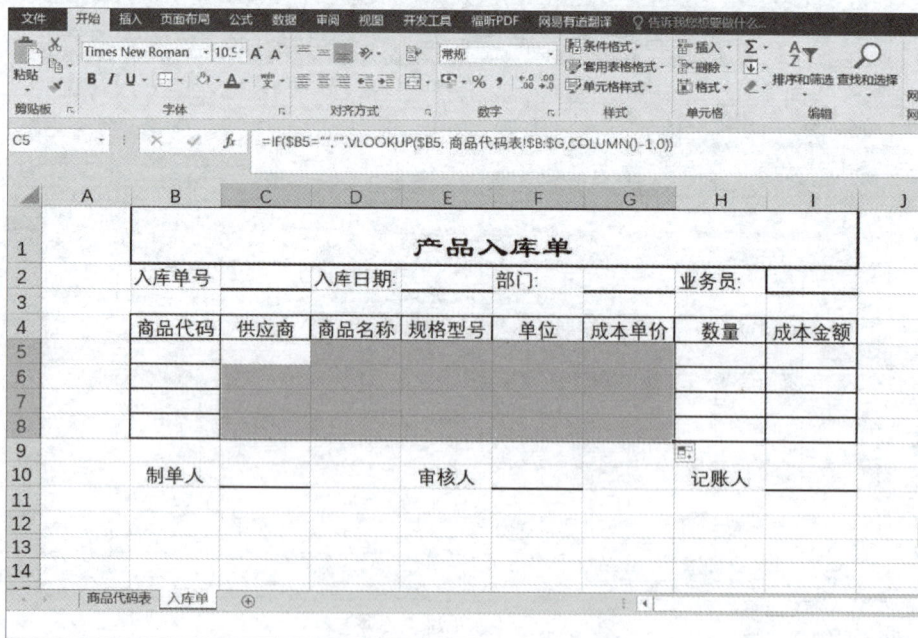

图 6-63　填充公式

第四步：设置"成本金额"的计算公式。在I5单元格中输入公式"=IF(B5="","",G5*H5)"，如图6-64所示。

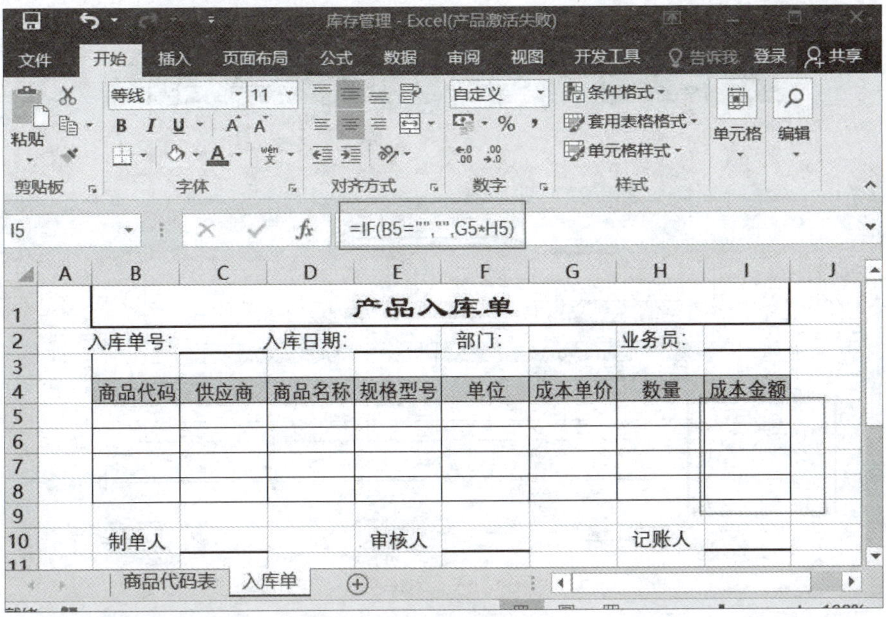

图 6-64 设置"成本金额"的计算公式

第五步：复制"入库单"工作表，将复制后的工作表重命名为"出库单"，然后将该工作表中的"入库"更改为"出库"，将"供应商"更改为"客户"，并删除"客户"列中的公式，其余内容和单元格中的公式保持不变，如图6-65所示。

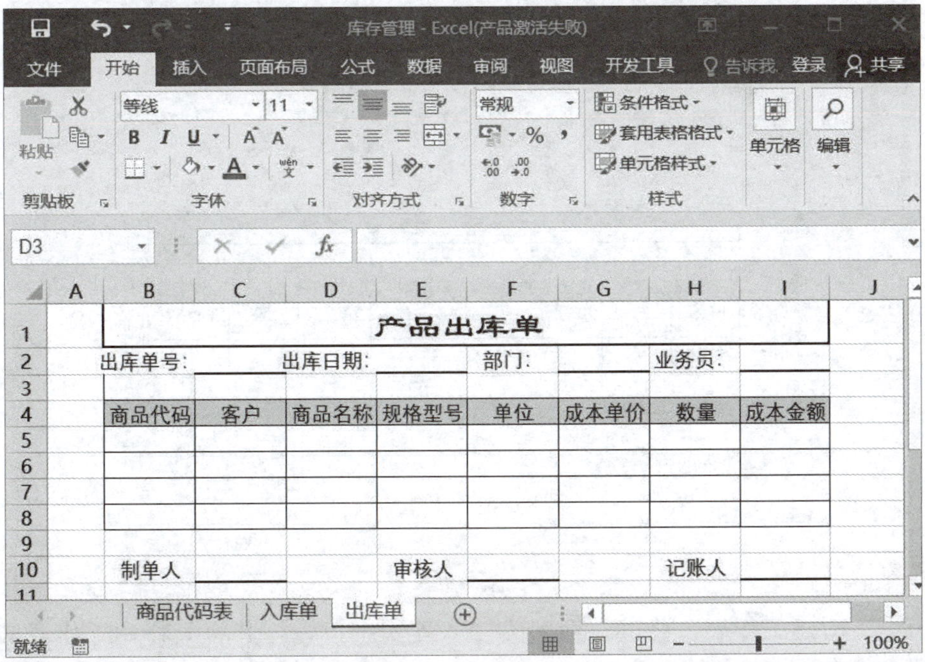

图 6-65 设置出库单

第六步：填制"入库单"。例如，企业在2023年8月7日收到采购部门采购的苹果MAC PRO电脑20台，当验收入库填写"入库单"时，只需填写"入库单号""入库日期""部门""业务员""商品代码""数量"及"制单人"等信息，其他内容将由单元格中的公式自动引用和计算。"入库单"的最终效果如图6-66所示。

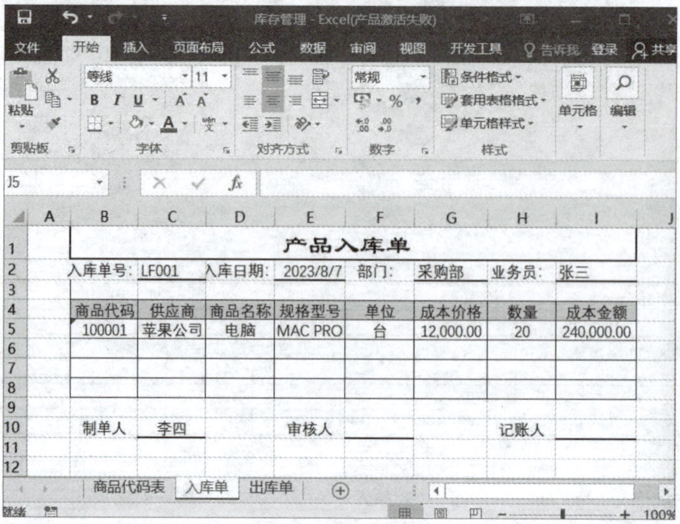

图6-66　入库单

第七步：填制"出库单"。例如，企业在2023年8月10日销售50台THINKPAD电脑，单价为10 000元，当商品出库填写"出库单"时，只需填写"出库单号""出库日期""部门""业务员""商品代码""客户"和"数量"等信息，其他内容将由单元格中的公式自动引用和计算。"出库单"的最终效果如图6-67所示。

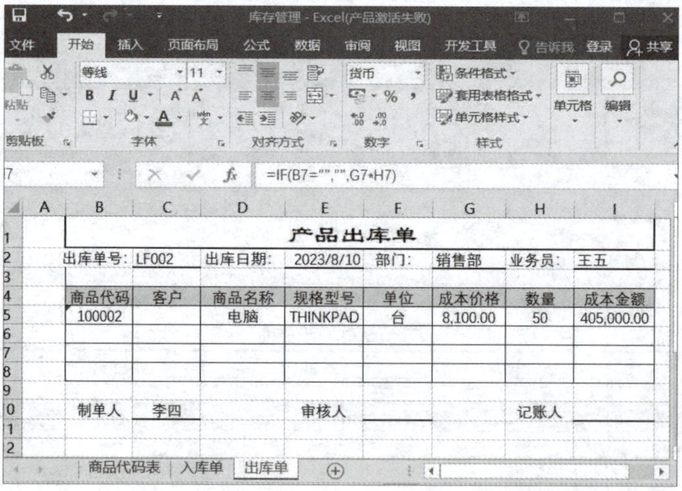

图6-67　出库单

3. 入库信息设置

第一步：新建工作表，将其重命名为"入库明细单"，并将其移到工作表的最后位置，在该工作表的相应位置输入表格标题和相应的列标题，然后进行单元格格式设置，并适当地调整各列的列宽，如图6-68所示。

第二步：导入入库商品信息。在E3单元格中输入公式"=IF(OR($B3="",$D3=""),"",VLOOKUP($D3,商品代码表!$B:$G,COLUMN()－3,0))"，如图6-69所示。按Enter键完成输入，随即返回引用结果，然后将该单元格中的公式分别向右(至I列)和向下填充。

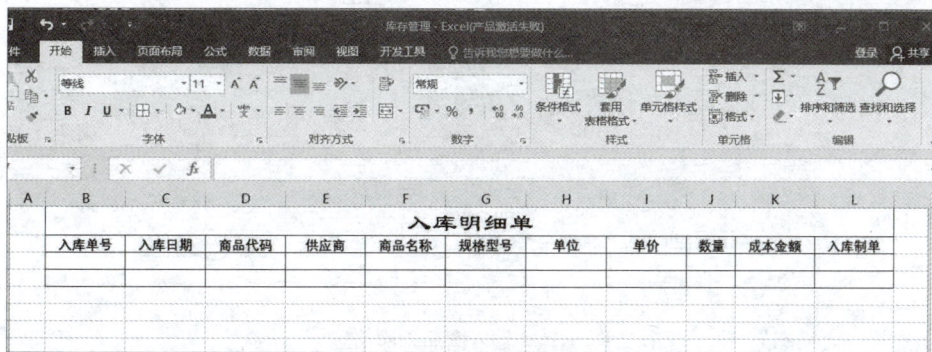

图 6-68　新建入库明细单

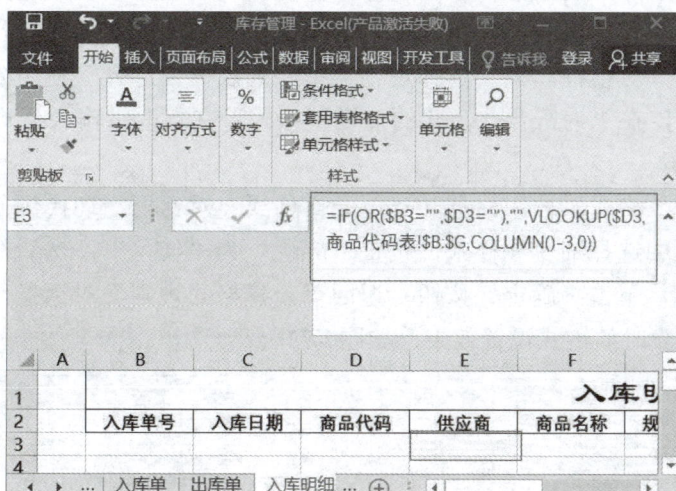

图 6-69　导入入库商品信息

第三步：设置"成本金额"列的公式。在 K3 单元格中输入公式"=IF(B3="","",I3*J3)"，如图6-70所示。按Enter键完成输入，并将该单元格中的公式填充到该列的其他单元格中。

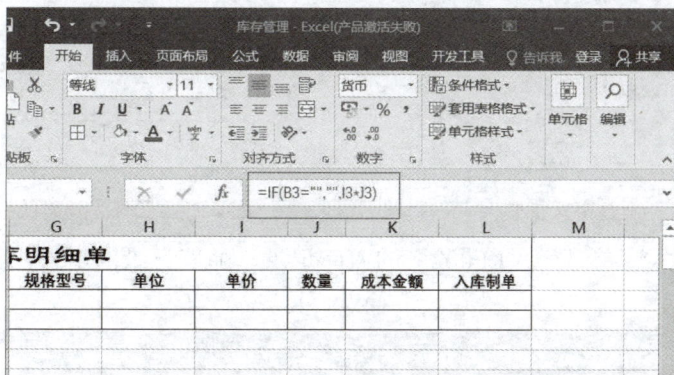

图 6-70　设置"成本金额"列的公式

第四步：将B列和D列单元格的数字格式设置为文本格式，将I列和K列单元格的数字格式设置为保留两位小数的货币格式，然后根据"入库单"输入商品入库信息，如图6-71所示。

图 6-71　输入商品入库信息

第五步：使用条件格式自动添加边框。同时选中B～L列，切换到"开始"选项卡，在"样式"组中单击"条件格式"按钮，在弹出的下拉列表框中选择"新建规则"选项，打开"新建格式规则"对话框。在"选择规则类型"列表框中选择"使用公式确定要设置格式的单元格"选项，在"为符合此公式的值设置格式"文本框中输入公式"=$B2<>"""，如图6-72所示。

第六步：单击"格式"按钮，打开"单元格格式"对话框，切换到"边框"选项卡，在"样式"列表框中选择细实线样式，设置"颜色"为"红色"，然后在"预置"组合框中选择"外边框"，单击"确定"按钮，返回"新建格式规则"对话框，即可在"预览"区域中看到条件为真时的格式设置效果，如图6-73所示。

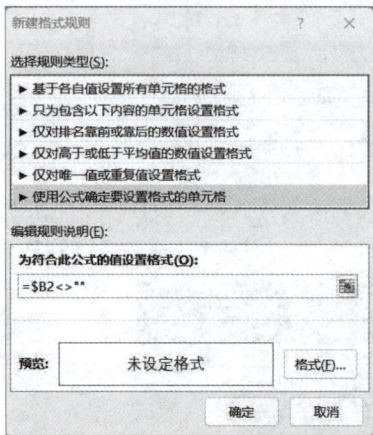

图 6-72　新建格式规则

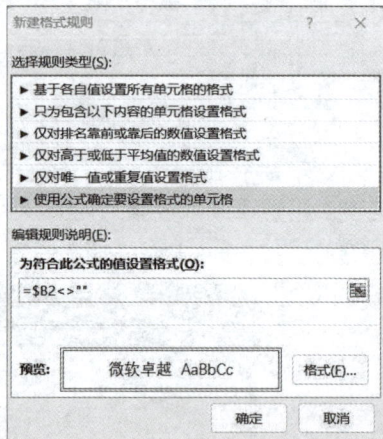

图 6-73　条件为真时的格式设置效果

第七步：添加入库单号为"LF002"的入库记录，随着记录的增加，记录行会自动添加边框，如图6-74所示。

图 6-74　自动添加边框效果

4. 出库信息设置

为了方便处理商品销售出库，可以对出库信息进行设置，具体操作步骤如下。

第一步：复制"入库明细表"工作表，将复制后的工作表重命名为"出库明细表"，并将其移到工作表的最后位置，然后将该工作表中的"入库"更改为"出库"，将"供应商"更改为"客户"，并删除"客户"列中的公式，接着删除表中的两条入库记录(只删除不含有公式的单元格的内容)，其余内容和单元格中的公式保持不变，如图6-75所示。

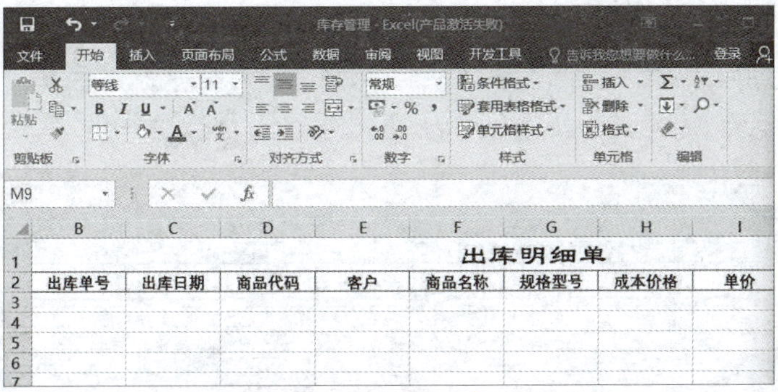

图 6-75　设置出库明细单

第二步：在"单价"列后面插入一列，在"成本金额"列后面插入两列，然后分别输入列标题"销售单价""销售金额"和"毛利"，如图6-76所示。

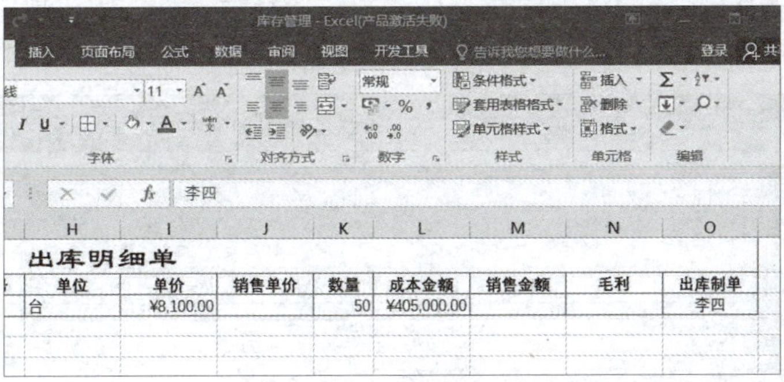

图 6-76　添加列并输入列标题

第三步：在J3单元格中输入出库商品的销售单价，然后在M3单元格中输入公式"=IF(B3="","",J3*K3)"，如图6-77所示；在N3单元格中输入公式"=IF(B3="","",M3－L3)"，如图6-78所示。按Enter键完成输入，随即返回计算结果，然后将M3:N3单元格区域中的公式向下填充。

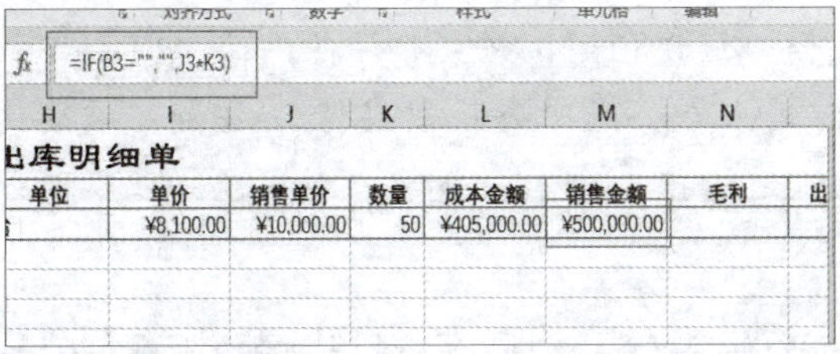

图 6-77　计算销售金额

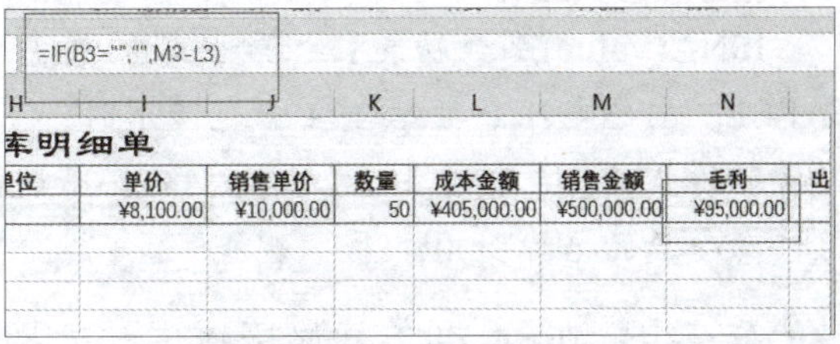

图 6-78　计算毛利

5. 库存统计

库存统计是对商品的出入库情况的综合统计，它包括期初库存、本期入库、本期出库和期末库存等信息。

第一步：插入一个新的工作表，并将其重命名为"库存统计"。在"库存统计"工作表的相应位置输入表格标题和相应的列标题，然后进行单元格格式设置，并适当地调整各列的列宽，如图6-79所示。

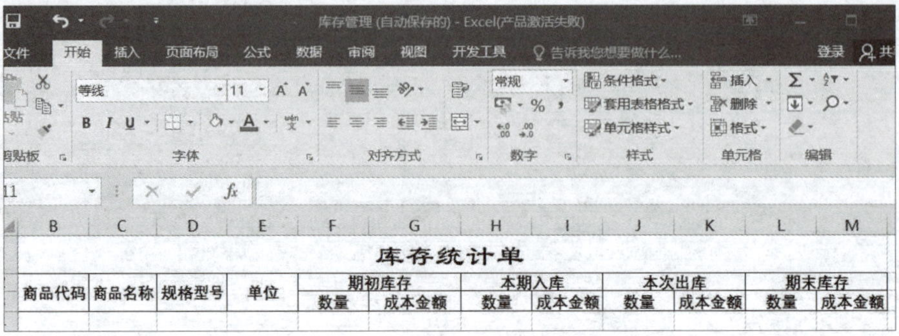

图6-79　新建库存统计单

第二步：在"商品代码"列输入文本型的数值代码，然后在单元格C4中输入公式"=IF(ISNA(VLOOKUP($B4,商品代码表!$B:$G,COLUMN(),0)),"",VLOOKUP($B4,商品代码表!$B:$G,COLUMN(),0))"，如图6-80所示。按Enter键完成输入，随即返回引用结果，然后将该单元格的公式向右(至E列)和向下填充(不带格式)。

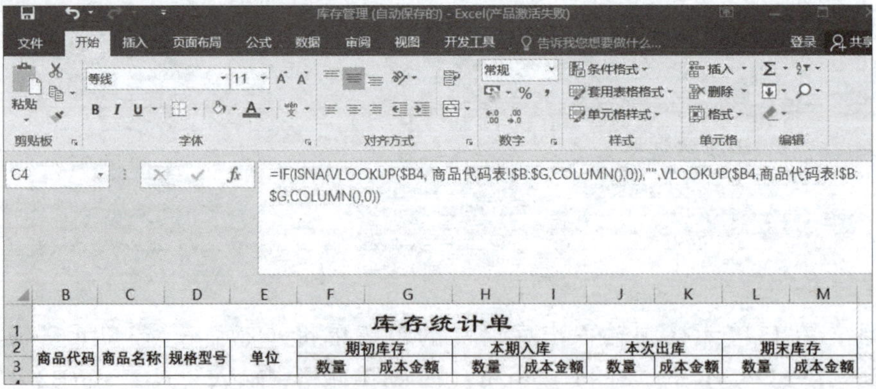

图6-80　在C4单元格中输入公式

❖ 特别提醒：

ISNA(value)函数功能：检验数值的类型是否为错误值#N/A(值不存在)，返回TRUE或FALSE。当它与IF函数结合在一起使用时，可以用来在公式中查找错误值。value：需要进行检验的数值，包括空白(空白单元格)、错误值、逻辑值、文本、数字、引用值，以及对以上任意参数的名称引用。

第三步：在F4:F9单元格区域中输入期初库存数量，然后在G4单元格中输入公式"=IF(ISNA(VLOOKUP($B4,商品代码表!$B:$G,6,0)),0,VLOOKUP($B4,商品代码表!$B:$G,6,0)*F4)"，按Enter键完成输入，随即返回计算结果，然后将该单元格的公式填充到该列的其他单元格中，如图6-81所示。

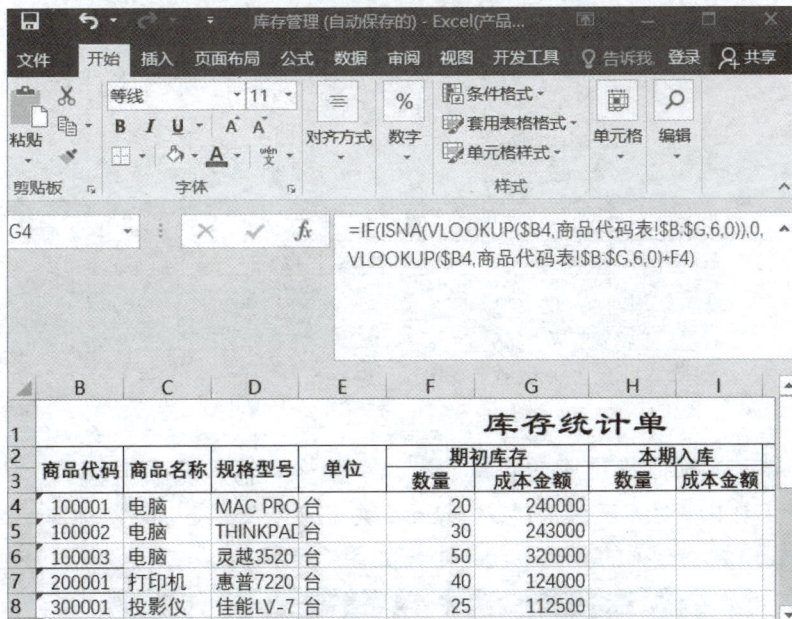

图6-81　在 G 列输入公式

第四步：导入本期商品入库的数量。在H4单元格中输入公式"=SUMIF(入库明细表!D:D,库存统计!B4,入库明细表!J:J)"，按Enter键完成输入，随即返回计算结果，然后将该单元格中的公式填充到该列的其他单元格中，如图6-82所示。

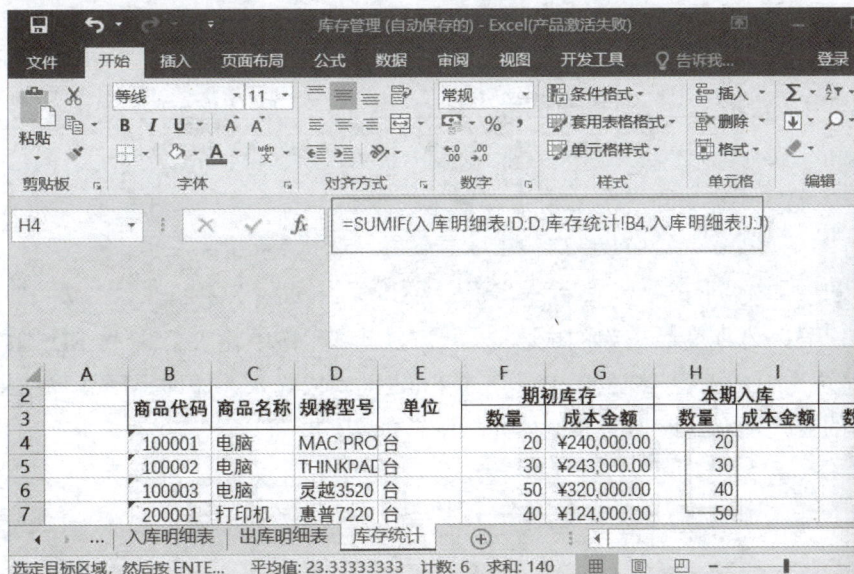

图6-82　在 H 列输入公式

第五步：导入本期商品入库的成本金额。在I4单元格中输入公式"=SUMIF(入库明细表!D:D,库存统计!B4,入库明细表!K:K)"，按Enter键完成输入，随即返回计算结果，然后将该单元格中的公式填充到该列的其他单元格中，如图6-83所示。

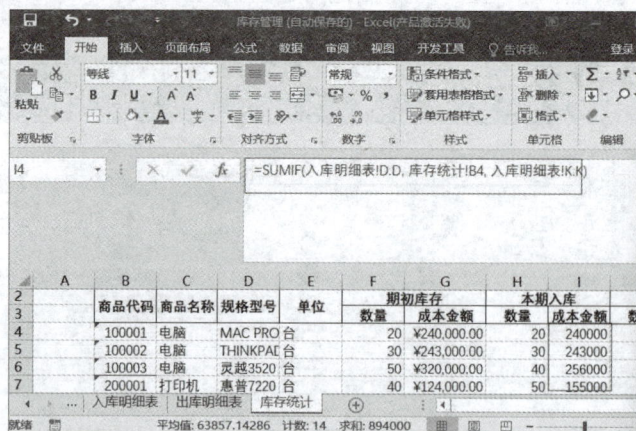

图 6-83　在 I 列输入公式

第六步：导入本期商品出库的数量。在J4单元格中输入公式"=SUMIF(出库明细表!D:D,库存统计!B4,出库明细表!K:K)"，按Enter键完成输入，随即返回计算结果，然后将该单元格中的公式填充到该列的其他单元格中，如图6-84所示。

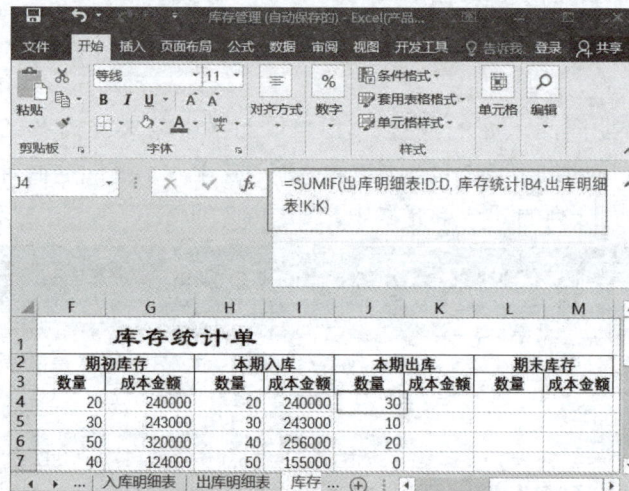

图 6-84　在 J 列输入公式

第七步：导入本期商品出库的成本金额。在K4单元格中输入公式"=SUMIF(出库明细表!D:D,库存统计!B4,出库明细表!L:L)"，按Enter键完成输入，随即返回计算结果，然后将该单元格中的公式填充到该列的其他单元格中，如图6-85所示。

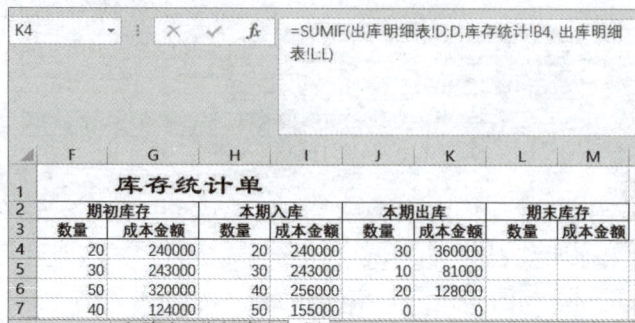

图 6-85　在 K 列输入公式

第八步：计算期末库存的数量。在L4单元格中输入公式"=F4+H4－J4"，按Enter键完成输入，随即返回计算结果，然后将该单元格中的公式填充到该列的其他单元格中，如图6-86所示。

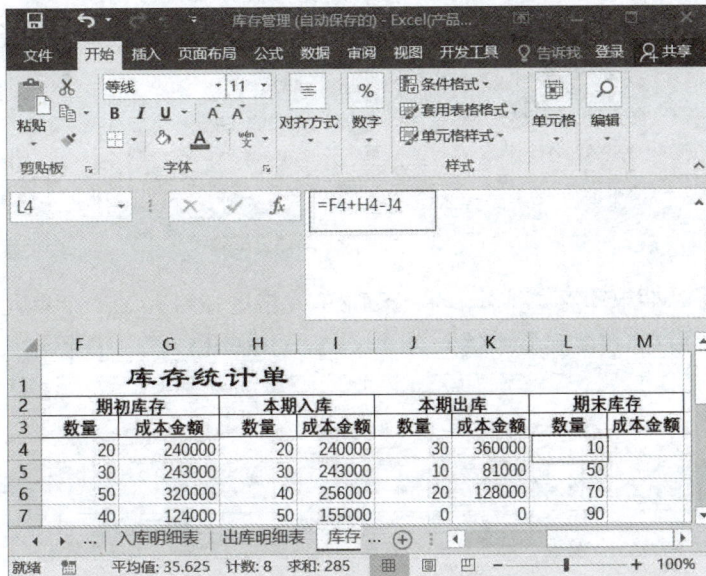

图 6-86　在 L 列输入公式

第九步：计算期末库存的成本金额。在M4单元格中输入公式"=G4+I4－K4"，按Enter键完成输入，随即返回计算结果，然后将该单元格中的公式填充到该列的其他单元格中，如图6-87所示。

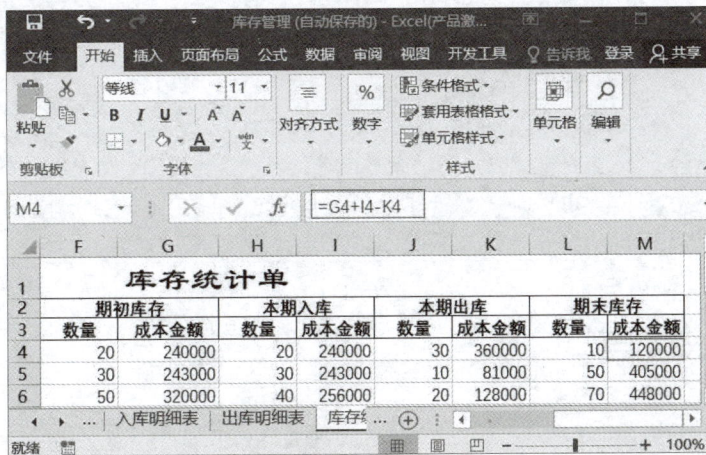

图 6-87　在 M 列输入公式

第十步：计算期初库存总成本。将D8:F8单元格区域合并为一个单元格，输入"期初库存总成本"，然后在G8单元格中输入公式"=SUM(G4:G17)"，如图6-88所示。按Enter键完成输入，随即返回计算结果。

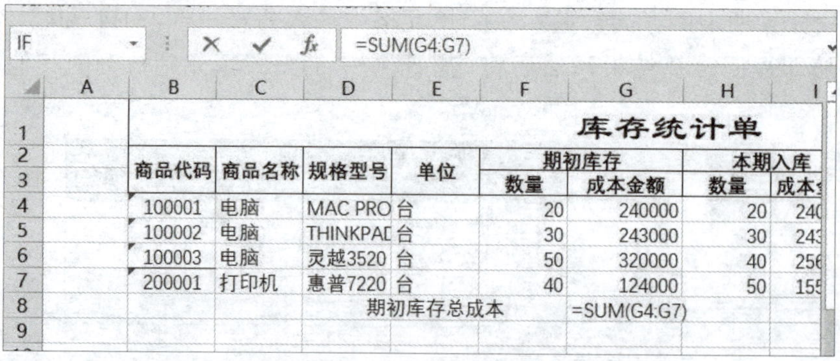

IF =SUM(G4:G7)

	A	B	C	D	E	F	G	H	I
1		库存统计单							
2		商品代码	商品名称	规格型号	单位	期初库存		本期入库	
3						数量	成本金额	数量	成本金
4		100001	电脑	MAC PRO	台	20	240000	20	240
5		100002	电脑	THINKPAD	台	30	243000	30	243
6		100003	电脑	灵越3520	台	50	320000	40	256
7		200001	打印机	惠普7220	台	40	124000	50	155
8				期初库存总成本			=SUM(G4:G7)		
9									

图 6-88　计算期初库存总成本

第十一步：计算期末库存总成本。将K8:L8单元格区域合并为一个单元格，输入“期末库存总成本”，然后在M8单元格中输入公式“=SUM(M4:M7)”，计算结果如图6-89所示。

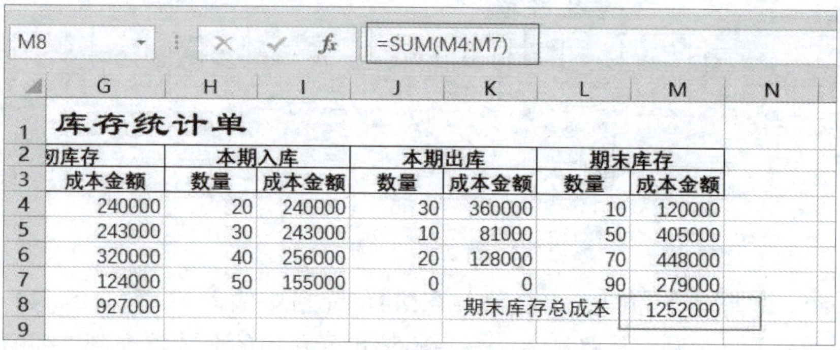

M8 =SUM(M4:M7)

	G	H	I	J	K	L	M	N
1	库存统计单							
2	初库存	本期入库		本期出库		期末库存		
3	成本金额	数量	成本金额	数量	成本金额	数量	成本金额	
4	240000	20	240000	30	360000	10	120000	
5	243000	30	243000	10	81000	50	405000	
6	320000	40	256000	20	128000	70	448000	
7	124000	50	155000	0	0	90	279000	
8	927000				期末库存总成本		1252000	
9								

图 6-89　计算期末库存总成本

第7章

成本管理数据分析

实训一　建立"静态的本量利分析模型"

⬂ 实训任务

　　某产品售价20元，单位变动成本为60元，固定成本为30 000元，预计销量为1000件，现需根据固定成本、产品单价、变动成本计算产品的盈亏平衡销量，并建立一张"静态的本量利分析模型"。为了完成该任务，应先创建"静态的本量利分析模型"工作簿，在其中输入并计算数据，然后利用模拟运算表计算与销量相关的数据，最后创建并编辑"XY散点图"分析数据。"静态的本量利分析模型"的最终效果如图7-1所示。

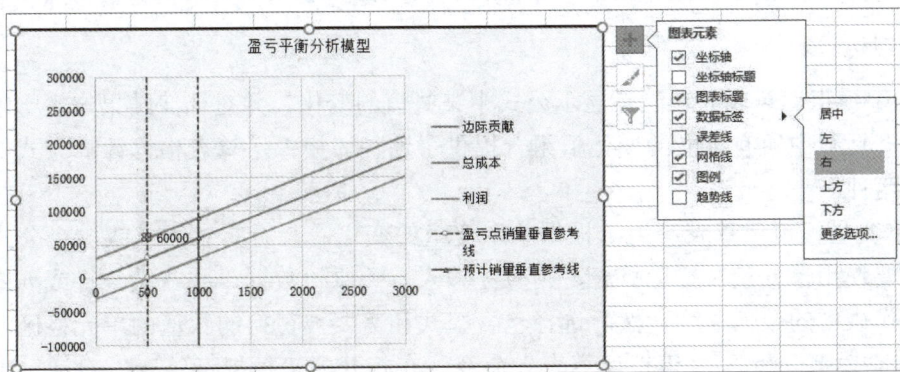

图 7-1　"静态的本量利分析模型"最终效果

✦ 特别提醒：

　　本量利分析的关键是确定盈亏平衡点，盈亏平衡点又称为零利润点、保本点、盈亏临界点、损益分歧点、收益转折点，通常是指全部销售收入等于全部成本时(销售收入线与总成本线的交点)的产量。以盈亏平衡点为界限，当销售收入高于盈亏平衡点时，企业盈利；反之，企业亏损。盈亏平衡点可以用销售量来表示，即盈亏平衡点的销售量；也可以用销售额来表示，即盈亏平衡点的销售额。

↘ 任务解析

若要建立"静态的本量利分析模型",那么首先应根据本量利分析的基本关系和公式计算相应的项目数据,然后利用模拟运算表计算销量。因此,掌握本量利分析的基本关系和公式,以及认识模拟运算表对后面的操作非常有帮助。

1. 本量利分析的基本关系和公式

本量利分析主要用来研究成本、销售量、价格、利润之间的数量关系。因此,在进行本量利分析之前,首先应明确本量利分析的基本关系。

(1) 在销售总成本确定的情况下,盈亏平衡点的高低取决于单位售价的高低,单位售价越高,盈亏平衡点越低;单位售价越低,盈亏平衡点越高。

(2) 在销售收入确定的情况下,盈亏平衡点的高低取决于固定成本和单位变动成本的高低,固定成本或单位变动成本越高,盈亏平衡点越高;反之,盈亏平衡点越低。

(3) 在盈亏平衡点不变的前提下,销售量越大,企业实现的利润则越多(或亏损越少);销售量越小,企业实现的利润则越少(或亏损越多)。

(4) 在销售量不变的前提下,盈亏平衡点越低,企业实现的利润则越多(或亏损越少);盈亏平衡点越高,企业实现的利润则越少(或亏损越多)。

在本例中,将用到以下公式计算相应的数据。

- 单位边际贡献=销售单价-单位变动成本
- 盈亏平衡销量=固定成本÷(销售单价-单位变动成本)=固定成本÷单位边际贡献
- 销售收入=销售单价×销售量
- 边际贡献=销售收入-变动成本=销售量×(销售单价-单位变动成本)
- 总成本=单位变动成本×销售量+固定成本
- 利润=销售收入-总成本=(销售单价-单位变动成本)×销售量-固定成本

2. 模拟运算表

Excel中模拟运算表的功能是显示公式中某些值的变化,并对计算结果产生影响,为同时求解某一运算中所有可能的变化值组合提供了途径。模拟运算表根据计算方式的不同可分为以下两种。

(1) 单变量模拟运算表:用于根据单个变量的变化,查看其对一个或多个公式结果的影响。若要使用单变量模拟运算表,则应先输入有关原始数据,并在某一行或列中输入要替换到工作表中的数值序列,然后选择包含公式和需要被替换的数值的单元格区域,选择"数据"|"模拟分析"|"模拟运算表"命令,在打开的"模拟运算表"对话框中,如果要被替换的数值序列排成一列,则在"输入引用列的单元格"文本框中输入单元格引用;如果要被替换的数值序列排成一行,则在"输入引用行的单元格"文本框中输入单元格引用,完成后单击"确定"按钮。

(2) 双变量模拟运算表:用于查看两个变量对公式结果产生的影响。若要使用双变量模拟运算表,则应先输入引用两个输入单元格中变量的公式,并在公式的下面输入一组输入值,在公式的右边输入另一组输入值,然后选择包含公式及数值行和列的单元格区域,选择"数据"|"模拟分析"|"模拟运算表"命令,在打开的"模拟运算表"对话框中的"输

入引用列的单元格”文本框中输入单元格引用，在“输入引用行的单元格”文本框中输入单元格引用，完成后单击“确定”按钮。

实训指引

1. 根据本量利分析的基本公式计算数据

首先创建“本量利分析模型”工作簿，然后在其中输入数据并根据本量利分析的基本公式计算相应的数据，具体操作如下。

第一步：将新建的工作簿以“本量利分析模型”为名进行保存，在其中输入原始数据，并设置单元格格式，如图7-2所示。

第二步：选择B6单元格，输入公式“=B5－B4”，完成后按Ctrl+Enter组合键计算单位边际贡献，如图7-3所示。

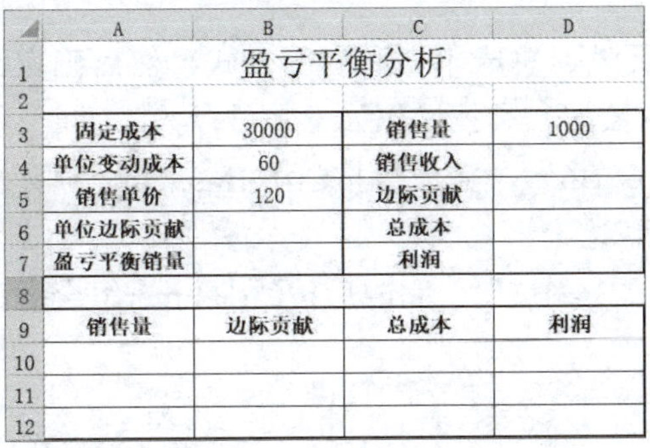

盈亏平衡分析

固定成本	30000	销售量	1000
单位变动成本	60	销售收入	
销售单价	120	边际贡献	
单位边际贡献		总成本	
盈亏平衡销量		利润	

销售量	边际贡献	总成本	利润

图 7-2　输入数据并设置单元格格式

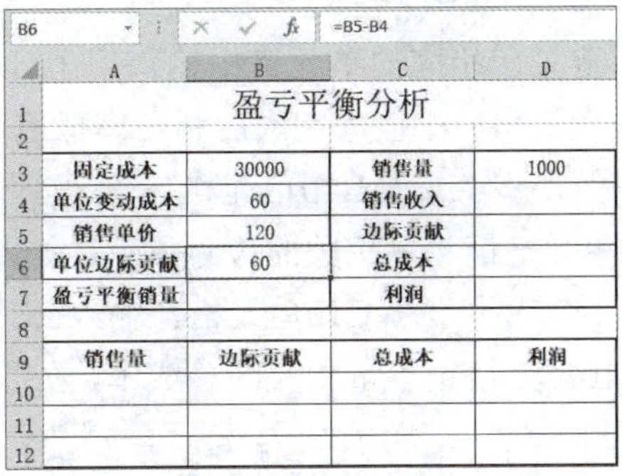

B6　=B5-B4

盈亏平衡分析

固定成本	30000	销售量	1000
单位变动成本	60	销售收入	
销售单价	120	边际贡献	
单位边际贡献	60	总成本	
盈亏平衡销量		利润	

销售量	边际贡献	总成本	利润

图 7-3　计算单位边际贡献

第三步：选择B7单元格，输入公式“=B3/B6”，完成后按Ctrl+Enter组合键计算盈亏平衡销量，如图7-4所示。

第四步：选择D4单元格，输入公式“=D3*B5”，完成后按Ctrl+Enter组合键计算销售收入，如图7-5所示。

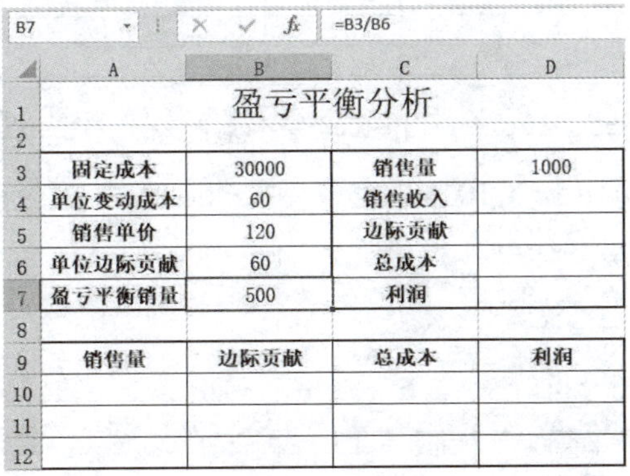

B7　=B3/B6

盈亏平衡分析

固定成本	30000	销售量	1000
单位变动成本	60	销售收入	
销售单价	120	边际贡献	
单位边际贡献	60	总成本	
盈亏平衡销量	500	利润	

销售量	边际贡献	总成本	利润

图 7-4　计算盈亏平衡销量

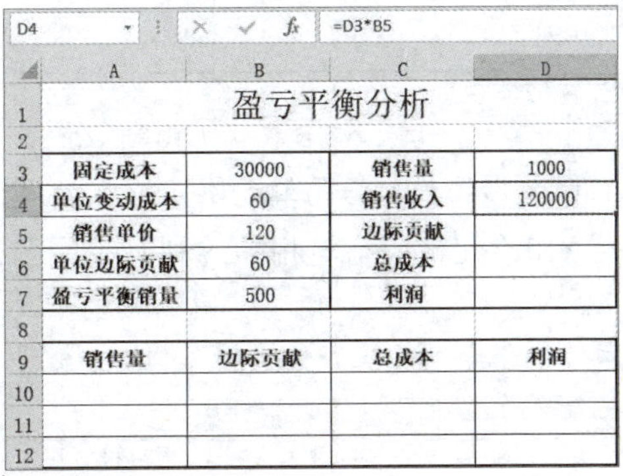

D4　=D3*B5

盈亏平衡分析

固定成本	30000	销售量	1000
单位变动成本	60	销售收入	120000
销售单价	120	边际贡献	
单位边际贡献	60	总成本	
盈亏平衡销量	500	利润	

销售量	边际贡献	总成本	利润

图 7-5　计算销售收入

第五步：选择D5单元格，输入公式“=D3*B6”，完成后按Ctrl+Enter组合键计算边际贡献，如图7-6所示。

第六步：分别选择D6和D7单元格，并分别输入公式“=D3*B4+B3”和“=D4－D6”，完成后按Ctrl+Enter组合键计算总成本和利润，如图7-7所示。

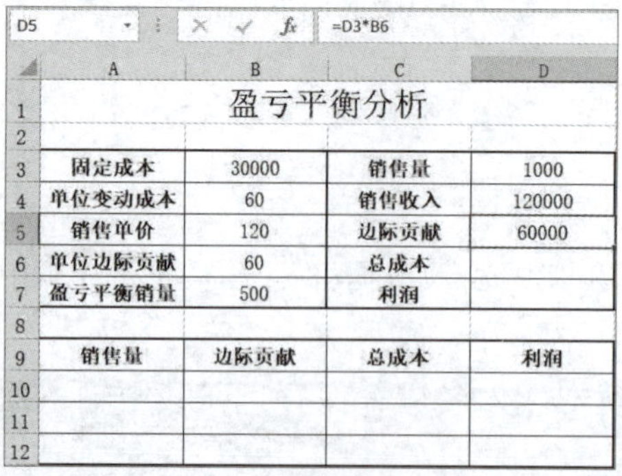

D5 =D3*B6

	A	B	C	D
1	盈亏平衡分析			
2				
3	固定成本	30000	销售量	1000
4	单位变动成本	60	销售收入	120000
5	销售单价	120	边际贡献	60000
6	单位边际贡献	60	总成本	
7	盈亏平衡销量	500	利润	
8				
9	销售量	边际贡献	总成本	利润
10				
11				
12				

图 7-6　计算边际贡献

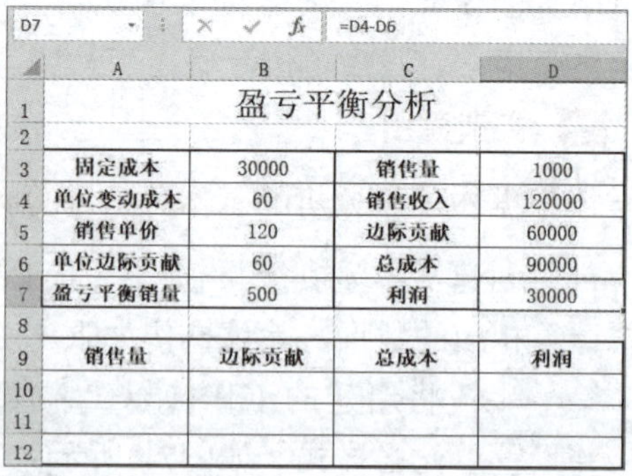

D7 =D4-D6

	A	B	C	D
1	盈亏平衡分析			
2				
3	固定成本	30000	销售量	1000
4	单位变动成本	60	销售收入	120000
5	销售单价	120	边际贡献	60000
6	单位边际贡献	60	总成本	90000
7	盈亏平衡销量	500	利润	30000
8				
9	销售量	边际贡献	总成本	利润
10				
11				
12				

图 7-7　计算总成本和利润

2. 利用模拟运算表计算数据

首先在相应的单元格中输入用于计算边际贡献、总成本、利润的公式，然后确定销量的最大值和最小值，完成后利用模拟运算表计算数据，具体操作如下。

第一步：选择B10单元格，输入公式“=A10*B6”，完成后按Ctrl+Enter组合键计算与A10单元格销售量相关的边际贡献，如图7-8所示。

第二步：选择C10单元格，输入公式“=A10*B4+B3”，完成后按Ctrl+Enter组合键计算与A10单元格销售量相关的总成本，如图7-9所示。

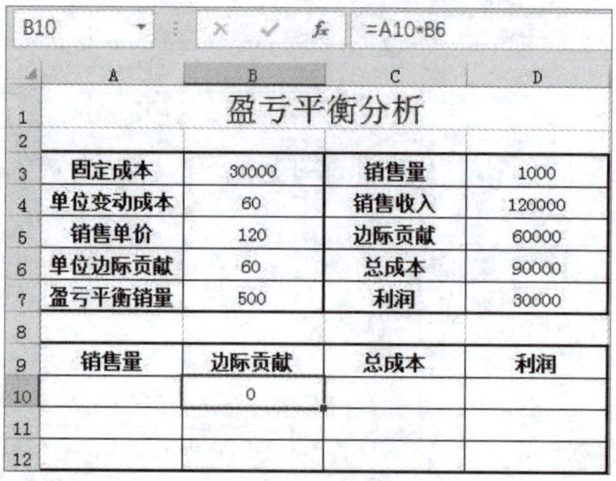

B10 =A10*B6

	A	B	C	D
1	盈亏平衡分析			
2				
3	固定成本	30000	销售量	1000
4	单位变动成本	60	销售收入	120000
5	销售单价	120	边际贡献	60000
6	单位边际贡献	60	总成本	90000
7	盈亏平衡销量	500	利润	30000
8				
9	销售量	边际贡献	总成本	利润
10		0		
11				
12				

图 7-8　计算边际贡献

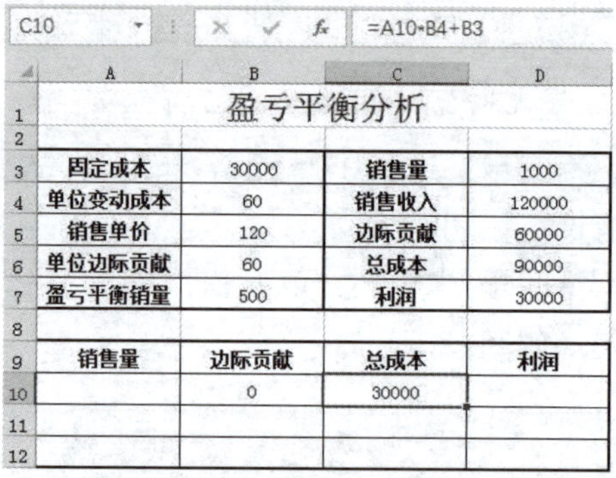

C10 =A10*B4+B3

	A	B	C	D
1	盈亏平衡分析			
2				
3	固定成本	30000	销售量	1000
4	单位变动成本	60	销售收入	120000
5	销售单价	120	边际贡献	60000
6	单位边际贡献	60	总成本	90000
7	盈亏平衡销量	500	利润	30000
8				
9	销售量	边际贡献	总成本	利润
10		0	30000	
11				
12				

图 7-9　计算总成本

第三步：选择D10单元格，输入公式“=A10*B5－C10”，完成后按Ctrl+Enter组合键计算与A10单元格销售量相关的利润，如图7-10所示。

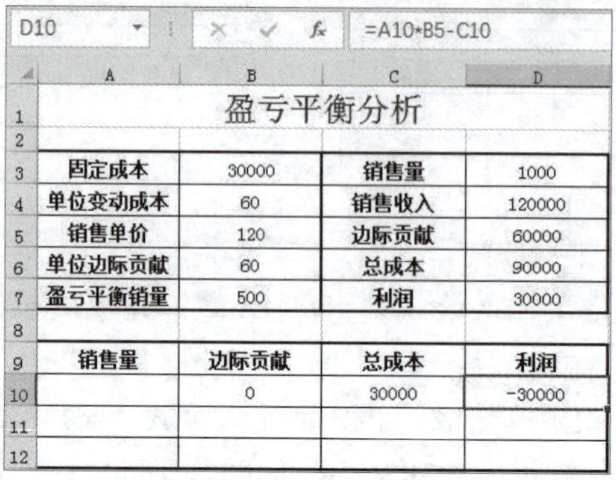

D10 =A10*B5-C10

	A	B	C	D
1	盈亏平衡分析			
2				
3	固定成本	30000	销售量	1000
4	单位变动成本	60	销售收入	120000
5	销售单价	120	边际贡献	60000
6	单位边际贡献	60	总成本	90000
7	盈亏平衡销量	500	利润	30000
8				
9	销售量	边际贡献	总成本	利润
10		0	30000	-30000
11				
12				

图 7-10　计算利润

第四步：假设企业的最小销售量和最大销售量分别为"0"和"3000"，在A10、A11、A12单元格中分别输入销售量的当前值"1000"、最小值"0"、最大值"3000"，然后选择A10:D12单元格区域，选择"数据"|"模拟分析"|"模拟运算表"命令，如图7-11所示。

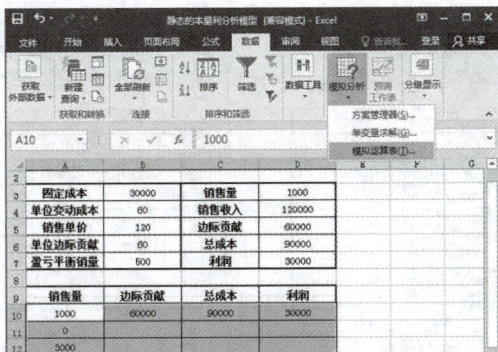

图 7-11　输入销售量并进行模拟分析

第五步：在"模拟运算表"对话框中，单击"输入引用列的单元格"文本框后面的收缩按钮，在工作表中选择A10单元格，完成后单击"确定"按钮，如图7-12所示。此时，系统自动计算出最小销售量和最大销售量的边际贡献、总成本和利润，如图7-13所示。

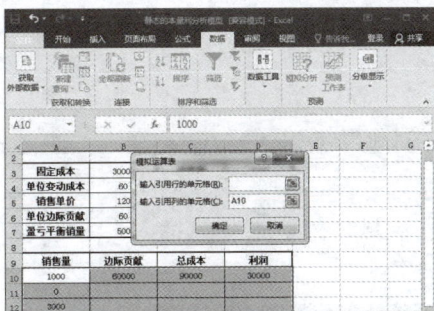

图 7-12　输入引用列的单元格

图 7-13　通过模拟运算表计算相关数据

第六步：选择A15:A19单元格区域，在编辑栏中输入公式"{=B7}"，完成后按Ctrl+Shift+Enter组合键使用数组公式引用盈亏点销量值，如图7-14所示。

第七步：在B15、B18、B19单元格中分别输入Y值的最大值、零值、最小值，然后分别选择B16和B17单元格，输入公式"=D5"和"=D7"，完成后按Ctrl+Enter组合键，如图7-15所示。

图 7-14　引用盈亏点销量值

图 7-15　输入并引用盈亏点销量垂直参考线的相应值

Excel财务会计与管理会计应用教程(微课版)

第八步：在C15:C19单元格区域中引用销售量数据，即D3单元格中的数据，如图7-16所示。在D15和D19单元格中分别输入Y值的最大值和最小值，然后分别在D16、D17、D18单元格中引用总成本、边际贡献、利润值，即D6、D5、D7单元格中的数据，如图7-17所示。

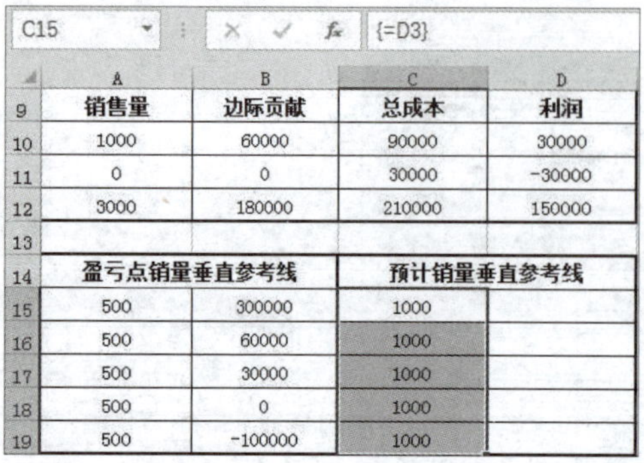

图7-16 引用预计销量值

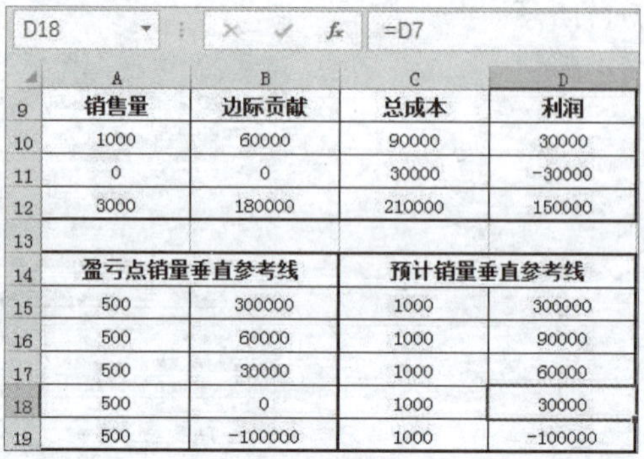

图7-17 输入并引用预计销量垂直参考线的相应值

❖ 特别提醒：

关于"盈亏点销量垂直参考线"和"预计销量垂直参考线"的相应值，如果把A15:A19和C15:C19单元格区域的值放在图表的X轴上，那么B15:B19和D15:D19单元格区域的值则应放在图表的Y轴上，由于X值相同，Y轴上的值实际上是垂直于X轴方向上的一条直线上的4个点，这里假设Y值的最大值为300 000，最小值为−100 000。

3. 创建并编辑"XY散点图"

下面根据公司的销售量、总成本、利润等数据，创建并编辑"XY散点图"，进行本量利分析，具体操作如下。

第一步：在工作表中选择A9:D9和A11:D12单元格区域，然后选择"插入"|"图表"命令，如图7-18所示。

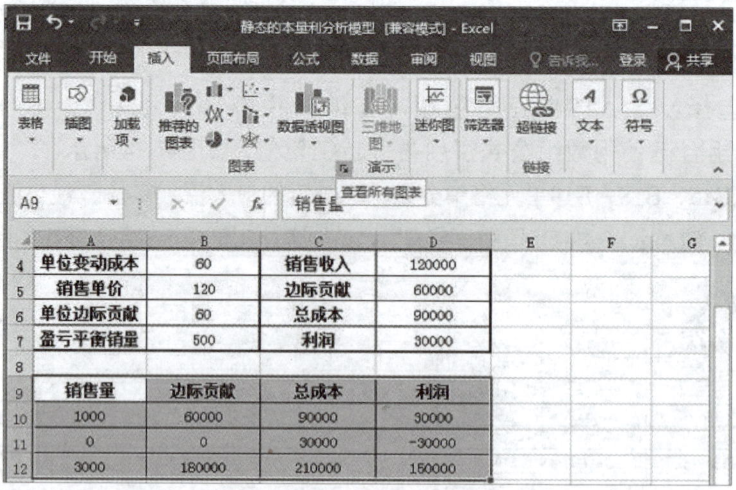

图7-18 选择数据并插入图表

第二步：在打开的"插入图表"对话框中，选择"所有图表"|"XY(散点图)"|"带直线的散点图"子图表类型，完成后单击"确定"按钮，如图7-19所示。

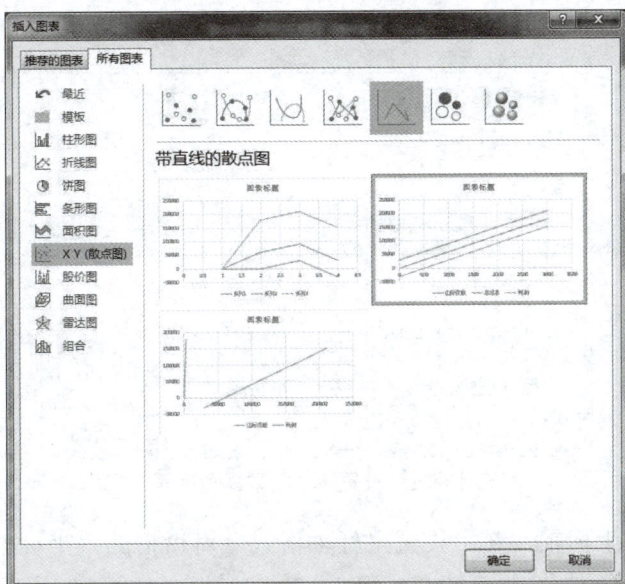

图 7-19　选择图表类型

第三步：将创建的图表移动到空白位置，并调整图表大小，然后将"图表标题"修改为"盈亏平衡分析模型"，如图7-20所示。

第四步：双击图表区，设置图表区格式，将背景设置为浅黄色的纯色填充，将边框设置为1.5磅的实线，如图7-21所示。

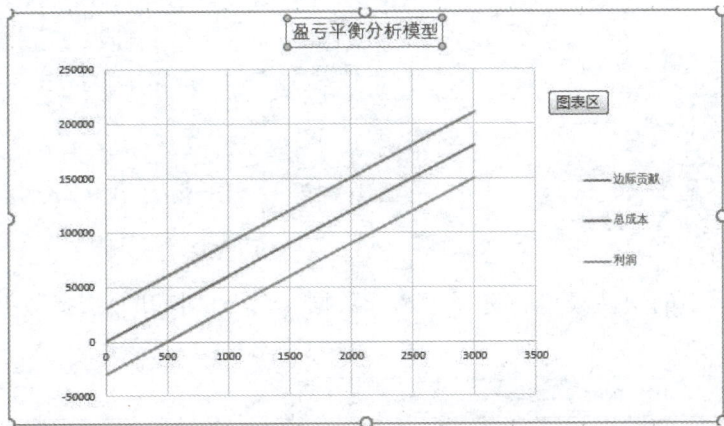

图 7-20　修改图表标题

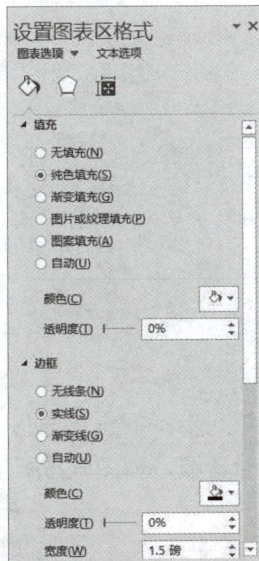

图 7-21　设置图表区格式

第五步：打开"字体"选项卡，设置图表区字体和字号，设置"西文字体"和"中文字体"均为"宋体"，在"大小"文本框中输入"12"，完成后单击"确定"按钮，如图7-22所示。

第六步：双击X坐标轴，在"设置坐标轴格式"对话框的"坐标轴选项"中，设置边界的最小值和最大值分别为"0"和"3000"，如图7-23所示。

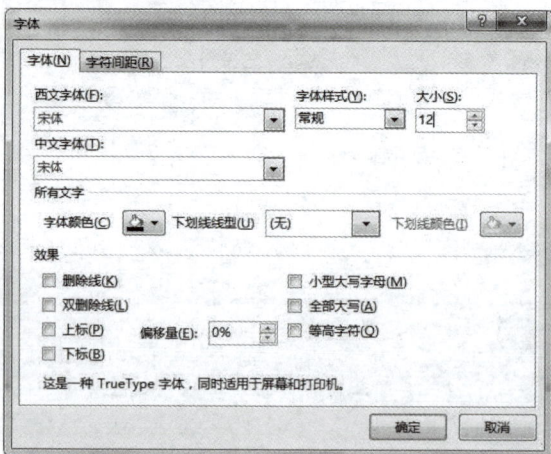

图 7-22　设置图表区字体和字号

第七步：双击Y坐标轴，在"设置坐标轴格式"对话框的"坐标轴选项"中，设置边界的最小值和最大值分别为"－100 000"和"300 000"，如图7-24所示。

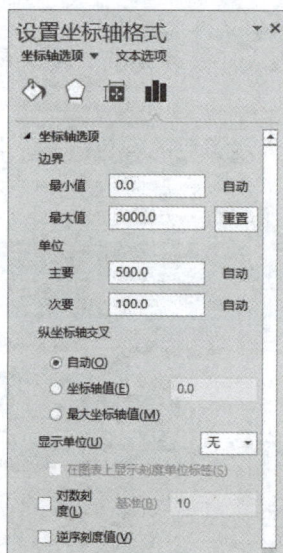

图 7-23　设置 X 坐标轴格式

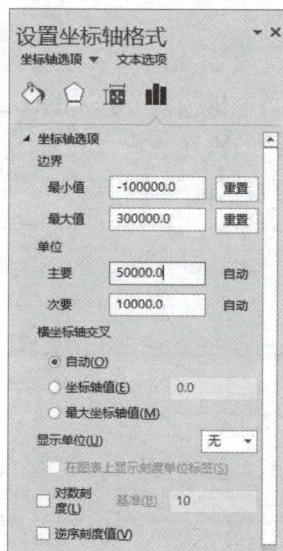

图 7-24　设置 Y 坐标轴格式

第八步：右击图表区，在弹出的快捷菜单中选择"选择数据"命令，打开"选择数据源"对话框，如图7-25所示。

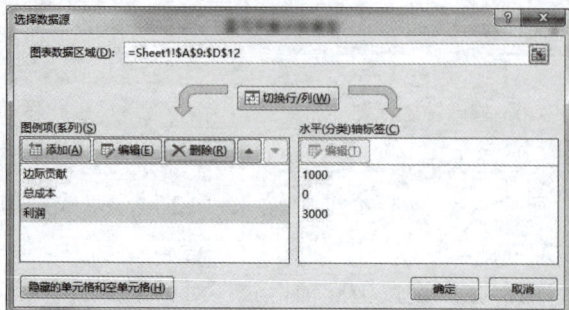

图 7-25　"选择数据源"对话框

第九步：单击"添加"按钮，打开"编辑数据系列"对话框，在"系列名称"文本框中输入"盈亏点销量垂直参考线"，设置"X轴系列值"为A15:A19单元格区域，设置"Y轴系列值"为B15:B19单元格区域，如图7-26所示。

第十步：用同样的方式添加"预计销量垂直参考线"，设置"X轴系列值"为C15:C19单元格区域，设置"Y轴系列值"为D15:D19单元格区域，如图7-27所示。

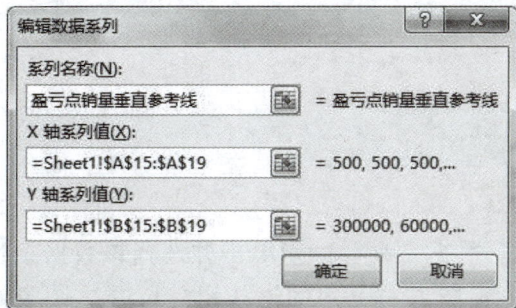

图 7-26　添加盈亏点销量垂直参考线

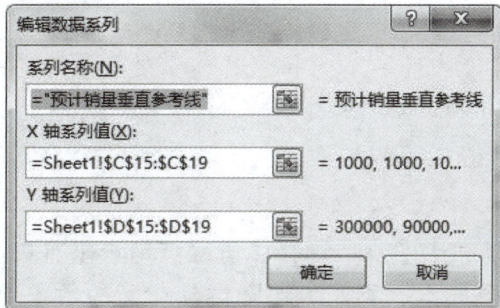

图 7-27　添加预计销量垂直参考线

第十一步：双击添加的"盈亏点销量垂直参考线"数据系列，在打开的"设置数据系列格式"对话框中，设置线条为"红色"，在"短划线类型"下拉列表框中选择第3个样式的虚线，如图7-28所示。将标记设置为"内置的大小为5的□"，如图7-29所示。

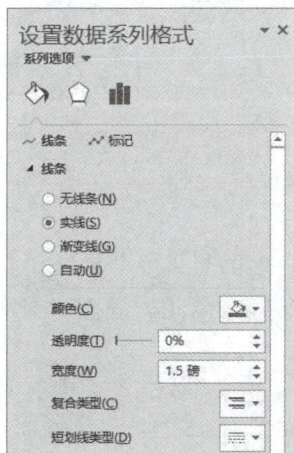

图 7-28　设置线条格式

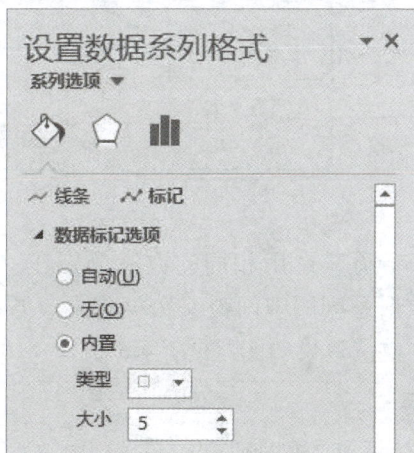

图 7-29　设置标记格式

第十二步：用同样的方式设置"预计销量垂直参考线"数据系列，不同之处在于线条颜色为"深蓝"，标记类型为"△"。

第十三步：双击"盈亏点销量垂直参考线"数据系列的最上方数据点，在其上右击，在弹出的快捷菜单中选择"设置数据标签格式"命令，在打开的"设置数据系列格式"对话框中，选择"标记"|"数据标记选项"|"无"命令，如图7-30所示。用相同的方法分别清除"盈亏点销量垂直参考线"数据系列最下方的数据点和"预计销量垂直参考线"数据系列最上方和最下方的数据点。

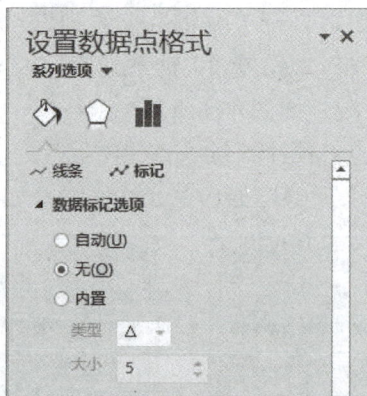

图 7-30　设置数据点格式

第十四步：选择"盈亏点销量垂直参考线"数据系列，分别单击并选择该数据系列与总成本、利润、边际贡献交叉的数据点，单击图表右上角的 ➕ 按钮，选择"图表元素"|"数据标签"|"右"命令，如图7-31所示。

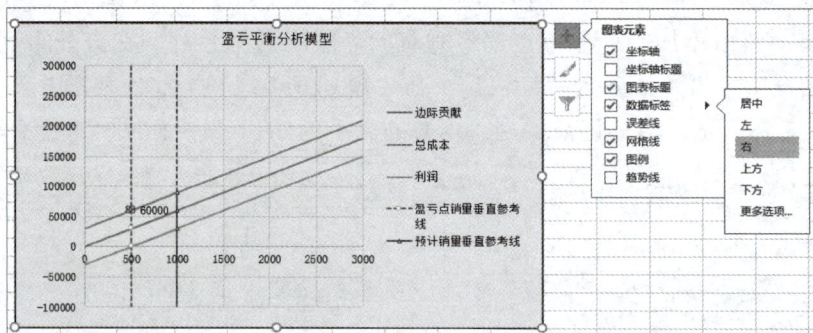

图 7-31　设置数据标签

第十五步：用相同的方法分别在"盈亏点销量垂直参考线"和"预计销量垂直参考线"数据系列的中间交叉数据点上设置其数据标签包括Y值。至此，静态本量利分析模型制作完成，效果如图7-32所示。

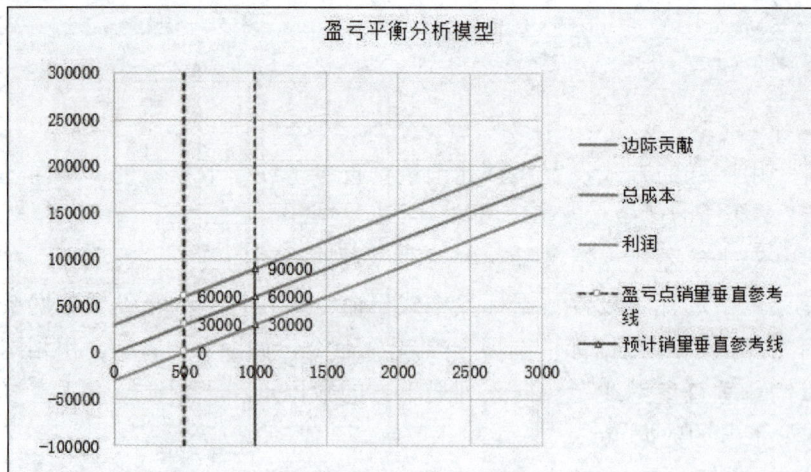

图 7-32　静态本量利分析模型

实训二　建立"动态的本量利分析模型"

若需在静态的本量利分析模型上查看数据的变化关系，则需要修改表格中相应的数值，如销售单价、销售量、固定成本等。若需在图表上直接调整价格和销量来实现动态的盈亏分析，则需建立"动态的本量利分析模型"。

实训任务

为了实现在图表上直接调整价格和销量进行动态的盈亏分析，公司决定在"静态的本量利分析模型"的基础上建立"动态的本量利分析模型"。为了完成该任务，首先应添加微调项窗体控件控制数据的变化，然后应添加矩形框说明数值之间的变化影响，完成后即可组合对象并调整微调项窗体控件查看数据的变动情况。"动态的本量利分析模型"的最终效果如图7-33所示。

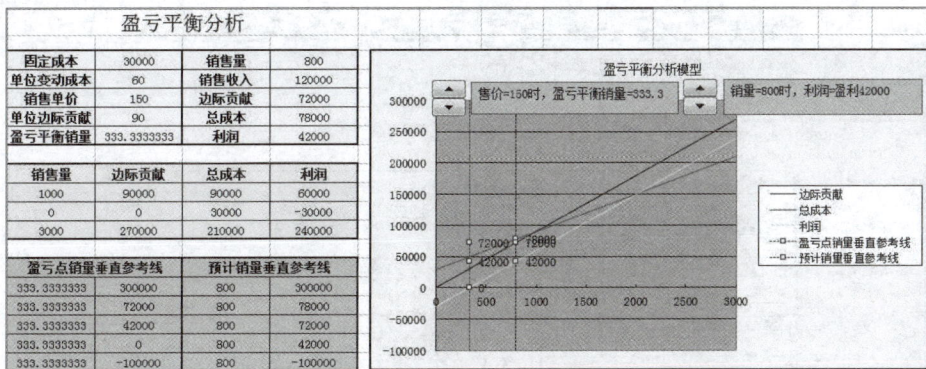

图 7-33　"动态的本量利分析模型"最终效果

任务解析

建立"动态的本量利分析模型"，不仅需要添加微调项窗体控件，还需要添加矩形框说明数值的变化情况，下面先了解微调项窗体控件和矩形框在本例中的作用和使用方法。

1. 认识微调项窗体控件

在Excel中可以通过微调项窗体控件实现单元格的微调，即每次将单元格的数值进行递增或递减一定的步长。添加微调项窗体控件的方法如下：选择"开发工具"|"控件"|"插入"命令，在打开的"表单控件"下拉列表框中单击"微调项"按钮，在工作表的相应位置绘制微调项并设置控件属性。

在本例中将设置微调项窗体控件的如下属性。

- 当前值：指控件当前的赋值，随着控件的变化而变化，不是固定的值。
- 最小值：指控件的最小值，如一年中月份的变化最小值可设为1。
- 最大值：指控件的最大值，如一年中月份的变化最大值可设为12。
- 步长：指每次单击按钮后值的增加或减少幅度，如月份的变化步长可设为1。
- 单元格链接：决定控件在表格中的赋值对象，即链接到某个单元格后，单击控件时该单元格数值将随之发生变化。

2. 认识矩形框

矩形框是Excel"绘图"工具栏中的一个工具，用于在工作表中插入矩形或正方形，通过对矩形框的设置可以增强图形的视觉效果。

在本例中将利用矩形框说明数值的变化情况，因此，可将矩形框链接到单元格，即为矩形框指定一个数值，当指定的数值(单元格数值)发生改变时，矩形框中的数值将随单元格中数值的变化而变化。

实训指引

1. 添加微调项窗体控件

打开"静态的本量利分析模型"工作簿，在其中的"XY散点图"图表上添加微调项窗体控件，控制售价和销售量，从而分析数据变化对图表的影响。具体操作过程如下。

第一步：打开"静态的本量利分析模型"工作簿，将其以"动态的本量利分析模型"为名进行另存，然后选择"开发工具"|"控件"|"插入"命令，如图7-34所示。

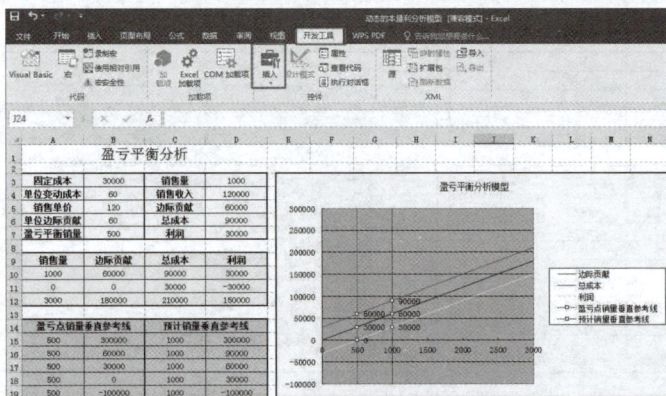

图 7-34　插入表单控件

第二步：在"表单控件"下拉列表框中单击"微调项"按钮，在图表上方按住鼠标左键不放，向下拖动鼠标至合适的位置释放鼠标，即可绘制出所需的微调项窗体控件，如图7-35所示。

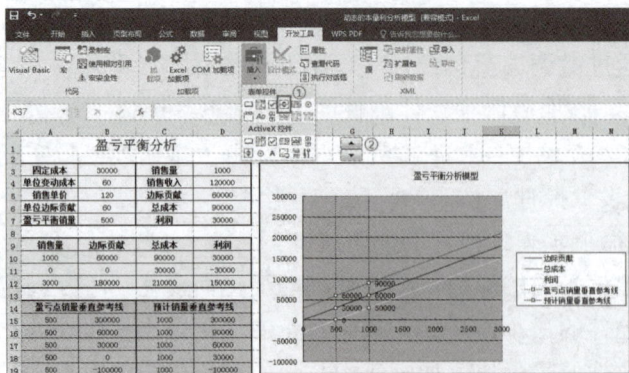

图 7-35　绘制微调项

第三步：在绘制的微调项窗体控件上右击，在弹出的快捷菜单中选择"设置控件格式"命令，如图7-36所示。

第四步：在"设置控件格式"对话框中，打开"控制"选项卡，在"当前值"文本框中输入"120"，在"最小值"数值框中输入"70"，在"最大值"数值框中输入"200"，在"步长"数值框中输入"10"，将文本插入点定位到"单元格链接"文本框中，收缩对话框后在工作表中选择B5单元格，完成后单击"确定"按钮，如图7-37所示。

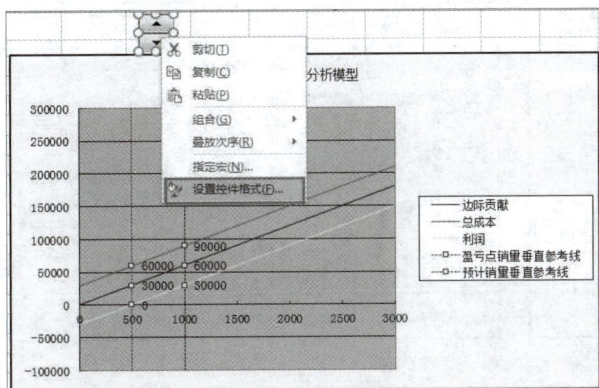

图 7-36　选择"设置控件格式"命令

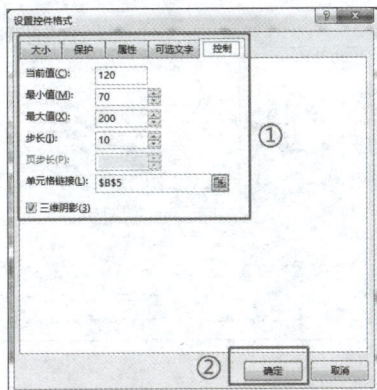

图 7-37　设置控件格式

第五步：选择绘制的微调项窗体控件，按Ctrl+Shift组合键，同时按住鼠标左键水平向右拖动，在合适的位置释放鼠标，即可在水平方向上复制微调项窗体控件。右击复制的微调项窗体控件，在弹出的快捷菜单中选择"设置控件格式"命令，如图7-38所示。

第六步：在"设置控件格式"对话框中，打开"控制"选项卡，在"最小值"数值框中输入"0"，在"最大值"数值框中输入"3000"，在"步长"数值框中输入"100"，将文本插入点定位到"单元格链接"文本框中，收缩对话框后在工作表中选择D3单元格，完成后单击"确定"按钮，如图7-39所示。

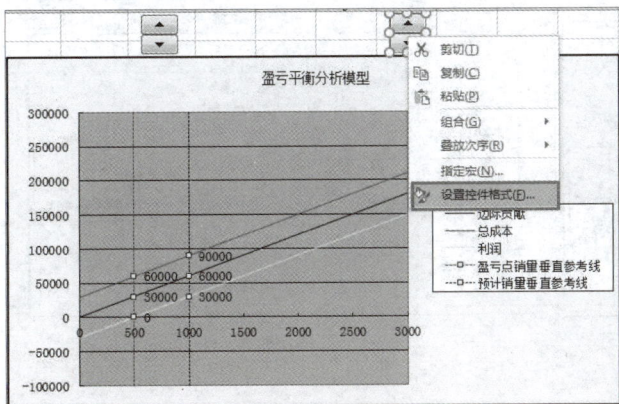

图 7-38　复制微调项窗体控件并选择
"设置控件格式"命令

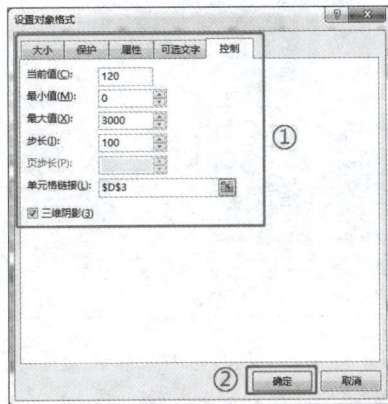

图 7-39　为复制的微调项窗体控件
设置控件格式

2. 添加并设置矩形框

为了增强盈亏平衡线辅助数据和两个微调项窗体控件的视觉效果，下面将在盈亏平衡线辅助数据和两个微调项窗体控件旁添加矩形框，具体操作如下。

第一步：选择F21单元格，输入公式"="售价="＆B5＆"时，盈亏平衡销量="＆

ROUND(B7,1)"，然后按Ctrl+Enter组合键，如图7-40所示。

第二步：选择J21单元格，输入公式"="销量="&D3&"时，利润="&(IF(D7>0,"盈利"&
D7,IF(D7=0,0&"(保本)","亏损"&－D7)))"，然后按Ctrl+Enter组合键，如图7-41所示。

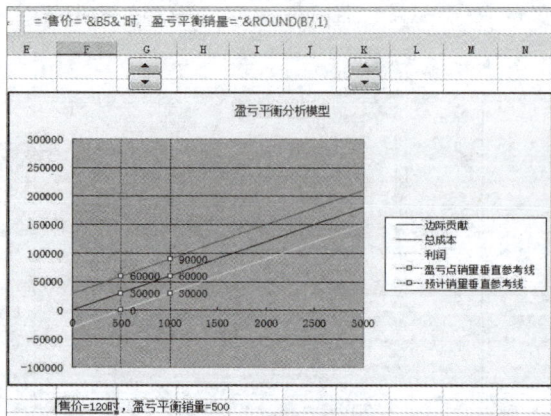

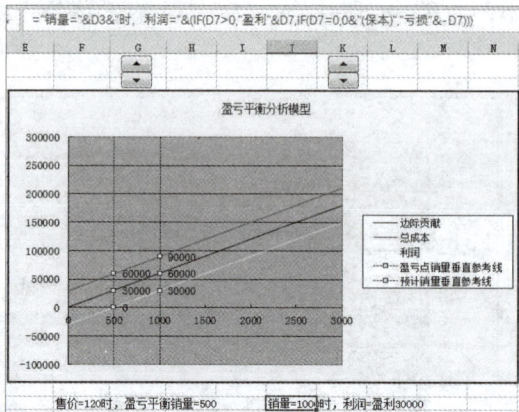

图 7-40　利用公式显示售价和盈亏平衡销量的关系　　图 7-41　利用公式显示销量和利润的关系

第三步：在"绘图"工具栏上单击"矩形框"按钮□，在图表上方左侧的微调项窗体
控件右侧绘制一个矩形框，然后在编辑栏中输入"=F21"，完成后按Ctrl+Enter组合键，矩
形框中将显示F21单元格中的数据，如图7-42所示。

第四步：用相同的方法在图表上方右侧的微调项窗体控件右侧绘制一个矩形框，然后
在编辑栏中输入"=J21"，完成后按Ctrl+Enter组合键，矩形框中将显示J21单元格中的数
据，如图7-43所示。

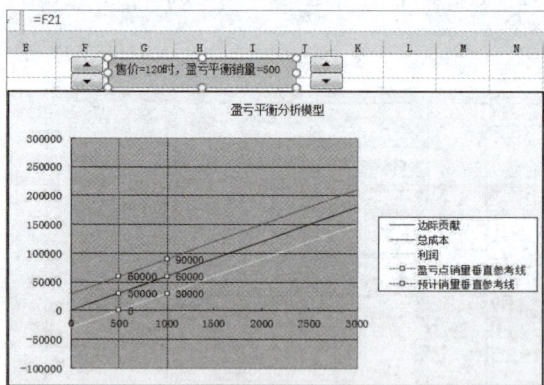

图 7-42　绘制矩形框并链接到单元格　　图 7-43　继续绘制矩形框并链接到单元格

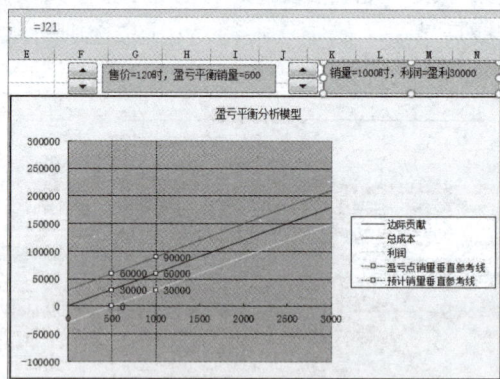

3. 组合对象并调整微调项分析数据

为了使调整微调项时的表格效果更直观，下面将组合添加的微调项窗体控件和矩形
框，并调整其位置，以便于查看表格数据和图表的变化情况。具体操作过程如下。

第一步：按住Ctrl键的同时，在工作表中分别选择微调项窗体控件和矩形框，然后在其
上右击，在弹出的快捷菜单中选择"组合"|"组合"命令，如图7-44所示。

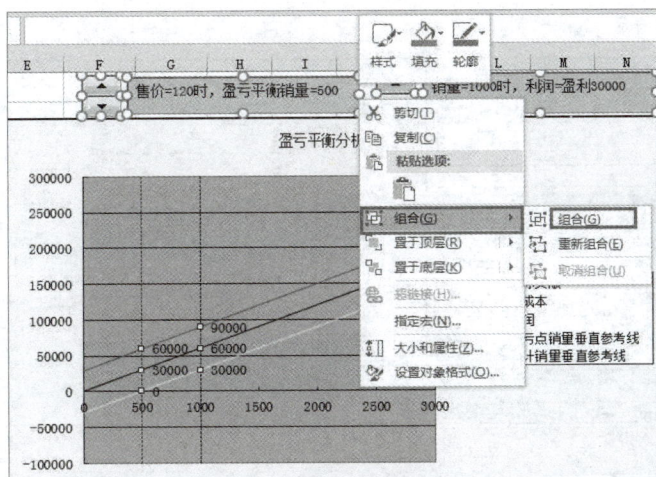

图 7-44 组合对象

第二步：选择组合后的对象，将其移动到图表标题下方，如图7-45所示。

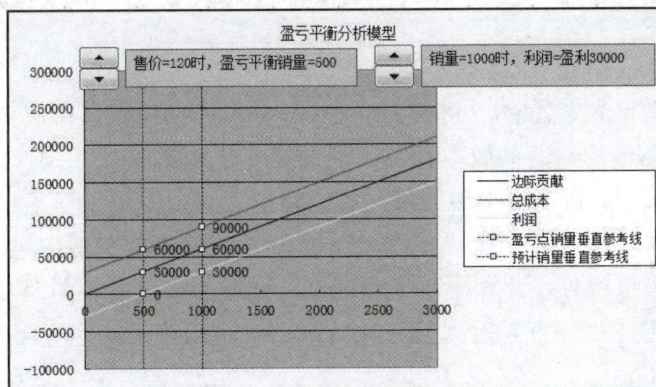

图 7-45 调整组合对象的位置

第三步：选择工作表中的任意单元格，然后将鼠标指针移动到图表左侧的微调项窗体控件上，单击 ▲ 按钮或 ▼ 按钮，可提高或降低产品售价，此时盈亏平衡销量和其他相关数据也会随产品售价的改变而改变，如图7-46所示。

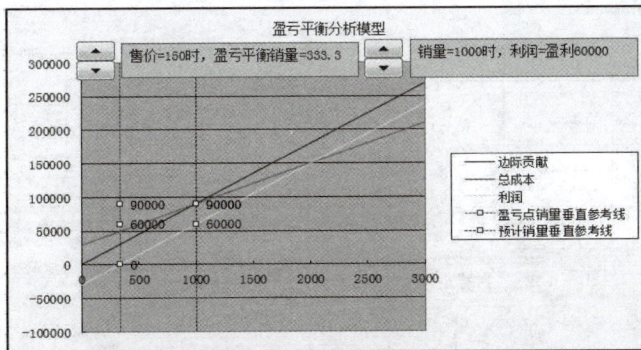

图 7-46 调整售价对盈亏平衡销量的变动影响

第四步：将鼠标指针移动到图表右侧的微调项窗体控件上，单击 ▲ 按钮或 ▼ 按钮，可提高或降低销量，此时产品的利润和其他相关数据也会随销量的改变而改变，如图7-47所示。

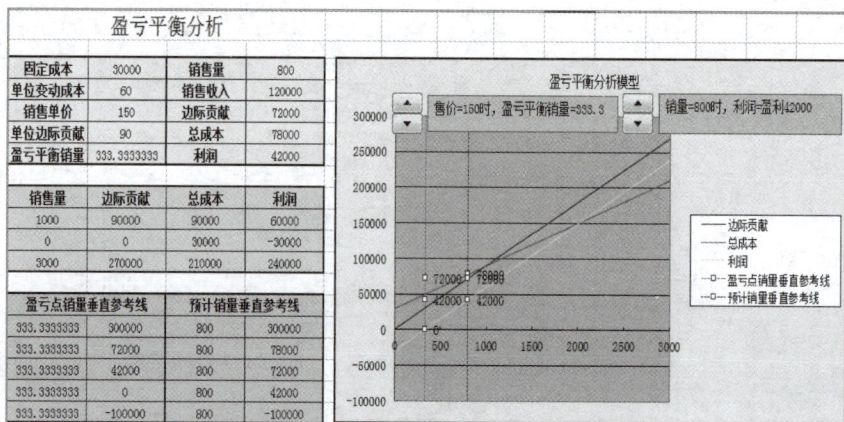

图 7-47　调整销量对利润的变动影响

实训三　分析"单因素下的盈亏平衡销量"

实训任务

假设新产品的固定成本为840 000元，单位变动成本为450元，单位售价为660元，现需根据固定成本、产品单价、变动成本计算产品的盈亏平衡销量，并制作一张"单因素下的盈亏平衡销量"图表，分析盈亏平衡销量与单位售价之间的关系。

为了完成本任务，首先要创建"单因素下的盈亏平衡销量"工作簿，在其中输入并计算数据，然后利用模拟运算表计算盈亏平衡销量，完成后创建并编辑"XY散点图"分析数据，并添加组合框窗体控件查看数据的变化情况。"单因素下的盈亏平衡销量"图表的最终效果如图7-48所示。

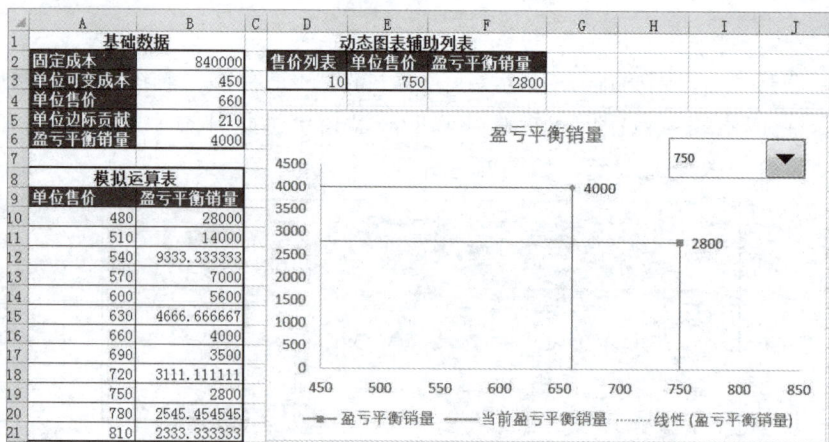

图 7-48　"单因素下的盈亏平衡销量"图表的最终效果

任务解析

影响盈亏平衡分析的因素有多种，如成本、销售量、单位售价、项目寿命期等。在本例中，将只考虑产品的单位售价对盈亏平衡销量的影响，即分析单因素下的盈亏平衡销量，测试新产品的单位售价这一个变量对运算结果的影响。

实训指引

第一步：将新建的工作簿以"单因素下的盈亏平衡销量"为名进行保存，在其中输入相应的项目数据，并设置单元格格式。在B5单元格中输入公式"=B4－B3"，在B6单元格中输入公式"=B2/B5"，在B10单元格中输入公式"=B2/(A10－B3)"，在E3单元格中输入公式"=INDEX(A10:A21,$D$3)"，在F3单元格中输入公式"=INDEX(B10:B21,$D5$3)"，完成后按Ctrl+Enter组合键，如图7-49所示。

第二步：选择A10:B21单元格区域，选择"数据"|"模拟分析"|"模拟运算表"命令，在打开的"模拟运算表"对话框中设置"输入引用列的单元格"为A10单元格，然后单击"确定"按钮，系统会自动计算出单位售价对应的盈亏平衡销量，如图7-50所示。

图 7-49　输入数据　　　　图 7-50　通过模拟运算表计算出相关数据

第三步：选择E2:F3单元格区域，选择"插入"|"图表"命令，在打开的"插入图表"对话框中，选择"所有图表"|"XY (散点图)"|"带平滑线的散点图"子图表类型，完成后单击"确定"按钮，如图7-51所示。

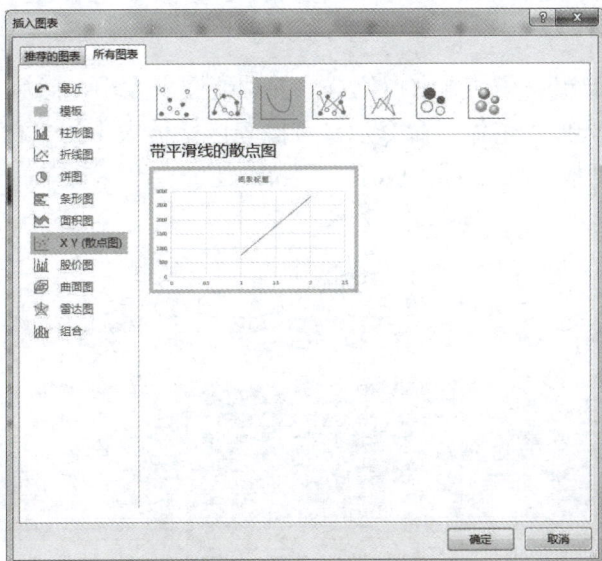

图 7-51　插入带平滑线的散点图

第四步：在绘图区右击，在弹出的快捷菜单中选择"选择数据"命令，打开"选择数据源"对话框，单击"添加"按钮；打开"编辑数据系列"对话框，在"系列名称"文本框中输入"当前盈亏平衡销量"，设置"X轴系列值"为B4单元格，设置"Y轴系列值"为B6单元格，完成后单击"确定"按钮，如图7-52所示。

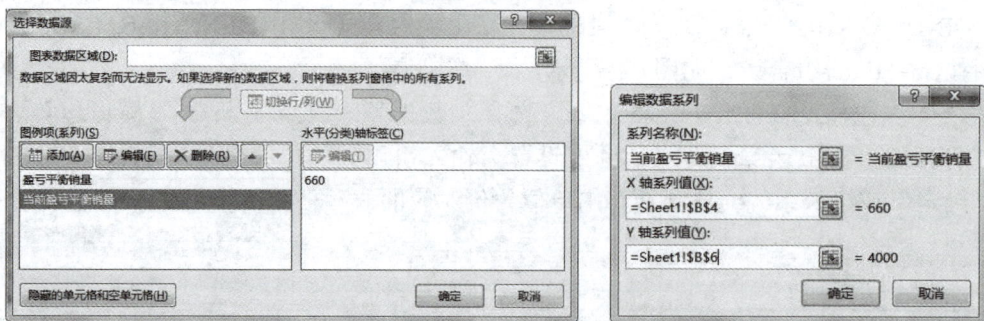

图 7-52　添加"当前盈亏平衡销量"

第五步：单击图表右上角的■按钮，设置图表元素，设置图表标题为"盈亏平衡销量"，设置数据标签为"右"，取消选中"网络线"复选框，设置图例为"底部"，如图7-53所示。

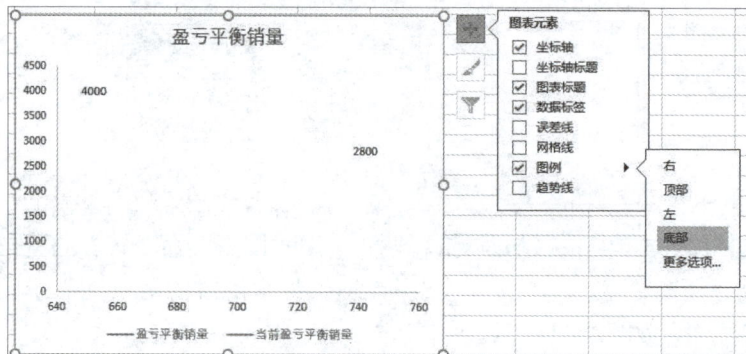

图 7-53　设置图表元素

第六步：将创建的图表移动到空白位置，并调整图表大小，然后右击图表的空白处，在弹出的快捷菜单中选择"字体"命令，设置图表区字体大小为"12"。双击X坐标轴，设置X坐标轴边界的"最小值"为"450"，"最大值"为"850"，"主要边界单位"为"50"，如图7-54所示。

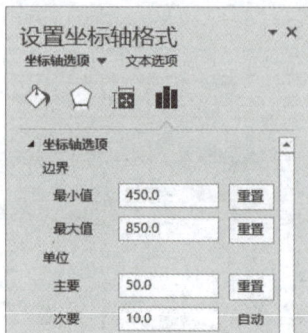

图 7-54　修改图表格式

第七步：选中"盈亏平衡销量"数据系列，单击图表右上角的■按钮，选择"图表元素"|"误差线"|"更多选项"命令，先设置"水平误差线"，选择方向为"负偏差"，然后在"自定义误差栏"对话框中设置负错误值为"E3单元格"。用同样的方式设置垂直误差线和"当前盈亏平衡销量"的误差线，如图7-55所示。

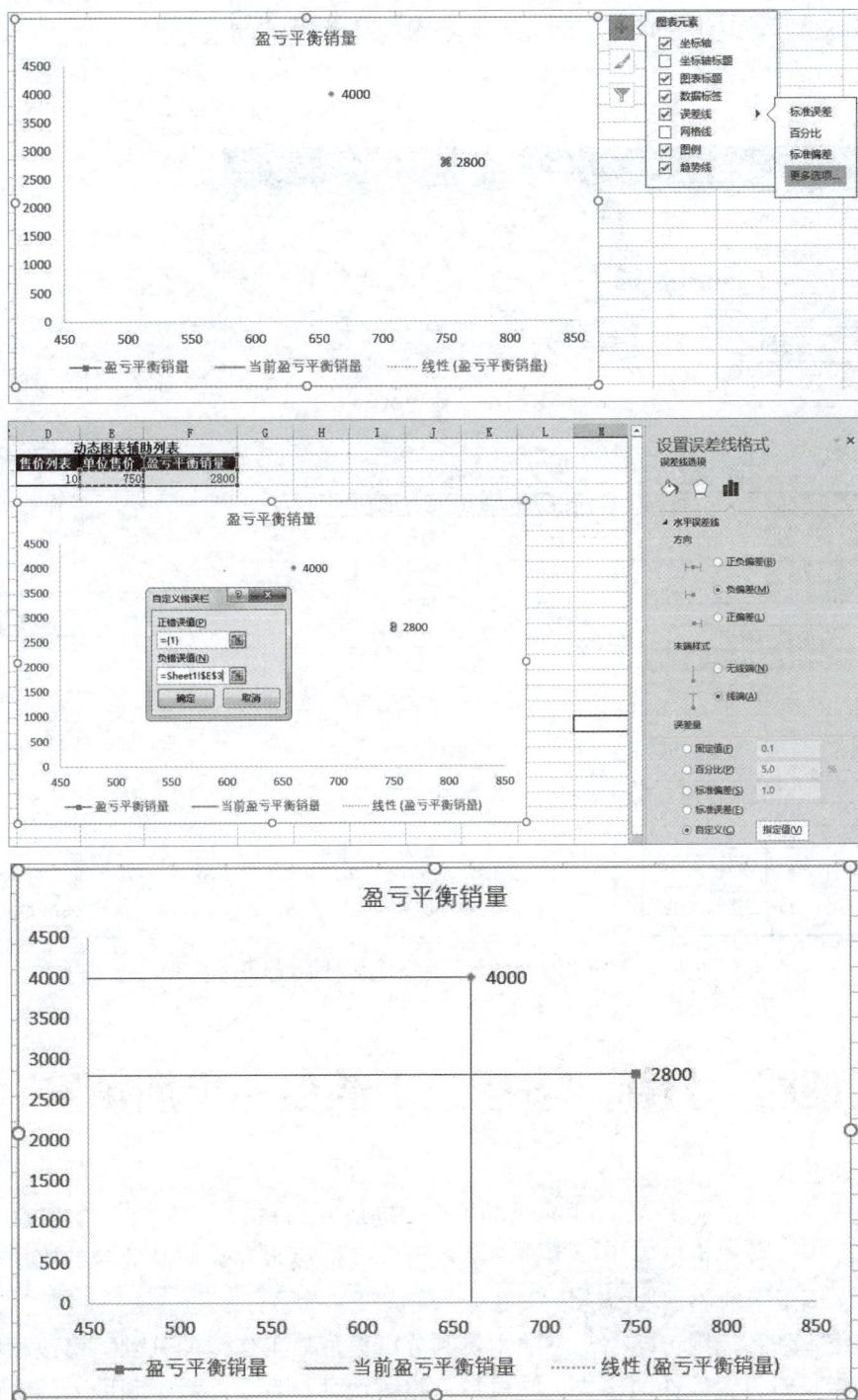

图 7-55　设置误差线

第八步：选择"开发工具"|"插入"|"表单控件"|"组合框"命令，在图表右上方绘制组合框，然后设置其"数据源区域为"为A10:A21单元格区域，"单元格链接"为D3单元格，"下拉显示项数"为"12"，如图7-56所示。完成后返回工作表中，关闭"窗体"工具栏，并在创建的下拉列表框中选择相应的选项查看不同的单位售价对运算结果的影响。"单因素下的盈亏平衡销量"图表的最终效果如图7-57所示。

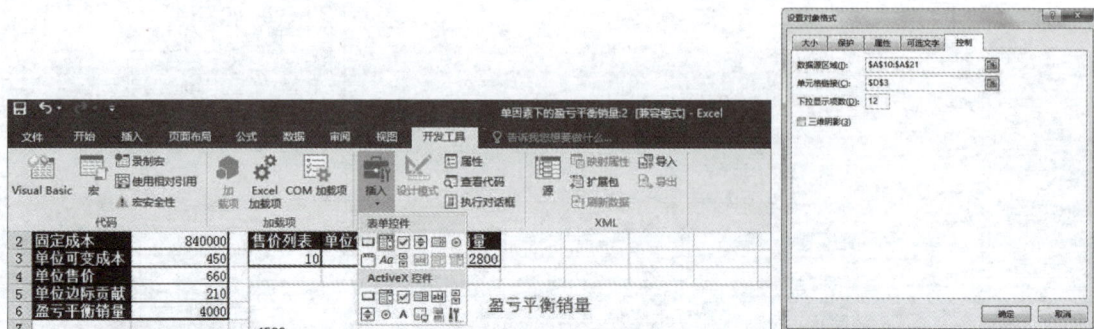

图 7-56　添加组合框

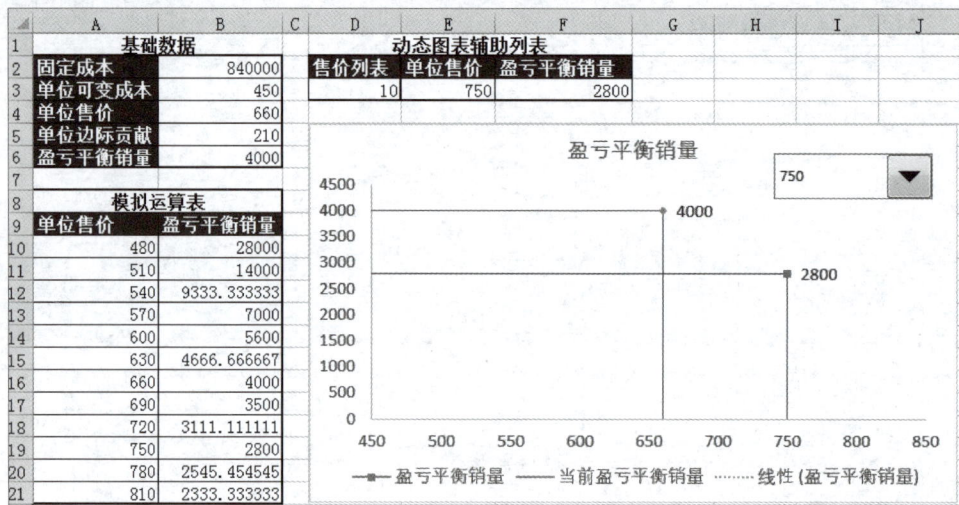

图 7-57　"单因素下的盈亏平衡销量"图表的最终效果

实训四　分析"多因素下的盈亏平衡销量"

实训任务

假设新产品的固定成本为840 000元，单位变动成本为450元，单位售价为660元，预计销量为10 000件，现需根据固定成本、产品单价、变动成本计算产品的盈亏平衡销量，并制作一张"多因素下的盈亏平衡销量"图表。

若要完成本任务，则可在"动态的本量利分析模型"工作簿的基础上修改相应的数据和公式，然后重新设置控件的格式，完成后调整微调项查看表格数据和图表的变化情况。"多因素下的盈亏平衡销量"图表的最终效果如图7-58所示。

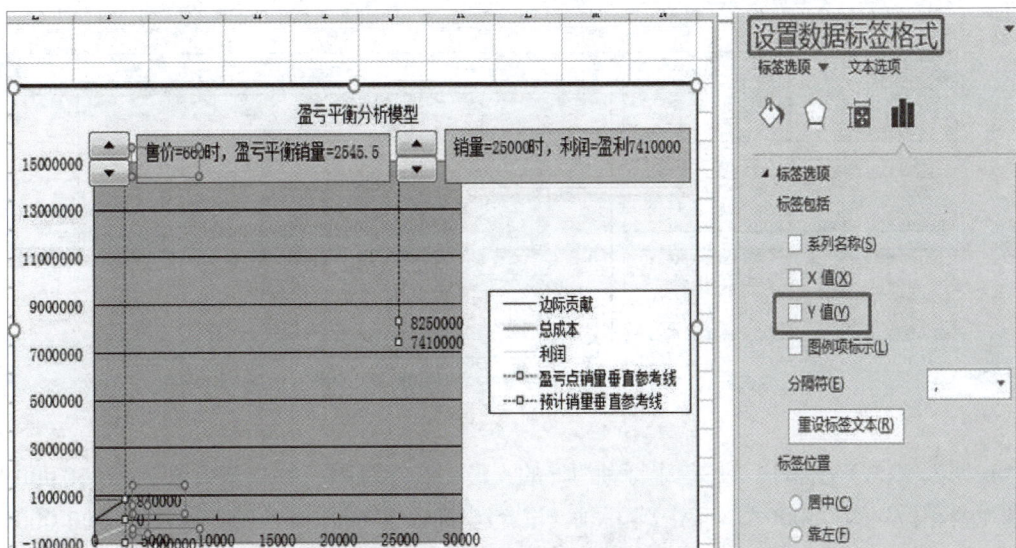

图 7-58 "多因素下的盈亏平衡销量"图表的最终效果

任务解析

因为影响产品盈亏平衡销量的因素比较复杂,所以仅考虑某个因素对盈亏平衡销量的影响程度,将无法准确预测产品的销量,此时,可分析多因素下的产品盈亏平衡销量。在本例中,将从产品销售量、边际贡献、固定成本和利润4个方面分析盈亏平衡销量。

实训指引

第一步:打开"动态的本量利分析模型"工作簿,将其以"多因素下的盈亏平衡销量"为名进行另存,并在其中修改相应的数据,然后在C10单元格中输入公式"=B3",在D10单元格中输入公式"=A10*(B5−B4)−B3",完成后按Ctrl+Enter组合键,如图7-59所示。

图 7-59 修改相应的数据

第二步:在A15:A19和C15:C19单元格区域中分别输入"=$B$7"和"=$D$3",然后删除A16:D16单元格区域,假设在B15和D15单元格中输入Y值的最大值"15 000 000",在B18和D18单元格中输入Y值的最小值"−1 000 000",完成后在B16单元格中输入公式"=B3",如图7-60所示。

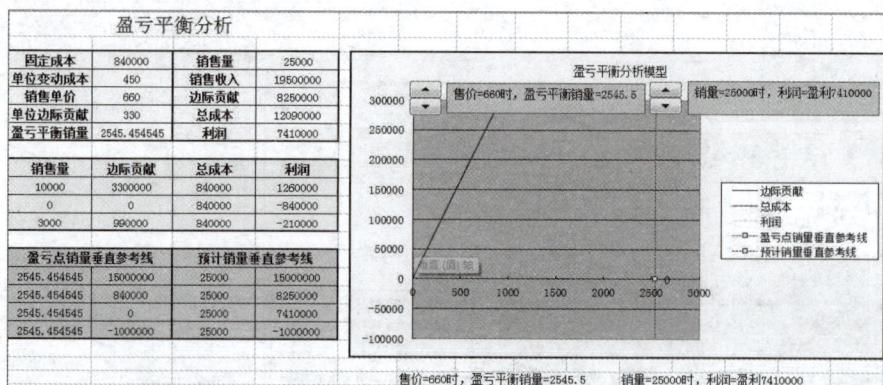

图 7-60　设置参数

第三步：双击*X*坐标轴，设置*X*坐标轴边界的"最小值"为"0"，"最大值"为"30 000"，"主要边界单位"为"5000"；双击*Y*坐标轴，设置*Y*坐标轴边界的"最小值"为"－1 000 000"，"最大值"为"15 000 000"，"主要边界单位"为"2 000 000，如图7-61和图7-62所示。

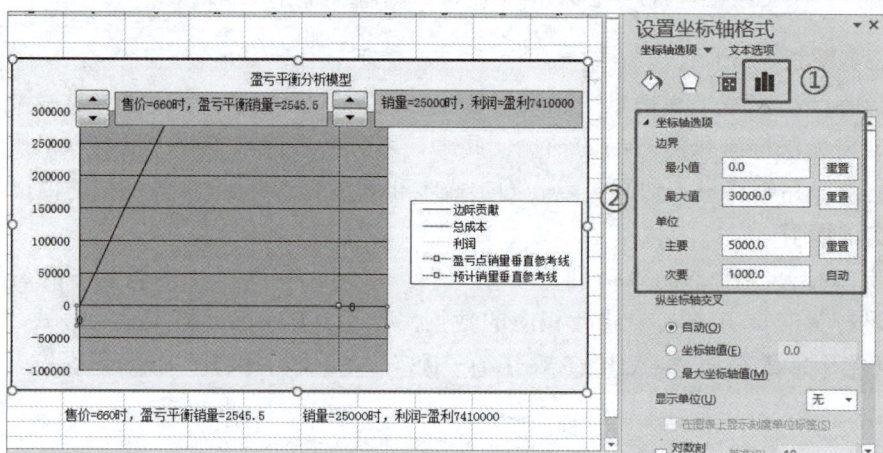

图 7-61　修改 *X* 坐标轴格式

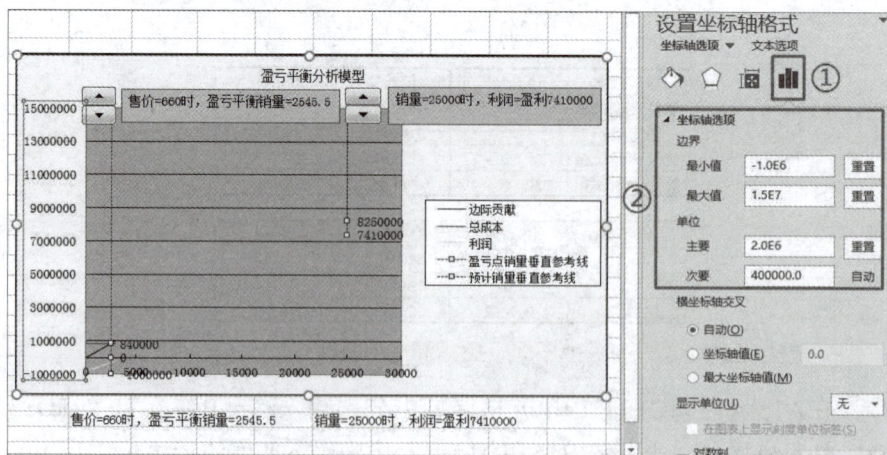

图 7-62　修改 *Y* 坐标轴格式

第四步：双击"盈亏点销量垂直参考线"数据系列的最下方数据点，在其上右击，在弹出的快捷菜单中选择"设置数据标签格式"命令(见图7-63),在打开的"设置数据系列格式"对话框中,选择"标记"｜"数据标记选项"｜"无"命令,在"标签选项"下,取消选中"Y值"复选框(见图7-64),操作完成后即可清除数据系列最下方的数据点和数据标签。用相同的方法清除"预计销量垂直参考线"数据系列最下方的数据点和数据标签。

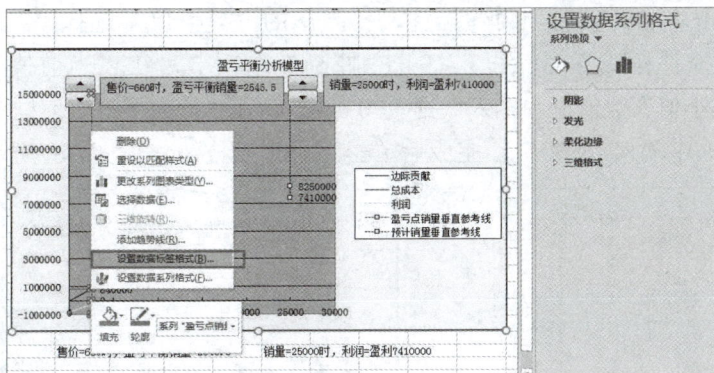

图 7-63　设置数据标签格式

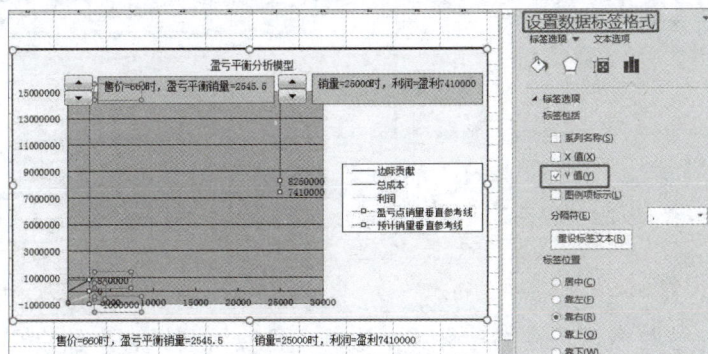

图 7-64　设置标签选项

第五步:在"绘图"工具栏上单击"选择对象"按钮,在图表中选择组合的微调项窗体控件和矩形框,在其上右击,在弹出的快捷菜单中选择"组合"｜"取消组合"命令,即可取消对象的组合,如图7-65所示。

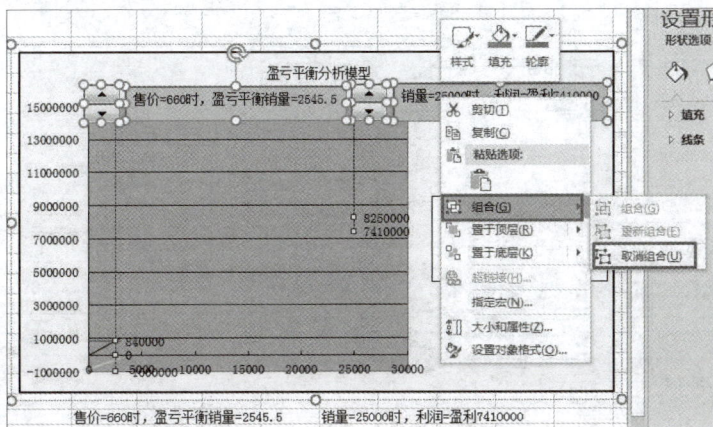

图 7-65　取消对象的组合

第六步：右击左侧的微调项窗体控件，在弹出的快捷菜单中选择"设置控件格式"命令，打开"设置控件格式"对话框；打开"控制"选项卡，在"当前值"文本框中输入"660"，在"最小值"数值框中输入"480"，在"最大值"数值框中输入"810"，在"步长"数值框中输入"30"，完成后单击"确定"按钮，如图7-66所示。

第七步：右击右侧的微调项窗体控件，在弹出的快捷菜单中选择"设置控件格式"命令，打开"设置控件格式"对话框；打开"控制"选项卡，在"当前值"文本框中输入"25 000，在"最小值"数值框中输入数据"10 000"，在"最大值"数值框中输入"30 000，在"步长"数值框中输入"500"，完成后单击"确定"按钮，如图7-67所示。

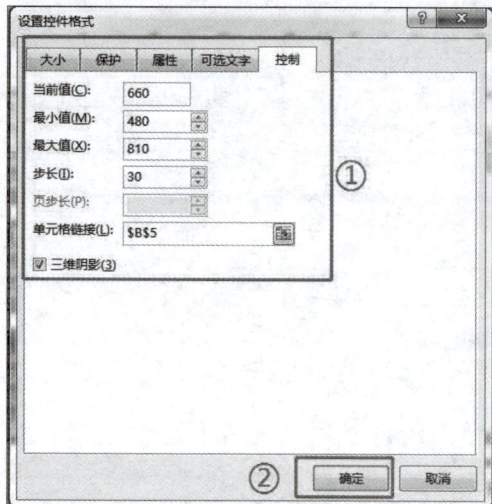

图 7-66　设置左侧微调项窗体控件的格式　　　图 7-67　设置右侧微调项窗体控件的格式

第八步：同时选择微调项窗体控件和矩形框，再次将其组合，然后在"绘图"工具栏上单击"选择对象"按钮撤销选择对象状态，完成后将鼠标指针移动到图表的微调项窗体控体上，单击▲按钮或▼按钮，提高售价或降低销量，查看表格和图表上相应数据的变化关系，如图7-68所示。

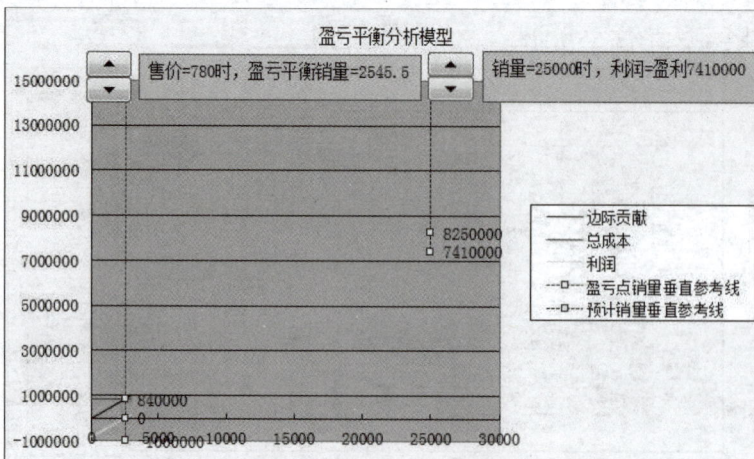

图 7-68　调整微调项观察相应数据的变化情况

实训五　标准成本系统分析模型设计

⟫ 实训任务

某企业生产甲产品，相关数据如图7-69所示。请对材料成本、人工成本，以及变动性制造费用的成本差异进行分析。

	A	B	C	D
1	某企业生产甲产品的标准成本和实际成本如下表:			
2	成本项目	数量标准	价格标准	标准成本
3	直接材料:	千克	元/千克	元
4	材料	16	36	576
5	直接人工:	小时	元/小时	元
6	生产车间	6	6	36
7	制造费用:	小时	元/小时	元
8	变动费用	6	10	60
9	单位产品变动性实际生产成本		672	
10				
11	成本项目	实际数量	实际价格	实际成本
12	直接材料:	千克	元/千克	元
13	材料	21	39	819
14	直接人工:	小时	元/小时	元
15	生产车间	11	15	165
16	制造费用:	小时	元/小时	元
17	变动费用	10	14	140
18	单位产品变动性标准生产成本		1124	

图 7-69　甲产品的相关数据

⟫ 任务解析

标准成本系统包括成本标准的确定、成本差异的分析、成本差异的处理。在许多情况下，成本标准并不是固定不变的，因此需要根据实际情况进行一定程度的调整。运用Excel可以方便地对标准成本系统进行调节，从而大大减少分析者的工作量。

标准成本系统分析模型的设计主要采用比较法、图示法等，利用标准成本、实际成本、成本差异等变量对成本差异进行计算。

⟫ 实训指引

以直接材料的成本差异分析为例。

第一步：在工作表中输入已知数据。

第二步：设计分析区和结论区，并输入相关公式。

第三步：添加价格和用量的微调项窗体控件，使模型可调，如图7-70所示。

第四步：绘制成本差异分析图。绘图方法见本章实训二、实训三的有关内容。

第五步：修饰图表，最终效果如图7-71所示。

对于人工成本差异、变动性制造费用差异的分析模型，设计方法同上。

	A	B	C	D	E	F
1	直接材料的成本差异分析					
2						
3	分析区:					
4	标准价格	36.00	▲ ▼	实际价格	39.00	▲ ▼
5	标准数量	16.00	▼	实际数量	21.00	▼
6	结论区:					
7	标准材料成本	576.0		实际材料成本	819.00	
8				结论性文字:		
9	材料价格差异	63		材料价格差异:	63	
10	材料数量差异	180		材料数量差异:	180	
11	材料成本差异	243		材料成本差异:	243	

图 7-70　直接材料成本差异分析表

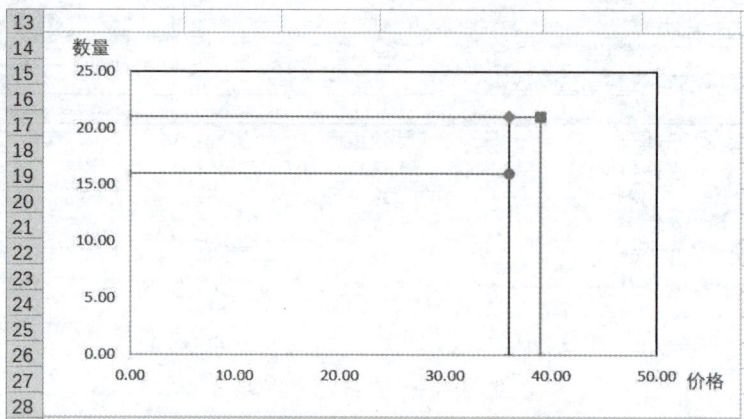

图 7-71　直材材料成本差异分析图

实训六　作业成本系统分析模型设计

实训任务

某公司本月所投产的A、B两种产品当月全部完工，其有关数据如表7-72所示。请计算两种成本计算方法下的产品单位成本，并进行比较。(完全成本法下制造费用根据生产工时进行分配)

任务解析

由于传统的成本计算方法对制造费用的分配存在不准确的问题，需要运用作业成本法进行成本计算，而作业成本法的计算需要根据产品消耗作业量来对制造费用进行分配，有时不同的产品所消耗的作业量不同，手工计算的方法往往不能满足决策的要求，需要借助计算机来完成，Excel的电子表格功能为成本计算提供了方便。

作业成本系统分析模型的设计采用完全成本法、作业成本法、比较法等，以产品生产量、直接材料、直接人工、制造费用、作业、作业成本为主要变量，对作业成本与完全成本进行比较分析。

实训指引

第一步：在工作表中输入已知数据，如图7-72所示。

第二步：制作完全成本法下的产品成本计算表，如图7-73所示。

第三步：制作作业成本法下的产品成本计算表，如图7-74所示。

	A	B	C	D	E	F
1	A、B两种产品的生产及成本资料：					
2	项目		A产品		B产品	
3	产量(件)		100		5200	
4	单位产品机器小时(小时/件)		12		8	
5	单位产品直接材料成本(元/件)		200		190	
6	单位产品直接人工成本(元/件)		150		140	
7	制造费用总额(元)			395800		
8						
9	制造费用作业资料：					
10			作业成本	成本动因数		
11	作业	成本动因数	(元)	A产品	B产品	合计
12	机器调整	调整准备(次)	16000	20	12	32次
13	生产订单	订单份数(份)	62000	30	20	50份
14	机器运行	机器小时数(小时)	233800	600	16100	16700小时
15	质量检验	检验次数(次)	84000	60	40	100次
16	合计		395800	——	——	——

图 7-72　A、B 两种产品的有关数据

	A	B	C	D	E	F	G
1	产品成本构成及明细：						
2	项目			A产品		B产品	
3	产量(件)			100		5200	
4	单位产品机器小时(小时/件)			12		8	
5	单位产品直接材料成本(元/件)			200		190	
6	单位产品直接人工成本(元/件)			150		140	
7	制造费用总额(元)				395800		
8							
9	完全成本法下制造费用分配：					单位:元	
10	成本项目		生产工时		制造费用分配率		制造费用
11	A产品		1200		9.25		11097.20
12	B产品		41600				384702.80
13							
14	完全成本法下产品成本计算：					单位:元	
15	成本项目	直接材料	直接人工	制造费用	总成本	产量(件)	单位成本
16	A产品	20000	15000	11097.20	46097.20	100	460.97
17	B产品	988000	728000	384702.80	2100702.80	5200	403.98

图 7-73　完全成本法下的产品成本计算表

	A	B	C	D	E	F	G
1	制造费用资料：						
2			作业成本	成本动因数			
3	作业	成本动因数	(元)	A产品	B产品	合计	
4	机器调整	调整准备(次)	16000	20	12	32	
5	生产订单	订单份数(份)	62000	30	20	50	
6	机器运行	机器小时数(小时)	233800	600	16100	16700	
7	质量检验	检验次数(次)	84000	60	40	100	
8	合计		395800	——			
9							
10	作业成本法下制造费用分配：						
11				制造费用（元）			
12	作业	分配率	作业成本	A产品	B产品	合计	
13	机器调整	500	16000	10000	6000	16000	
14	生产订单	1240	62000	37200	24800	62000	
15	机器运行	14	233800	8400	225400	233800	
16	质量检验	840	84000	50400	33600	84000	
17	合计		395800	106000	289800	395800	
18	单位产品制造费用（元/件）		——	1060	55.73		
19							
20	作业成本法下产品成本计算：					单位:元	
21	成本项目	直接材料	直接人工	制造费用	总成本	产量(件)	单位成本
22	A产品	20000	15000	106000	141000	100	1410
23	B产品	988000	728000	289800	2005800	5200	385.73

图 7-74　作业成本法下的产品成本计算表

第四步：绘制堆积图，对比两种方法下计算的产品成本。首先，将两种方法计算的成

本信息汇总,选中相关数据(注意,不包含单位产品成本),选择"插入"|"推荐的图表"|"所有图表"|"组合"命令,并选择如图7-75所示的图表类型。最终,形成的对比模型如图7-76所示。

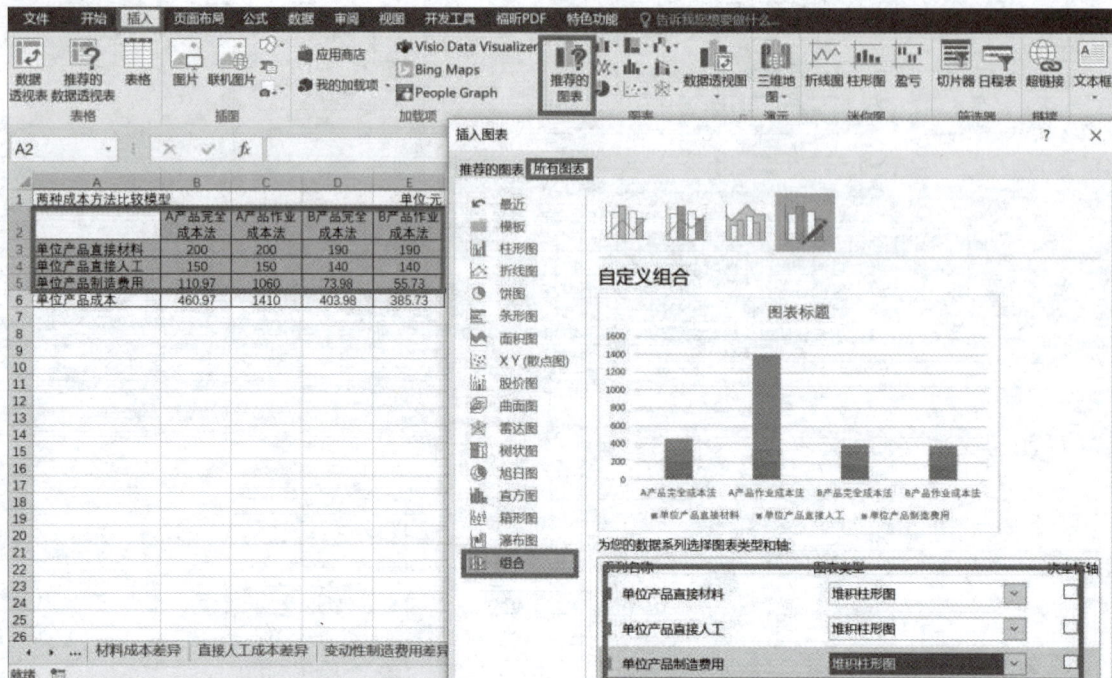

图 7-75　创建图表

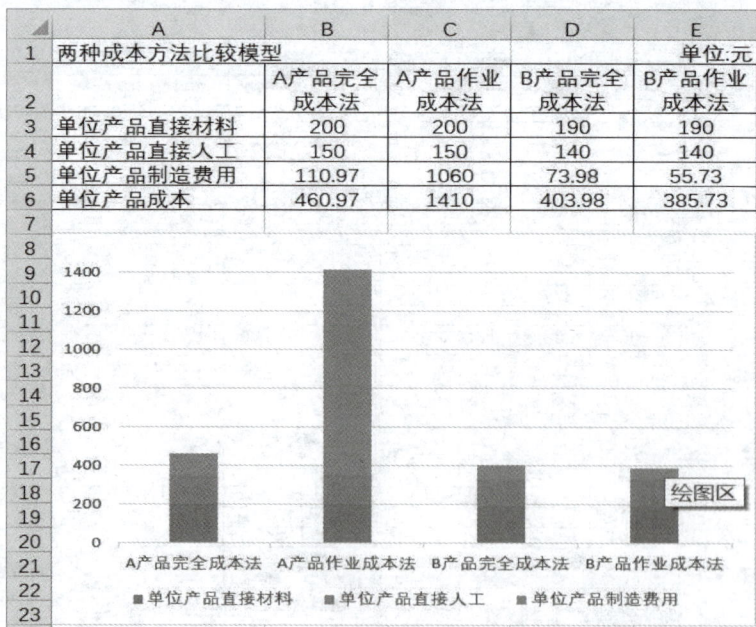

图 7-76　两种成本方法比较模型

第8章

营运管理数据分析

实训一　最佳现金持有量模型设计

⏎ 实训任务

假定某公司现金支出和收入呈周期性均匀变化,当现金闲置时购买有价证券,当需要现金时出售有价证券。每年的现金总需求量为1 000 000元,有价证券的报酬率为15%,每次的交易成本为3000元。请利用Excel根据巴摩尔模型设计最佳现金持有量模型,计算该公司的最佳现金持有量和最低现金管理相关总成本。

❖ 特别提醒:

● 最佳现金持有量

最佳现金持有量又称为最佳现金余额,是指现金既满足生产经营的需要,又使现金使用的效率和效益最高时的现金持有量最低。

● 最佳现金持有量的确定

确定最佳现金持有量的方法有成本分析模式、存货模式和随机模式。

● 巴摩尔模型

巴摩尔模型又称为存货模型,是将存货经济订货批量模型原理用于确定目标现金持有量的模型,其着眼点是现金相关成本之和最低。巴摩尔模型的出发点在于把持有的有价证券同现金联系起来,比较现金的机会成本与买卖有价证券的固定转换成本,当两者之和最小时所对应的现金持有量便是最佳现金持有量。其计算公式如下。

现金管理相关总成本=持有机会成本+固定性交易成本

$$TC = \frac{Q}{2} \times K + \frac{T}{Q} \times F$$

其中,TC为现金管理相关总成本;Q为现金最佳持有量;F为每次现金转换的固定交易成本;T为一个周期中的现金总需要量;K为单位现金持有的机会成本,为该时期有价证券的报酬率。

令TC(Q)一阶导数等于0,便可以求得最佳现金持有量:$Q = \sqrt{\dfrac{2T \cdot F}{K}}$

任务解析

利用Excel求解最佳现金持有量有三个思路：一是关注最佳现金持有量函数。最佳现金持有量函数是平方根函数，借助Excel中的SQRT()函数可以完成最佳现金持有量的计算。二是关注现金管理总成本函数，利用Excel中的规划求解功能可以求解现金管理总成本函数的最小值。当需要同时改变多个单元格中的数值，并且要求同时满足某些约束条件，以获得目标单元格中的最大值、最小值或一个确定的目标值时，可以使用Excel中的规划求解功能为目标单元格中的公式找到可用的最优值。三是关注机会成本函数和交易成本函数。由于总成本=机会成本+交易成本，机会成本随着现金持有量的增加而增加，交易成本随着现金持有量的增加而减少，两条成本线的交点为总成本最低点，因此可以借助Excel折现图求解最佳现金持有量。

实训指引

1. 利用SQRT()函数计算最佳现金持有量

首先新建工作簿，然后在其中输入数据并根据最佳现金持有量计算公式计算相应的数据。具体操作过程如下。

第一步：将新建的工作簿以“最佳现金持有量”为名进行保存，在Excel表格中输入标题和已知的基本数据，并设置相应的单元格格式，如图8-1所示。其中，A、B两列为基本数据，D、F两列为未知待求数据。

第二步：依据最佳现金持有量计算公式 $\sqrt{\frac{2T \cdot F}{K}}$，在工作簿中选择E4单元格，输入公式“=SQRT(2*B4*B5/B6)”，完成后按Ctrl+Enter组合键计算最佳现金持有量，如图8-2所示。

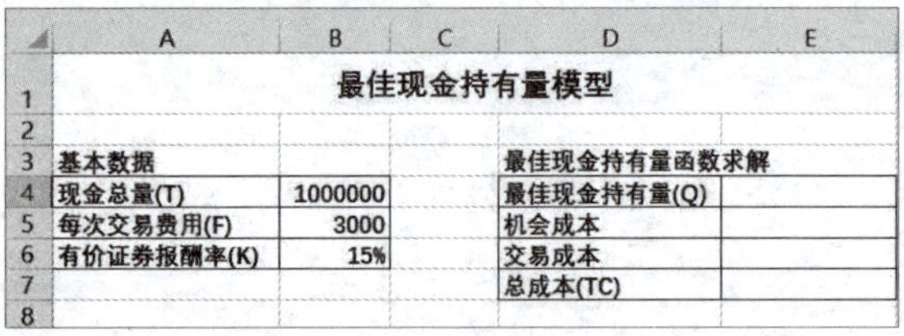

	A	B	C	D	E
1	最佳现金持有量模型				
2					
3	基本数据			最佳现金持有量函数求解	
4	现金总量(T)	1000000		最佳现金持有量(Q)	
5	每次交易费用(F)	3000		机会成本	
6	有价证券报酬率(K)	15%		交易成本	
7				总成本(TC)	
8					

图 8-1　输入数据并设置单元格格式

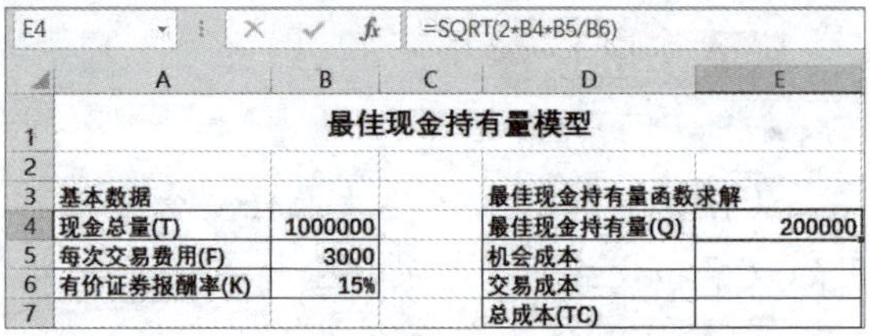

E4　=SQRT(2*B4*B5/B6)

	A	B	C	D	E
1	最佳现金持有量模型				
2					
3	基本数据			最佳现金持有量函数求解	
4	现金总量(T)	1000000		最佳现金持有量(Q)	200000
5	每次交易费用(F)	3000		机会成本	
6	有价证券报酬率(K)	15%		交易成本	
7				总成本(TC)	

图 8-2　计算最佳现金持有量

第三步：依据机会成本计算公式 $\frac{Q}{2} \times K$，在工作簿中选择E5单元格，输入公式“=E4/2*B6”，完成后按Ctrl+Enter组合键计算机会成本，如图8-3所示。

第四步：依据交易成本计算公式 $\frac{T}{Q} \times F$，在工作簿中选择E6单元格，输入公式“=B4/E4*B5”，完成后按Ctrl+Enter组合键计算交易成本，如图8-4所示。

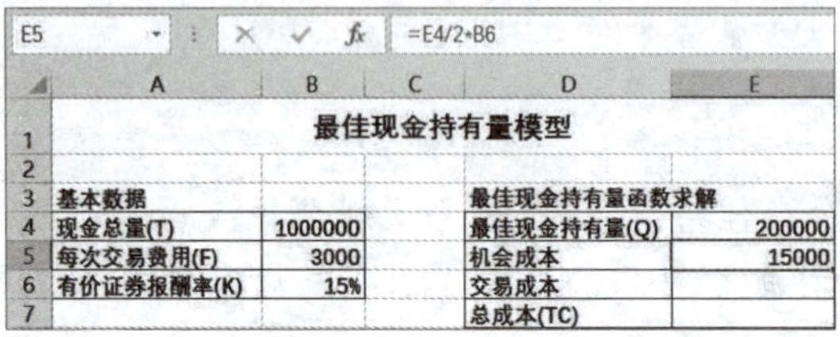

E5　=E4/2*B6

	A	B	C	D	E
1	最佳现金持有量模型				
2					
3	基本数据			最佳现金持有量函数求解	
4	现金总量(T)	1000000		最佳现金持有量(Q)	200000
5	每次交易费用(F)	3000		机会成本	15000
6	有价证券报酬率(K)	15%		交易成本	
7				总成本(TC)	

图 8-3　计算机会成本

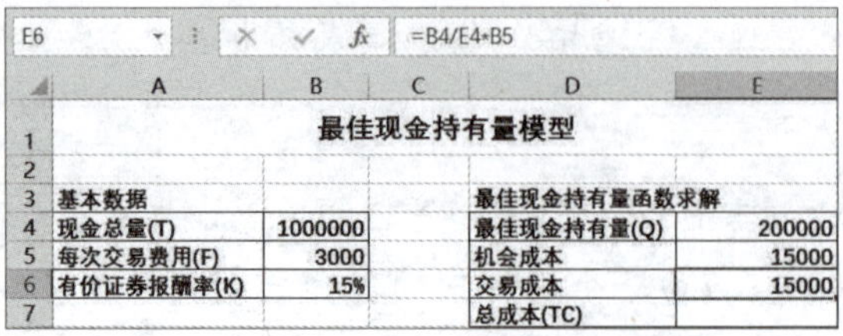

E6　=B4/E4*B5

	A	B	C	D	E
1	最佳现金持有量模型				
2					
3	基本数据			最佳现金持有量函数求解	
4	现金总量(T)	1000000		最佳现金持有量(Q)	200000
5	每次交易费用(F)	3000		机会成本	15000
6	有价证券报酬率(K)	15%		交易成本	15000
7				总成本(TC)	

图 8-4　计算交易成本

第五步：总成本=机会成本+交易成本，在工作簿中选择E7单元格，输入公式“=E5+E6”，完成后按Ctrl+Enter组合键计算现金管理相关总成本，如图8-5所示。

E7　=E5+E6

	A	B	C	D	E
1	最佳现金持有量模型				
2					
3	基本数据			最佳现金持有量函数求解	
4	现金总量(T)	1000000		最佳现金持有量(Q)	200000
5	每次交易费用(F)	3000		机会成本	15000
6	有价证券报酬率(K)	15%		交易成本	15000
7				总成本(TC)	30000

图 8-5　计算总成本

2. 利用规划求解功能计算最佳现金持有量

当需要同时改变多个单元格中的数值，并且要求同时满足某些约束条件，以获得目标单元格中的最大值、最小值或一个确定的目标值时，可以使用Excel中的规划求解功能为目标单元格中的公式找到可用的最优值。

利用规划求解功能计算最佳现金持有量的具体操作过程如下。

第一步：建立最佳现金持有量成本分析表，如图8-6所示。其中，最佳现金持有量为随机数值。

	A	B	C	D	E	F	G	H
9–10	最佳现金持有量成本分析表							
11	最佳现金持有量(Q)	170000	180000	190000	200000	210000	220000	230000
12	机会成本							
13	交易成本							
14	总成本(TC)							

图 8-6　最佳现金持有量成本分析表

第二步：输入计算公式。

依据图8-1所示的基本数据，计算机会成本。机会成本的计算公式为$\frac{Q}{2}\times K$，因此在B12单元格中输入公式“=B11/2*$B$6”。

计算交易成本。交易成本的计算公式为$\frac{T}{Q}\times F$，因此在B13单元格中输入公式“=$B$4/B11*$B$5”。

计算总成本。总成本等于机会成本和交易成本之和，因此在B14单元格中输入公式“=B12+B13”。

将B12、B13和B14单元格中的公式向右填充至整个表格，最终数据如图8-7所示。

	A	B	C	D	E	F	G	H
9–10	最佳现金持有量成本分析表							
11	最佳现金持有量(Q)	170000	180000	190000	200000	210000	220000	230000
12	机会成本	12750	13500	14250	15000	15750	16500	17250
13	交易成本	17647.1	16666.7	15789.47368	15000	14285.7	13636.4	13043.5
14	总成本(TC)	30397.1	30166.7	30039.47368	30000	30035.7	30136.4	30293.5

图 8-7　最佳现金持有量成本分析完整表

第三步：加载规划求解功能。选择“文件” | “选项”命令，打开“Excel选项”对话框，在“加载项”选项卡中选择“规划求解加载项”选项，如图8-8所示。单击“确定”按

钮，"数据"选项卡下将出现"分析"功能区，其中包括"规划求解"功能。一旦加载完成，下次无须重复加载。

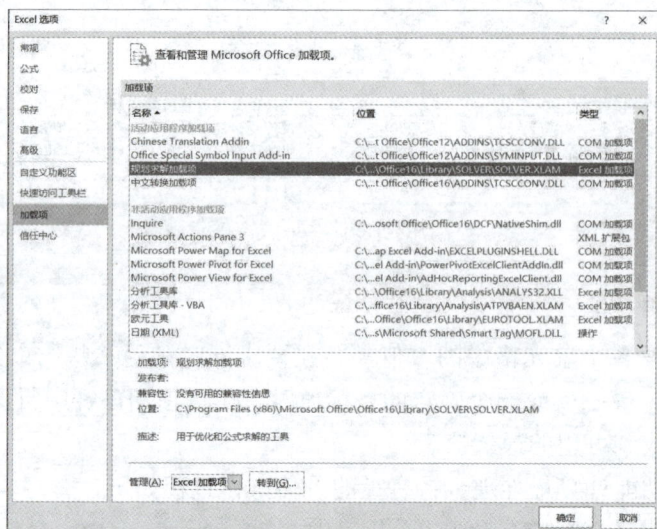

图 8-8　规划求解加载项

第四步：确定各项参数。选择"数据"|"规划求解"命令，打开"规划求解参数"对话框。在该对话框中首先需要设置目标值所在的单元格，即目标单元格；然后设置可变量所在的单元格，即可变单元格。在"设置目标"文本框中输入"$B$14"，即总成本；选中"最大值"单选按钮；在"通过更改可变单元格"文本框中输入"$B$11:$H$11"，如图8-9所示。

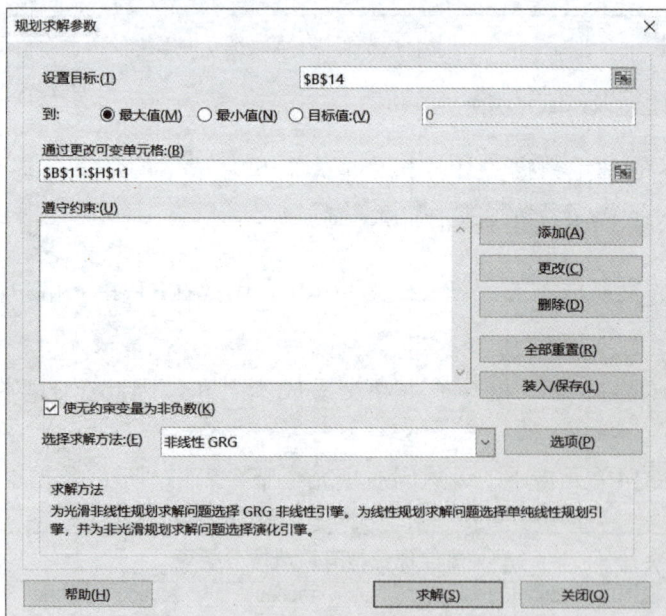

图 8-9　规划求解参数

单击"添加"按钮，打开"添加约束"对话框。从中添加"最佳现金持有量"的约束，由于最佳现金持有量一般大于0，因此在"单元格引用"文本框中输入"$B$11"，在符号下拉列表框中选择">="选项，在"约束"文本框中输入"0.01"，如图8-10所示。

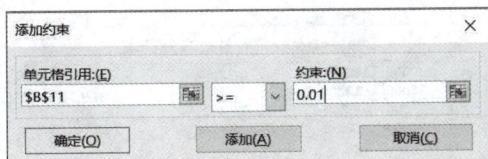

图 8-10　添加约束

单击"确定"按钮，返回"规划求解参数"对话框。此时"遵守约束"列表框中会显示已添加的约束条件，如图8-11所示。

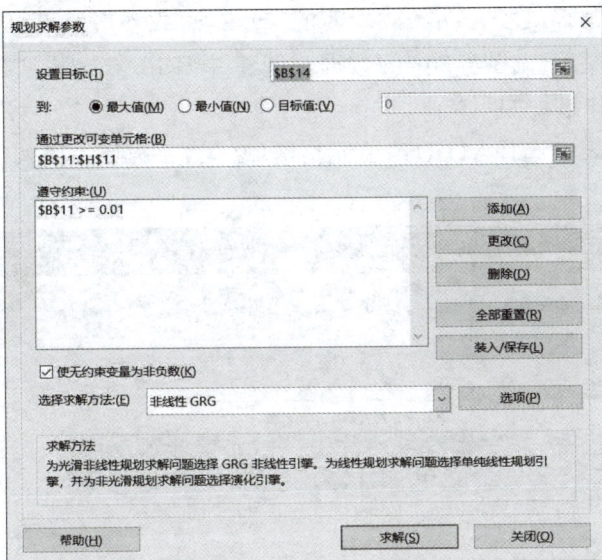

图 8-11　已添加约束条件

第五步：规划求解。单击"求解"按钮，打开"规划求解结果"对话框。选中"保留规划求解的解"单选按钮，如图8-12所示。

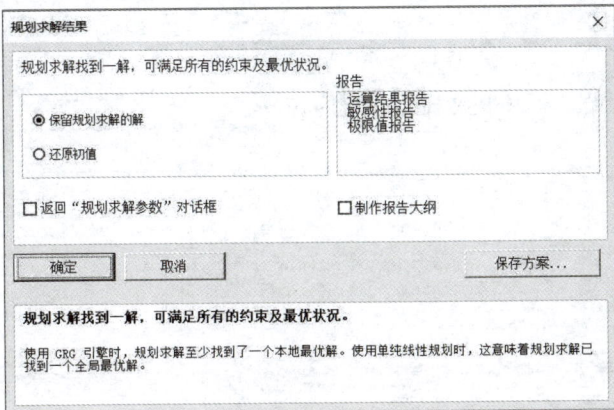

图 8-12　保留规划求解结果

单击"确定"按钮，返回工作表。此时工作表中会显示规划求解后的结果(图8-13B列)。

❖ 特别提醒：

规划求解操作步骤：①设定目标并在目标单元格录入需要的公式；②设定目标的结果，如最大值、最小值、特定值等；③选择可变单元格；④设置可变单元格的约束条件。

	A	B	C	D	E	F	G	H
9								
10			最佳现金持有量成本分析表					
11	最佳现金持有量(Q)	200000	180000	190000	200000	210000	220000	230000
12	机会成本	15000	13500	14250	15000	15750	16500	17250
13	交易成本	15000	16666.7	15789.47368	15000	14285.7	13636.4	13043.5
14	总成本(TC)	30000	30166.7	30039.47368	30000	30035.7	30136.4	30293.5

图 8-13　规划求解结果

3. 创建折线图计算最佳现金持有量

由于总成本=机会成本+交易成本，机会成本随着现金持有量的增加而增加，交易成本随着现金持有量的增加而减少，两条成本线的交点为总成本最低点，因此可以根据最佳现金持有量成本分析完整表(见图8-7)中的数据，创建并编辑"折线图"，以实现最佳现金持有量的分析。具体操作过程如下。

第一步：在工作表中选择A11:H14单元格区域，然后选择"插入"|"图表"命令，如图8-14所示。

图 8-14　插入图表

第二步：在打开的"插入图表"对话框中，选择"所有图表"|"折线图"|"带数据标记的折线图"子图表类型，完成后单击"确定"按钮，如图8-15所示。

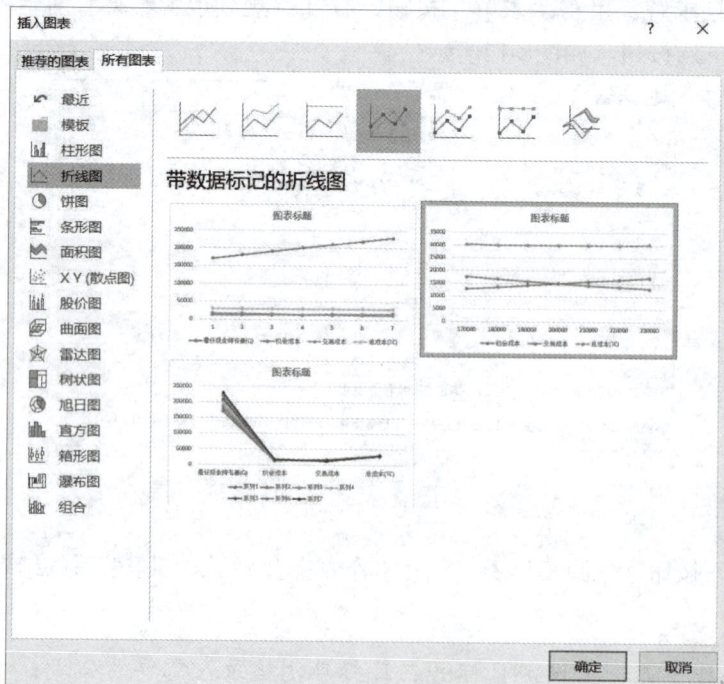

图 8-15　选择图表类型

第三步：将创建的图表移动到空白位置，并调整图表大小，然后将"图表标题"修改为"最佳现金持有量模型"，如图8-16所示。

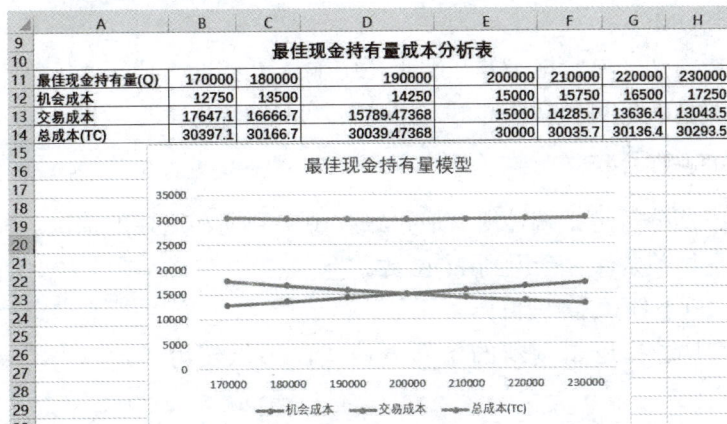

	A	B	C	D	E	F	G	H
9				最佳现金持有量成本分析表				
10								
11	最佳现金持有量(Q)	170000	180000	190000	200000	210000	220000	230000
12	机会成本	12750	13500	14250	15000	15750	16500	17250
13	交易成本	17647.1	16666.7	15789.47368	15000	14285.7	13636.4	13043.5
14	总成本(TC)	30397.1	30166.7	30039.47368	30000	30035.7	30136.4	30293.5

图 8-16　修改图表标题

从图8-16中可以看出，当现金持有量为200 000元时，机会成本线与交易成本线相交于同一点，此时总成本最低。因此，最佳现金持有量为200 000元。

实训二　应付账款管理与分析

↪ 实训任务

某企业截至2023年8月31日的应付账款明细表如表8-1所示。请利用Excel建立应付账款分析表和应付账款二维柱状图对企业的应付账款金额进行分析，同时建立应付账款二维饼图对应付账款不同账期的金额百分比进行分析。

表8-1　应付账款明细表

客户名称	交易时间	付款期限	应付金额
瑞光电子	2023/8/10	10天	49 000元
联想公司	2023/8/25	30天	157 950元
长城电子	2023/8/28	30天	119 340元

❖ 特别提醒：

应付账款是指企业因购买原材料、商品，或者接受劳务等而应当支付的款项，这是买卖双方在购销活动中由于取得物资与支付货款在时间上不一致而产生的负债。企业应当加强对应付账款的管理，以避免财务危机，维护企业信誉。

↪ 任务解析

应付账款分析主要包括对应付金额的分析、应付账款的账期分析，以及应付账款金额比例的计算等内容。

1. 应付金额的分析

应付账款明细表反映了截至2023年8月31日该企业应付给所有客户的账款金额。应付金额的分析是指将账面上所有未到期和逾期的账款金额进行汇总。在Excel中对某一行或某一列的数据进行求和会用到自动求和函数SUM()。

函数公式：=SUM()

使用方法：选中某一单元格，并在编辑栏中输入"=SUM()"，然后输入函数参数，最后按Enter键结束确认，即可计算出总和。

2. 应付账款的账期分析

应付账款的账期分析是指统计所有应付账款中未到期和逾期的情况。在Excel中判断某个单元格是否满足相关条件时会用到IF()函数。

函数公式：=IF(条件,真值,假值)

① 条件：需要进行逻辑判断的条件表达式，可以使用">""<""="等常见运算符。

② 真值：条件成立时的返回结果。

③ 假值：条件不成立时的返回结果。

3. 应付账款金额比例的计算

应付账款的金额比例计算是指统计应收账款在不同账期中占应收账款总额的比重。一般，在Excel中可以采用二维饼图的形式更清晰地反映应付账款账期的累计金额和累计比例。

▶ 实训指引

1. 应付账款金额与账期分析

第一步：新建工作簿和应付账款分析表。新建一个工作簿并以"应付账款"为名进行保存，然后将其中的工作表Sheet1重命名为"应付账款分析表"，在该工作表中输入表题与相应的表格项目，并设置单元格格式，如图8-17所示。

	A	B	C	D	E	F	G	H	I
1					应付账款分析表				
2									
3	当前日期								
4	客户名称	交易时间	付款期限	应付金额	未到期	逾期0-20天	逾期20-40天	逾期40-60天	逾期60天以上
5	瑞光电子								
6	联想公司								
7	长城电子								
8		应付账款合计							
9		应付账款比例							
10									

图 8-17　输入表格项目并设置单元格格式

第二步：录入基础数据。选择B3单元格，输入"2023/8/31"，右击该单元格，在弹出的快捷菜单中选择"设置单元格格式"命令，打开"设置单元格格式"对话框。切换到"数字"选项卡，在"分类"列表框中选择"日期"选项，然后在"类型"列表框中选择"2012年3月14日"选项，如图8-18所示。

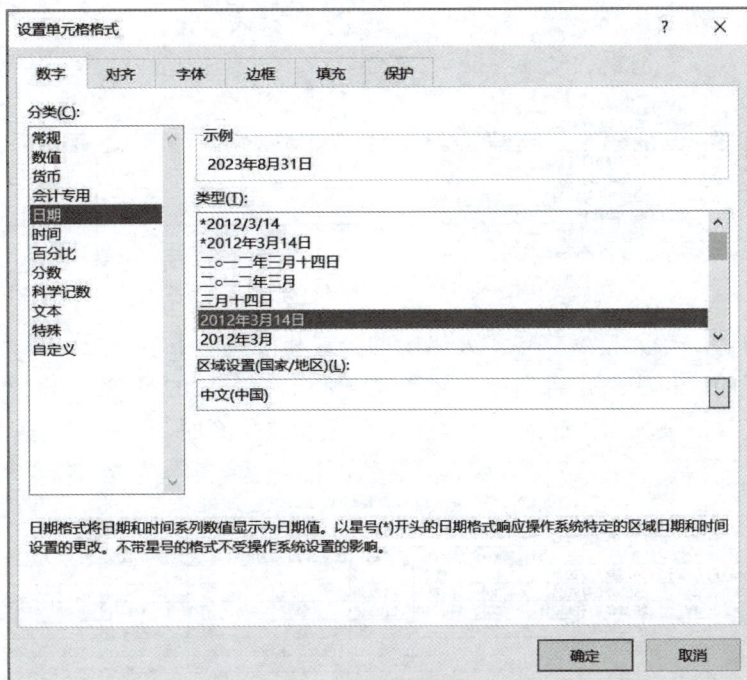

图 8-18　设置单元格格式

单击"确定"按钮，返回工作表，此时B3单元格中的日期就会以"年月日"的形式显示。

选择B5、B6和B7单元格，依次输入"2023/8/10""2023/8/25"和"2023/8/28"，选中B5:B7单元格区域，以同样的方式将单元格格式设置为"年月日"的形式，最终结果如图8-19所示。

图 8-19　输入交易时间

第三步：在表格中补齐企业尚未支付的应付账款的相关数据信息，并进行相应的格式设置，如图8-20所示。

图 8-20　输入基础数据

第四步：应付账款账期分析。选择E5单元格，输入公式"=IF(B5+C5>$B$3,D5,0)"，完成后按Ctrl+Enter组合键，分析瑞光电子应付账款是否到期，如图8-21所示。

E5 =IF(B5+C5>$B$3,D5,0)

	A	B	C	D	E	F	G	H	I
1				应付账款分析表					
2									
3	当前日期	2023年8月31日							
4	客户名称	交易时间	付款期限	应付金额	未到期	逾期0-20天	逾期20-40天	逾期40-60天	逾期60天以上
5	瑞光电子	2023年8月10日	10	49000	0				
6	联想公司	2023年8月25日	30	157950					
7	长城电子	2023年8月28日	30	119340					
8		应付账款合计							
9		应付账款比例							
10									

图 8-21　分析瑞光电子应付账款是否到期

第五步：单击E5单元格，将该单元格中的公式和格式向下填充至E7单元格，分析联想公司和长城电子的应付账款是否到期。如图8-22所示，截至2023年8月31日，联想公司和长城电子的应付账款尚未到期，而瑞光电子的应付账款确认逾期。

	A	B	C	D	E	F	G	H	I
1				应付账款分析表					
2									
3	当前日期	2023年8月31日							
4	客户名称	交易时间	付款期限	应付金额	未到期	逾期0-20天	逾期20-40天	逾期40-60天	逾期60天以上
5	瑞光电子	2023年8月10日	10	49000	0				
6	联想公司	2023年8月25日	30	157950	157950				
7	长城电子	2023年8月28日	30	119340	119340				
8		应付账款合计							
9		应付账款比例							
10									

图 8-22　到期分析

第六步：计算企业逾期尚未支付的应付账款金额。在F5:I5单元格区域中依次输入以下公式。F5=IF(AND($B$3－($B5+$C5)>0,$B$3－($B5+$C5)<=20),$D5,0)

G5=IF(AND($B$3－($B5+$C5)>20,$B$3－($B5+$C5)<=40),$D5,0)

H5=IF(AND($B$3－($B5+$C5)>40,$B$3－($B5+$C5)<=60),$D5,0)

I5=IF($B$3－($B5+$C5)>60,$D5,0)

完成后按Ctrl+Enter组合键，并将F5:I5单元格区域中的公式和格式向下填充至F7:I7单元格区域，如图8-23所示。从图中可以看出，只有瑞光电子的应付账款发生了逾期，逾期时间在20天之内。

	A	B	C	D	E	F	G	H	I
1				应付账款分析表					
2									
3	当前日期	2023年8月31日							
4	客户名称	交易时间	付款期限	应付金额	未到期	逾期0-20天	逾期20-40天	逾期40-60天	逾期60天以上
5	瑞光电子	2023年8月10日	10	49000	0	49000	0	0	0
6	联想公司	2023年8月25日	30	157950	157950	0	0	0	0
7	长城电子	2023年8月28日	30	119340	119340	0	0	0	0
8		应付账款合计							
9		应付账款比例							
10									

图 8-23　逾期天数及金额分析

❖ 特别提醒：

Excel中的IF()函数如果存在多个条件，则可以借助AND()函数或OR()函数将多个条件连接在一起。当需要同时满足多个条件时用AND()函数，只需满足其中一个条件时用OR()函数。以公式F5=IF(AND($B$3-($B5+$C5)>0,$B$3-($B5+$C5)<=20),$D5,0)为例，该公式的含义为：如果F5单元格既满足$B$3-($B5+$C5)>0，又满足$B$3-($B5+$C5)<=20，则F5取值为$D5，否则为0。也就是说，如果瑞光电子应付账款的逾期天数在0到20天之间，则F5单元格中的值与D5单元格一致；如果逾期天数不在0到20天之间，则F5单元格中的值为0。

第七步：计算应付账款总额、未到期金额和逾期金额。在D8单元格中输入公式"=SUM(D5:D7)"，完成后按Ctrl+Enter组合键，然后将D8单元格中的公式和格式向右填充至I8单元格，如图8-24所示。从图中可以看出，该企业期末应付账款总额为326 290元，未到期的应付账款金额为277 290元，逾期时间在20天以内的应付账款金额为49 000元，逾期时间在20天以外的应付账款金额为0。

图 8-24　应付账款金额与账期分析

2. 应付账款比例分析

第一步：在刚刚建立的应付账款分析表中，选择D9单元格，输入公式"=D8/$D$8"，完成后按Ctrl+Enter组合键，如图8-25所示。

图 8-25　计算应付账款比例

第二步：将D9单元格中的公式和格式向右填充至I9单元格，然后选择D9:I9单元格区域，右击，在弹出的快捷菜单中选择"设置单元格格式"命令，打开"设置单元格格式"对话框。切换到"数字"选项卡，在"分类"列表框中选择"百分比"选项，如图8-26所示。

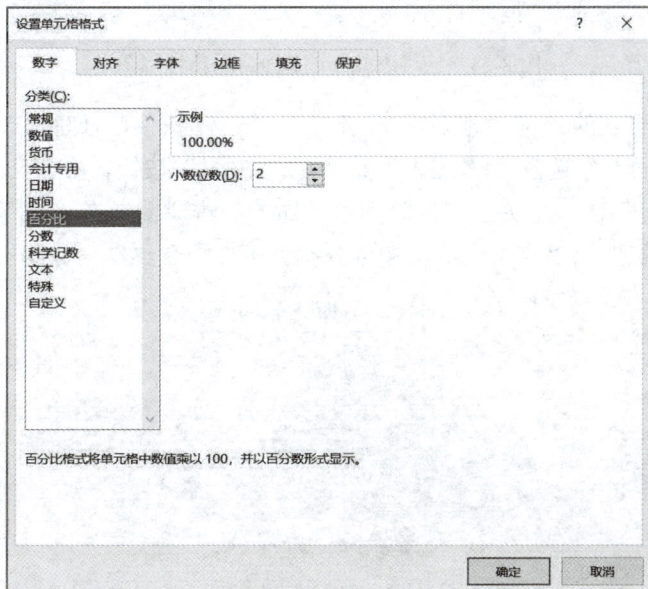

图 8-26　设置单元格格式

第三步：应付账款比例如图8-27所示。从图中可知，该公司未到期的应付账款占应付总额的84.98%，逾期时间在20天以内的应付账款占应付总额的15.02%。

	A	B	C	D	E	F	G	H	I
1				应付账款分析表					
2									
3	当前日期	2023年8月31日							
4	客户名称	交易时间	付款期限	应付金额	未到期	逾期0-20天	逾期20-40天	逾期40-60天	逾期60天以上
5	瑞光电子	2023年8月10日	10	49000	0	49000	0	0	0
6	联想公司	2023年8月25日	30	157950	157950	0	0	0	0
7	长城电子	2023年8月28日	30	119340	119340	0	0	0	0
8		应付账款合计		326290	277290	49000	0	0	0
9		应付账款比例		100.00%	84.98%	15.02%	0.00%	0.00%	0.00%
10									

图 8-27　应付账款比例分析

3. 应付账款分析图

根据计算完成的应付账款账期时间、应付账款的合计金额与百分比创建柱形图和饼图，可以使会计人员清楚地知道应付账款账期的累计金额和累计比例。

第一步：基于建立的"应付账款分析表"工作表，按住Ctrl键，选中E4:I4和E8:I8单元格区域，单击"插入"选项卡"图表"组中的"柱形图"按钮，在弹出的下拉列表中选择"二维柱形图"中的"二维堆积柱形图"，即可创建一个关于账期时间和应付账款金额的二维柱形图，修改图表标题为"应付账款账期和金额分析"，最终结果如图8-28所示。

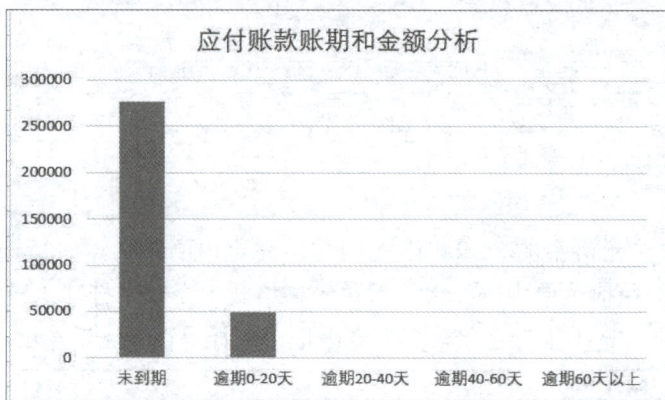

图 8-28　应付账款账期和金额分析柱形图

第二步：基于建立的"应付账款分析表"工作表，按住Ctrl键，选中E4:I4和E9:I9单元格区域，单击"插入"选项卡"图表"组中的"饼图"按钮，在弹出的下拉列表中选择"二维饼图"，即可创建一个关于账期时间百分比的二维饼图，在"图标样式"中选择"样式6"，并修改图表标题为"应付账款账期百分比分析"，最终结果如图8-29所示。

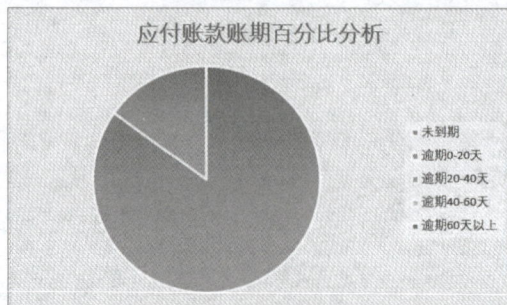

图 8-29　应付账款账期百分比分析饼图

实训三　应收账款管理与分析

📩 实训任务

某企业截至2023年12月31日的应收账款明细表如表8-2所示。同时，该企业采用账龄分析法计提坏账准备，对于1年内未到期、过期1个月以内、过期2个月以内、过期3个月以内，以及过期3个月以上或破产追诉的应收账款分别按1%、5%、10%、20%和64%估计坏账损失。请利用Excel建立应收账款分析表、账龄分析表和坏账准备计算表对企业的应收账款金额、应收账款的账期、应收账款金额百分比，以及应收账款坏账准备计提金额进行分析。

表8-2　应收账款明细表

客户名称	交易时间	付款期限	应收总额	已收金额	未收金额
客户A	2023/3/3	60天	8000元	0元	8000元
客户B	2023/6/25	40天	52 000元	30 000元	22 000元
客户C	2023/12/10	30天	30 000元	0元	30 000元

❖ 特别提醒：

应收账款是要经过一段时间才可能收回的债权，它会随着时间的推移使企业付出一定的代价。如果不能及时收回应收账款，那么企业资金就无法继续周转，从而阻碍企业的正常营运，甚至危及企业的生存和发展。因此，要对企业的应收账款进行分析，以便能够采取有效的措施及时收回应收账款。

账龄分析法按应收账款账龄的长短，根据以往经验确定坏账准备百分比。账龄是指客户所欠账款的时间，虽然应收账款的回收时间和回收程度与应收账款过期时间的长短并无直接关系，但是一般来说，账龄越长，应收账款回收的可能性就越低，因此企业可以根据账龄计提相应的坏账准备。

采用账龄分析法，应将各期估计的坏账准备与账面上原有的坏账准备进行比较，并调整"坏账准备"科目余额，调整后的"坏账准备"余额与账龄分析法估计的坏账准备金额保持一致。

📩 任务解析

与实训二"应付账款管理与分析"类似，应收账款分析主要包括对应收账款金额的分析、应收账款的账期分析，以及应收账款金额比例的计算等内容。除此之外，应收账款还需要依据账龄计提相应的坏账准备，这会涉及依据账期计算坏账准备金额的内容。

1. 应收账款金额的分析

应收账款明细表反映了截至2023年12月31日该企业应收的所有客户的账款金额。应收账款金额的分析是指将账面上所有未到期和逾期的账款金额进行汇总。与应付账款金额分析类似，在Excel中对某一行或某一列的数据进行求和同样会用到自动求和函数SUM()。

2. 应收账款的账期分析

应收账款的账期分析是指统计所有应收账款中未到期和逾期的情况。与应付账款账期分析类似,在Excel中判断某个单元格是否满足相关条件时同样会用到IF()函数。

3. 应收账款金额比例的计算

应收账款金额比例的计算是指统计应收账款在不同账期中占应收账款总额的比重。一般,在Excel中可以采用二维饼图的形式更清晰地反映应收账款账期的累计金额和累计比例。

4. 应收账款坏账准备的计提

采用账龄分析法计提坏账准备是指依据应收账款的账龄情况,根据以往经验按照不同比例计提相应的坏账准备金额。在Excel中可以依据对账期的分析建立坏账准备计算表。

↘ 实训指引

1. 应收账款金额与账期分析

第一步:新建工作簿和应收账款分析表。新建一个工作簿并以"应收账款"为名进行保存,将其中的工作表Sheet1重命名为"应收账款分析表",在该工作表中输入表题与相应的表格项目,并设置单元格格式,如图8-30所示。

图8-30　输入表格项目并设置单元格格式

第二步:录入基础数据。选择B3单元格,输入"2023/12/31",右击该单元格,在弹出的快捷菜单中选择"设置单元格格式"命令,打开"设置单元格格式"对话框。切换到"数字"选项卡,在"分类"列表框中选择"日期"选项,然后在"类型"列表框中选择"2012年3月14日"选项,如图8-31所示。

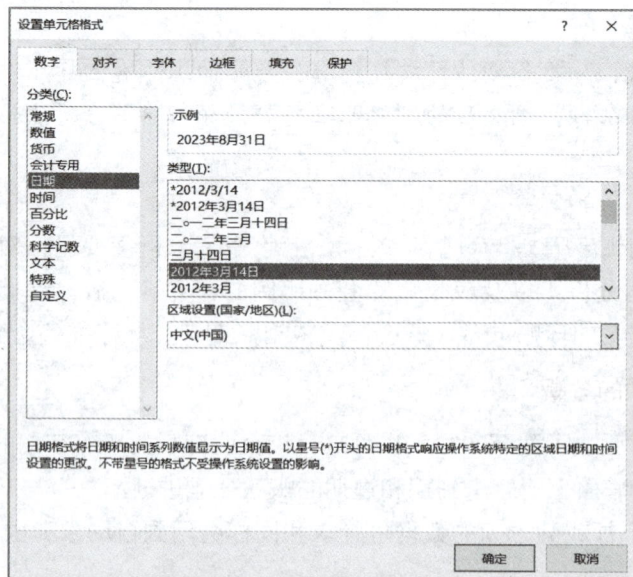

图8-31　设置单元格格式

单击“确定”按钮，返回工作表，此时B3单元格中的日期就会以“年月日”的形式显示。

选择B6、B7和B8单元格，依次输入“2023/3/3”“2023/6/25”和“2023/12/10”，选中B6:B8单元格区域，以同样的方式将单元格格式设置为“年月日”的形式，最终结果如图8-32所示。

	A	B	C	D	E	F	G	H	I	J	K	L	M
1	应收账款分析表												
2													
3	当前日期	2023年12月31日											
4	客户名称	交易时间	付款期限	应收金额	本期已收	未收金额	到期时间	是否到期	未到期金额	逾期未收金额			
5										0-30	30-60	60-90	90天以上
6	客户A	2023年3月3日											
7	客户B	2023年6月25日											
8	客户C	2023年12月10日											
9	应收账款合计												
10													

图 8-32 输入交易时间

第三步：在表格中补齐企业应收账款的其他相关数据信息，并进行相应的格式设置，如图8-33所示。

	A	B	C	D	E	F	G	H	I	J	K	L	M
1	应收账款分析表												
2													
3	当前日期	2023年12月31日											
4	客户名称	交易时间	付款期限	应收金额	本期已收	未收金额	到期时间	是否到期	未到期金额	逾期未收金额			
5										0-30	30-60	60-90	90天以上
6	客户A	2023年3月3日	60	8000	0	8000							
7	客户B	2023年6月25日	40	52000	30000	22000							
8	客户C	2023年12月10日	30	30000	0	30000							
9	应收账款合计												
10													

图 8-33 输入基础数据

第四步：计算应收账款到期时间。选择G6单元格，输入公式“=B6+C6”，完成后按Ctrl+Enter组合键，如图8-34所示。

G6   fx   =B6+C6

	A	B	C	D	E	F	G	H	I	J	K	L	M
1	应收账款分析表												
2													
3	当前日期	2023年12月31日											
4	客户名称	交易时间	付款期限	应收金额	本期已收	未收金额	到期时间	是否到期	未到期金额	逾期未收金额			
5										0-30	30-60	60-90	90天以上
6	客户A	2023年3月3日	60	8000	0	8000	2023年5月2日						
7	客户B	2023年6月25日	40	52000	30000	22000							
8	客户C	2023年12月10日	30	30000	0	30000							
9	应收账款合计												
10													

图 8-34 计算到期时间

单击G6单元格，将该单元格中的公式和格式向下填充至G8单元格，此时G7和G8单元格为客户B和C的应收账款到期时间。

第五步：判断应收账款是否到期。选择H6单元格，输入公式“=IF(G6<=$B$3,"是","否")”，完成后按Ctrl+Enter组合键，分析客户A的应收账款是否到期，如图8-35所示。

H6   fx   =IF(G6<=$B$3,"是","否")

	A	B	C	D	E	F	G	H	I	J	K	L	M
1	应收账款分析表												
2													
3	当前日期	2023年12月31日											
4	客户名称	交易时间	付款期限	应收金额	本期已收	未收金额	到期时间	是否到期	未到期金额	逾期未收金额			
5										0-30	30-60	60-90	90天以上
6	客户A	2023年3月3日	60	8000	0	8000	2023年5月2日	是					
7	客户B	2023年6月25日	40	52000	30000	22000	2023年8月4日						
8	客户C	2023年12月10日	30	30000	0	30000	2024年1月9日						
9	应收账款合计												
10													

图 8-35 分析客户的应收账款是否到期

单击H6单元格，将该单元格中的公式和格式向下填充至H8单元格，此时H7和H8单元格中显示客户B和C的应收账款是否到期。

第六步：计算企业未到期和逾期尚未收到的应收账款金额。在I6:M6单元格区域中依次输入以下公式。

I6=IF($G6>$B$3,$F6,0)

J6=IF(AND($B$3－$G6>=0,$B$3－$G6<30),F6,0)

K6=IF(AND($B$3－$G6>=30,$B$3－$G6<60),F6,0)

L6=IF(AND($B$3－$G6>=60,$B$3－$G6<90),F6,0)

M6=IF($B$3－$G6>90,F6,0)

完成后按Ctrl+Enter组合键，并将I6:M6中单元格区域的公式和格式向下填充至I8:M8单元格区域，如图8-36所示。从图中可以看出，客户A的应收账款逾期已经超过3个月，逾期金额为应收账款总额8000元，客户B的应收账款也已逾期超过3个月，逾期金额为剩余未收金额22 000元，客户C的应收账款还没有到期。

	A	B	C	D	E	F	G	H	I	J	K	L	M
1	应收账款分析表												
2													
3	当前日期	2023年12月31日											
4	客户名称	交易时间	付款期限	应收金额	本期已收	未收金额	到期时间	是否到期	未到期金额	逾期未收金额			
5										0-30	30-60	60-90	90天以上
6	客户A	2023年3月3日	60	8000	0	8000	2023年5月2日	是	0	0	0	0	8000
7	客户B	2023年6月25日	40	52000	30000	22000	2023年8月4日	是	0	0	0	0	22000
8	客户C	2023年12月10日	30	30000	0	30000	2024年1月9日	否	30000	0	0	0	0
9		应收账款合计											
10													

图 8-36　逾期天数及金额分析

第七步：计算应收账款总额、未到期金额和逾期金额。在D9单元格中输入公式“=SUM(D6:D8)”，完成后按Ctrl+Enter组合键，然后将D9单元格中的公式和格式向右填充至M9单元格，由于G列“到期时间”和H列“是否到期”为非数值列，求和无意义，因此清除G9和H9单元格中的内容，最终结果如图8-37所示。从图中可知，该企业期末应收账款总额为60 000元，逾期时间在3个月以内的应收账款金额为0，逾期时间在3个月以上的应收账款总额为30 000元，未到期的金额为30 000元。

	A	B	C	D	E	F	G	H	I	J	K	L	M
1	应收账款分析表												
2													
3	当前日期	2023年12月31日											
4	客户名称	交易时间	付款期限	应收金额	本期已收	未收金额	到期时间	是否到期	未到期金额	逾期未收金额			
5										0-30	30-60	60-90	90天以上
6	客户A	2023年3月3日	60	8000	0	8000	2023年5月2日	是	0	0	0	0	8000
7	客户B	2023年6月25日	40	52000	30000	22000	2023年8月4日	是	0	0	0	0	22000
8	客户C	2023年12月10日	30	30000	0	30000	2024年1月9日	否	30000	0	0	0	0
9		应收账款合计		90000	30000	60000			30000	0	0	0	30000
10													

图 8-37　应收账款金额与账期分析

2. 应收账款账龄分析表

可以通过建立应收账款账龄分析表的方式分析应收账款的逾期比例，具体操作如下。

第一步：新建一个工作表Sheet2，并将其重命名为“应收账款账龄分析表”，在其中输入表题与相应的表格项目，并设置单元格格式，如图8-38所示。

	A	B	C
1	应收账款账龄分析表		
2			
3	当前日期	2023年12月31日	
4	账龄	应收账款金额	百分比
5	未到期		
6	过期0-30天		
7	过期30-60天		
8	过期60-90天		
9	过期90天以上		
10	合计		
11			

图 8-38　应收账款账龄分析表

第二步：将“应收账款分析表”中I9:M9单元格区域中的数据分别引用到“应付账款账龄分析表”中的B5:B9单元格区域。公式如下，最终结果如图8-39所示。

B5=应收账款分析表!I9

B6=应收账款分析表!J9

B7=应收账款分析表!K9

B8=应收账款分析表!L9

B9=应收账款分析表!M9

	A	B	C
1		应收账款账龄分析表	
2			
3	当前日期	2023年12月31日	
4	账龄	应收账款金额	百分比
5	未到期	30000	
6	过期0-30天	0	
7	过期30-60天	0	
8	过期60-90天	0	
9	过期90天以上	30000	
10	合计		
11			

图 8-39　跨表引用数据

第三步：汇总求和。在应收账款账龄分析表中选择B10单元格，输入公式“=SUM(B5:B9)”，完成后按Ctrl+Enter组合键，计算应收账款总额，如图8-40所示。

B10　=SUM(B5:B9)

	A	B	C
1		应收账款账龄分析表	
2			
3	当前日期	2023年12月31日	
4	账龄	应收账款金额	百分比
5	未到期	30000	
6	过期0-30天	0	
7	过期30-60天	0	
8	过期60-90天	0	
9	过期90天以上	30000	
10	合计	60000	
11			

图 8-40　汇总求和

第四步：在应收账款账龄分析表中选择C5单元格，输入公式“=B5/$B$10”，完成后按Ctrl+Enter组合键，计算未到期应收账款金额占比，如图8-41所示。

C5　=B5/$B$10

	A	B	C
1		应收账款账龄分析表	
2			
3	当前日期	2023年12月31日	
4	账龄	应收账款金额	百分比
5	未到期	30000	0.5
6	过期0-30天	0	
7	过期30-60天	0	
8	过期60-90天	0	
9	过期90天以上	30000	
10	合计	60000	
11			

图 8-41　计算百分比

第五步：单击C5单元格，将该单元格中的公式和格式向下填充至C10单元格。选择C5:C10单元格区域，右击，在弹出的快捷菜单中选择“设置单元格格式”命令，打开“设置单元格格式”对话框。切换到“数字”选项卡，在“分类”列表框中选择“百分比”选项，最终结果如图8-42所示。

	A	B	C
1		应收账款账龄分析表	
2			
3	当前日期	2023年12月31日	
4	账龄	应收账款金额	百分比
5	未到期	30000	50.00%
6	过期0-30天	0	0.00%
7	过期30-60天	0	0.00%
8	过期60-90天	0	0.00%
9	过期90天以上	30000	50.00%
10	合计	60000	100.00%
11			

图 8-42　应收账款账龄分析表

3. 坏账准备计算表

可以通过建立坏账准备计算表的方式估计损失的金额，具体操作如下。

第一步：新建一个工作表 Sheet3，并将其重命名为“坏账准备计算表”，在其中输入表题与相应的表格项目，并设置单元格格式，如图8-43所示

	A	B	C	D
1		坏账准备计算表		
2				
3	当前日期	2023年12月31日		
4	账龄	应收账款金额	估计损失百分比	估计损失金额
5	未到期			
6	过期0-30天			
7	过期30-60天			
8	过期60-90天			
9	过期90天以上			
10	合计			
11				

图 8-43　坏账准备计算表

第二步：依据实训要求录入估计损失百分比。将“应收账款账龄分析表”中B5:B9单元格区域中的数据分别引用到“坏账准备计算表”中的B5:B9单元格区域，最终结果如图8-44所示。

	A	B	C	D
1		坏账准备计算表		
2				
3	当前日期	2023年12月31日		
4	账龄	应收账款金额	估计损失百分比	估计损失金额
5	未到期	30000	1%	
6	过期0-30天	0	5%	
7	过期30-60天	0	10%	
8	过期60-90天	0	20%	
9	过期90天以上	30000	64%	
10	合计			
11				

图 8-44　跨表引用数据

第三步：选择D5单元格，输入公式“=B5*C5”，完成后按Ctrl+Enter组合键，如图8-45所示。

D5　=B5*C5

	A	B	C	D
1		坏账准备计算表		
2				
3	当前日期	2023年12月31日		
4	账龄	应收账款金额	估计损失百分比	估计损失金额
5	未到期	30000	1%	300
6	过期0-30天	0	5%	
7	过期30-60天	0	10%	
8	过期60-90天	0	20%	
9	过期90天以上	30000	64%	
10	合计			
11				

图 8-45　计算坏账准备金额

单击D5单元格，将该单元格中的公式和格式向下填充至D9单元格。

第四步：求和。选择B10单元格，输入公式“=SUM(B5:B9)”，完成后按Ctrl+Enter组合键，然后单击B10单元格，将该单元格中的公式和格式向右填充至D10单元格，最终结果如图8-46所示。

	A	B	C	D
1	坏账准备计算表			
2				
3	当前日期	2023年12月31日		
4	账龄	应收账款金额	估计损失百分比	估计损失金额
5	未到期	30000	1%	300
6	过期0-30天	0	5%	0
7	过期30-60天	0	10%	0
8	过期60-90天	0	20%	0
9	过期90天以上	30000	64%	19200
10	合计	60000	1	19500
11				

图 8-46　坏账准备计算表

由该表可知，按照账龄分析法，该公司2023年12月31日应该计提总计19 500元的坏账准备。

实训四　信用政策调整模型设计

1. 应收账款信用标准模型设计

实训任务

某企业生产甲产品的销售收入为400 000元，变动成本率为60%，利润为60 000元，原有的信用标准为8%，平均坏账损失率为5%，信用期为30天，平均收现期为45天，应收账款机会成本率为10%。现在该企业想要调整当前的信用标准，将信用标准降低到5%和提升到12%的相关数据如表8-3所示。请问企业应采用哪个方案？

表8-3　信用调整方案表

信用期项目	信用标准5%	信用标准12%
销售额变动/元	−24 000	40 000
增加或减少销售额的平均收现期/天	60	80
增加或减少销售额的平均坏账损失率	8%	13%

❖ 特别提醒：

信用标准是指对客户资信情况进行要求的最低评判标准，通常以预期的坏账损失率作为制定依据。信用标准越低，说明对客户的信用政策越严格，销售收入有可能会下降，但可以加速收回应收账款。信用标准越高，说明对客户的信用政策越宽松，销售收入会上升，但相应的坏账损失会提高。

任务解析

企业调整相应的信用标准会对企业的利润产生影响。一般而言，信用标准宽松，销售额提升，坏账损失和应收账款的机会成本增加，进而影响利润水平；信用标准严格，坏账损失和应收账款的机会成本减少，但不利于扩大销售，甚至会使销售额减少，也会对利润产生影响。因此，分析信用标准对利润的影响应该从销售收入、坏账损失和应收账款的机会成本等角度入手。

(1) 坏账损失。应收账款的坏账损失是指企业持有的应收账款因故不能收回而造成的损失。这是企业持有应收账款最大的一种风险，不但不能取得收入和实现利润，而且连成本都不能收回。坏账成本的高低与客户的信用状况有直接关系，也与企业的管理水平相关。企业的管理水平越高，对客户信用状况的调查越全面、仔细，对客户的监督和催讨越有力，发生坏账损失的概率就低；反之，发生坏账损失的概率就高。坏账成本一般是通过坏账损失率与赊销收入来测算的，坏账损失=赊销收入×坏账损失率。

(2) 应收账款的机会成本。应收账款的机会成本是指因资金投资在应收账款而丧失的其他投资收益。赊销是企业向购货企业提供的一种商业信用，其实质是让购货企业占用销货企业的资金，从而使销货企业无法利用这笔资金从事其他生产经营或投资活动。应收账款的机会成本并不是实际发生的成本，其主要是一种观念上的成本。因此，应收账款机会成本的衡量方式是多种多样的，一般可用以下公式计算。

机会成本=应收账款占用资金×资本成本率(或投资报酬率)

=日赊销额×应收账款平均收账期×变动成本率×资本成本率(或投资报酬率)

=年赊销收入÷360×应收账款平均收账期×变动成本率×资本成本率(或投资报率)

实训指引

首先创建"信用政策调整"工作簿，然后在其中输入数据并根据计算公式计算相应的数据。具体操作过程如下。

第一步：新建工作表，将其重命名为"信用标准模型"，在其中输入表题与表头数据，并设置单元格格式，如图8-47所示。

	A	B	C
1		信用标准决策模型	
2		目前情况	
3			
4	项目	数据	
5	销售收入（元）	400000	
6	变动成本率	60%	
7	利润（元）	100000	
8	销售利润率	25%	
9	信用标准	8%	
10	平均坏账损失率	5%	
11	信用期（天）	30	
12	平均收现期（天）	45	
13	应收账款机会成本率	10%	
14		新信用标准	
15	项目	方案A	方案B
16	信用标准	5%	12%
17	销售额变动（元）	-24000	40000
18	增加或减少销售额的平均收现期（天）	60	80
19	增加或减少销售额的平均坏账损失率	8%	13%
20		分析区域	
21	信用标准变化对利润影响（元）		
22	对应收账款机会成本影响（元）		
23	对坏账损失影响（元）		
24	信用政策变化带来的增量利润（元）		
25	结论		

图8-47 输入数据并设置单元格格式

第二步：选择B21单元格，输入公式"=B17*$B$8"，完成后按Ctrl+Enter组合键，计算信用标准变化对利润的影响，如图8-48所示。

第三步：信用标准变化对应收账款机会成本的影响=由于标准变化增加或减少的销售额

×增加或减少销售额的平均收现期÷360×变动成本率×应收账款机会成本率。选择B22单元格，输入公式"=B17*B18/360*$B$6*$B$13"，完成后按Ctrl+Enter组合键，计算信用标准变化对应收账款机会成本的影响，如图8-49所示。

图 8-48　计算信用标准变化对利润的影响

图 8-49　计算对应收账款机会成本的影响

第四步：信用标准变化对坏账损失的影响=由于信用标准变化增加或减少的销售额×增加或减少销售额的平均坏账损失率。选择B23单元格，输入公式"=B17*B19"，完成后按Ctrl+Enter组合键，计算对坏账损失的影响。

第五步：信用标准变化带来的增量利润=信用标准变化对利润的影响－信用标准变化对应收账款机会成本的影响－信用标准变化对坏账损失的影响。选择B24单元格，输入公式"=B21－B22－B23"，完成后按Ctrl+Enter组合键，计算信用标准变化带来的增量利润，如图8-50所示。

第六步：将B21:B24单元格区域中的公式复制到C21:C24单元格区域，即可求出方案B所带来的增量利润。如图8-51所示，当信用标准为12%时，增量利润为正，而当信息标准为5%时，增量利润为负，所以采用方案B。

图 8-50　计算信用标准变化带来的增量利润

图 8-51　比较新信用标准

2. 应收账款信用条件模型设计

📌 实训任务

某企业采用30天按发票金额付款的信用政策，现拟将信用期放宽至60天，并提出了"0.8/30，n/60"的现金折扣条件，估计会有一半的顾客将享受到现金折扣优惠。假设资金成本率为15%，变动成本率为80%，销售利润率为25%，无折扣时企业赊销额为500 000元，预计折扣后为600 000元，无折扣时预计坏账损失为5000元，预计折扣后为9000元。

要求：(1)计算放宽信用期增加的收益和成本。

(2)比较改变信用政策前后的收益，判断企业是否应该改变信用政策。

❖ 特别提醒：

信用条件是指企业要求客户支付赊销款的条件，包括信用期限、折扣期限和现金折扣。折扣期限是指客户规定的可享受现金折扣的付款时间。现金折扣是在客户提前付款时给予的优惠。企业给予折扣期和折扣率，其目的在于加速回收应收款项。例如，"0.8/30，n/60"是一项信用条件，其规定如果在发票开出后30天内付款，可享受0.8%的折扣；如果不想取得折扣，那么这笔货款必须在60天内付清。此时，信用期限是60天，折扣期限是30天，现金折扣率为0.8%。

📌 任务解析

企业调整相应的信用条件会对企业的利润产生影响。企业在给予客户现金折扣时，如果折扣率过低，那么将无法产生激励客户提早付款的效果；如果折扣率过高，那么企业的成本也会相应升高。企业能否提供现金折扣，主要取决于提供现金折扣、减少应收账款投资所带来的收益是否大于提供现金折扣所付出的代价。因此，只要给予折扣后节约的成本大于给予折扣的支出，方案就可行。

现金折扣=销售额×需付现金折扣的销售额占总销售额的百分比×现金折扣率

📌 实训指引

第一步：新建工作表，将其命名为"信用条件模型"，在其中输入表题与表头数据，并设置单元格格式，如图8-52所示。

	A	B
2	目前情况	
3		
4	项目	30天信用期无折扣
5	销售收入（元）	500000
6	变动成本率	80%
7	销售利润率	25%
8	坏账损失（元）	5000
9	信用期（天）	30
10	平均收现期（天）	30
11	应收账款机会成本率	15%
12	应收账款机会成本（元）	
13	现金折扣（元）	0
14	新信用标准	
15	项目	含现金折扣0.8/30，n/60
16	销售收入（元）	600000
17	坏账损失（元）	9000
18	折扣期（天）	60
19	平均收现期（天）	
20	应收账款机会成本（元）	
21	现金折扣（元）	
22	分析区域	
23	项目	含现金折扣0.8/30，n/60
24	销售额变动（元）	
25	信用成本前收益（元）	
26	应收账款机会成本变化额（元）	
27	坏账折失变化（元）	
28	现金折旧（元）	
29	合计	
30	信用成本后收益（元）	

图8-52　输入数据并设置单元格格式

第二步：计算有现金折扣的新方案的信用期。选择B19单元格，输入公式"=B9*0.5+B18*0.5"，完成后按Ctrl+Enter组合键，计算新方案的平均收现期。平均收现期=信用期×需付现金折扣的销售额占总销售额的百分比+折扣期×需付现金折扣的销售额占总销售额的百分比。

第三步：计算应收账款机会成本。在B12单元格输入公式"=B5/360*B10*B6*B11"，计算原方案的应收账款机会成本，结果为5000元。在B20单元格输入公式"=B16/360*B19*B6*B11"，计算新方案的应收账款机会成本，结果为9000元。应收账款机会成本=年销售收入÷360×应收账款平均收现期×变动成本率×应收账款机会成本率(或投资报酬率)。

第四步：计算新方案的现金折扣。选择B21单元格，输入公式"=B16*50%*0.8%"，计算现金折扣，如图8-53所示。现金折扣=销售收入×需付现金折扣的销售额占总销售额的百分比×现金折扣比例。

图 8-53　计算新方案的现金折扣

第五步：计算改变信用条件增加的收益。在B24单元格输入公式"=B16-B5"，计算销售额的变动额，结果为100 000元。在B25单元格输入公式"=B24*B7"，计算信用成本前收益，结果为25 000元。信用成本前收益=销售变动额×销售利润率。

第六步：计算改变信用条件增加的成本。在B26单元格输入公式"=B20-B12"，计算增加的应收账款机会成本，结果为4000元。在B27单元格输入公式"=B17-B8"，计算增加的坏账损失，结果为4000元。在B28单元格输入公式"=B21-B13"，计算增加的现金折扣，结果为2400元。在B29单元格输入公式"=SUM(B26:B28)"，计算成本增加合计，结果为10 400元。

第七步：计算信用成本后收益。在B30单元格输入公式"=B25－B29"，计算信用成本后收益，结果为14 600元，如图8-54所示。信用成本后收益为正，说明企业应该改变信用政策。

图 8-54　计算信用成本后收益

3. 应收账款收账政策模型设计

实训任务

某企业目前的收账政策如下：企业年赊销额为5 000 000元，年收账费用为40 000元，坏账损失200 000元，平均收现期为45天。现企业想要改变收账政策，预计新的收账政策下，年收账费用为60 000元，坏账损失100 000元，平均收现期为30天。假设资金成本率为15%，变动成本率为60%，销售利润率为25%。

要求：(1)计算改变收账政策增加的收益和成本。

(2) 比较改变收账政策前后的收益，判断企业是否应该改变信用政策。

❖ 特别提醒：

收账政策是指违反信用条件时企业采取的收账策略，包括监控应收账款、发现问题、收回逾期账款，以及采取什么手段和花费多大代价去收取账款。虽然收取账款要发生费用，但一般来说收账的花费越多，收账措施就越有利，可收回的账款就越多，坏账损失就越少。因此，制定收账政策时，要在收账所花费的成本和所减少的坏账损失之间进行权衡。

任务解析

企业调整相应的收账政策会对企业的利润产生影响。如果企业采用积极的收账政策，那么可能会减少应收账款占用的资金，减少坏账损失，但是会增加收账费用；如果企业采用消极的收账政策，那么可能会增加应收账款占用的资金，增加坏账损失，但会减少收账费用。因此，企业应根据具体情况制定合适的收账政策。

实训指引

第一步：新建工作簿，以"收账政策模型"为名进行保存，在其中输入表题与表头数据，并设置单元格格式，如图8-55所示。

第二步：计算应收账款机会成本。在B10单元格输入公式"=B4/360*B8*B5*B9"，计算原方案的应收账款机会成本，结果为56 250元。在B17单元格输入公式"=B14/360* B16*B5*B9"，计算新方案的应收账款机会成本，结果为37 500元。应收账款机会成本=年销售收入÷360×应收账款平均收现期×变动成本率×应收账款机会成本率(或投资报酬率)。

	A	B
1	收账政策决策模型	
2	目前情况	
3	项目	目前收账政策
4	销售收入（元）	5000000
5	变动成本率	60%
6	销售利润率	25%
7	坏账损失（元）	200000
8	平均收现期（天）	45
9	应收账款机会成本率	15%
10	应收账款机会成本（元）	
11	收账费用(元)	40000
12	新信用标准	
13	项目	建议收账政策
14	销售收入（元）	5000000
15	坏账损失（元）	100000
16	平均收现期（天）	30
17	应收账款机会成本（元）	
18	收账费用(元)	60000
19	分析区域	
20	项目	变动
21	销售额变动（元）	
22	信用成本前收益（元）	
23	应收账款机会成本变化额（元）	
24	坏账损失变化（元）	
25	收账费用变化(元)	
26	合计	
27	信用成本后收益（元）	

图 8-55　输入数据并设置单元格格式

第三步：计算改变收账政策变化的收益。在B21单元格输入公式"=B14-B4"，计算销售额的变动额，结果为0。在B22单元格输入公式"=B21*B6"，计算信用成本前收益，结果为0，这说明不同收账政策没有影响赊销额。信用成本前收益=销售变动额×销售利润率。

第四步：计算改变收账政策变化的成本。在B23单元格输入公式"=B17-B10"，计算增加的应收账款机会成本，结果为-18 750元。在B24单元格输入公式"=B15-B7"，计算增加的坏账损失，结果为-100 000元。在B25单元格输入公式"=B18-B11"，计算增加的收账费用，结果为20 000元。在B26单元格输入公式"=SUM(B23:B25)"，计算成本增加合计，结果为-98 750元，这说明收账政策的改变为企业节约了信用成本。

第五步：计算信用成本后收益。在B27单元格输入公式"=B21-B26"，计算信用成本后收益，结果为98 750元，如图8-56所示。信用成本后收益为正，说明企业应该改变收账政策。

	A	B
1	收账政策决策模型	
2	目前情况	
3	项目	目前收账政策
4	销售收入（元）	5000000
5	变动成本率	60%
6	销售利润率	25%
7	坏账损失（元）	200000
8	平均收现期（天）	45
9	应收账款机会成本率	15%
10	应收账款机会成本（元）	56250
11	收账费用(元)	40000
12	新信用标准	
13	项目	建议收账政策
14	销售收入（元）	5000000
15	坏账损失（元）	100000
16	平均收现期（天）	30
17	应收账款机会成本（元）	37500
18	收账费用(元)	60000
19	分析区域	
20	项目	变动
21	销售额变动（元）	0
22	信用成本前收益（元）	0
23	应收账款机会成本变化额（元）	-18750
24	坏账损失变化（元）	-100000
25	收账费用变化(元)	20000
26	合计	-98750
27	信用成本后收益（元）	98750

图 8-56　计算信用成本后收益

4. 应收账款信用政策综合模型设计

⤵ 实训任务

某企业目前的信用政策如下：年赊销额为100 000元，销售利润率为20%，收账管理成本率为0.6%，平均坏账损失率为2%，平均收现期为45天，没有现金折扣，应收账款机会成本率为15%，变动成本率为60%。现该企业想要改变信用政策，有两种信用政策可供选择。A政策：信用期延长至60天，预计收账管理成本率为0.7%，平均坏账损失率为3%，销售收入为120 000元。B政策：信用条件为"2/20，n/40"，收账管理成本率为0.8%，平均坏账损失率为4%，销售收入为130 000元，预计一半的客户会在折扣期付款。

要求：(1)分别计算A、B政策增加的收益和成本。

(2) 判断企业应该选择哪种信用政策。

⤵ 任务解析

应收账款机会成本、坏账损失、折扣成本和收账费用的多少都会对企业的利润产生影响，建立综合决策模型时应综合考虑这些信用成本，分析信用成本下的收益情况。

⤵ 实训指引

第一步：新建工作簿，以"综合模型"为名进行保存，在其中输入表题与表头数据，并设置单元格格式，如图8-57所示。

	A	B	C	D
1		综合决策模型		
2				
3	项目	目前信用政策	A政策	B政策
4	销售收入（元）	100000	120000	130000
5	销售净利率	20%	20%	20%
6	收账管理成本率	0.60%	0.70%	0.80%
7	平均坏账损失率	2%	3%	4%
8	信用期(天)	45	60	40
9	折扣期（天）	0	0	20
10	平均收现期（天）	45	60	30
11	付现金折扣占总销售额比例	0	0	50%
12	现金折扣率	0	0	2%
13	应收账款机会成本率	15%	15%	15%
14	变动成本率	60%	60%	60%
15		分析区域		
16	销售额变动（元）			
17	信用成本前收益（元）			
18	应收账款机会成本变化额（元）			
19	坏账损失变化（元）			
20	收账费用变化(元)			
21	现金折扣变化			
22	合计			
23	信用成本后收益（元）			

图 8-57　输入数据并设置单元格格式

第二步：计算平均收现期。一般而言，当没有折扣期时，平均收现期等于信用期。因此，选择B10单元格，输入数值"45"，选择C10单元格，输入数值"60"。当存在折扣期时，平均收现期=信用期×需付现金折扣的销售额占总销售额的百分比+折扣期×需付现金折扣的销售额占总销售额的百分比。因此，选择D10单元格，输入公式"=D8*0.5+D9*0.5"，结果为30天。

第三步：计算增加的收益。在C16单元格输入公式"=C4－$B$4"，计算A政策下销售额的变动额，结果为20 000元。在C17单元格输入公式"=C16*C5"，计算信用成本前收益，结果为4 000元。信用成本前收益=销售变动额×销售净利率。

第四步：计算应收账款机会成本变化额。应收账款机会成本=年销售收入÷360×应收账款平均收现期×变动成本率×应收账款机会成本率(或投资报酬率)。因此，在C18单元格输入公式"=C4/360*C10*C14*C13－($B$4/360*$B$10* $B$14*$B$13)"，计算A政策相比于原政策的应收账款机会成本变化额，结果为675元。

第五步：计算坏账损失变化额。坏账损失=年销售收入×平均坏账损失率。因此，在C19单元格输入公式"=C4*C7−$B$4*$B$7"，计算变化的坏账损失，结果为1600元。

第六步：计算收账费用变化额。收账费用=年销售收入×收账管理成本率。因此，在C20单元格输入公式"=C4*C6−$B$4*$B$6"，计算变化的收账费用，结果为240元。

第七步：计算现金折扣变化。由于原方案和A方案均没有现金折扣，因此在C21单元格输入数值"0"。在C22单元格输入公式"=SUM(C18:C21)"，计算成本增加合计，结果为2515元。在C33单元格输入公式"=C17−C22"，计算信用成本后收益，结果为1485元，如图8-58所示。这表明A政策信用成本后收益为正。

	A	B	C	D
1			综合决策模型	
2				
3	项目	目前信用政策	A政策	B政策
4	销售收入（元）	100000	120000	130000
5	销售净利率	20%	20%	20%
6	收账管理成本率	0.60%	0.70%	0.80%
7	平均坏账损失率	2%	3%	4%
8	信用期（天）	45	60	40
9	折扣期（天）	0	0	20
10	平均收现期（天）	45	60	30
11	付现金折扣占总销售额比例	0	0	50%
12	现金折扣率	0	0	2%
13	应收账款机会成本率	15%	15%	15%
14	变动成本率	60%	60%	60%
15			分析区域	
16	销售额变动（元）		20000	
17	信用成本前收益（元）		4000	
18	应收账款机会成本变化额（元）		675	
19	坏账损失变化（元）		1600	
20	收账费用变化(元)		240	
21	现金折扣变化		0	
22	合计		2515	
23	信用成本后收益（元）		1485	

图 8-58 A 政策分析

第八步：B政策分析。将C16:C20单元格区域中的公式复制，D16:D20单元格区域，即可求出B政策的相关数据，如图8-59所示。

	A	B	C	D
1			综合决策模型	
2				
3	项目	目前信用政策	A政策	B政策
4	销售收入（元）	100000	120000	130000
5	销售净利率	20%	20%	20%
6	收账管理成本率	0.60%	0.70%	0.80%
7	平均坏账损失率	2%	3%	4%
8	信用期（天）	45	60	40
9	折扣期（天）	0	0	20
10	平均收现期（天）	45	60	30
11	付现金折扣占总销售额比例	0	0	50%
12	现金折扣率	0	0	2%
13	应收账款机会成本率	15%	15%	15%
14	变动成本率	60%	60%	60%
15			分析区域	
16	销售额变动（元）		20000	30000
17	信用成本前收益（元）		4000	6000
18	应收账款机会成本变化额（元）		675	-150
19	坏账损失变化（元）		1600	3200
20	收账费用变化(元)		240	440
21	现金折扣变化		0	
22	合计		2515	
23	信用成本后收益（元）		1485	
24	结论			

图 8-59 B 政策分析

第九步：计算B政策现金折扣变化。现金折扣=销售收入×需付现金折扣的销售额占总销售额的百分比×现金折扣比例。因此，在D21单元格输入公式"=D4*D11*D12"，计算现金折扣，结果为1300元。

第十步：计算B政策信用成本后收益。在D22单元格输入公式"=SUM(D18:D21)"，计算成本增加合计，结果为4790元。信用成本后收益=信用成本前收益−信用成本合计额，在单元格D23输入公式"=D17-D22",结果为1210元,如图8-60所示。经过比较,A政策信用成本后收益1485元大于B政策信用成本后收益1210元,所以该公司应该采用A政策。

	A	B	C	D
1	综合决策模型			
2				
3	项目	目前信用政策	A政策	B政策
4	销售收入 (元)	100000	120000	130000
5	销售净利率	20%	20%	20%
6	收账管理成本率	0.60%	0.70%	0.80%
7	平均坏账损失率	2%	3%	4%
8	信用期(天)	45	60	40
9	折扣期(天)	0	0	20
10	平均收现期(天)	45	60	30
11	付现金折扣占总销售额比例	0	0	50%
12	现金折扣率	0	0	2%
13	应收账款机会成本率	15%	15%	15%
14	变动成本率	60%	60%	60%
15	分析区域			
16	销售额变动 (元)		20000	30000
17	信用成本前收益(元)		4000	6000
18	应收账款机会成本变化额 (元)		675	-150
19	坏账损失变化 (元)		1600	3200
20	收账费用变化(元)		240	440
21	现金折扣变化		0	1300
22	合计		2515	4790
23	信用成本后收益 (元)		1485	1210
24	结论		采用A政策	

图 8-60   最终结果

实训五　建立"经济订货批量模型"

实训任务

某公司本年度需耗用乙材料36 000千克,乙材料年度存储成本为16元/千克,采购成本为200元/千克,平均进货费用为20元。

(1) 计算乙材料的经济订货批量。

(2) 计算乙材料经济订货批量下的相关总成本。

(3) 计算经济订货批量下的平均占用资金及进货批次。

特别提醒:

经济订货批量模型是指企业存货的最优化,即存货成本最小,为此,需要确定合理的订货批量和进货时间。使存货总成本最低的订货批量称为经济订货批量。在企业能够及时补货、集中连续进货、不允许缺货、需求量可以预测、不考虑现金折扣、现金充足等假设条件下,进行存货基本模型的构建,因此在影响存货的缺货成本、购置成本、存储成本和订购成本中,经济订货批量模型只需考虑存储成本和订购成本两个成本。

总成本=存储成本+订货成本

=平均存货水平×单位存货存储成本+每次订货成本×订货次数

任务解析

若要确定"经济订货批量",则应根据经济订货批量的基本关系和公式计算相应的项目数据。因此,掌握经济订货批量的基本关系和公式对后面的操作非常有帮助。

1. 经济订货批量

订货批量是指每次订货的数量,经济批量是指使得存货总成本最低的订货批量。

经济订货批量模型的建立基于以下假设条件。

- 存货的年需要量和日消耗量是均衡的。
- 不会发生缺货，当企业需要订货时可以立即取得。
- 每批货物是一次到达，而不是陆续到货。
- 不考虑数量折扣，存货单价不变。

存货总成本=存储成本+订货成本

$$TC = \frac{Q}{2} \times C + \frac{D}{Q} \times K$$

其中，TC为存货管理相关总成本；Q为经济订货批量；C为单位存货年储存成本；D为全年的存货需要量；K为每次的订货费用，一般与订货次数有关，与订货数量无关。

令TC(Q)一阶导数等于0，便可以求得经济订货批量：$Q^* = \sqrt{\dfrac{2K \cdot D}{C}}$

2. 相关公式

- 平均存货水平 $= \dfrac{Q}{2}$

- 进货次数 $= \dfrac{D}{Q}$

- 平均占用资金 $= (经济订货批量 \div 2) \times 材料单价$

- 存储成本 $= \dfrac{Q}{2} \times C$

- 订货成本 $= \dfrac{D}{Q} \times K$

实训指引

第一步：新建工作簿，以"经济订货批量基本模型"为名进行保存，在其中输入表题与表头数据，并设置单元格格式，如图8-61所示。

第二步：依据经济订货批量计算公式 $Q^* = \sqrt{\dfrac{2K \cdot D}{C}}$，在工作簿中选择B10单元格，输入公式"=SQRT(2*B5*B4/B7)"，完成后按Ctrl+Enter组合键，计算经济订货批量，如图8-62所示。

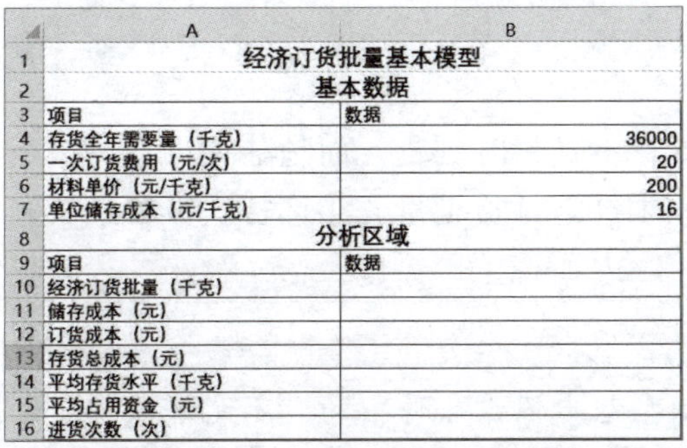

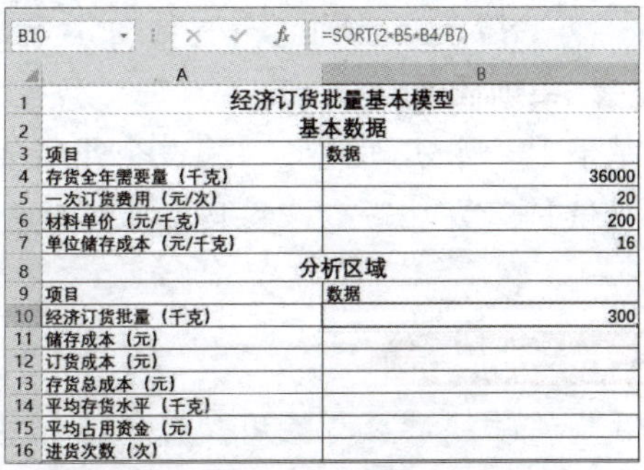

图 8-61　输入数据并设置单元格格式　　　　图 8-62　计算经济订货批量

第三步：依据存储成本计算公式 $\dfrac{Q}{2} \times C$，在工作簿中选择B11单元格，输入公式"=(B10/2)*B7"，完成后按Ctrl+Enter组合键，计算存储成本，如图8-63所示。

第四步：依据订货成本计算公式 $\dfrac{D}{Q} \times K$，在工作簿中选择B12单元格，输入公式"=(B4/B10)*B5"，完成后按Ctrl+Enter组合键，计算订货成本，如图8-64所示。

B11	× ✓ fx	=(B10/2)*B7
	A	B
1	经济订货批量基本模型	
2	基本数据	
3	项目	数据
4	存货全年需要量（千克）	36000
5	一次订货费用（元/次）	20
6	材料单价（元/千克）	200
7	单位储存成本（元/千克）	16
8	分析区域	
9	项目	数据
10	经济订货批量（千克）	300
11	储存成本（元）	2400
12	订货成本（元）	
13	存货总成本（元）	
14	平均存货水平（千克）	
15	平均占用资金（元）	
16	进货次数（次）	

图8-63　计算存储成本

B12	× ✓ fx	=(B4/B10)*B5
	A	B
1	经济订货批量基本模型	
2	基本数据	
3	项目	数据
4	存货全年需要量（千克）	36000
5	一次订货费用（元/次）	20
6	材料单价（元/千克）	200
7	单位储存成本（元/千克）	16
8	分析区域	
9	项目	数据
10	经济订货批量（千克）	300
11	储存成本（元）	2400
12	订货成本（元）	2400
13	存货总成本（元）	
14	平均存货水平（千克）	
15	平均占用资金（元）	
16	进货次数（次）	

图8-64　计算订货成本

第五步：总成本=存储成本+订货成本，选择B13单元格，输入公式"=B11+B12"，完成后按Ctrl+Enter组合键，计算存货相关总成本，如图8-65所示。

第六步：依据公式：平均存货水平 $=\dfrac{Q}{2}$，平均占用资金=(经济订货批量÷2)×材料单价，进货次数 $=\dfrac{D}{Q}$，分别在B14、B15、B16单元格中输入公式"=B10/2""=B14*B6""=B4/B10"，最终结果如图8-66所示。

B13	× ✓ fx	=B11+B12
	A	B
1	经济订货批量基本模型	
2	基本数据	
3	项目	数据
4	存货全年需要量（千克）	36000
5	一次订货费用（元/次）	20
6	材料单价（元/千克）	200
7	单位储存成本（元/千克）	16
8	分析区域	
9	项目	数据
10	经济订货批量（千克）	300
11	储存成本（元）	2400
12	订货成本（元）	2400
13	存货总成本（元）	4800
14	平均存货水平（千克）	
15	平均占用资金（元）	
16	进货次数（次）	

图8-65　计算存货总成本

	A	B
1	经济订货批量基本模型	
2	基本数据	
3	项目	数据
4	存货全年需要量（千克）	36000
5	一次订货费用（元/次）	20
6	材料单价（元/千克）	200
7	单位储存成本（元/千克）	16
8	分析区域	
9	项目	数据
10	经济订货批量（千克）	300
11	储存成本（元）	2400
12	订货成本（元）	2400
13	存货总成本（元）	4800
14	平均存货水平（千克）	150
15	平均占用资金（元）	30000
16	进货次数（次）	120

图8-66　最终结果

⤵ 实训任务

基于上一个实训任务，假设企业所需要的材料不是瞬时到货，而是陆续供货，进货期内每日供货量为40千克，每日需求量为25千克，求经济订货批量、年订货次数和最低订储费用。

❖ 特别提醒：

存货的陆续供应与耗用。将经济订货批量模型基本假设条件中的"不允许缺货"修改为"货物陆续送达，同时假设每日送货量为P"。在此影响下，送货期(每批存货全部送达的天数) $=\dfrac{Q}{P}$，由于日用量为d，则送货期内的耗用量为 $\dfrac{Q}{P} \times d$，由于存货边送边用，则每批存货送完时，最高库存为 $Q - \dfrac{Q}{P} \times d$。因此，基本模型进行了如下扩充。

$$存货总成本 = 存储成本 + 订货成本$$

$$TC = \frac{1}{2}\left[Q - \frac{Q}{P} \times d\right] \times C + \frac{D}{Q} \times K$$

其中，TC为存货管理相关总成本；Q为经济订货批量；P为每日送货量；d为日用量；C为单位存货年存储成本；D为全年的存货需要量；K为每次的订货费用，一般与订货次数有关，与订货数量无关。

令TC(Q)一阶导数等于0，便可以求得经济订货批量：$Q^* = \sqrt{\dfrac{2K \cdot D \cdot P}{C(P-d)}}$

↘ 任务解析

若要确定"陆续供应与耗用的经济订货批量"，则应根据经济订货批量的改进公式计算相应的项目数据。

$$存储成本 = \frac{1}{2}\left[Q - \frac{Q}{P} \times d\right] \times C$$

$$订货成本 = \frac{D}{Q} \times K$$

平均存货水平 $平均存货水平 = \dfrac{1}{2}\left[Q - \dfrac{Q}{P} \times d\right]$

↘ 实训指引

第一步：新建工作表Sheet2，以"改进模型"为名进行保存，在其中输入表题与表头数据，并设置单元格格式，如图8-67所示。

第二步：依据陆续供应与耗用的经济订货批量计算公式 $Q^* = \sqrt{\dfrac{2K \cdot D \cdot P}{C(P-d)}}$，在工作簿中选择B12单元格，输入公式"=SQRT((2*B5*B4*B8)/(B7*(B8−B9)))"，完成后按Ctrl+Enter组合键，计算经济订货批量，如图8-68所示。

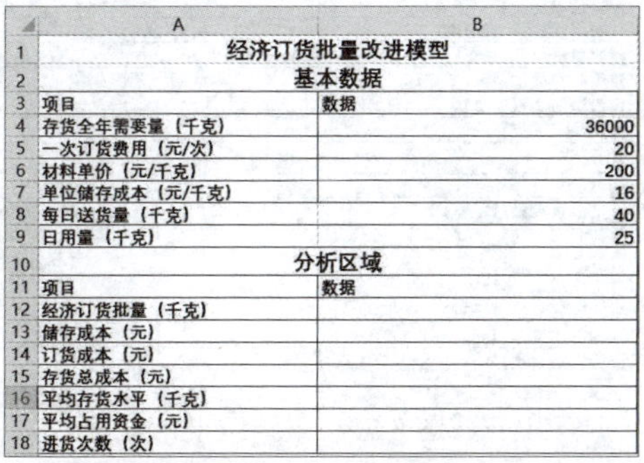

图 8-67　输入数据并设置单元格格式

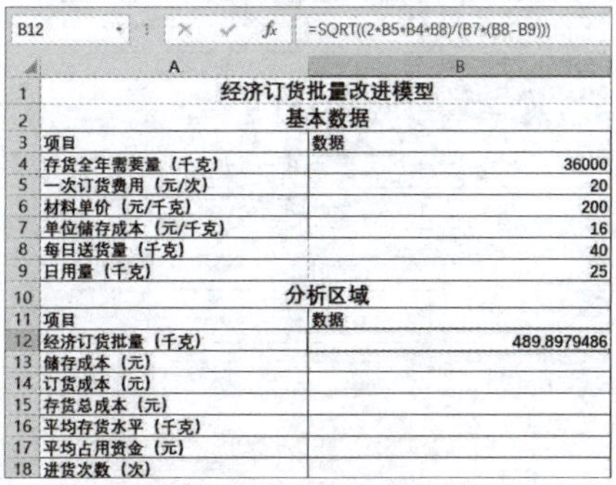

图 8-68　计算经济订货批量

第三步：依据存储成本计算公式 $\dfrac{1}{2}\left[Q - \dfrac{Q}{P} \times d\right] \times C$，在工作簿中选择B13单元格，输入公式"=0.5*(B12−(B12/B8)*B9)*B7"，完成后按Ctrl+Enter组合键，计算存储成本，如图8-69所示。

第四步：依据订货成本计算公式 $\dfrac{D}{Q} \times K$，在工作簿中选择B14单元格，输入公式"=B4/B12*B5"，完成后按Ctrl+Enter组合键，计算订货成本，如图8-70所示。

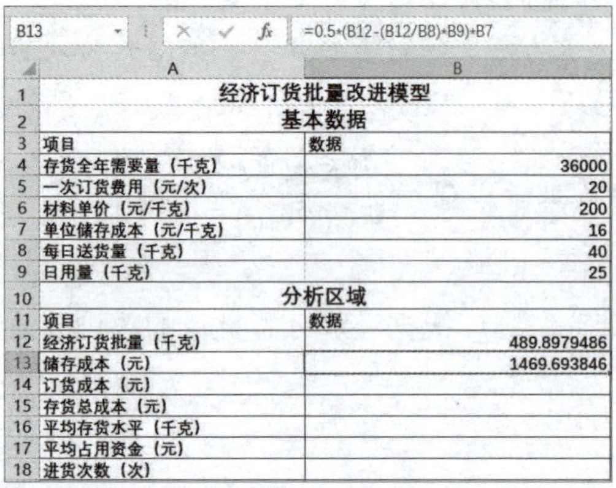

图 8-69　计算存储成本

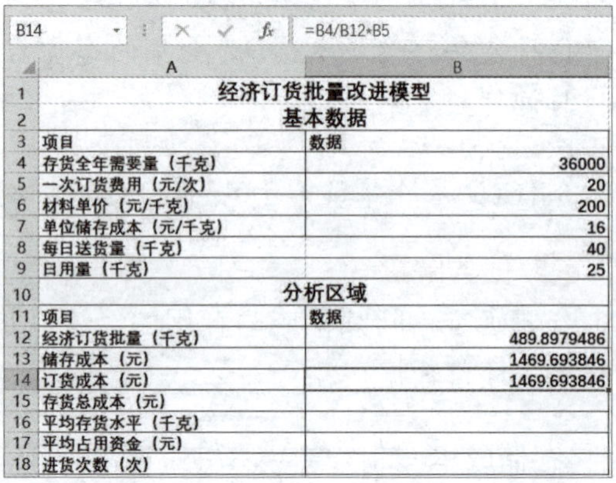

图 8-70　计算订货成本

第五步：总成本=存储成本+订货成本，选择B13单元格，输入公式"=B13+B14"，完成后按Ctrl+Enter组合键，计算存货相关总成本，如图8-71所示。

第六步：依据公式： 平均存货水平 $= \dfrac{1\pi}{2\pi}\left[Q - \dfrac{Q\pi}{P\pi} \times d\right]$，平均占用资金=平均存货水平×材料单价， 进货次数 $= \dfrac{D}{Q}$，分别在B16、B17、B18单元格中输入公式"=0.5×(B12-(B12/B8)*B9)""=B16*B6""=INT(B4/B12)"，最终结果如图8-72所示。

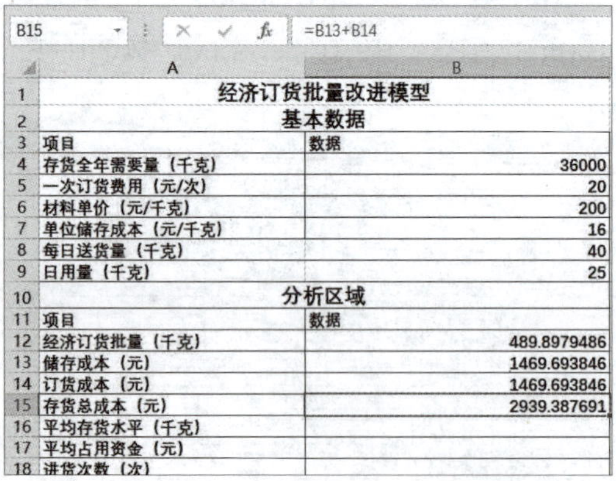

图 8-71　计算存货总成本

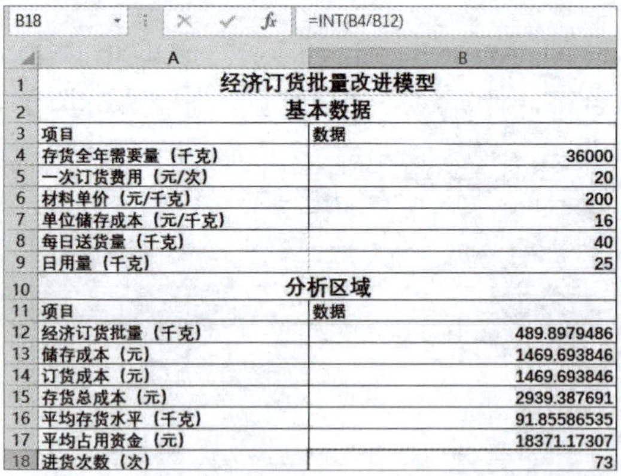

图 8-72　最终结果

❖ 特别提醒：

考虑数量折扣的陆续到货模型。在购销业务中，如果订购数量达到一定标准，有时会获得一定的价格优惠。前面介绍的经济订货批量基本模型和陆续到货模型中，都没有考虑数量折扣的情况，而是假定采购价格不受采购批量的影响，因此总成本中只考虑了订货成本和存储成本。如果供应商制定了数量折扣政策，那么存货的采购成本也会成为影响决策的变量。

第9章

投融资决策分析与预测

实训一　货币时间价值及函数应用

☑ 实训任务

小张今年30岁，购买了某种养老保险，从今年起每年年初交纳保费1600元，交费期为20年。从60岁开始，保险公司每年年初向小张支付养老金6000元，一直到小张去世为止，小张去世时还能获得一次性抚恤金5000元。假定保险公司的投资收益率为5%，请利用Excel相关函数计算，如果仅就投资收益分析而言，小张至少要活到多少岁投保才划算。

❖ 特别提醒：

货币的时间价值是指货币经过一段时间的投资和再投资所增加的价值。货币时间价值的存在使得不同时点上相同数量货币的价值并不相等。与货币时间价值有关的概念如下。

1. 复利终值

复利终值是指在复利计息方式下，现在的一笔资金，经过若干期后的本利和。复利终值的计算公式如下。

$$FV=PV\times(1+i)^n$$

其中，FV是资金的复利终值；PV是资金的复利现值；i是利率；n是计息期数。

2. 复利现值

复利现值是指在复利计息方式下，未来若干期的一笔资金折算到现在时点的价值。复利现值的计算公式如下。

$$TC=\frac{FV}{(1+i)^n}$$

3. 年金终值

年金是指定期、等额的系列收支，即在某一期限内，每隔一定相同的时期，收入或支出相等金额的款项。年金分为普通年金、先付年金(预付年金)和永续年金。年金终值是指年金按复利计算，在若干期后的期末可得到的本利和。永续年金只有现值，没有终值。

(1) 普通年金终值。普通年金终值的计算公式如下。

$$FV = A \times \frac{(1+i)^n - 1}{i}$$

其中，A是年金；i是利率；n是期数；FV是年金的终值；年金终值系数简记为$(F/A,i,n)$。

(2) 预付年金终值。预付年金终值的计算公式如下。

$$FV = A \times \left[\frac{(1+i)^{n+1} - 1}{i} - 1 \right]$$

4. 年金现值

年金现值是指为了在每期取得相等金额，现在需要投入的金额。

(1) 普通年金现值。普通年金现值的计算公式如下。

$$PV = A \times \frac{1 - (1+i)^{-n}}{i}$$

其中，A是年金；i是利率；n是期数；PV是年金的现值；年金现值系数简记为$(P/A,i,n)$。

(2) 预付年金现值。预付年金现值的计算公式如下。

$$PV = A \times \left[\frac{1 - (1+i)^{-(n-1)}}{i} + 1 \right]$$

5. 永续年金

如果年金定期等额支付一直持续到永远，称为永续年金。永续年金现值的计算公式为$PV = \dfrac{A}{i}$。

↘ 任务解析

如果仅就投资收益分析而言，小张至少要活到多少岁投保才划算？该问题实际上是求年龄的问题，即求年金期间的问题。小张30～50岁时，每年年初交1600元，这20年每年年初交的1600元是20年预付年金的形式，而从60岁起至去世，保险公司每年年初支付6000元，同样也是年金的形式，但由于去世时间未知，年金期间待求。小张前20年的保费可以换来从60岁到去世的养老金和一次性抚恤金，也就是说，前20年年金到60岁的终值可以作为60岁后年金的现值，因此我们选择小张60岁作为解题的出发点，计算60岁到去世的年金期间。在进行货币时间价值的Excel函数应用时，需要了解以下函数。

1. 年金终值函数FV(rate,nper,pmt,pv,type)

该函数基于固定利率和等额分期付款的方式，返回某项投资的未来值。各参数的含义如下。rate：复利利率；nper：年金期数；pmt：每期固定支付或收入的金额；pv：投资开始计算时已经入账的价值，默认值为0；type：年金类型，当取1时表示预付年金，当取0或默认时表示普通年金。

2. 年金现值函数FV(rate,nper,pmt,fv,type)

该函数用于返回某项投资的一系列等额分期偿还额的当前值之和，即年金的现值。fv是指在最后一次付款期后获得的一次性偿还额，默认值为0。其余参数的含义和年金终值函数对应参数的含义相同。

3. 年金函数PMT(rate,nper,pv,fv,type)

该函数用于返回固定利率下投资或贷款的等额分期偿还额(包括本金和利息)。参数的含义和年金终值函数对应参数的含义相同。

4. 年金本金函数PPMT(rate,per,nper,pv,fv,type)

该函数用于返回在定期偿还、固定利率条件下给定期次内某项投资回报(或贷款偿还)的本金部分。参数的含义和年金终值函数对应参数的含义相同。

5. 年金利息函数IPMT(rate,per,nper,pv,fv,type)

该函数用于返回在固定利率、期数下某项投资回报或贷款偿还的利息部分。参数的含义和年金终值函数对应参数的含义相同。

6. 期数函数NPER(rate,pmt,pv,fv,type)

该函数用于返同每期付款金额及利率固定的某项投资或贷款的期数。参数的含义和年金终值函数对应参数的含义相同。

7. 利率函数RATE(nper,pmt,pv,fv,type,guess)

该函数在已知期数、每期付款及现值或终值的条件下，返回年金的每期利率。参数的含义和年金终值函数对应参数的含义相同。

↴ 实训指引

1. 计算前20年现金流的终值之和

第一步：分析现金流的形式。由于小张30～50岁期间每年年初需要交1600元保费，因此这20期的现金流是20年预付年金的形式。

第二步：利用年金终值函数FV(rate,nper,pmt,pv,type)计算20年预付年金的终值。保险公司的投资收益率为5%，因此函数的第一个参数rate为5%。第二个参数nper为年金期数，即为20。第三个参数pmt为每期固定支付或收入的金额，即为1600。第四个参数pv指投资开始计算时已经入账的价值，即为0。第五个参数type为年金类型，当取1时表示预付年金，当取0或默认时表示普通年金，即为1。因此，小张30～50岁每年年初交的1600元保费在50岁那年年末的终值之和为FV(5%,20,1600,0,1)。

2. 计算50～60岁的保费价值

由于我们选择小张60岁作为解题的出发点，因此在计算前20年现金流的终值之和之后，还需要计算50～60岁的保费价值。

利用复利终值的原始公式$FV=PV \times (1+i)^n$进行计算。投资收益率为5%，时间为10年，因此50～60岁的保费价值为$FV(5\%,20,1600,0,1) \times (1+5\%)^{10}$。

3. 计算60岁到去世的年金期间

利用期数函数NPER(rate,pmt,pv,fv,type)计算60岁到去世的年金期间。保险公司的投资收益率为5%，因此第一个参数rate为5%。第二个参数pmt为小张每年年初领取的养老金6000元；第三个参数为现值pv，实际上是小张30～50岁期间每年年初交纳的保费计算到60岁时的价值。FV(5%,20,1600,0,1)计算的是小张30～50岁期间每年年初交纳的保费到50岁时的价值；FV(5%,20,1600,0,1)×(1+5%)^{10}是每年所交从50～60岁时的价值，也就是第三个参数的值。第四个参数可以将抚恤金5000元看作终值fv；第五个参数type由于是年初付，因此为1。

图9-1可以帮助大家很好地理解期数函数NPER()的意义和Excel的计算过程。

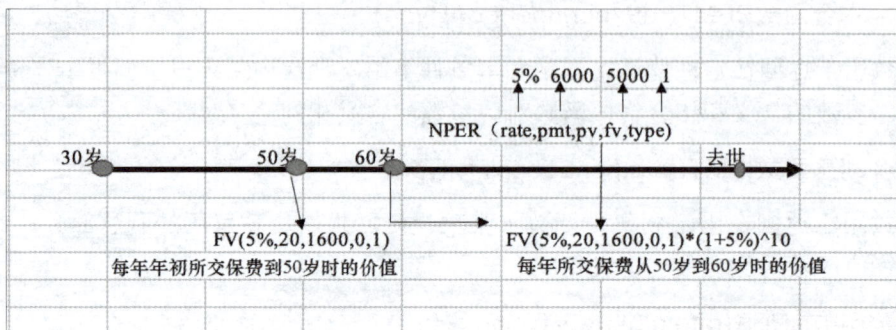

图 9-1　期数函数的计算

因此，所求年龄＝NPER(5%,6000,FV(5%,20,1600,0,1)×(1+5%)^{10},5000,1)+60=85.13岁。

实训二　债券融资模型设计

▣ 实训任务

某公司欲发行面值为1000元的债券若干，债券期限为5年，票面利率为10%，每年年末支付利息，到期偿还本金，若市场实际利率为12%，那么请问该债券的发行价格是多少？

❖ 特别提醒：

企业债券是企业为筹措长期资金而发行的债券。一般而言，债券包括以下基本要素。

(1) 债券面值。债券面值包括币种和票面金额两项基本内容。

(2) 债券期限。债券期限是指发行日至到期日的时间。

(3) 债券利率。债券上标明的利率一般是年利率，且多为固定利率，近年来也有浮动利率。也有的债券票面利率为零，到期按面值偿还。

(4) 债券价格。债券价格可分为发行价格与市场交易价格。发行价格是指投资者在发行市场(一级市场)上购买债券时实际支付的价格。债券可以平价、溢价或折价发行，因此，债券发行价格既可能等于面值，也可能高于或低于面值。市场交易价格是指债券发行后，投资者在流通市场(二级市场)上交易债券的价格。

▣ 任务解析

债券估价就是对债券的价格进行估计。投资者进行债券投资时预期在未来一定时期内会收到包括本金和利息在内的现金流入，债券价格则是投资者为了取得未来的现金流入而愿意投入的资金。理论上，债券发行价格是债券的面值和支付的年利息按发行当时的市场利率折现所得到的现值，因此选用年金现值函数PV来解决这个问题。

年金现值函数PV(rate,nper,pmt,fv,type)用于返回某项投资的一系列等额分期偿还额的当前值之和，即年金的现值。各参数的含义如下。

rate：复利利率；nper：年金期数；pmt：每期固定支付或收入的金额；fv：最后一次付款期后获得的一次性偿还额，默认值为0；type：年金类型，当取1时表示预付年金，当取0或默认时表示普通年金。

➷ 实训指引

1. 计算票面利息

债券的利息=票面面值×票面利率。该债券面值为1 000元，票面利率为10%，因此票面利息=1000×10%=100元。也就是说，该债券5年内每年年末需要支付利息100元。

2. 利用年金现值函数计算债券价值

利用年金现值函数PV(rate,nper,pmt,fv,type)计算债券价值。市场实际利率为12%，因此函数第一个参数rate为12%。第二个参数nper为年金期数5。第三个参数pmt为每期固定支付或收入的金额，即为年利息-100。第四个参数fv是最后一次付款期后获得的一次性偿还额，即为本金-1000。第五个参数type为年金类型，当取1时表示预付年金，当取0或默认时表示普通年金，即为0。因此，债券的发行价格=PV(12%,5,-100,-1000,0)=927.9元。

实训三　长期借款模型设计

➷ 实训任务

假设企业贷款200万元，贷款利率可能在6%～12%之间变动(每次变动0.25%)，贷款年限为3～10年。请利用Excel设计一个长期借款分析模型，分析当贷款金额一定时，在不同贷款利率和贷款年限组合下每期需要偿还的金额。

❖ 特别提醒：

长期借款是指企业向银行或其他金融机构借入的期限在一年以上(不含一年)或超过一年的一个营业周期以上的各项借款。企业长期借款主要用于固定资产投资或更新改造、科技开发和新产品试制等。

➷ 任务解析

若要建立"长期借款分析模型"，即计算不同贷款利率和贷款年限组合下每期需要偿还的金额，则可以利用年金函数PMT(rate,nper,pv,fv,type)来计算。该函数用于返回固定利率下投资或贷款的等额分期偿还额(包括本金和利息)。各参数的含义如下。rate：复利利率；nper：年金期数；pv：投资开始计算时已经入账的价值，默认值为0；fv：最后一次付款期后获得的一次性偿还额，默认值为0；type：年金类型，当取1时表示预付年金，当取0或默认时表示普通年金。

接下来，可以通过Excel的辅助工具来更直观地观察不同数值下的情况。此时可以利用双变量模拟运算表和窗体控件来设计长期借款分析模型。

实训指引

1. 利用双变量模拟运算表设计长期借款分析模型

第一步：新建工作簿和工作表。新建一个工作簿并以“长期借款”为名进行保存，将其中的工作表Sheet1重命名为“长期借款分析模型”，在其中输入表题与相应的表格项目，并设置单元格格式，如图9-2所示。其中，B列为从6%到12%不同的贷款利率，每次变动0.25%，第2行为从3年到10年不同的贷款年限。

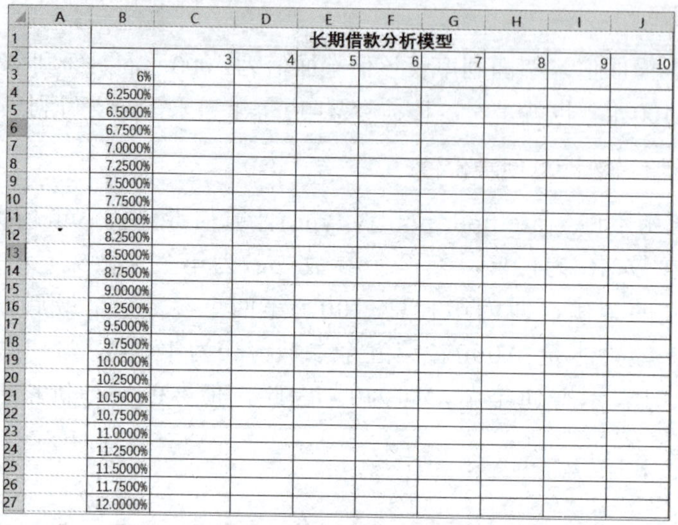

	A	B	C	D	E	F	G	H	I	J
1					长期借款分析模型					
2			3	4	5	6	7	8	9	10
3		6%								
4		6.2500%								
5		6.5000%								
6		6.7500%								
7		7.0000%								
8		7.2500%								
9		7.5000%								
10		7.7500%								
11		8.0000%								
12		8.2500%								
13		8.5000%								
14		8.7500%								
15		9.0000%								
16		9.2500%								
17		9.5000%								
18		9.7500%								
19		10.0000%								
20		10.2500%								
21		10.5000%								
22		10.7500%								
23		11.0000%								
24		11.2500%								
25		11.5000%								
26		11.7500%								
27		12.0000%								

图 9-2　输入表格项目并设置单元格格式

第二步：输入年金函数。在B2单元格输入计算每期还款额的公式“=PMT(A3,A2,-2000000)”，如图9-3所示。本例中贷款期限和利率均为不确定的数据，因此PMT公式中使用了两个变量A2和A3，分别代表期限和利率。按Enter键确认，B2单元格中出现“#NUM!”错误提示，可不予理会。

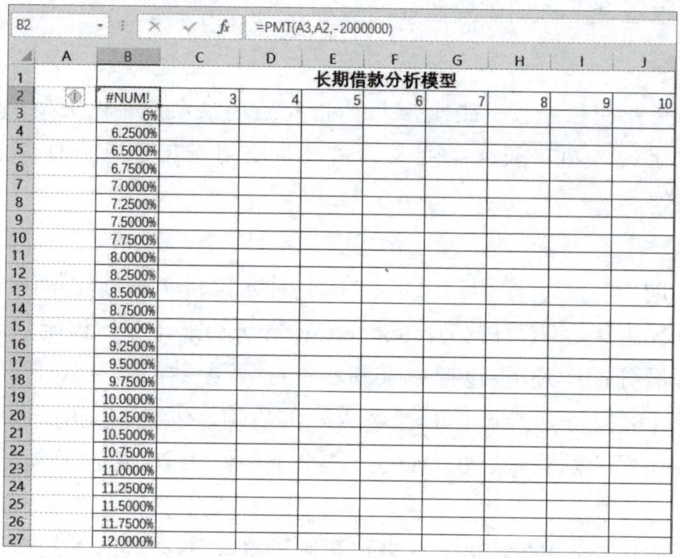

B2　=PMT(A3,A2,-2000000)

	A	B	C	D	E	F	G	H	I	J
1					长期借款分析模型					
2		#NUM!	3	4	5	6	7	8	9	10
3		6%								
4		6.2500%								
5		6.5000%								
6		6.7500%								
7		7.0000%								
8		7.2500%								
9		7.5000%								
10		7.7500%								
11		8.0000%								
12		8.2500%								
13		8.5000%								
14		8.7500%								
15		9.0000%								
16		9.2500%								
17		9.5000%								
18		9.7500%								
19		10.0000%								
20		10.2500%								
21		10.5000%								
22		10.7500%								
23		11.0000%								
24		11.2500%								
25		11.5000%								
26		11.7500%								
27		12.0000%								

图 9-3　输入公式

第三步：建立模拟运算表。选择B2:J27单元格区域，选择"数据"|"模拟分析"|"模拟运算表"命令，如图9-4所示。

第四步：打开"模拟运算表"对话框，在"输入引用行的单元格"文本框中选择A2单元格，同样在"输入引用列的单元格"文本框中选择A3单元格，完成后单击"确定"按钮，如图9-5所示。最终结果如图9-6所示。

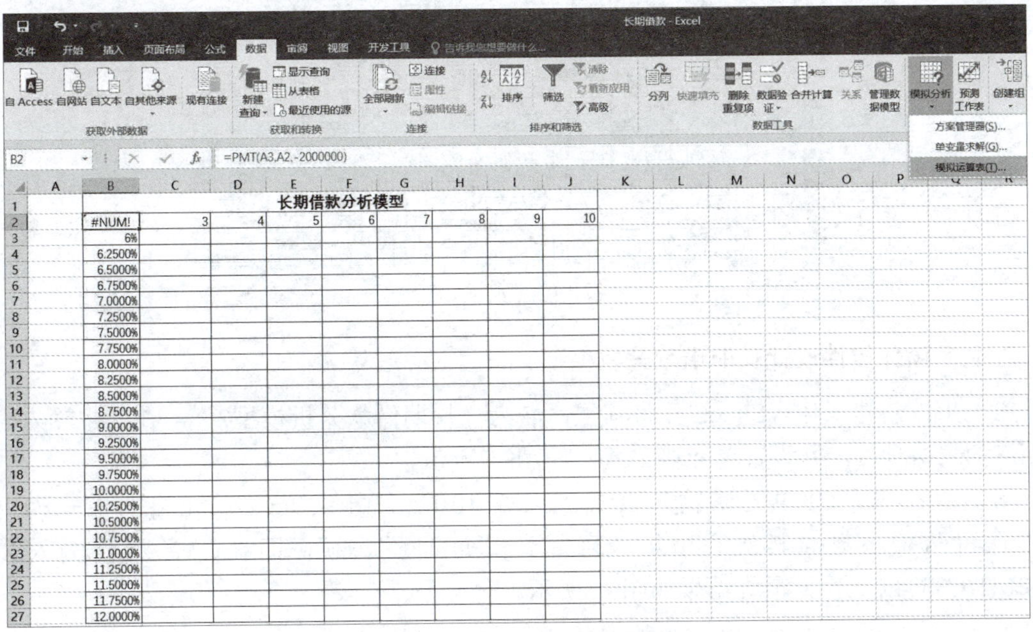

图 9-4　建立模拟运算表

图 9-5　引用单元格

#NUM!	3	4	5	6	7	8	9	10
6%	¥748,219.63	577183	474792.8	406725.3	358270	322071.9	294044.5	271735.9
6.2500%	751682.987	580490.7	478026.4	409925.5	361460	325265.9	297252.1	274963.6
6.5000%	755151.404	583805.5	481269.1	413136.6	364662.7	328474.6	300476.1	278209.4
6.7500%	758624.858	587127.3	484520.7	416358.7	367878.2	331697.8	303716.4	281473.2
7.0000%	762103.331	590456.2	487781.4	419591.6	371106.4	334935.5	306972.9	284755
7.2500%	766586.804	593792.1	491051	422835.3	374347.3	338187.6	310245.6	288054.6
7.5000%	769075.256	597135	494329.4	426089.8	377600.6	341454	313534.3	291371.9
7.7500%	772568.671	600484.9	497616.8	429355	380866.5	344734.7	316839	294706.7
8.0000%	776067.028	603841.6	500912.9	432630.8	384144.8	348029.5	320159.4	298059
8.2500%	779570.31	607205.3	504217.8	435917.2	387435.5	351338.4	323495.6	301428.6
8.5000%	783078.497	610575.8	507531.5	439214.2	390738.4	354661.3	326847.4	304815.4
8.7500%	786591.572	613953.1	510853.9	442521.6	394053.7	357998.1	330214.8	308219.3
9.0000%	790109.515	617337.3	514184.9	445839.6	397381	361348.8	333597.6	311640.2
9.2500%	793632.308	620728.3	517524.6	449167.9	400720.5	364713.2	336995.7	315077.9
9.5000%	797159.934	624126	520872.8	452506.6	404072.1	368091.2	340409.1	318532.3
9.7500%	800692.373	627530.5	524229.6	455855.5	407435.6	371482.9	343837.6	322003.3
10.0000%	804229.607	630941.6	527595	459214.8	410811	374888	347281.1	325490.8
10.2500%	807771.619	634359.4	530968.8	462584.2	414198.3	378306.6	350739.5	328994.6
10.5000%	811318.391	637783.9	534351	465963.7	417597.3	381738.6	354212.8	332514.6
10.7500%	814869.903	641215	537741.6	469353.4	421008.1	385183.7	357700.7	336050.8
11.0000%	818426.139	644652.7	541140.6	472753.1	424430.5	388642.1	361203.3	339602.9
11.2500%	821987.081	648097	544547.9	476162.8	427864.6	392113.6	364720.4	343170.8
11.5000%	825552.71	651547.8	547963.5	479582.5	431310.1	395598	368251.9	346754.4
11.7500%	829123.009	655005.1	551387.4	483012	434767.1	399095.4	371797.8	350353.6
12.0000%	832697.961	658468.9	554819.5	486451.4	438235.5	402605.7	375357.8	353968.3

图 9-6　最终结果

2. 利用窗体控件设计长期借款分析模型

第一步：新建工作表Sheet2并将其重命名为"长期借款分析模型2"，在其中输入表题与相应的表格项目，并设置单元格格式，如图9-7所示。

第二步：先在C3单元格输入公式"=D3/400"，并设置C3单元格的格式为百分数，保留两位小数。其次利用年金函数计算每期还款额，即在C5单元格输入公式"=PMT(C3,C4,C2)"，最终结果如图9-8所示。

图 9-7　长期借款分析模型 2

图 9-8　利用年金函数计算每期还款额

第三步：利用滚动条控件模拟变化的利率。选择"文件"｜"选项"｜"自定义功能区"｜"开发工具"命令，如图9-9所示。

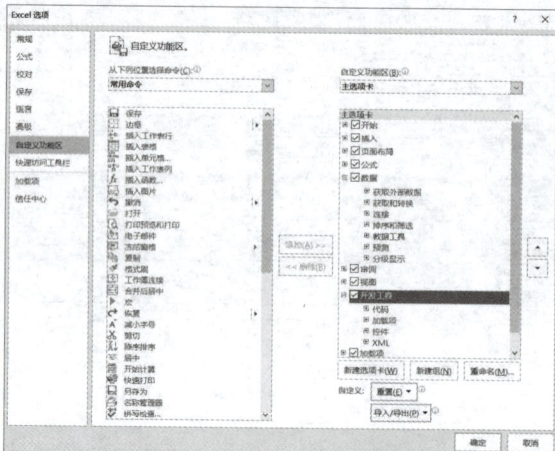

图 9-9　调出开发工具选项

第四步：选择"开发工具"｜"控件"｜"插入"｜"滚动条"命令，在D3单元格中插入一个滚动条控件，如图9-10所示。

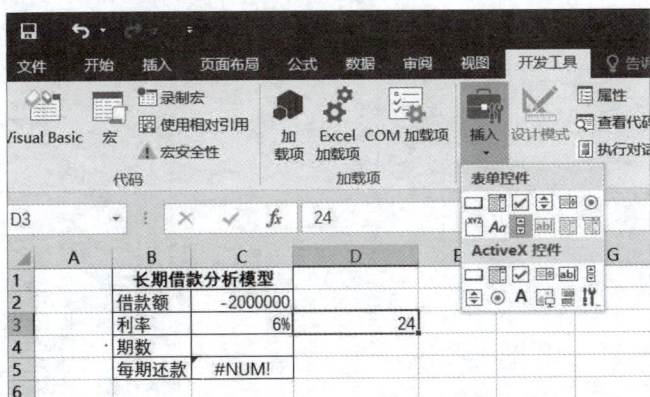

图 9-10　插入滚动条控件

第五步：设置控件格式。右击滚动条，在弹出的快捷菜单中选择"设置控件格式"命令，打开"设置对象格式"对话框。按照图9-11所示操作设置当前值、最小值、最大值、步长、页步长和单元格链接。在滚动条控件格式设置中，步长最小只能设为1，而利率的变化步长为0.25，因此，可以通过设置中间变量D3来实现，令C3=D3/400，当D3在24到48之间滚动时，C3就在6%到12%之间变化。

第六步：利用数值调节钮控件模拟期数。选择"开发工具"｜"控件"｜"插入"｜"数值调节钮"命令，在C4单元格中插入一个数值调节钮控件，如图9-12所示。

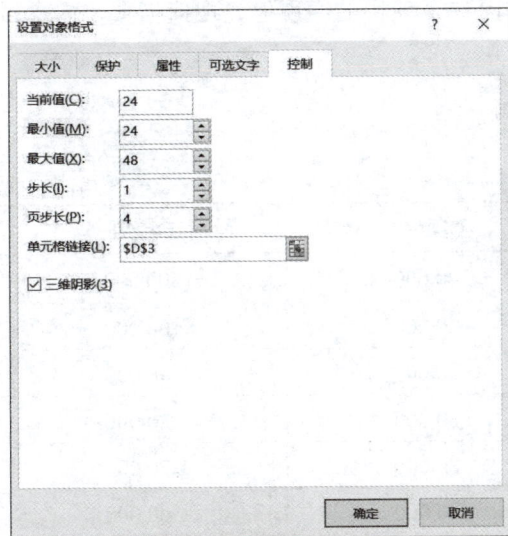

图 9-11　设置对象格式

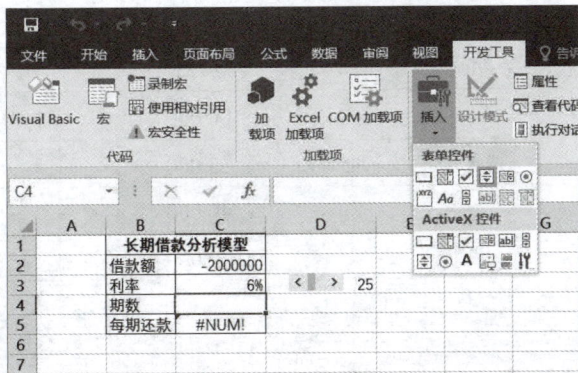

图 9-12　插入数值调节钮控件

第七步：设置控件格式。右击数据调节钮，在弹出的快捷菜单中选择"设置控件格式"命令，打开"设置对象格式"对话框。按照图9-13所示操作设置当前值、最小值、最大值、步长、页步长和单元格链接。

第八步：单击滚动条箭头可以观察利率的变化对每期还款额的影响，单击数值调节钮箭头可以观察还款期数的变化对每期还款额的影响，如图9-14所示。

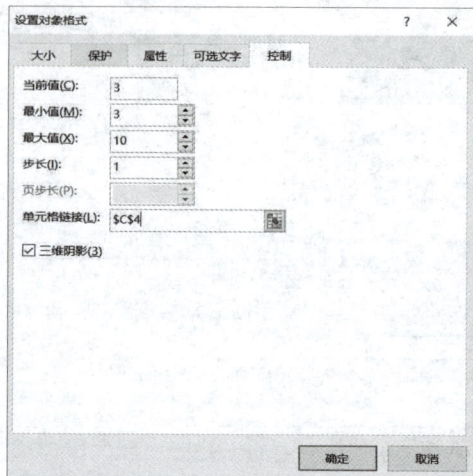

图 9-13　设置对象格式

图 9-14　最终结果

实训四　建立无风险项目投资决策模型

↘ 实训任务

某企业有A、B、C 3个投资项目，3个项目的现金流量表如表9-1所示。假设资本成本率和再投资的资本成本率都为10%，请用Excel函数计算3个项目的净现值、现值指数、内含报酬率和修正内含报酬率。

表9-1　现金流量表

单位：元

期间	A项目	B项目	C项目
0	−100 000	−200 000	−300 000
1	50 000	20 000	100 000
2	40 000	40 000	90 000
3	30 000	60 000	80 000
4		80 000	70 000
5		100 000	60 000
6			50 000
7			40 000
8			30 000
9			20 000
10			10 000

❖ **特别提醒：**

投资是指投放财力于某个对象以期在未来获取收益的经济行为。投资决策是指投资者为了实现其预期的投资目标，运用一定的科学理论、方法和手段，通过一定的程序对投资的必要性、投资目标、投资规模、投资方向、投资结构、投资成本与收益等经济活动中重大问题所进行的分析、判断和方案选择。投资决策是企业所有决策中最关键、最重要的决策。

评价投资方案时使用的指标有两类：一类是非贴现指标，它没有考虑资金的时间价值，主要有回收期、会计收益率等；另一类是贴现指标，它考虑了资金的时间价值，包括净现值、现值指数和内含报酬率。根据这两类指标，投资项目评价方法也相应地分为非贴现的评价方法和贴现的评价方法。

任务解析

若要建立"投资决策分析模型"，则应了解相应的投资决策指标和Excel函数表达。

1. 净现值

净现值法以项目的净现值作为评价方案优劣的指标。净现值是指项目未来的现金流入按照预定贴现率折算的现值与项目未来的现金流出按照预定的贴现率折算的现值之差。这里的贴现率既可以是企业的资金成本率，也可以是企业要求的最低报酬率。项目的净现值大于零，说明该项目的报酬率大于预定的贴现率，则项目可行。

净现值函数NPV(rate,value1,value2…)。其中，rate为贴现率，value1,value2…分别代表未来第1期、第2期……的期末现金流量。初始投资现金流不出现在参数中。

2. 现值指数

现值指数法以项目的现值指数作为评价方案优劣的指标。现值指数是项目未来的现金流入按照预定贴现率折算的现值与项目未来的现金流出按照预定的贴现率折算的现值之商。现值指数大于1，说明该项目的报酬率大于预定的贴现率，则项目可行。当计算项目的净现值时，只要计算未来各期的NPV与初始投资的商即可。

绝对值函数ABS(Number)用于返回给定数值的绝对值，即不带符号的数值。由于现值指数的分母为初始投资额，而一般初始现金流量为负，因此，在计算现值指数时一般会用到绝对值函数，对所求数据取绝对值。

3. 内含报酬率

内含报酬率法以方案本身的内含报酬率作为评价方案优劣的指标。内含报酬率是使项目未来现金流入现值恰好等于项目未来现金流出现值的贴现率。内含报酬率是项目本身的投资报酬率，它同现值指数一样，也是一个相对指标，可以用于独立投资项目的评价。内含报酬率法在用于项目评价时不必事先选择贴现率，只要最后将资金成本率或最低报酬率与此内含报酬率进行比较，即可确定方案是否可行。而现值指数法则要求事先必须确定一个贴现率，才能确定每个项目的现值指数大小，然而贴现率的大小势必会影响方案的现值指数，进而影响对项目的评价。

内含报酬率函数IRR(values,guess)用于返回连续期间现金流量的内含报酬率。其中，

values是连续期间的现金流量，guess是用户所猜想的接近IRR结果的数值，一般可省略。

values中数据的先后顺序代表了现金流量的期间顺序，因此初始投资应作为现金流出出现在values的第一个数据位置。

4. 修正内含报酬率

内含报酬率虽然考虑了时间价值，但是未考虑现金流入的再投资机会。根据再投资的假设，提出了修正内含报酬率。

修正内含报酬率函数MIRR(values,finance_rate,reinvest_rate)用于返回在考虑投资成本及现金再投资利率的情况下一系列分期现金流的内部报酬率。其中，values是连续期间的现金流量，finance_rate是现金流中使用的资金支付的利率，reinvest_rate是将现金流再投资的收益率。

↘ 实训指引

第一步：新建工作簿和工作表。新建一个工作簿并以"投资决策"为名进行保存，将其中的工作表Sheet1重命名为"投资决策模型"，在其中输入表题与相应的表格项目，并设置单元格格式，如图9-15所示。

	A	B	C	D
1		无风险项目投资决策		
2	期间	A项目	B项目	C项目
3	0	-100000	-200000	-300000
4	1	50000	20000	100000
5	2	40000	40000	90000
6	3	30000	60000	80000
7	4		80000	70000
8	5		100000	60000
9	6			50000
10	7			40000
11	8			30000
12	9			20000
13	10			10000
14		无风险项目投资决策模型		
15			贴现率	10%
16	评价指标	A项目	B项目	C项目
17	净现值			
18	现值指数			
19	内含报酬率			
20	修正内含报酬率			

图9-15　输入数据并设置单元格格式

第二步：选择B17单元格，输入公式"=NPV($D$15,B4:B13)+B3"，完成后按Ctrl+Enter组合键，计算A项目净现值，如图9-16所示。

❖ 特别提醒：

初始投资现金流不出现在净现值函数参数中。

第三步：选择B18单元格，输入公式"=ABS(NPV($D$15,B4:B13)/B3)"，完成后按Ctrl+Enter组合键，计算A项目现值指数，如图9-17所示。

图 9-16　计算 A 项目净现值

图 9-17　计算 A 项目现值指数

第四步：选择B19单元格，输入公式"=IRR(B3:B13)"，完成后按Ctrl+Enter组合键，计算A项目内含报酬率，如图9-18所示。

图 9-18　计算 A 项目内含报酬率

❖ **特别提醒：**

初始投资应作为现金流出出现在内含报酬率函数values中第一个数据位置。

第五步：选择B20单元格，输入公式=MIRR(B3:B13,\$D\$15,\$D\$15)"，完成后按Ctrl+Enter组合键，计算A项目修正内含报酬率，如图9-19所示。

第六步：选择B17:B20单元格区域，拖动该区域的填充柄，将公式复制到C17:D20单元格区域，最终结果如图9-20所示。由图可知，最优选择为C项目。

B20	: × ✓ fx	=MIRR(B3:B13,$D$15,$D$15)	

	A	B	C	D
1		无风险项目投资决策		
2	期间	A项目	B项目	C项目
3	0	-100000	-200000	-300000
4	1	50000	20000	100000
5	2	40000	40000	90000
6	3	30000	60000	80000
7	4		80000	70000
8	5		100000	60000
9	6			50000
10	7			40000
11	8			30000
12	9			20000
13	10			10000
14		无风险项目投资决策模型		
15		贴现率		10%
16	评价指标	A项目	B项目	C项目
17	净现值	¥1,051.84		
18	现值指数	1.010518407		
19	内含报酬率	11%		
20	修正内含报酬率	10%		

图 9-19　计算 A 项目修正内含报酬率

D27	: × ✓ fx		

	A	B	C	D
1		无风险项目投资决策		
2	期间	A项目	B项目	C项目
3	0	-100000	-200000	-300000
4	1	50000	20000	100000
5	2	40000	40000	90000
6	3	30000	60000	80000
7	4		80000	70000
8	5		100000	60000
9	6			50000
10	7			40000
11	8			30000
12	9			20000
13	10			10000
14		无风险项目投资决策模型		
15		贴现率		10%
16	评价指标	A项目	B项目	C项目
17	净现值	¥1,051.84	¥13,051.77	¥85,543.29
18	现值指数	1.010518407	1.065258831	1.285144298
19	内含报酬率	11%	12%	19%
20	修正内含报酬率	10%	11%	13%

图 9-20　最终结果

❖ **特别提醒:**

在比较不同项目的可行性时,在净现值方面,优先选择净现值大于0的项目,且净现值越大越好;在现值指数方面,优先选择现值指数大于1的项目,且现值指数越大越好;在内含报酬率方面,优先选择内含报酬率更大的项目。

对于非连续性现金流的计算,可以采用XIRR(values,dates,guess)函数,返回一组非定期发生的现金流的内含报酬率。其中,values为一系列现金流,dates为现金流的付款日期,guess为一个接近于XIRR结果的数字,可省略。

第 10 章

预算管理数据分析与预测

实训任务

A企业是一家专门生产某种单一产品的制造企业，且生产该种产品只用一种直接材料，其财务部门打算编制2023年预算，相关资料如下。

资料一：2022年12月31日A企业的资产负债表如表10-1所示。

表10-1　A企业的资产负债表

单位：元

资产负债表	
流动资产：	
银行存款	2800
应收账款	9600
原材料(5元×500公斤)	2500
产成品(34元×100件)	3400
合计	18 300
固定资产：	
土地	25 000
房屋与设备净值	31 000
合计	56 000
资产总计	74 300
流动负债：	
应付账款	6000
股东权益：	
普通股股东	50 000
留存收益	18 300
权益合计	74 300

资料二：其他相关资料如下。

(1) 假定该企业只生产一种产品，且生产该种产品只用一种直接材料。通过预测和协调，确定预算年度的全年销售量为4000件，其中各季度的销售量分别为800件、1000件、1200件、1000件，销售单价为50元。

(2) 各项标准耗用量和标准价格如表10-2所示。

(3) 根据以往的经验并考虑预算期的特殊情况，预计每季度的销售在本季度收到的现金为本季度销售额的60%，其余40%的现金在下一季度收到。

(4) 根据以往的经验并考虑预算期的特殊情况，预计各季度直接材料采购的现金支出为当季度采购额的60%，其余40%的现金在下一季度支付。

(5) 各季度末产成品存货数量按下季度销售数量的10%计算。

(6) 直接材料存货数量按下季度生产用量的10%计算。

(7) 预计预算年度的下年度的第一季度和第二季度的销售量分别为1200件和1600件。

(8) 该企业日常期末现金结存应为4000~5000元。

表10-2　标准耗用量和标准价格表

项目	标准耗用量	标准价格
直接材料	4元/公斤	5元/公斤
直接人工	2.5小时/件	4元/小时
变动制造费用：		
间接人工	5小时/件	0.2元/小时
间接材料	5小时/件	0.24元/小时
维修费	5小时/件	0.12元/小时
水电费	5小时/件	0.24元/小时
变动制造费用小计	5小时/件	0.8元/小时
固定制造费用：		
管理人员工资		2500元
保险费		2000元
维修费		2500元
折旧		3000元
变动销售及管理费：		
销售佣金		1.6元/件
交货运输费		1.4元/件
固定销售及管理费：		
管理人员工资		3500元
租金		2500元

由于预算(尤其是全面预算)的编制是一件工作量较大、较繁琐、非常容易出错的工作，因此，在手工环境下编制预算往往很困难，若预算没有达到节约成本、有效配置资源、价值最大化的目标，反而增加了企业在预算编制方面的投入，则会导致一些企业知难而退。而Excel强大的制表和计算功能使以前在手工环境下编制预算的难题得到了很好的解决。

本章主要以一家制造企业为例，对全面预算的具体编制过程加以说明。

实训一　经营预算模型设计

1. 销售预算

在编制销售预算之前，应做好预算编制的准备工作，包括预算工作表格的设计、相关数据资料的录入等。Excel提供了非常强大的表格设计计算和数据调用功能。在进行预算编制前需要熟练掌握企业相关财务数据之间的关系，在编制预算时经常涉及一个数据在多张预算表中使用和一张表格调用多个数据的情况，因此，在制作数据预算表格时可以考虑将这些相关数据资料录入一张工作表中，并将工作表命名为"相关数据资料"。这样，当编制预算需要使用数据时，就采用Excel的数据调用功能，从"相关数据资料"工作表的相关单元格中取数。如果要变动某一相关数据资料，就直接在"相关数据资料"工作表中进行改动，此时调用这一数据的其他表格中的相关数据就会自动更新，不需要一一修改所有使用这一数据的工作表。

↘ 实训指引

第一步：首先新建一个工作簿，将其重命名为"第10章预算管理数据分析与预测"，并将其中的工作表Sheet1重命名为"相关数据资料"，通过 ⊕ 按钮插入多张工作表备用，如图10-1所示。

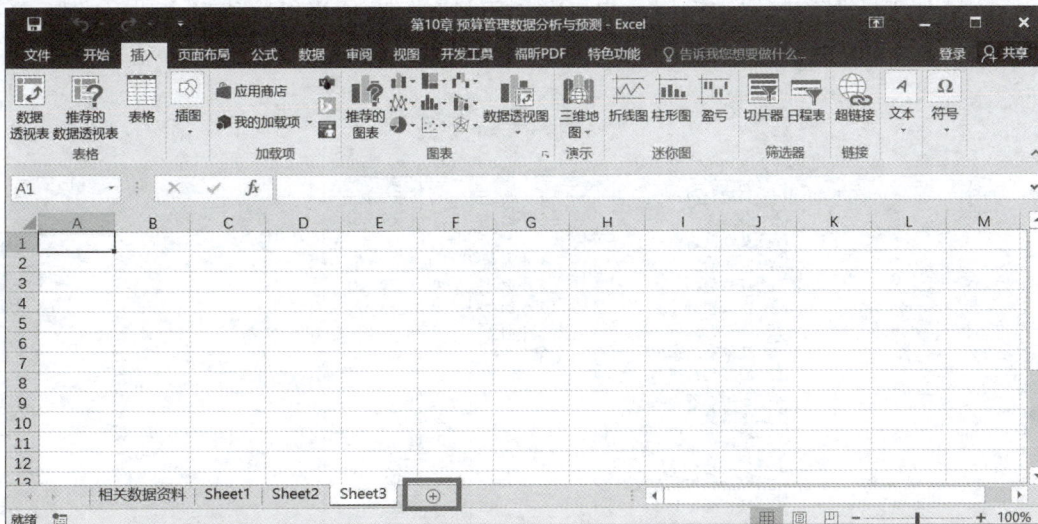

图 10-1　新建工作表

第二步：在"相关数据资料"工作表中录入A企业的相关数据，如图10-2所示。

第三步：新建"2022年资产负债表"工作表，在其中录入A企业2022年资产负债表的相关数据，如图10-3所示。

图10-2　录入数据

图10-3　新建"2022年资产负债表"工作表

第四步：新建"标准耗用量和标准价格"工作表，录入各项标准耗用量和标准价格的数据，为了便于数据的计算和调用，将标准耗用量和标准价格以数值形式列入B列和D列(不包含单位等文字形式)，将单位列入C列和E列，如图10-4所示。

图10-4　新建"标准耗用量和标准价格"工作表

第五步：新建"销售预算"工作表，开始编制销售预算。销售预算是指为销售活动编制的预算，是预算编制的起点。为了便于编制财务预算，应在编制销售预算的同时，编制现金收入计算表，用来反映销售所得的现金数额。现金收入计算表应列示全年及各季度的现金收入额。其中，各季度的现金收入额由本季度销售所得现金和本季度收到的上季度销售所得现金两部分组成。

各季度的销售量、销售单价已在"相关数据资料"工作表中录入，在这里不要直接输入数值，而应设定公式从"相关数据资料"工作表中调用。具体操作步骤如下。

① 首先选中B3单元格，在编辑栏中输入"="，然后在工作表的下方找到"相关数据资料"工作表，单击打开"相关数据资料"工作表。

② 选中"相关数据资料"工作表的C7单元格，再返回"销售预算"工作表，此时B3单元格中显示"=相关数据资料!C7"，表示该单元格的数据是从"相关数据资料"工作表的"C7"单元格调用的。

③ 重复上述操作，将B3:E4单元格区域中的数据都从"相关数据资料"工作表中调用过来，如图10-5所示。

	A	B	C	D	E	F
1				销售预算		
2	季度	1	2	3	4	全年
3	销售量	=相关数据资料!C7	=相关数据资料!D7	=相关数据资料!E7	=相关数据资料!F7	=SUM(B3:E3)
4	单价	=相关数据资料!$B$8	=相关数据资料!$B$8	=相关数据资料!$B$8	=相关数据资料!$B$8	
5	销售额	=B3*B4	=C3*C4	=D3*D4	=E3*E4	

图 10-5　调用数据

④ 因为销售量和单价的数据已经调用过来了，所以每季度的销售额可以直接计算得出，如图10-6所示。

如果修改了"相关数据资料"工作表中的销售量、销售单价的数值，那么结果会怎样？实际结果是所有调用"相关数据资料"工作表中"销售单价"的表格，都会因为"销售单价"的改动而自动重新计算结果，如图10-7和图10-8所示。

	A	B	C	D	E	F	G	H
1				销售预算				
2	季度	1	2	3	4	全年	预算年度的下一年的1季度	预算年度的下一年的2季度
3	销售量	800	1000	1200	1000	4000	1200	1600
4	单价	50	50	50	50			
5	销售额	40000	50000	60000	50000			
6								
7								
8	注：预计预算年度的下年度的第一季度和第二季度销售量分别为1200件和1600件							
9	上年期末应收账款为9600							

图 10-6　计算销售额

	A	B	C	D	E	F
1			相关数据资料			
2	上年期末应收账款	9600				
3	上年期末应付账款	6000				
4	期初产成品存量(件)	100				
5	期初原材料存量(公斤)	500				
6			一季度	二季度	三季度	四季度
7	预计全年销售量(件)	4000	800	1000	1200	1000
8	销售单价	60				
9	预计预算年度的下年度第一季度的销售量	1200				

销售单价已改为60元，结果如何

图 10-7　变动数值

图 10-8　变动结果

第六步：编制销售现金收入预算表。每季度销售现金收入由两部分构成：60%本季度销售收入，本季度可以收到现金；本季度才能收到的上季度销售收入的40%。通过设定公式和数据调用，编制如图10-9所示的"销售现金收入预算"工作表。计算公式如下。

B8=2022年资产负债表!B5+销售预算!B5×相关数据资料!B11

C8=销售预算!B5×相关数据资料!B12+销售预算!C5×相关数据资料!B11

D8=销售预算!CS×相关数据资料!B12+销售预算!D5×相关数据资料!B11

E8=销售预算!D5×相关数据资料!B12+销售预算!E5×相关数据资料!B11

图 10-9　销售现金收入预算表

2. 生产预算

生产预算是根据预算期销售量、期初产成品存货与期末产成品存货编制而成的。生产预算表如图10-10所示。生产预算的计算公式如下。

预算期生产量=(预算期销售量＋期末产成品存货量)−期初产成品存货量

图 10-10　生产预算表

3. 直接材料预算及采购过程现金支出计划的编制

直接材料预算是为完成直接材料的采购活动而编制的预算，编制直接材料预算的主要依据是预算期生产量、直接材料单位标准用量及标准价格。预算期生产量数据存储在"生产预算表"中，直接材料单位标准用量及标准价格数据存储在"相关数据资料"工作表中，可以直接调用。预算期直接材料采购量的计算公式如下。

预算期直接材料采购量=(预算期生产量×直接材料单位标准耗用量＋预算期末直接材料存货量)−预算期初直接材料存货量

直接材料预算表如图10-11所示。

	A	B	C	D	E	F	G
1	直接材料预算						
2		1	2	3	4	全年	预算年度的下一年的1季度
3	产品生产量	800	1020	1180	1020		1240
4	单位标准耗量	4	4	4	4		4
5	直接材料生产耗用	3200	4080	4720	4080		4960
6	直接材料期末存量	408	472	408	496		
7	直接材料需要量	3608	4552	5128	4576		
8	直接材料期初存量	500	408	472	408		
9	直接材料采购量	3108	4144	4656	4168		
10	标准价格	5	5	5	5		
11	采购金额	15540	20720	23280	20840	**80380**	
12	期初原材料					2500	
13	期末原材料					2480	
14	期末结转(进产成品)					**80400**	
15							
16	单元格			公式			
17	B3	生产预算!B7					
18	B4	标准耗用量与标准价格!B4(直接材料标准耗用量)					
19	B5	B3*B4					
20	B6	C5*相关数据资料!B14					
21	B7	B5+B6					
22	B8	相关数据资料!B5(期初原材料存量)					
23	B9	B7−B8					
24	B10	标准耗用量与标准价格!D4(直接材料标准价格)					
25	B11	B9*B10					
26	F12	2022年资产负债表!B6					
27	F13	E6*E10					
28	F14	F11+F12−F13					

图 10-11　直接材料预算表

在采购过程中必然要发生现金支出，为了便于编制财务预算，应在编制"直接材料预算"的同时编制"材料采购现金支出预算"。材料采购现金支出预算表如图10-12所示。

	A	B	C	D	E	F	G
1	材料采购现金支出预算						
2		1	2	3	4	全年	
3	本季支付上季采购款	6000	6216	8288	9312		
4	本季支付本季采购款	9324	12432	13968	12504		
5	每季材料采购现金支出	15324	18648	22256	21816	**78044**	
6							
7							
8	单元格			公式			
9	B3	相关数据资料!B3(期初应付账款)					
10	B4	直接材料预算!B11*相关数据资料!B15					
11	B5	B3+B4					
12	C3	直接材料预算!B11*相关数据资料!B16					
13	注:各季直接材料采购的现金支出为当季采购额的60%，其余40%的现金于下一季度支付。						

图 10-12　材料采购现金支出预算表

4. 直接人工预算的编制

直接人工预算是为计算直接参与生产的工人的人工耗费而编制的预算。编制直接人工预算的主要依据是预算期生产量、直接人工单位标准工时及标准工资率。预算期生产量数据存储在"生产预算表"中,直接人工单位标准工时及标准工资率数据存储在"相关数据资料"工作表中,可以直接调用。直接人工预算表如图10-13示。

	A	B	C	D	E	F	G
1				直接人工预算			
2		1	2	3	4	全年	说明
3	生产量（件）	800	1020	1180	1020	4020	数据来自生产预算表
4	单位标准工时(小时/件)	2.5	2.5	2.5	2.5		数据来标准耗用量、价格表
5	需用工时(小时)	2000	2550	2950	2550	10050	生产量*单位标准工时
6	标准工资率(元/时)	4	4	4	4		数据来标准耗用量、价格表
7	直接人工成本(元)	8000	10200	11800	10200	40200	需用工时×标准工资率
8	直接人工成本现金支出预算	8000	10200	11800	10200	**40200**	
9	注：接人工成本当季100%付现						

图 10-13　直接人工预算表

5. 制造费用预算的编制

制造费用是指生产成本中除了直接材料、直接人工的生产费用。制造费用预算是根据预算期全年及各季度的生产量、各种标准耗用量和标准价格资料编制的。

编制制造费用预算应该将制造费用分为变动制造费用和固定制造费用两大类,并分别进行编制。

各项变动制造费用通常都有单位标准费用额(小时标准费用率或产品标准费用率),将单位标准费用额乘以预算期产量或工时需用量就是各项变动制造费用预算额。各项变动制造费用合计就是变动制造费用预算总额。各项变动制造费用单位标准费用额之和就是变动制造费用单位标准费用额,它是将全年的变动制造费用分配到各季度的依据,因而又称为变动制造费用分配率。

本例假定固定制造费用在各季度平均分配,除固定制造费用中的折旧外,各项制造费用均需在当期支付现金。制造费用预算表如图10-14所示。

	A	B	C	D	E	F	G	H	I
1					制造费用预算				
2	变动制造费用预算：	小时标准费用率	单位产品耗用小时	单位产品标准费用额	一季度费用额	二季度费用额	三季度费用额	四季度费用额	全年
3	间接人工	0.2	5	1	800	1020	1180	1020	4020
4	间接材料	0.24	5	1.2	960	1224	1416	1224	4824
5	维修费	0.12	5	0.6	480	612	708	612	2412
6	水电费	0.24	5	1.2	960	1224	1416	1224	4824
7	合计			4	3200	4080	4720	4080	16080
8	现金支出				3200	4080	4720	4080	16080
9	固定制造费用预算：	固定费用平均分配到每季度							
10		全年预算			一季度费用额	二季度费用额	三季度费用额	四季度费用额	全年
11	管理人员工资	2500			625	625	625	625	2500
12	保险费	2000			500	500	500	500	2000
13	维修费	2500			625	625	625	625	2500
14	折旧	3000			750	750	750	750	3000
15	合计	10000			2500	2500	2500	2500	10000
16	现金支出	7000			1750	1750	1750	1750	7000
17	制造费用现金支出合计				4950	5830	6470	5830	**23080**
18									
19	注：除折旧外,制造费用均为现金支付。								

图 10-14　制造费用预算表

6. 年末产成品存货预算的编制

年末产成品存货预算主要用来反映年末产成品的存货成本,编制预算的目的是为编制利润计划和资产负债表做准备。

编制年末产成品存货预算的主要依据是生产预算中的年末产成品存货数量和各项标准

耗用量及标准价格。通过各项标准耗用量和标准价格可以计算出产品的标准成本。在变动成本法下，产品的标准成本包括直接材料、直接人工和变动制造费用；在全部成本法下，产品的标准成本还应包括固定制造费用。标准成本与年末产成品存货数量的乘积即为年末产成品成本。在使用标准成本法控制成本的企业中可以不编制此预算，直接用标准成本和年末产成品存货数量计算填写利润计划和资产负债表的有关项目。年末产成品存货预算表如图10-15所示。

图 10-15　年末产成品存货预算表

7. 销售及管理费用预算和销售及管理费用现金支出计划的编制

销售及管理费用预算是为完成产品销售活动和一般行政管理活动，以及有关的经营活动而编制的预算。编制销售及管理费用预算的主要依据是预算期全年和各季度的销售量及各种有关的标准耗用量和标准价格资料。销售及管理费用应分为变动费用和固定费用两大类。

各项变动费用预算额＝销售量×单位标准费用额

本例假设全年固定销售及管理费用在各季度平均分配，假定各项销售及管理费用均需当季支付现金。编制预算表所需的销售量数据是从"相关数据资料"工作表中调用的，单位标准费用额数据是从"标准耗用量和标准价格"工作表中调用的。

销售及管理费用预算表如图10-16所示。图10-17列出了一季度和全年预算的计算公式。

图 10-16　销售及管理费用预算表

	A	B	C	G
1			销售及管理费用预算	
2			一季度费用额	全年
3	变动费用:			
4	销售佣金		=标准耗用量和标准价格!$D$18*销售预算!B3	=SUM(C4:F4)
5	交货运输费		=标准耗用量和标准价格!$D$19*销售预算!B3	=SUM(C5:F5)
6	小计		=SUM(C4:C5)	=SUM(C6:F6)
7				
8			固定费用平均分配到每季度	
9			一季度费用额	全年
10	固定费用:			
11	管理人员工资	=标准耗用量和标准价格!D21	=$B$11/4	=SUM(C11:F11)
12	租金	=标准耗用量和标准价格!D22	=$B$12/4	=SUM(C12:F12)
13	小计	=SUM(B11:B12)	=SUM(C11:C12)	=SUM(G11:G12)
14				
15	销售及管理费用现金支出合计		=C6+C13	=G6+G13

图 10-17　计算公式

实训二　专门预算模型设计

1. 资本支出预算的编制

资本支出预算是为购置固定资产、无形资产等而编制的预算。编制资本支出预算的主要依据是长期投资决策的结果。

实训指引

本例假定根据长期投资决策的结果编制资本支出预算。预算年度的资本性支出为10 000元，全部为现金支出。其中，第1季度支出4000元，第3季度支出2000元，第4季度支出4000元。资本支出预算表如图10-18所示。

	A	B	C	D	E	F
1			资本支出预算			
2	季度	1	2	3	4	全年
3		4000	0	2000	4000	10000
4	合计	4000	0	2000	4000	10000
5	现金支出金额	4000	0	2000	4000	10000
6						
7	假定：资本支出全部采用现金支出。					

图 10-18　资本支出预算表

2. 现金预算表的编制

现金预算是反映预算期现金收入、现金支出和资本融通的预算。编制现金预算的主要依据是涉及现金收入和现金支出的销售预算、直接材料预算、直接人工预算、制造费用预算、销售及管理费用预算、资本支出预算及其他专门决策预算(本例不涉及)等。现金预算表包括可动用的现金、现金支出、现金余缺，以及现金的筹措或偿还4部分内容。

其中，可动用的现金包括期初的现金结存数和预算期内预计发生的现金收入(本例指本季度销售收现金额和上季度销售本季度收现金额，数据见销售现金收入预算表)。现金支出指预算期内预计发生的现金支出，现金支出包括的项目很多，采购材料、支付直接人工工资、制造费用、销售及管理费用中除折旧外的部分、缴纳税金、购买设备和支付股息等，都需要支出现金，具体支出金额见"材料采购现金支出预算表""直接人工预算表""制造费用预算表""销售及管理费用预算表""资本支出预算表"及"相关数据资料"工作表。现金收支相抵后的余额形成现金余缺，若收大于支，则现金多余，可用于偿还银行借款，还可购买用于短期投资的有价证券；若收小于支，则现金不足，需设法筹措资金。本例假定A企业每季度末至少备有现金结存4000～5000元。现金预算表如图10-19所示。计算公式如图10-20所示。

	A	B	C	D	E
1	现金预算				
2	季度	1	2	3	4
3	期初现金余额	2800	4646	10168	16642
4	销售现金收入	33600	46000	56000	54000
5	可动用现金合计	36400	50646	66168	70642
6	直接材料	15324	18648	22256	21816
7	直接人工	8000	10200	11800	10200
8	制造费用	4950	5830	6470	5830
9	销售与管理费用	3900	4500	5100	4500
10	所得税	80	800	1400	800
11	资本性支出	4000	0	2000	4000
12	股息	500	500	500	500
13	现金支出合计	36754	40478	49526	47646
14	现金余缺	-354	10168	16642	22996
15	借入现金	5000			
16	归还借款				5000
17	支付借款利息				300
18	期末现金余额	4646	10168	16642	17696
19					
20	注：要求期末现金余额为4000~5000元之间。年初借入一年期年利率6%的短期借款,年末一次还本付息。				

图 10-19　现金预算表

	A	B	C	D	E
1	现金预算				
2	季度	1	2	3	4
3	期初现金余额	='2022年资产负债表'!B4	=B18	=C18	=D18
4	销售现金收入	=销售现金收入预算!B8	=销售现金收入预算!C8	=销售现金收入预算!D8	=销售现金收入预算!E8
5	可动用现金合计	=B3+B4	=C3+C4	=D3+D4	=E3+E4
6	直接材料	=材料采购现金支出预算!B5	=材料采购现金支出预算!C5	=材料采购现金支出预算!D5	=材料采购现金支出预算!E5
7	直接人工	8000	10200	11800	10200
8	制造费用	=制造费用预算!E17	=制造费用预算!F17	=制造费用预算!G17	=制造费用预算!H17
9	销售与管理费用	=销售及管理费用预算!C15	=销售及管理费用预算!D15	=销售及管理费用预算!E15	=销售及管理费用预算!F15
10	所得税	=相关数据资料!C18	=相关数据资料!D18	=相关数据资料!E18	=相关数据资料!F18
11	资本性支出	=资本支出预算!B5	=资本支出预算!C5	=资本支出预算!D5	=资本支出预算!E5
12	股息	=相关数据资料!C19	=相关数据资料!D19	=相关数据资料!E19	=相关数据资料!F19
13	现金支出合计	=SUM(B6:B12)	=SUM(C6:C12)	=SUM(D6:D12)	=SUM(E6:E12)
14	现金余缺	=B5-B13	=C5-C13	=D5-D13	=E5-E13
15	借入现金	5000			
16	归还借款				5000
17	支付借款利息				300
18	期末现金余额	=B14+B15-B16-B17	=C14+C15-C16-C17	=D14+D15-D16-D17	=E14+E15-E16-E17
19					
20	注：要求期末现金余额为4000~5000元之间。年初借入一年期年利率6%的短期借款,年末一次还本付息。				

图 10-20　计算公式

编制现金预算的相关公式如下。

可动用的现金=期初现金余额＋销售现金收入

现金支出=直接材料现金支出＋直接人工现金支出＋制造费用现金支出＋销售及管理费

用现金支出＋所得税支出＋资本性支出＋股息支出

现金余缺=可动用的现金－现金支出

期末现金余额=现金余缺＋借入现金－归还借款－归还借款利息

(1) 第1季度期初现金余额数据来自"2022年资产负债表"，其他3个季度的期初现金余额分别是前一季度的期末现金余额。

(2) 销售现金收入数据来自"销售预算"工作表，直接材料现金支出数据来自"材料采购现金支出预算表"，直接人工现金支出数据来自"直接人工预算表"，制造费用现金支出数据来自"制造费用预算表"，销售及管理费用现金支出数据来自"销售及管理费用预算表"。

(3) 所得税支出、资本性支出和股息支出，本例没有说明其产生过程，假设已经过专门决策，有关数据已录入"相关数据资料"工作表中。如果预算数据有变化，只需要修改"相关数据资料"工作表中的相应数据，Excel 会按照修改过的数据重新计算结果。

(4) 本例假定A企业每季度末至少备有4000～5000元的现金结存，而第1季度预算的"现金余缺"仅−354元，所以应相应做出筹资决策，借入5000元1年期利率为6%的短期借款，年末到期一次还本付息。第2、3季度的现金余额达到企业的最低现金结存金额，不需要进行筹资决策。第4季度末，偿还第1季度借入的5000元的本金和利息后，现金余额又达不到企业的最低现金结存金额，在下一年编制现金预算时也要考虑筹资决策问题。

(5) 因为本例中A企业预算期初没有银行借款，所以没有利息费用。预算期因为要求期末现金余额为4000～5000元，所以根据第1季度现金余缺，在年初应借入5000元、年利率为6%的一年期短期借款，年末一次还本付息。因此，在编制现金预算时，要考虑年末还本付息的现金支出。那么，如果这笔5000元的短期借款要求按季付息，年末还本，结果会如何?如果是这样，在编制现金预算时则要考虑每季度的利息费用这笔现金支出，如图10-21所示。

	A	B	C	D	E
1	现金预算				
2	季度	1	2	3	4
3	期初现金余额	2800	4571	10018	16417
4	销售现金收入	33600	46000	56000	54000
5	可动用现金合计	36400	50571	66018	70417
6	直接材料	15324	18648	22256	21816
7	直接人工	8000	10200	11800	10200
8	制造费用	4950	5830	6470	5830
9	销售与管理费用	3900	4500	5100	4500
10	所得税	80	800	1400	800
11	资本性支出	4000	0	2000	4000
12	股息	500	500	500	500
13	现金支出合计	36754	40478	49526	47646
14	现金余缺	-354	10093	16492	22771
15	借入现金	5000			
16	归还借款				5000
17	支付借款利息	75	75	75	75
18	期末现金余额	4571	10018	16417	17696
19					
20	注：要求期末现金余额为4000~5000元之间。年初借入一年期年利率6%的短期借款,年末一次还本付息。				

图 10-21 利息费用

3. 预计利润表(变动成本法下)的编制

预计利润表(变动成本法下)及其计算公式如图10-22所示。

	A	B	C	D	E	F	G
1	预计利润表 （变动成本法）						
2		1	2	3	4	全年	说明
3	销售收入	40000	50000	60000	50000	200000	销售现金收入预算
4	减:产品变动成本	27200	34000	40800	34000	136000	年末产成品存货预算!$B$6*销售预算!B3
5	减:变动销售与管理费用	2400	3000	3600	3000	12000	销售及管理费用预算
6	贡献毛益	10400	13000	15600	13000	52000	B3-B4-B5
7	减:固定制造费用	2500	2500	2500	2500	10000	制造费用预算
8	减:固定销售与管理费用	1500	1500	1500	1500	6000	销售及管理费用预算
9	营业利润	6400	9000	11600	9000	36000	B6-B7-B8
10	利息费用	75	75	75	75	300	5000*6%*3/12
11	税前利润	6325	8925	11525	8925	35700	B9-B10
12	所得税	80	800	1400	800	3080	相关数据资料
13	税后利润	6245	8125	10125	8125	32620	B11-B12
14	股息	500	500	500	500	2000	相关数据资料
15	留存收益					30620	F13-F14

图 10-22　预计利润表（变动成本法下）及其计算公式

4. 预计资产负债表的编制

新建预计资产负债表，首先将"2022年资产负债表"中的数据粘贴过来，然后根据各预算表数据编制2023年(预算年度)资产负债表。预计资产负债表及其计算公式如图10-23所示。

	A	B	C	D
1	预计资产负债表			
2		2022.12.31	2023.12.31（预计）	说明
3	流动资产:			
4	银行存款	2,800.00	17,696.00	现金预算!E18
5	应收账款	9,600.00	20,000.00	销售现金收入预算!E3*相关数据资料!B12
6	原材料(5元×500公斤)	2,500.00	2,480.00	直接材料预算!F13
7	产成品(34元×100件)	3,400.00	4,080.00	年末产成品存货预算!B8
8	合计	18,300.00	44,256.00	SUM(C4:C7)
9	固定资产:			
10	土地	25,000.00	25,000.00	预算年度无新增
11	房屋与设备净值	31,000.00	38,000.00	B11-标准耗用量和标准价格!D16+相关数据资料!B17（-预测期折旧+预测期资本支出投资）
12	合计	56,000.00	63,000.00	SUM(C10:C11)
13	资产总计	74,300.00	107,256.00	C8+C12
14	流动负债:			
15	应付账款	6,000.00	8,336.00	直接材料预算!E11*相关数据资料!B15
16	股东权益:			
17	普通股股东	50,000.00	50,000.00	预算年度无新增
18	留存收益	18,300.00	48,920.00	B18+预计利润表（变动成本法）!F15
19	权益合计	74,300.00	107,256.00	C15+C17+C18

图 10-23　预计资产负债表及其计算公式

❖ **特别提醒:**

本例中，相关预算编制的基础数据来源于"相关数据资料"工作表、"标准耗用量和标准价格"工作表，以及"2022年资产负债表"工作表。若上述表内的数据发生改动，则所有预算表格会自动更新计算结果。